바다를 지배하는 자, 세계를 지배한다

우리나라 영해 관리·경략사

양태진 저

백산출판사

머리말

바다를 지배하는 자, 세계를 지배할 수 있다는 말이 있듯이 오늘날 해양에 대한 관심은 내륙의 땅 못지않게 관심이 고조되고 있다. 영해가 곧바로 내륙과 같이 영토화됨으로써, 바다를 지키고자 하는 국가적 차원의 비중이 크게 배양되고 있다.

여기에다 해저 자원의 무한대적 경제성이 평가되고 있는 가운데, 바다에 대한 관심은 드높아질 수밖에 없는 것이 현실이다. 국제법상 배타적 경제수역(Exclusive Economic Zone)이 공포됨으로써 경제적 이익을 얻기 위해 타국에 대한 배타적 권리를 행사할 수 있는 영해보다 더 넓은 개념인 타국 선박의 단순 통과는 무방하지만, 어로활동을 비롯한 고기잡이나 해양자원을 채취하지 못하게 하고 있다. 이러한 한계는 자국의 연안에서 최대 200해리(약 370km)까지 선포할 수 있도록 되어 있기 때문이다.

여기에다 비행정보구역(Flight Information Region)인 항공기가 안전하게 비행할 수 있도록 국제민간항공기구(ICAO)에서 배정한 영공에 대한 각국의 관제소는 관할 구역을 지나가는 일체 항공기의 필요 정보를 제공할 책임까지 지게 하고 있어 내륙에서보다 광범위한 국제적 보호를 받게 하고 있으며, 항공기 사고가 발생하면 수색과 구조에 나설 의무까지 지게 하고 있다.

따라서 방공식별구역(Defense Identification Zone)은 영토와 영해 가까이 다가오는 항공기의 정체를 신속히 파악하기 위해, 빠른 속도로 다가오는 항공기에 대응하여 영토와 영해를 지켜내도록 상당히 먼 거리에서부터 항공기의 정체와 통과 의도를 확인할 필요가 제기되고 있다.

이러한 조처가 각국의 주권이 미치는 영공 외곽에 위치해 있기 때문에 국제법적 논란을 가져오고 있기는 하나, 최근 중국의 방공식별구역 확대나 배타적 경제수역, 비행정보구역 등이 해양 경계와 불가분의 관계를 갖고 있다.

여기에다 비행 안전이 목적인 FRI와 군사 안전이 목적인 ADIZ를 일치시키는 것이 나라마다 현안의 중요 과제가 되고 있다. 우리나라의 경우도 「국제해양법」상 영해가 3해리에서 12해리로 늘어나면서 생긴 홍도, 마라도, 이어도까지 추가되어 국제사회에 우리 측 입장을 설득해 나가야만 한다.

유엔해양법에 따르면 밀물 때는 해수면 아래 잠겨 있다가 썰물 때 드러나는 간조 노출지에도 영해 기점을 알리는 시설물을 세울 수 있게 하고 있다. 유엔해양법 협약 제7조에 영구적으로 해면 위에 있는 등대나 이와 유사한 시설이 간조 노출지에 세워진 경우에는 직선 기선으로 인정한다고 명시되어 있다. 영해 기점 도서의 정확한 간조 노출지에 등대 기능과 함께 정밀 위치 장치, 해상 기상 측정 장비, 해수면 관측 장비 등을 갖춘 다기능 영구 시설물을 설치할 수 있어 해양 영토는 그만큼 넓어지게 되어 있다.

근래에는 동아시아의 화약고로 불리는 곳에서 중국과 러시아가 KADIZ, JADIZ, CADIZ가 겹쳐지는 지역에 대규모 군사훈련을 하며 해양 영토에 대한 주권 확보에 주력하고 있다. 이러한 계제에 필자는 평생 동안 우리나라 내륙의 영토 관련사에 집착해 오면서 다수의 저서를 발간한 바 있으나, 삼면이 바다로 둘러싸인 영해에 대한 선조들의 관심과 정책에 대한 고찰 또한 등한시할 수 없어 고대로부터 현대에 이르기까지 국제해양법적 측면을 곁들여 영해 수호와 관련한 사실들을 기술해 보고자 한다.

차례

第一部

第二部

第三部

第一部

1 옛 조선 영해상에서의 해상 경략

1) 옛 조선의 영해 경략

통사적 측면에서 우리나라 역사 시기를 옛 조선 시대로 볼 때, 우리나라는 드넓은 동아시아 대륙과 긴 해안선을 유지해 온 해양국가였음을 알 수 있다.

옛 조선은 조류, 기상조건, 이에 맞는 항해술 등 해상에서의 다양한 기술적 뒷받침이 되어 있어, 일찍부터 고대 중국과 해상교류를 해왔다. 해상활동 경험이 축적됨에 따라 비교적 큰 구조선을 건조할 수 있게 되었고, 이에 따라 사람들은 먼 바다로 진출하여 해상활동을 보다 활발히 벌이게 되었다. 옛 조선이 적극적으로 해양 진출을 꾀했음은 다른 나라들과 해상교류를 벌였다는 기록을 통해 입증된다. 옛 조선이 중국 대륙의 고대 국가들과 해상교역을 진행하였다는 사실은 기원전 7세기 중국의 제나라(산둥반도)와 문피 · 털옷을 교역한 사실에서 찾아볼 수 있다.[1]

옛 조선이 해양무역을 했다는 것은 철기, 수학, 천문, 기상학 등 어느 정도 과학기술의 발전을 이루고 있었음을 뜻한다. 이런 과학기술적 뒷받침이 없으면 선박 건조는 물론 해상활동도 불가능하기 때문이다.

당시 산둥반도까지의 뱃길은 대략 1천 km(55마일 정도)에다 중간에 크고 작은 섬들이 산재해 있어 태풍을 피해가며 운항할 수 있었고, 풍향이 맞으면 수 시간 내에 목적지에 도달할 수도 있었다.

준왕이 마한 땅으로 피신했다는 사실로 미루어볼 때, 옛 조선 수군이 나름의 기능을

1) 관자(管子), 권23, 경중갑편, 기원전 7세기 제나라와 문피(표범 가죽)와 털옷을 교역하였음.

수행하고 있었다는 사실을 짐작할 수 있다. 준왕은 위만의 침략에 맞서 싸울 수 있는 힘이 없다는 것을 알고 수천 명의 인원을 데리고 바닷길을 통해 마한 땅으로 피신하게 되었다. 이 사건에 대하여 『후한서(後漢書)』「한전(韓傳)」에는 "이때 준이 마한을 공격하여 격파하고 스스로 왕이 되었으며, 그가 죽은 후에 진국의 통치자인 진왕이 다시 자립하여 왕이 되었다"고 기록하고 있다. 준왕이 대규모 군대를 인솔하고 내려갔음을 짐작케 하는 대목이다.

준왕이 수천 명의 측근 신하들과 왕족들, 군사들과 백성들을 싣고 이동하였다는 사실은 옛 조선에 많은 배가 있었고 잘 조직된 함선집단이 존재했음을 입증한다. 비록 다급한 환경에서 떠났지만, 군사의 무장 장비나 식량, 항해용 식수까지 염두에 둔다면 그 물동량이 상당히 많았을 것이다. 옛 조선 수군은 아마도 50톤 급 목재 구조선 수십 척을 보유했을 것으로 추정할 수 있다. 정권을 빼앗기고 쫓겨 달아났던 만큼 뒤로는 적의 추격을 견제해야 했으며, 앞으로는 새로운 적을 맞아야 했다. 이것이 가능했다는 것은 옛 조선 수군의 전력이 비교적 높은 수준에 있었으며, 그 역량이 상당한 정도에 도달했음을 의미한다.

2) 고구려

옛 조선에 이어서 등장한 고구려는 압록강 중류 유역과 혼강 유역을 중심으로 세워졌으나 이들의 영향력은 동해와 서해에 미쳤고 자연히 해상활동도 이 지역으로 뻗어나갔다. 특히 동북 쪽으로는 연해주 지방까지 이르면서 해상활동 역시 활발하였다.

3세기 초에는 바닷길을 개척하여 대외관계를 넓혀 나갔다. 233년에는 중국 남방 오(吳)나라가 요동에 사신을 보냈는데 요동의 공손연(公孫淵)이 오나라 사신을 처형하는 사건이 일어났다. 이때 사신으로 갔던 진단과 사신을 따라갔던 오나라 사람들이 고구려로 피신해 왔는데, 고구려는 이들을 본국으로 보내주면서 초피 100장, 할계피 10장을 선물로 보내주기도 하였다.[2] 이어서 동진(東晋: 317~420)과도 국교를 맺으면서 상호 왕래하는

2) 삼국지(三國志), 권2, 오지, 가화 2년 3월조 주석에 인용된 오서(吳書).

4세기 초인 336년과 343년 각각 사신을 보냈다고 한다.[3] 고구려가 강성해지면서 발해와 서해, 동해의 해상권을 확보하는 데도 힘썼다.

4세기 초엽에는 요동 지역을 관장하여 서해상으로는 황해도 연안지방을 차지하게 되고, 요동반도의 남부 해안선과 예성강 이북의 서해 북부 해안선을 장악하게 되었다.

고구려 수군은 조(趙: 북중국 石趙)와 바다로 연계를 맺었으며, 조가 전연(前燕)을 치기 위해 300여 척의 선단을 꾸려 식량 3만 석을 운반해 왔을 때 이를 호위하기도 하였다.

이를 계기로 이후 전연(前燕) 측을 굴복시키는 데 총공세를 취하기도 하였다.[4] 고구려가 376년 초 대릉하(大陵河) 계선(界線)으로 물러선 후 전진(前陳)이 약화되고, 후연(後燕)이 들어서자, 385년에는 요동군과 현도군을 함락시켰고, 400년에는 이들의 준동을 막아냈다. 402년에는 후연의 평주를, 404년에는 후연의 연군(燕郡: 산해관 이서와 하북성 동북부 지방)을 바닷길을 이용하여 공격하였다.[5]

고구려를 침략하고자 한 당태종은 여러 차례 고구려 내정을 탐지하고자 밀사를 자주 보냈는데 매번 고구려 수병들에게 적발되었다. 이에 남해의 삼불재국왕(三佛齋國王)에게 뇌물을 주어 고구려 내정을 정탐하게 하였는데, 이에 삼불재 밀사가 고구려 내정을 탐사하고 귀국 도중 당나라로 향하다가 고구려 해라장(海羅將: 해상경비대장)에게 붙잡히게 되었다.

이에 해라장은 밀사가 가지고 있던 문서를 빼앗고 이 밀사를 하옥시키려다, 대적(大敵)을 보고도 치지 못하는 나라에 무슨 조정(朝廷)이 있으랴! 탄식하면서 문서를 바닷속으로 던져버리고 밀사의 몸에 다음과 같은 문신(文身)을 새겨 넣게 하였다.

문신 내용은 다음과 같다.

> 面刺海東三佛齋 奇語我兒李世民 今年若不來進貢 明年當起問罪兵一 高句麗 太大盧 淵蓋蘇文 卒 某書(이세민에게 말하노니 금년에 만일 진공하지 않으면 명년에는 문죄병을 일으키리라. 고구려 태대로 연개소문 휘하 모서)

문신을 새긴 후 삼불재 사신을 당나라로 쫓아버렸다.

---

3) 삼국사기(三國史記), 권18, 고국원왕 13년 7월; 진서 권7, 성제기 함강 2년 2월 경신.
4) 자치통감(資治通鑑), 권96, 진기(晉記) 함강 4년조.
5) 오호16국(五胡16國), 춘추(春秋), 후연록(後燕錄), 권6, 광서(光緖) 4년 12월조.

고구려 원정을 치밀하게 준비하던 당태종은 결국 직접 군사를 이끌고 사활을 건 전쟁을 벌이게 된다. 그런데 예상치 못했던 안시성에서 양만춘 장군에게 패하고 돌아가고 만다.

당태종은 만주벌판을 가로지르는 거대한 요하를 퇴각로로 택한다. 요하는 지금도 비가 오면 강물이 범람해서 곳곳에 자연 늪이 생긴다. 『삼국사기』 권21의 기록에는 당시 상황이 잘 묘사되어 있다.

> "황제는 1만 명의 군사에게 풀로 베어, 흙길을 메우게 하고 물이 깊은 곳에서는 수레를 다리 삼아 건너게 했다. 황제가 직접 말채찍으로 나무를 묶어 이 일을 도왔다."

당태종은 왜 이토록 험난한 퇴로를 택했을까? 수군에서 답을 찾을 수 있다. 당나라군의 작전은 수군이 상륙해서 육군을 돕는 수륙합동작전이었다. 안시성 전투 당시 요동반도 아래 비사성에는 당나라 수군 4만 3천 명과 500척의 대규모 선단이 있었다. 이들은 고구려의 수군에 의해 괴멸되었다. 당나라 수군은 초기에는 고구려 해안 방어성인 비사성을 점령하는 데 성공한다. 요동반도의 핵심적인 위치에 있는 비사성은 전략적 가치가 매우 뛰어나다. 때문에 당나라 수군은 이곳을 고구려 침략의 교두보로 선택한 것이다. 그런데 비사성 점령 후의 당나라 수군에 대한 기록은 없었다. 패배에 대한 기록은 전하지 않은 것이다. 다만 당나라 수군 책임자들이 전쟁 후 모두 처벌되었다는 기록으로 볼 때 고구려에 패전했음을 짐작케 한다.

> "645년 11월 수군 총관 장문한을 참수했다"(『자치통감(資治通鑑)』)
> "646년 수군 책임자 장량을 옥에 가두었다"(『신당서(新唐書)』)

중국 쪽에 있는 대장산도(大長山島)를 비롯한 장해군도(長海群島)의 섬들에는 지금도 해군 기지들이 있다. 동국대 윤명철 교수의 조사 결과 이곳 마을들은 고구려촌이라고 불렸다. 불과 몇 십 년 전만 해도 고구려인들의 무덤이 많이 남아 있었다고 하며, 고구려인들이 살았다는 마을 해변에는 고구려 성산(城山)이라 불리는 곳도 남아 있었다. 장해군도 일대에 있었던 고구려성은 당나라의 수륙합동작전을 무력화하기 위한 것이었다. 안시성 전투의 승리는 고구려 수군의 활약이 없었다면 가능하지 않았을지도 모른다.

전통적으로 고구려는 강력한 수군을 보유해 왔다는 것을 알 수 있다. 고구려는 해상

통로를 관장하고 있었고, 광개토대왕은 바닷길을 이용하여 백제의 관미성인 대당통로를 봉쇄한 일도 있었다. 고구려는 일본 땅에도 영향을 미쳤다. 일본으로 이주해 간 고구려인들은 자기들이 정착한 마을과 산천 신사(神社), 사원에 모국인 고구려식 이름을 붙여 고려촌, 고려산, 고려사(高麗寺), 고려신사 등으로 불렀다.

당시 일본인들은 고구려를 '고라이', '고마' 등으로 불렀는데 오늘날까지도 그 이름들이 남아 있으며, 오늘날 고려사는 폐허로 되어 있으나 동쪽 탑터와 서쪽 금당터가 대칭으로 나란히 놓여 있어 일본의 아스카 문명에 상당한 영향을 끼쳤음을 알 수 있다.[6)]

고구려의 해상 기지는 전략적으로 유리한 예성강 부근의 연안, 강령, 대동강구, 청천강구, 압록강구, 대양하구, 여순, 대련, 금주 등의 여러 곳에 두어 해상으로부터의 침략군을 막아내고 제해권을 장악하는 데 힘썼다.[7)]

고구려는 중국의 북쪽에 위치해 있으면서 국경을 맞대고 있던 북위(386~534)와의 사이에 70여 회에 달하는 외교사절의 왕래와 교역을 해왔다. 바닷길로 산둥반도를 이용해 왔고 북위, 동위(534~540), 북제(540~577) 등 북조의 나라들과 대립관계에 있던 남조 나라인 송(420~479), 남제(479~502), 량(梁: 502~557), 진(陳: 557~589) 등과도 선린관계를 유지해 왔다. 특히 남조와는 주로 바닷길을 이용해 왔다. 486년 남제로 가는 고구려 사신이 북위의 광주 땅(산둥반도)에서 억류된 일이 있으나 무사히 풀려났다.[8)] 『삼국사기』 고구려 본기에 의하면 480년대 이후 580년대까지 100년 사이에 남조(南朝)에 고구려가 사신을 보낸 횟수는 무려 16회에 달한다. 532년 량(梁)나라에도 두 차례나 고구려 사신이 방문하였다.

고구려가 백제의 주요 수군기지인 현 충남 당진 송학면 한진리를 수차례 공격하였다는 사실은 역사가 전하고 있다.[9)]

고구려의 해상활동 영역은 요동반도 남부연해를 거쳐 묘도열도를 지나 산둥반도로 내왕하였으며, 다른 한편으로는 서해 장산곶 앞바다를 떠나 곧바로 산둥반도로 향하였고 중부중국의 동해 연안을 남하하여 장강 하구에 다다랐다.

---

6) 양연국, 조선 문화가 초기 일본 문화 발전에 미친 영향, 사회과학출판사, 1991, p. 82.
7) "百殘新羅舊是屬民 由來朝貢 而倭以辛卯年來渡海 破百殘東?新羅以爲臣民. 기록은 삼국사기, 392년조에 부합된다.
8) 삼국사기, 권18, 장수왕 68년.
9) 삼국사기, 권20, 고구려본기, 영양王 18년 5월; 증보문헌비고, 권33, 여지고 21 관방 9 해방 3 대진포.

일본과도 고정된 항로가 있었는데, 이 시기는 대체로 5세기경으로 보이며 혼슈 서북부 해안지대를 지나 상륙하는 길이었다. 예컨대 산음지방에서 많이 발견되는 고분에는 방분과 이의 변형들이 적지 않다. 이것들은 대체로 고구려의 영향으로 보이며 주고쿠 미마사카(美作)군 일대는 고구려 소국이 있었던 것으로 알려지고 있다.[10)]

3) 백제

백제는 371~377년간 북방으로의 진출을 꾀하며, 369년 고구려 평양성(남평양)을 침공하는 등 침략의 수위를 높여나갔다. 이에 관해 광개토대왕릉비(曠開土大王陵碑)에 기록하기를, "백잔(백제), 신라는 예전에 고구려 속민으로 조공(朝貢)을 바쳐왔다. 왜가 신묘년에 바다를 건너가 백잔을 격파하고 동으로 신라를 신민으로 삼았다"고 하였다.[11)]

『삼국사기』에 의하면 392년 이후 패수(예성강)를 건너 백제의 북부 석현성 등 10개 성과 해안가 요새인 관미성을 20여 일이라는 기간을 통해 차지한 것으로 기록되어 있다. 고구려가 백제를 공격하는 데는 육상과 함께 수로를 이용하였다. 고구려는 아리수(한강)를 도하(渡河)하여 한성으로 침공함에, 백제 왕 아신(阿莘)은 하는 수 없이 58개 성을 할양, 왕제(王弟)와 10여 명의 대신을 볼모로 하고 베 1천 필, 노비 1천 명을 바치고 노객이 되겠다고 약속하였다.

또한 능비에 따르면 400년, 404년, 407년간에 걸쳐 양국 간의 전투는 계속되었는데, 그중에서도 영락 14년인 404년 대방 땅(황해도 남쪽 해안지대)을 쟁취하기 위하여 왜군과 백제가 무모할 정도로 침공해 왔으나 격파당하였다. 이렇듯 고구려와 백제는 계속하여 전투를 함으로써 백제의 함선들은 고구려의 연해를 피해 서해를 가로질러 항해해야 했기에 수군의 역량을 최대한 키워나가지 않을 수 없었다. 무엇보다 요서 땅에 둔 백제군을 유지해 나가는 데도 수군의 보강은 필수적이었다. 백제의 방(舫)이라는 원정 함대가 금강 하구에서 요서까지 가려면 근 500마일이나 되는데, 이러한 기간이 무려 100여 년간 계속되었다는 사실로 미루어 원양함선 한두 척이 아닌 100여 척 이상이 유지되었다고

10) 력사과학, 1988년 3호 참조.
11) 일본서기, 권25, 효덕기 백치 1년 시세 4년 5월 임술.

볼 수 있다. 또한 653년에 일본에서 120명이 탄 배 두 척을 당나라에 보낸 일이 있는데, 이는 650년에 만든 백제식 선박이었다.[12] 이러한 건조술은 통일신라시대를 거쳐 고려로까지 계승되었다.

4) 신라

가) 신라 초기의 해상활동

신라는 일본 열도 혼슈섬 북쪽 해안지방과 규슈섬 북동부 하리마 지방 등 여러 지역으로 건너가 소국을 형성하고 본국에 자주 왕래하였다.

2세기 중엽 동해안 가에 살던 연오랑과 세오녀가 일본에 건너가 왕과 왕비로 되었다는 설화, 왜 땅에서 호공(瓠公)이 신라로 건너와서 대신이 되었다는 이야기, 신라 왕자 천일창(天日槍: アメノヒボコ)이 일본 각지로 가서 활동하였다는 전설 등은 이들의 왕래가 빈번하였음을 드러내고 있다.

일본으로 건너가 왕이 되었다는 신화를 이야기하고 있는 연오랑과 세오녀

---

12) 삼국유사, 권1 기이, 나물왕 김제상; 삼국사기, 권45, 박제상 열전.

일본인들은 신라를 '시라' 또는 '시라기'라 부르는데, 일본의 수많은 사찰, 신사, 고장 이름들에 신라의 이름이 나타나고 있다. 그러한 가운데 일부 왜는 신라에 대한 침공을 멈추지 않았다.

408년 신라는 왜인들이 대마도에 영(營)을 설치하고 병기와 군량을 저축하여 침공하러 온다는 소식을 듣고 이를 토벌하려고 계획하였다.[13]

418년 박제상(朴堤上)의 천신만고의 노력으로 미사흔이 왜국에서 돌아왔으나 왜구들의 침노는 끊이지 않았다.[14] 437년 신라는 함선을 수리하였고, 493년 임해진과 장령진을 설치하고 해상기지로 활용하게 하였다.[15]

이 시절에 건조된 배의 형상은 경주 인근 고분에서 발굴된 배의 형상을 유추해 볼 때 바다에서 심한 풍랑을 만나도 덜 위험하게 이물과 고물을 이전 것들보다 비교적 높게 건조하였는데, 이때의 건조술은 대체로 5~6세기경의 것으로 보고 있다.

일본에 볼모로 끌려간 신라 왕자 미사흔을 신라로 귀국시키는 데 성공한 박제상의 충렬묘

13) 삼국사기, 권3, 신라본기 실성니사금 7년 2월조 "王聞倭人於對馬島置營 貯以兵革資粮 以謀襲我 我欲先其未發 揀精兵擊破兵儲".
14) 삼국사기, 권3, 눌지마립간 24년 28년 4월, 자비마립간 2년 4월, 5년 5월, 6년 2월, 19년 6월, 20년 5월.
15) 삼국사기, 권3, 신라본기 자비마립간 10년 봄, 같은 책, 소지마립간 15년.

뛰어난 건조술로 신라군은 512년 우산국을 정벌하고 이를 신라의 영역으로 병합하였다. 당시 우산도는 울진 돌추갑에서 78마일(141km), 영일만으로부터는 111마일(213km), 부산에서는 166마일(300km) 거리이다. 우산도는 내물왕의 4대손인 이사부(異斯夫)가 지증왕(智證王) 6년(505년) 실직주(悉直州) 군주가 된 이래 나주 군주로 있으면서 우산국을 정복했다고 한다.[16] 『삼국지』 위지동이전에 의하면 이 섬은 원래 함경남도 지방에 살던 옥저인들이 배를 타고 어로생활을 하다가 섬을 발견, 수십 일 후 이 섬에 닿았다고 한다.

섬은 일찍부터 소국을 형성하여 나름대로 발전해 왔는데, 후에 이사부가 우산국을 정벌하면서 우리의 역사권 안에 포함되게 되었다. 정벌 당시 이곳 사람들이 워낙 강인하여 쉽게 항복하지 않아 나무로 사자를 만들어 위협을 가해 정벌에 성공했다고 한다. 시기는 분명하지 않으나, 오늘날 제주도인 탐라는 고을나의 후손인 고후(高厚)의 3형제가 신라에 내조(來朝)함에 왕이 성주(星主) 왕자(王子) 도내(都內)의 호를 주고 국호를 탐라(耽羅)라 칭하였다고 『고려사지리지』에 보이나 확실한 연대는 알 수 없다.[17]

679년 제주도를 병합하였음을 『삼국사기』 권7 신라본기 문무왕 19년 2월조에 밝히고 있다. 또한 신라는 남해안 지역의 여러 섬들과 동서 해안의 중요한 해역들을 순찰하게 하여 해안 방비를 강화하였다.

아울러 신라가 낙동강 유역에 위치한 가야 나라들을 병합함으로써 남해안 동부지역을 관장하게 되어 해상활동의 범위는 더 넓어졌다.[18] 해상활동의 범위가 넓어짐에 따라 이전까지 백제나 고구려의 사신을 따라가서 중원의 여러 나라들과 교역하던 굴레를 벗어나 독자적인 교역을 하게 되었다.[19] 신라는 당나라의 출병을 구실로 660년 3월 1,900여 척의 배에 13만의 대군을 싣고 금강 하구로 몰려들었다.[20] 648년 신라와 당나라 간에 맺은 비밀협약을 무시하고 신라마저 병합하려는 당나라에 대해 신라는 강력하게 반

16) 삼국사기, 권4, 신라본기 지증마립간 13년 6월.
17) 삼국사기, 권4, 신라본기 지증마립간 13년 6월.
18) 삼국사기, 권34, 지리지 함안군조; 졸저, 한국근세경역론고, 경인문화사, 1999, pp. 120~121.
19) 자치통감, 권104, 태원 2년 봄, 태평어람, 권781, 신라조에 377년 382년 신라 사신이 부견의 진나라(前秦)에 간 일이 있었는데, 이는 당시 중원 대륙의 나라들과 외교관계를 맺고 있었음을 말하는 것이다.
20) 삼국유사, 권1, 기이. 태종춘추공이 당시 신라군은 해상에서 덕물도로 나아가 당군과 연합전선을 펴 백제를 멸하고, 668년에는 고구려마저 항복시켰다. 삼국유사, 권2, 기이. 문무왕 법민조 670~671년 개풍군 앞바다에서 당군이 풍랑을 만나 섬멸된 바 있다.

발하며 들고 일어났고, 671년 10월 6일에는 당의 보급선 100여 척을 수장시켰다. 이 전투에서 물에 빠져 죽은 적군의 수효는 헤아릴 수 없을 정도로 많았다고 한다.[21)]

이 당시 적장인 설인귀는 백수성(白水城)을 포위하고 공격해 옴에 신라는 강력하게 저항하여 적선 40여 척을 노획하고 1,400여 명의 병력을 수장시키고 군마 1천 마리마저 버리고 달아나게 하였다.[22)]

신라군은 676년 11월 또다시 침입해 오는 당군에 맞서 무려 22회의 접전을 벌여 적병 4천여 명을 섬멸하였다.[23)]

통일신라와 일본 간의 내왕은 남해안의 여러 항구들로부터 출항하여 대마도를 거쳐 후쿠오카현 태자부로 가거나, 세도 내해를 거쳐 오사카로 가는 항로가 있어 양국 간의 사신 왕래가 있었다. 『삼국사기』 선부조(船部條)에 의하면 예전에는 병부의 대감과 제감이 선박에 관한 일을 관리하였으나 문무왕 18년(678년)에는 별도의 기구를 설치하였고, 경덕왕 때(742~764년)에는 이제부로 고쳤는가 하면, 혜공왕 때(766~779년)에는 이전의 명칭으로 환원시켰다. 이 기구에 영 1인을 두었고 위품은 대아찬에서 각간까지의 벼슬 등급으로 복무케 하였다.[24)]

679년 제주도를 병합한 다음[25)] 신라는 남해연안의 섬들과 동서해안의 중요 해안들을 순찰하기 위하여 해안 방비를 강화하였다. 『삼국유사』에는 신라가 722년 모벌군에 장성을 쌓아 해적 침입에 대비하였다는 기록이 있다.[26)] 786년 일본의 문경왕이 군사를 거느리고 신라로 침공하고자 하였으나 신라에는 거센 물결을 잠재우는 신기한 젓대(피리)가 있다는 것을 듣고 도망치고 말았다는 설화가 있을 정도였다.[27)]

통일신라 시기에는 수군진지로 대동강 하구 부근인 초도(草島)에 장구진(張口鎭)을 설치하였다.[28)] 통일신라 시기인 829년에는 당은군을 당성진(唐城鎭)으로 개편하고 사찬 극

---

21) 삼국사기, 권7, 신라본기 문무왕 11년 10월 6일.
22) 삼국사기, 권7, 신라본기 문무왕 15년 9월.
23) 삼국사기, 권7, 신라본기 문무왕 16년 11월.
24) 삼국사기, 권38, 잡지 직관 상 선부조.
25) 삼국사기, 권7, 신라본기 문무왕 19년 2월.
26) 삼국유사, 권2, 기이 효성왕.
27) 삼국유사, 권2, 기이 원성대왕.
28) 신당서, 권42, 지리지.

정이라는 인물로 하여금 지키게 하였다.[29] 이곳은 오늘날 화성군(옛 남양) 포구로 중국 대륙과의 무역 거래지였다. 백제시대 서두성도 바로 그 건너편인 오늘날 당진군 송학면 한진리에 두고 있었다. 그런 까닭에 이 당성진은 신라 수군기지로 매우 중요한 곳이었다.

828~854년간에 있었던 청해진(전남 완도)은[30] 서남해역을 지키는 중요 기지였고, 조선 시대에도 가리포첨사를 두어 관할해 온 곳이기도 하다. 개포(介浦)[31] 역시 통일신라의 중요 수군기지였음을 문헌비고는 밝히고 있다.

나) 장보고의 등장과 해상활동

9세기 초 · 중엽 중원의 양주, 초주, 등주 등 중국 측 동해안 항만에는 신라인들이 상당수 살고 있었는데, 여기에 '신라방'이라는 곳이 있어 이를 관할하는 구당신라소라는 관청까지 두고 있었다. 회역사 명목으로 청해진 상인들이 일본에 간 것이 840년 말이었으며, 이후 자유교역 허가까지 받아 왕래하기에 이른다.[32] 청해진은 비록 25년간이라는 짧은 기간 동안 존재하였으나 통일신라의 해상 관할 영역으로나 해상 권면에서 매우 의미 있는 역할을 감내하였다.

청해진 대사로 있었던 장보고는 해적을 소탕, 동지나 일대의 해상권을 확보함으로써 당, 신라, 일본을 잇는 국제무역을 주도해 나갔다. 심지어 일본의 지방관과 승려 엔닌(圓仁) 등은 장보고에게 서신을 보내 귀국길에 편의를 보아줄 것을 탄원하기도 하였다.[33]

장보고는 강력한 군대와 많은 선박을 보유하고 부를 축적, 명실상부한 지방 세력으로 중앙 정부의 정치적 분쟁에도 자연스럽게 관여하게 되었다. 무엇보다 이전까지의 배들보다 속도가 빠르고 기동 면에서 우수한 선박을 건조함으로써 우리나라 조선 기술사상 높이 평가할 만하다.

이렇게 건조된 선박들은 기존의 것들보다 넓이가 세 배나 되고, 뚜껑을 닫으면 방주(方舟)가 되어 마치 자라가 엎드린 것과 같이 보였으며, 뚜껑을 열면 그것이 밑으로 내려

29) 삼국사기, 권10, 신라본기 흥덕왕 4년 2월.
30) 삼국사기, 권10, 신라본기 흥덕왕 3년 4월.
31) 증보문헌비고, 권31, 여지고 19 관방 7 해방 1.
32) 속일본후기, 권9, 승화 7년 기사; 신당서, 권42, 지리지.
33) 속일본후기, 권8, 인명기 승화 6년 7월 병신 8월 기사 갑술, 10월 정사 입당구법순례행기 원인(圓仁).

가 붙어서 조그마한 배가 되었다. 배의 앞뒤는 뾰족하고 돛이 없이도 배 안에서 노를 젓게 하여 속도를 조절할 수 있게 만들었다. 특히 목조선은 고온다습한 우기 지역의 목재들보다 훨씬 단단한 재목으로 지었기 때문에 튼튼하기가 여타의 배들에 비할 바가 아니었다.

이렇듯 성능이 뛰어난 선적들은 그 어느 시기보다 해상활동을 활발하게 할 수 있게 하였다. 신라의 배들은 범선이기는 하였으나 시속 10~14km의 속도를 낼 수 있었다고 여겨진다. 이 당시 중국으로 가는 뱃길은 서해안을 따라 북상하여 예성강 하구의 벽란도, 그리고 예성강과 임진강 사이의 정주를 거쳐 북상한 다음, 옹진반도를 지나 대동강 어귀인 초도에 이르러 서남 방향으로 직진하여 등주를 향하는 고정 항로와, 여기서 더 멀리 북상하여 산둥반도에 이르는 고정 항로를 두고 있었다.

또 다른 뱃길로는 고군산도를 거치거나 목포에서 흑산도를 거쳐 서남으로 항해하여 서해를 건너 중국 남해안의 명주에 이르는 항로가 있었다. 이 밖에 일본으로 향하는 뱃길로 남해안 여러 항구를 떠나 대마도를 거쳐 후쿠오카 태자부에 당도하거나 세도 내해를 거쳐 오늘날의 오사카로 가는 뱃길을 두고 있었다. 이 항로로 여러 차례 사신들의 왕래가 있었다.

무엇보다 신라 수군의 우수성은 기벌포 전투에서 입증되었다. 문무대왕 16년(676년) 고구려 평양 이남을 신라에 주기로 약속한 영토 분할 약정을 위배함으로써 당의 배신행위에 격분, 대당전쟁을 감행하였는데, 676년 11월 기벌포 전투를 벌였다.

설인귀의 당나라 해군이 기벌포로 내려오자, 사찬(沙飡) 시득(施得)이 함선을 이끌고 기벌포에서 설인귀군과 싸웠으나 패배하였다. 그러나 크고 작은 전투 22번에 걸쳐 결국 당나라의 수군 4천여 명을 섬멸함으로써 대당전쟁을 종식시키는 결과를 가져왔다.

이렇듯 통일신라의 수군력은 막강하였다. 여기에는 수군의 지휘 통솔체계의 확립에서 커다란 의의를 찾을 수 있다. 이전에 병부에 소속되어 있던 선부서(船府署)가 독자적인 권한을 행사하는 중앙통치기구로 존립함으로써, 일체의 수군병력과 선박에 대한 권한을 행사할 수 있는 기구가 되었기 때문이다.

『삼국사기』에 기술된 내용에 의하면 "병부의 대감과 제감이 선박에 관한 일을 관리하였는데 문무왕 때(동왕 18년 678년) 직제를 고쳤고, 경덕왕 때(742~764년) 이제부라 하였다가, 혜공왕 때(766~779년) 이전 명칭으로 환원시켰다"고 한다.

여기에는 영(領)이 한 사람인데 위품은 대아찬에서 각간(角干)에 이르는 벼슬 등급을 두었다.[34] 이처럼 선부서는 독립적인 행정기구로 선부령 자리에는 병부령과 같은 동급의 고관을 임명할 수 있었다. 이와 병행하여 각 지방별로 수군기지를 갖추고 진(鎭)들을 설치하여 영해 수호에 만전을 기하도록 하였다.

8세기 말경 신라 서북의 관문인 대동강 하구 부근에는 장구진을 두고 있었는데, 이 진(鎭)이 초도(草島) 부근에 위치해 있으므로, 고구려 때에는 율구현이라 하였고 고려 때에는 장명진이라 하였다. 이곳은 고구려 때부터 수도 방비를 위한 수군기지로 통일신라에 율구현과 합쳐져 장구진(長口鎭)이라 명명하였다.

829년에는 당은군을 당성진(唐城鎭)[35]이라 개편하였다. 이곳은 옛날 남양의 포구로, 예전부터 중국 대륙 여러 곳에 수상교통을 하던 요충지였으며, 신라의 서해상 수군 함대의 중요 기지였다. 당성진은 당나라 해적들이 서해로 출몰하면서 해적질을 일삼았던 곳이기도 하다.

강화도는 신라 때부터 혈구진이 설치된 중요 군사지역이었다.

34) 삼국사기, 권38, 잡지 직관 상 선부조.
35) 삼국사기, 권10, 신라본기 홍덕왕 4년 2월 참조.

15년 뒤인 844년 문성왕 6년에는 혈구진(穴口鎭)[36]을 설치하고 아찬 계홍을 진두(鎭頭)로 임명하였다. 혈구진은 백제 때의 혈성으로, 고구려 때에는 갑비차고을로 교동도와 함께 역대로 한강과 임진강 하구를 수호하는 수군의 주요 거점지역이었다. 그리고 오늘날 전라남도 완도인 청해진 역시 신라의 서남해역을 지키는 매우 중요한 수군기지였다.

이외에도 해안 요소요소마다 수군기지인 진들을 두었으며, 이곳들은 수군활동의 거점인 동시에 후방 공급기지 역할을 함은 물론, 해상으로부터 잠입해 오는 적들을 막아내는 요새로 중요한 역할을 수행하였다.

『삼국유사』에 의하면 신라는 722년 울산 지방인 모벌군에 길이 약 13.3km의 장성을 쌓아 해적들의 침입에 대비하였다고 한다. 그 결과 731년 왜구들이 300여 척의 배를 끌고 동해안으로 침입한 것을 격파하여 쫓아버렸다. 일본에 대해 신라 수군의 위력은 대단하였다. 752년에는 신라 사신 700여 명이 7척의 배를 타고 일본에 갔는데, 일본은 신라의 배가 큰 풍랑에도 견뎌낼 수 있다는 것을 알고 839년 규슈의 태자부로 하여금 배를 건조하게 하였다 하며[37], 828~839년 일본 사신들이 당나라에 갔다가 돌아오자고 하니 자기 나라 배들은 풍랑이 심한 바다를 건너기에는 작고 견고하지 못하니 당나라 초주에 머물러 있던 신라의 배 9척을 이용하여 귀국하게 하였다고도 한다.

장보고 동상이 서 있는 중국 적산법화원은 산둥성 영성시 석도진 적산 기슭에 자리 잡고 있다.

이 시기 신라의 배들이 당나라와 일본 사이의 해상 교통으로 이용되었으며, 특히 일본 사신과 승려들은 주로 신라의 배편을 이용하였다. 그러나 9세기에 들어서면서 한동안 잠잠하였던 외적들의 침입이 다시 시작됨에 신라 상선들은 서해바다에 나타난 당나라 해적들로 인해 피해를 보게 되었다.

36) 삼국사기, 권11, 신라본기 문성왕 6년 8월 참조.
37) 속일본후기, 권8, 인명기 승화 7년 9월 정해.

이들은 남쪽 연안까지 나타나 재물을 약탈하는가 하면 주민들을 납치하여 노예로 팔아넘기는 만행도 서슴지 않았다. 이때 해적 소탕을 자진해서 맡아 나선 사람이 장보고였다. 그는 당나라 해적들의 만행과 일본 해적들의 침입을 막아내려는 의욕에 가득 차 있어 우선 제해권을 장악하기 위해 서해와 남해의 경계선상에 위치해 있는 완도에 청해진을 설치하고 해상의 요충지로 삼았다.

청해진 설치 후 해적들의 준동을 막아냄에 따라 신라의 대외적 권위는 가일층 높아지고 대외무역 역시 활발해졌다. 그 결과 840년 말경 청해진 상인들은 일본으로 건너갔으며[38], 그 다음해에는 자유 교역 허가까지 받고 자유로이 왕래하게 되었다.[39]

5) 가야연맹국의 해상활동

신라의 주변 세력인 가야국은 낙동강 하구 유역에 자리하고 있었는데, 이들 역시 신라와 대결할 만큼 큰 세력들이었으나, 부족 국가들로 구심점이 약해 공동전선을 형성하지 못하고 결국 신라에 의해 각개 격파되었다. 이들 가야 여러 나라들은 본래 변한 또는 변진 지방에서 1세기 중엽에 형성된 6개국이었다. 오늘날 경상남도 김해를 중심으로 있던 금관가야(가락국)와 고성을 중심으로 삼고 있던 소가야로, 주로 이 지역 주민들은 남해 바닷가와 낙동강 하구에 접해 있어 해상활동이 매우 활발하였다.

이외에 경상남도 함안의 아라가야, 경상북도 고령의 대가야, 경상남도 창녕의 비화가야 등도 낙동강을 통하여 해상으로 진출하였다.

이 밖에 흔히 6가야로 알려져 있는 경남 사천의 사물국, 경남 창원의 칠포국, 마산의 골포국 등은 사실 더 많은 부족국가로 이루어졌다. 이들은 주로 일본열도로 진출하였고, 이곳에는 소국들을 이루고 있었으며 고국과 긴밀히 연락을 취해왔다.

이들 나라들이 자리하고 있던 지형은 태백산에서 갈라져 나온 소백산맥이 서남쪽으로 활모양처럼 뻗어내려 중부와 호남 지방과의 자연적 장벽을 이루고 있었으며, 동쪽 태백산맥 줄기인 여맥(餘脈)이 강원도로 뻗어내려 해안선과 평행으로 달리고 그 중앙을 낙

38) 속일본후기, 권8, 인명기 승화 7년 12월 기사.
39) 속일본후기, 권10, 인명기 승화 8년 2월 무진.

동강 지류들을 합류하여 대분지를 형성하고 있었다.

서부산지는 소백산맥과 산록분지군으로 되어 주맥은 1천~1천5백m의 고도를 이루며 연속된 산맥으로 높다란 봉우리들이 이어지고 있다. 무엇보다 가야 지역으로 이어지는 추풍령 이남에서는 웅장한 산세가 남서 간을 달리며 가야산, 덕유산, 지리산을 포함하고 있다. 높다란 준령 동쪽 기슭인 고령, 합천, 거창, 함양, 산청 등에 분지가 발달하고 있다. 이 지역 분지들은 낙동강 수계를 중심으로 침식과 퇴적으로 이루어진 분지들이다. 이 분지들을 가야 지역과 연계해 보면 서부의 산지와, 남해안의 구릉지, 낙동강 분지와 지류에 선상(線狀)으로 이어지는 지역 분지라 할 수 있다.

무엇보다 고령 이남 지역을 관류하는 낙동강은 회천, 황강, 남강 등의 3개 지류를 합류하면서 회천은 가야산의 서남 사면에서 남서쪽으로 흐르는 안림천과 가야산 북사면에서 북동으로 흐르는 대가천이 고령 앞들에서 합류 회천을 이루며 낙동강 본류로 흘러든다.

황강은 소백산맥의 한 봉우리인 남덕유산 동사면에서 발원하여 거창을 지나 합천을 휘돌아 서쪽으로 흘러 쌍책을 지나 창녕 인근에서 낙동강 본류와 합쳐진다. 황강 상류 지역은 거창분지가 형성되는데, 이 분지는 유역이 좁아 큰 평야가 없으나 합천의 봉계 지역, 합천읍 지역, 초계 쌍계 지역 등이 분지를 형성시키고 주변을 산지로 에워싸고 있다.

낙동강은 남지(南智)에서 직류하여 바다로 흘러들어가지 못하고 한산 산지에 의해 마산, 창원을 남쪽 산 너머에 두고 동쪽으로 흘러 밀양강 양산천을 합치면서 다시 남쪽으로 흘러 김해를 거쳐 바다로 들어간다. 김해는 낙동강이 바다로 흘러들어가면서 퇴적층을 이루어 넓은 삼각주를 형성해 놓고 있다.

이처럼 가야의 산천은 낙동강과 남강, 황강, 회천의 대수계와 서부의 산지가 이루어 놓은 다수의 독립 분지를 형성하고 있다. 이러한 분지 안에서 웬만한 일상생활을 유지할 수 있는 자연환경을 이루고 있었다.

따라서 하계망(河系網)을 이용한 교통로를 통하여 분지와 분지를 연결, 이 지역에서 성립한 각급 정치색체들로 하여금 분립성을 지속시켜 온 요인으로 보여진다.[40)]

---

40) 가야대 부설 가야문화연구소, 가야사대관, 가야대출판부, 1998, pp. 43~44.

5세기에 들어오면서 고령 가야국인 대가야는 정치적으로 급성장을 하면서 가야연맹체의 맹주국이 되고 그 영향력을 확대해 나간다. 6세기에 들어오면서 하동과 고성 지역에도 고령양식의 토기가 퍼져나갔음을 자료를 통해 확인할 수 있다.

일본 응신기(應神紀) 25년조에 보면

"百濟記云 木滿致者 是木羅斤資討新羅時娶其國婦而所生也 以其父功 專於任那 來入我國 往還貴國 承制天朝 執我國政 權重當世 然天皇聞其暴召之"

라 하여 목라근자의 아들 목만치가 임나, 즉 가야 지역을 세력 기반으로 하여 백제국 내에서도 상당한 권력을 행사하였던 것을 알 수 있다.

이러한 정황하에 신라도 가야 지역에 대한 압박을 지속적으로 행하면서 때로는 신라의 왕녀를 대가야 왕에게 출가시키는 등 화해 조처를 취하기도 하였다.[41] 이렇듯 백제와 신라는 가야 지역을 보다 적극적으로 영향권 내에 두려고 하였다. 그 결과 가야의 여러 나라들은 상황에 따라 백제나 신라에 의존하려 하였다.

6세기에 들어오면서 가야를 구성한 국(國)의 수는 무려 10개국이 넘게 된다. 이는 한기(旱岐)라 부르는 국(國)과 왕이라 칭한 그룹으로 나누어볼 수 있는데, 왕이라 칭한 그룹은 안라국, 가라국, 금관국에 불과하다. 이러한 가야가 하나의 세력권으로 통합되지 못하고 신라에 의해 각개 격파된 것은 각개의 지역사회가 폐쇄적인 분지로 형성되어 분립적 성격이 강했으며, 초기에는 금관가야와 안라국이 중심 세력이 되었다가 중기에는 대가야가 맹주의 지위를 누렸으나 안라국을 압도하지 못하였으며, 후기에는 대가야와 안라국이 가야를 영도해 나갔으나 어느 한 세력도 절대적 우위를 영위하지 못했기 때문이다.

금관가야(가락국)는 기원 전후부터 김해를 중심으로 존속해 왔다. 이를 두고 가야는 가락국(駕洛國), 대가야, 본가야, 변진구야국(弁辰狗耶國), 구야한국(狗耶韓國)이라 칭하고 있다.[42] 금관가야의 창건자인 수로왕이 인도 아유라 국왕의 딸인 허황옥을 맞아들일 때, 허황옥은 붉은 빛깔의 돛을 단 배를 타고 가락국에 도착하였는데, 이후 가락국은 이 500

41) 일본서기, 권17, 계체기 23년조; 삼국사기, 신라본기 법흥왕 9년조.
42) 김정학, 가야사의 연구, 사학연구 37, 1983.

척의 배로 신라왕인 석탈해를 쫓아냈다고 한다.[43)]

일본의 건국 신화에 나오는 구시후루노 다케가 가락국 설화에 나오는 구지봉과 서로 통하는 것이라던가 북규슈를 비롯한 일본 각처의 수많은 가야 계통 지명 등은 가야 사람들의 진출과 무관치 않다.

『삼국사기』 신라본기, 백제본기, 광개토대왕릉비 등에 나오는 왜국도 처음에는 북규슈 이토지마반도(후쿠오카현)를 중심으로 하여 가야인들이 세운 나라였다. 이들은 3세기 중엽 이후 백제의 영향하에 있었고, 하우가(동남규슈), 기비(오카야마현), 하리마(효고현), 이요(에히메현), 가와치(오사카부), 와카사(후쿠이현) 등에는 일본 각지에 진출한 가야인들의 해상활동 여파가 보인다.

이 시기 가야는 6세기 중엽까지 주로 신라에 의해 잠식된 만큼 신라와 맞서서 육지와 해상 두 방면으로 저항하였다. 이 시기의 왜구란 곧바로 가야 계통이거나 원주민들과 이들의 추종자로 보이며, 가야가 이들에게 거점을 제공하고 무기와 식량과 선박들을 조달해 주는 여건을 형성했던 것으로 보인다.

가야인들은 중원 대륙의 여러 나라들과도 교역해 왔음을 남제서를 통해 확인할 수 있다. 또 479년 가야국 하지왕이 남조 나라에 사신을 보냈음도 밝히고 있다.[44)]

6) 발해의 해상 경략

발해(渤海)라는 명칭은 고대 수많은 나라 가운데 유일하게 바다를 뜻하는 해(海)자를 지니고 있는 만큼 바다와 친숙한 나라인 양 비치고 있다. 발해의 영토는 사방 5천 리가 된다고 『통전(通典)』 권186에 쓰여 있다.

수(隋)나라 당시 고구려의 영토가 6천 리였던 것과 비교하면 동서로 1천 리가 작지만 남북으로는 고구려보다 훨씬 더 넓었다. 『구당서(舊唐書)』에 "발해의 지역은 영주(營州)의 동쪽으로부터 2천 리되는 곳에 있는데, 남쪽으로는 신라와 접하고 서쪽으로는 월희말갈(越憙靺鞨)과 인접하고, 동북쪽으로는 흑수말갈(黑水靺鞨)에 이르렀다. 그 지역은 사방 2천

43) 삼국유사, 권2 기이, 가락국기.
44) 남제서, 권58, 가락열전.

리이다.(其地在營州之東 二千里 南接新羅 西接越喜靺鞨 東北至黑水靺鞨 地方兩千里)"고 기술하고 있다. 발해의 서남쪽은 압록 강구의 박작구(泊汋口) 및 장령부(長嶺府) 남쪽이 당나라와의 경계이다.

당나라 출신 가탐(賈耽)의 「변주입사이도리기(邊州入四夷道里記)」에 의하면 "오늘날의 산둥성 등래현인 등주(登州)에서 배를 타고 100여 리를 가서, 작은 배를 갈아타고 동북쪽으로 30리가량 거슬러 올라가 박작구(泊汋口)에 이르면 발해의 국경지대가 나타난다(登州…自鴨綠江口舟行百餘里 乃小舫泝流 東北三十里至泊汋口 得渤海之境)"고 하였다.

박작구는 대포석하(大蒲石河) 어귀로 압록강 본류로 유입되는 곳이다. 발해의 서남쪽은 대체로 오늘날의 관전(寬甸), 신빈(新濱), 청원(清源)을 잇는 선으로 당나라와 국경을 맞대고 있었다.[45]

발해 남쪽으로는 신라와 접하였는데, 니하(尼河)를 경계로 하였다고 『삼국사기』 지리지에 기록되어 있다. 니하는 그 옛날 정천군(井泉郡) 이북의 한 줄기 강으로 본다면, 오늘날의 함경남도 용흥강이 되고, 이 강을 사이에 두고 신라와 접해 있었다고 보아야 한다.

다산 정약용은 그의 저서 『아방강역고(我邦疆域考)』에서 "니하(泥河)는 우리나라 강릉 북쪽 니천수라 하였고, 발해와 신라는 니하로써 경계를 삼았다"라고 하였는데, 그 같은 주장은 니천수가 오늘날 강원도 명주군 연곡천을 뜻하였기 때문이다.[46]

일본인 쓰다 소기치(津田 左右吉)는 다음과 같이 말하고 있다. "지금 동해안에서 비교적 장대한 하류를 검토한다면, 안변부 밑으로 흐르는 남대천을 꼽을 수 있는데, 그 북쪽으로는 고원(高原) 및 영흥(북한의 금야) 부근을 흐르는 덕지탄

정약용의 저서 『아방강역고(我邦疆域考)』

45) 구당서, 권38, 지18 지리일.
46) 정약용, 아방강역고, 이권, 발해고.

과 용홍강(금야강이라고도 한다), 함흥에 있는 성천강을 들 수 있다.

이 가운데서 고원 이북은 신라의 북쪽 계선으로 되기에는 너무 북쪽으로 치우쳐 있어 남대천으로 봄이 타당하다는 것이다.[47] 그러나 이 두 설은 신라-발해 간의 경계선이 처음부터 마지막까지 고정불변하다는 것이 아니고 시대 변화에 따라 유동적이었던 것으로 본 견해이다. 『삼국사기』에는 790년 3월과 812년 9월 단 두 차례에 걸쳐 신라의 사신이 발해에 간 사실을 전하고 있을 뿐이다.

대체로 발해는 남쪽으로는 대동강과 금야강, 덕지강을 계선(界線)으로 신라와 접하였고, 동쪽으로는 동해안 북부와 연해주에 이르는 지역을, 서쪽으로는 요하 유역, 북쪽으로는 흑룡강 유역까지 광대한 영역을 경략하고 있었다. 발해는 건국 초부터 강력한 군사력을 가지고 있었으며 중앙과 지방별로 정연한 군사력으로 해안 방위를 위한 수군을 가지고 있었다.

이를 발판으로 하여 발해의 수군은 드넓은 동해와 서해를 지켜냈다. 이러한 발해국의 자연조건은 육상에서나 해상에서도 모두 중요한 간선(幹線)과 항로를 두고 있었음을 말해 주고 있다. 즉 수상 교통로로 홀한하(목단강), 속말수(북류 송화강), 압록강(마자수), 나하(동류송화강), 솔빈수(수분하), 부여천(이통하), 두만강, 해란강, 휘발하, 우수리강, 흑룡강 등이 각 경(京), 부(府), 주(州), 현(縣)과 연결지어져 있었다.

『신당서(新唐書)』 발해전에 기술하기를 해상 교통로로 압록(조공도), 남해 신라도, 장령(長領) 영주도(營州道), 부여 거란도, 용원 일본도 등지를 열거하고 있다. 여기서 관심을 갖게 하는 곳은 신라와의 접경지대인 니하(泥河)이다.

당시 신라의 변경지인 정천군에서 책성까지 이르는 사이에는 39개의 역이 있었는데, 책성부는 동경인 용원부로 오늘날의 길림성 훈춘현 팔련성이고, 정천군(井泉郡)은 함경남도 덕원으로 당나라 제도에 따르면 30리마다 한 개의 역을 두었으므로 전 노정(路程)이 1170리로 계산된다.

47) 진전좌우길(津田左右吉) 전집 제십일권 십이장(二) 동북방면.

발해에서 일본으로 가는 길이었던 모구위(毛口威)는 오늘날 러시아의 포시에트항이다.

발해에서 일본으로 가는 길은 포시에트만인 오늘날의 크라쓰키노로 있는 모구위(毛口威)로, 여기서 배를 타고 동남쪽으로 향해 일본해를 가로질러 일본 본주인 월전(오늘의 복정), 능등(能登; 오늘날의 석천), 가하(加賀; 오늘날의 신사)에 이르게 되는데, 이 뱃길이 발해와 일본 간에 왕래할 수 있는 가장 가까운 노선이었다.

그 다음으로 모구 위에서 조선의 동남 해안을 따라 남행, 일본의 축자(筑紫; 오늘날의 북구주)에 닿을 수 있는데 이 뱃길 또한 발해와 일본 간의 중요한 교통로였다. 그러면서도 동족 간인 신라와는 단 두 차례의 접촉이 있었을 뿐이라고 사서는 기록하고 있다.[48)]

발해가 일본과 국교를 맺은 시기는 727년 8월인데, 이때를 기점으로 사신이 귀국할 때마다 답례 사신이 왔다.[49)] 발해에서 일본으로 향하는 뱃길은 주로 두만강 하류인 함경북도 연해주 남부 일대의 동경용 원부 지방의 포구와 남경남 해부 관할인 함경남도 북청군 하호리인 청해토성 인근의 토호포 등지이다. 겨울철에는 북쪽에서 내려오는 해류를 타고 동해안을 따라 내려가다가 동쪽으로 방향을 바꾸어 일본 서해안에서 동북으로 흐르는 해류를 타고 노도반도를 비롯한 가가, 에치젠 등지의 항구로 상륙하였고, 돌아올 때에는 여름철 계절풍을 이용하여 동해의 북동부를 에돌아 연해주 해안으로 향하여 두만강 하구로 왔다. 871~872년 일본으로 향한 사절단은 당시의 관례에 따라 두 척의 배

48) 삼국사기, 790년 3월 812년 9월.
49) 속일본기, 권10, 성무기 신구 5년 갑인.

에 105명 정도의 인원을 싣고 갔으며, 일본에서는 일본 돈 40만 전을 교역 대가로 지불하였다고 한다.[50]

도리기의 저자 가탐은 등주에서 고려 발해로 가는 길인 요동반도 남단 도리진(都里鎭: 오늘날의 여순항)에 대해 말하기를, 이곳은 발해의 수군기지로 볼 수 있다. 여기서 여러 섬, 포구, 만(灣)들을 지나 800리쯤 되는 곳에 오골강(대양하; 오늘날의 대고산)이 있는데, 이곳은 예로부터 항구로 번영을 누리던 지역으로 강어귀 동서에는 옛 성터들이 남아 있다. 동해안에는 발해의 동경 용원부와 남경 남해부 산하에 수군기지가 있었을 것으로 보이며, 732년 등주원정을 수행한 사실로 미루어보아 이를 예측할 수 있다.

발해의 사신들은 압록강 하구나 요동반도 남단 동남쪽의 여러 항구들을 이용, 산둥 지방으로 가는 뱃길을 이용하였다. 특히 제(齊)[51]나라와는 50여 년간(765~819년) 바다로 왕래하면서 교역을 유지해 왔다.

발해와 당의 관계가 악화될 때, 발해 무왕의 동생 대문예가 왕명을 어기고 당나라로 망명하면서 사촌형 대일하를 지휘관으로 삼아 당나라 현종에게 대문예를 돌려보내 줄 것을 요구한 바 있다.[52] 그러나 결국 이는 용인되지 않았다. 732년 봄 발해가 당을 공격할 때 압록강 하구에서 등주(오늘날 산둥반도 봉래현 동남)를 쳐 그곳 자사 위준을 처단하고 기지로 돌아왔다. 752년『속일본기(續日本記)』에 의하면 신라 사신 700여 명이 일곱 척의 배를 타고 일본에 왔는데,[53] 이 배를 보고 규슈의 태자부에서 배를 건조한 일이 있을 정도였다고 한다.[54]

840년에는 대마도 사신이 일 년에 네 번씩이나 돌풍을 만나 조공품을 바다에 빠뜨린 일이 있어 신라에 배 한 척을 나누어줄 것을 요청한 일이 있었다.[55] 이 같은 요구는 신라 배를 이용하여 귀국한 일이 있었음을 뒷받침하고 있다.

또 다른 기록에 의하면 서해상의 당항포(당성진), 기벌포, 목포, 군산포, 회진포, 덕안

---

50) 삼대실록, 권20, 청화기 정관 13년 12월 11일 임자, 14년 5월 21일 경인 22일 신묘.
51) 제나라는 고구려 후손인 이정기와 그 자손이 세운 산동 지방에서 유지하고 있던 제후국.
52) 구당서, 권144, 열전, 발해, 권199, 열전 말갈.
53) 속일본기, 권18, 효경기 천평승보 4년 윤3월 기사.
54) 속일본후기, 권8, 인명기 승화 6년 7월 병신 8월 기사 갑술 10월 정사 입당구법순례기(圓仁).
55) 속일본후기, 권8, 인명기 승화 7년 9월 정해.

포, 회안포 등 여러 항구를 떠나 장강 하구나 남중국해로 가는 뱃길을 열어 왕래하고 있었으며, 당시 장강 하구까지 이틀 또는 사흘에 걸려 목적지에 도착하였다고 한다.

신라는 당시 서해안을 따라 북상하여 예성강 하구의 벽란도, 예성강과 임진강 사이의 정주를 거쳐 서해안을 따라 북상한 다음 옹진반도를 지나 대동강 어구의 초도에 이르러 서남쪽으로 직행 등주로 가는 고정 항로와 더 멀리 북상하여 등주(산둥반도)로 가는 뱃길을 이용하였다.[56)]

발해가 해상활동을 강화하고 수군력을 보강하려 한 중요한 노력은 남쪽 신라와의 관계가 원만하지 못하였고, 서쪽 거란과의 관계가 좋지 않아 부득이 당나라 · 일본과의 외교 무역을 틀 수밖에 없었기 때문이다. 이들은 멀고 먼 바닷길을 내왕하자면 견고하고 튼튼한 선박이 필수조건이었다.

해상에서의 적대세력과 조우할 경우 이들을 제압할 수 있어야 하고 여타의 안전한 항로를 개척하려면 자연히 강력한 수군력이 필요했기 때문이다. 발해의 선박이 멀고 험한 바닷길을 이용한 해상 원정을 단행하기 위해서는 선원 수가 최소한 50명 이상이어야 하며 여기에 필요 불가결한 생필품과 교역물을 실을 수 있어야만 했다.

발해의 수군력은 강성하였는데, 한 예로 무왕 때에는 장문휴(張文休) 장군이 이끄는 발해 원정 함대가 압록강 하구에서 출항 바닷길로 서해를 건너 당나라 동쪽 해안의 관문이고 매우 중시되는 요충지인 오늘날의 산둥반도 봉래현 동남(옛 등주)을 불의에 기습하여 이곳의 당나라 함선들을 파괴하고, 등주자사 위준을 처단한 후 적들을 섬멸하고 무사히 기지로 돌아왔다.

이렇듯 발해의 수군력이 강성하였음은 조직력에 힘입은 바 크다. 발해는 중앙 관서에 공부(工部)를 두고 그 산하에 수부(水府)를 두어 선박의 건조 관리 사업을 체계적으로 맡아보게 하였다. 또한 동경 용원부, 남경 남해부, 서경 압록부 일대의 중요 항구들에는 수군기지들을 두고 함선을 비롯한 선박 건조를 체계성 있게 진행하였다.

56) 삼대실록, 권20, 청화기 정관 13년 12월 11일 임자 14년 5월 21일 경인 22일 신묘.

2 중세 고려의 영해 경략

1) 고려 초의 해상활동

고려 태조 왕건은 이미 태봉국 시절 백선장군(百船將軍)이라는 칭호하에 후백제 수군과 여러 차례 해전을 겪었고, 왕으로 추대된 이후에도 휘하에 여러 명의 수군 장군을 두고 해상경영 강화에 힘씀으로써 후백제 병합을 앞당길 수 있었다.

태봉국의 수군 지휘관이었던 왕건은 903년 3월 수군함대를 이끌고 옛 광주였던 무진주 지역에 내려가, 금성군을 비롯한 10여 개 고을을 점령하고 금성(錦城)을 나주(羅州)로 고치고 그 일대를 후백제 공략의 거점으로 삼은 바 있다.

909년에는 해군 대장군의 직함을 띠고 상륙작전을 펴, 진도군에 있는 고이도성을 함락시켰고, 목포와 덕진포 바다에서 견훤의 대함대를 화공전(火攻戰)을 펴서 격파하기도 했다. 914년에는 70여 척의 함선을 이끌고 나주 지방으로 원정을 나가 100여 척의 함선을 더 건조하여 후백제군을 견제 · 격파하기에 이른다.

고려 태조 왕건은 918년 삼한을 통일한 뒤에도 이 같은 성과를 발판으로 하여 여러 명의 수군 장군을 두고 도항사(渡航司)를 두어 조선(造船) 및 그 운영을 관장하게 하였다. 927년 고려의 수군 장군 영창과 능식 등이 함선을 이끌고 후백제 관할지인 강주를 공격, 4개 처의 향(鄕)을 점령하게 하였다.

이에 맞서 932년 9월 후백제의 수군은 고려국의 해안 깊숙이 침입해 염주, 백주, 정주 등지를 기습 공격하여 100여 척의 고려 함선에 불을 지르고 오늘날의 황해도 안악군 제도(弟島) 목장에 침입, 300필의 말을 약탈한 바 있다.

그해 10월에는 평안북도 용천군 소재 대우도를 기습해 고려국에 대한 교란작전을 펴면서 대항하려 하였다. 935년 3월 후백제는 견훤의 맏아들인 신검이 반란을 일으키자 실권을 잃게 된 견훤이 그해 6월 할 수 없이 고려에 투항할 것을 비밀리에 통보하고 투항하고 만다. 이 무렵 고려의 장군 유금필(庾黔弼)은 함선을 이끌고 6년 만에 다시 나주로 내려가 후백제의 수군을 무찌르고 개선한다.

후백제와 대결하던 이때에도 고려는 서북지방에 대한 경계를 늦추지 않았다. 특히 해안지대에 대한 방비에 힘을 쏟았는데, 그 같은 실례가 오늘날 안주로 알려지고 있는 안융진성, 박릉성, 무주성으로 알려지고 있는 운남성, 가주의 습흘성 및 송산성, 안주의 안북부성 등 주로 해안지대를 겨냥해 서북지방으로 침입하는 외적들에 대한 해안 침입을 방어하는 데 역점을 두었다.

이렇듯 해안지방에 수륙군을 동시에 강화하도록 한 것은 연변(沿邊) 방어에서 기동성을 보완, 수륙군의 합동작전을 원활하게 수행할 수 있게 하기 위함이었다. 고려 정부는 국토의 동북방과 동남방에서의 외적의 침입을 염려하여 여진족과 왜구들의 바닷길 침입을 미연에 방지할 계책 또한 등한시할 수 없었다.

그런가 하면 한편으로는 서해상을 통해 944년 후진(936~946)과 976년 이후부터는 송나라와 국교를 맺고 대외활동을 벌여 나갔다. 이렇듯 서해 바닷길의 이용은 수군의 역량이 아니고는 수행할 수 없는 일이었다. 정종(靖宗) 10년인 1044년 예성강의 병선 80척으로 군수물자를 실어다가 서북계의 여러 고을들과 진(鎭)에 보급하였으며, 1064년에는 107척의 배를 6차례에 걸쳐 용문창의 쌀을 인주, 용천, 철산, 선천, 곽산, 위원진 등지로 운반해 군량으로 충당케 하였다. 이 당시 운반된 군량미는 1067년 기준 4만 9천400석이었다.

고려 정부가 압록강 하구 일대를 차지한 다음, 압록강구당사(鴨綠江勾當使)를 두고 12세기 초엽 압강도부서(鴨江渡部署)를 설치, 병선들을 배치하였던 것도 이 같은 맥락과 궤를 같이한 것이다.

2) 고려 수군의 조직

고려국 건국 초기에는 각 지역마다 수군 진지를 두었는데 동해안 쪽에는 원홍진(함남 정평군 조양리), 진명진(강원도 원산), 영인진(함남 금야군), 용진진(강원도 문천군), 도림포(도련포), 백석포(간성), 압융수(상음), 영파수(열산), 임원수(삼척), 동진수(삼척현) 등의 진영들과 초소들이 있었다.

서해로는 압록강구 용주, 사비강구, 대동강구, 통해진, 당관진(풍천), 예성강구, 임진강구, 교동도, 강화도, 화지량, 착량, 안흥량, 장암진, 고군산, 덕진포, 목포, 영산포를 두었고, 남해로는 각산수, 합포진 등을 두고 있었다.

원홍진과 진명진 등지에는 선병도부서(船兵渡部署)가 설치되어 있었고, 신라의 수도였던 경주에는 동남해선병도부서(東南海船兵渡部署)를 두었고, 압록강구에도 압록강도부서 및 압강구당사를 두고 각기 산하의 진(鎭), 수(守)의 소속 함선들을 장악하고 있었다.[1)]

도부서(渡部署)에는 사(司), 부사(副司), 판관(判官), 녹사(錄使) 등의 무관들이 배치되어 있었다.[2)] 중앙의 수군 행정기관으로는 처음에는 도항사(都航司)를 두었다가 919년에 선부(船部)를 두었고, 이후 상서도성 아래 6부의 하나인 병부에서 수군을 관할하도록 하였다. 도부서 관하의 수군들로 하여금 해상 전투를 위시한 군사적 의무를 감당하도록 하였다. 즉 연해분도 판관 등의 지휘하에 전투를 수행하기도 하였다.[3)] 예컨대 뒷날 사위포 또는 소위포로 알려지고 있는 서북면의 용주 사비강에는 별장 1명, 교위 2명, 대정 4명, 행군 99명을 두고 있었고, 통해진인 통해현에는 교위 1명, 대정 2명, 행군 43명이, 동해안 원홍진에는 사공 4대가 있었다고 한다.

1039년 압록강구에는 병선 70여 척이 배치되어 있었음을 상기할 때 동서남해안에도 적지않은 관할 함선들이 배치되어 있었을 것으로 보인다. 여러 나루터에는 구당사(句當使)가 배치되어 있었다. 예컨대 서북면의 용주 사비강(뒷날 사위포 또는 소위포라고도 함)에는 별장 1명, 교위 2명, 대정 4명, 행군 99명이 있었고, 통해진에는 교위 1명, 대정 2명, 행

---

1) 고려사절요, 권3, 현종 10년 4월, 동왕 19년 10월, 동왕 20년 윤2월.
같은 책, 권4, 문종 1년 정월 4년; 정월 권5, 문종 27년 7월.

2) 고려사, 권83, 병지 3 주현군조 참조.

3) 고려사절요, 권4, 정종 9년 6월.

군 43명이 동해안의 원흥진에는 사공 4대(1대는 33명)가 있었다.

1039년의 경우 압록강구에는 병선 70여 척이 배치되어 있었다. 중앙의 수군 행정기관으로는 당초에 도항사(都航司)를 두었다가 919년에 와서 선부(船府)로 고쳤고, 이후 상서도성 밑에 6부의 하나인 병부에서 수군을 관할하도록 하였다. 각 지방별로 도부서 관하의 수군들은 해상전투를 비롯한 군사적 의무를 수행케 하였다.

이 같은 수군병력의 운영체계는 조선의 관제와 대동소이하다.[4] 고려의 수군은 해상영역 수호라는 기본 임무 이외에 조세와 군수 물자의 운반, 진성의 축조, 경비 함선의 건조 및 수리 함선용 장비 마련 등 잡다한 노역을 감당하였다. 군역을 지지 않는 백정의 경우 토지 1결을 주었고, 이들은 대체로 2~3정에 1명씩 상번하는 방법으로 교대 근무를 하였다. 이 같은 수군 복무는 여러 군역 가운데 가장 힘든 역종으로 알려졌다.[5]

고려국의 부역(賦役)은 16세부터 60세까지의 양민 장정들이었으나, 병역은 만 20세부터 60세까지의 장정들이었다. 수군의 징집은 해변가 고을에 살고 있는 장정들 위주로 하였다. 고려에서는 보통 한 령의 군 인원 수를 1천 명으로 보고 있으나 때로는 1천 명이 넘는 경우도 있었다. 그러한 경우 망군정인을 두고 있었기 때문으로 보이는데, 망군정인은 아직 군역을 정식으로 지지 않는 대기 인원이라 볼 수 있다.

지방의 수군 무력으로는 동해안 쪽에 오늘날의 함경남도 정평군 조양리에 위치한 원흥진, 강원도 원산시에 속해 있는 진명진, 함경남도 금야군에 속해 있는 영인진, 강원도 문천군에 속해 있는 용진진 등을 비롯하여 도련포로 알려지고 있는 도림포, 간성의 백석포, 상음의 압융수, 열산의 영파수, 삼척의 임원수, 동진수 진영들과 초소들이 있었다.

서해 쪽으로는 압록강구, 용주, 사비강구, 대동강구, 통해진, 풍천의 당관진, 예성강구, 임진강구, 교동도, 강화도, 화지량, 착량, 안홍량, 장암진, 고군산, 덕진포, 목포, 영산포, 남해로는 각산수, 합포진 등의 수군의 진 또는 수(守)들이 있었다. 수군들은 연해를 지키며 해적들의 침습을 요격 · 분쇄하는 기본 임무 외에 조세나 군수물자의 운반, 해상경비 진성(鎭城)의 축조 및 경비 함선의 건조 및 수리, 장비 마련 등 수군 진영의 상사들의 뒷바라지 등 갖가지 노역에 시달려야 했다. 이러한 수군의 임무 내지 의무는 사회적

4) 고려사절요, 권4, 정종 5년 6월.
5) 고려사, 권46, 공양왕 3년 5월 기유.

지위에서나 신분상 천민으로 떨어지게 하였다. 이러한 추세에서 수군의 부족 현상이 자명해지면서 부곡(部曲), 향(鄕), 소(所) 심지어는 공노비들까지 수군으로 편입시키지 않으면 안 될 실정이었다. 이에 따라 군역을 지지 않는 백정(白丁)들에게, 군역을 지는 경우 토지 1결을 준다고 하면서 수군으로 끌어모았다. 이들 일반 하졸 수군은 대체로 2~3정에 1명씩 상번하는 방법으로 교대근무를 하게 되어 있으나, 이 같은 규정은 말뿐으로 제대로 시행되지 못하였다.

3) 고려의 선박 건조술

수군에게 필수적인 함선은 고금을 막론하고 함선 건조술이 뒷받침되어야 했다. 10세기 초 후고구려 때인 915년, 100여 척의 함선이 건조되었는데, 그 가운데 큰 배는 10여 척이 넘었는데, 그 배는 사방이 16보(96자; 28.7m)로 다락을 두고 있었으며, 배 위에서 말을 타고 돌아다닐 만하였다고 한다.[6] 고려에서는 910년 70여 척의 배에 2천 명이 넘는 수군을 싣고 후백제 토벌을 단행한 바 있다. 이 당시 큰 배의 비율은 3분지 1이 넘는다고 하였다.

10세기경 남도 수로로 통하는 고을에 12개의 창고, 즉 충주의 덕흥창, 원주의 흥원창, 아산의 하양창, 부성의 영풍창, 보안의 안흥창, 임피의 진성창, 나주의 해릉창, 영광의 부용창, 영암의 장흥창, 승주의 해룡창, 사주의 용양창, 합포의 석두창, 서해에는 장연현에 안란창을 두었다고 한다.[7] 각 창고마다 판관이 있어 부근의 조세미를 받아 쌓아 두었다가 수도인 개경으로 실어 나르게 하였다. 정종 연간인 1035~1046년 사이에 해안으로 통하는 10여 개소의 창고에는 초마선 6척씩을 두었는데, 배 한 척에 1천 석(100~140t)을 실어 나를 수 있는 큰 배들이었다.

덕흥창과 흥원창처럼 강이나 하천을 드나들 수 있는 평저선에는 200석(20~24t)을 실어 나를 수 있었는데, 20~21척의 배들로 예속되어 있었다. 현종 10년인 1019년 동해에서 여진 해적선을 쫓아낼 때 활용된 배의 형태와 크기는 적들의 배를 엎어버릴 정도라고

6) 고려사, 권1, 세가 제1 태조 1.
7) 고려사, 권79, 식화지(食貨志) 2.

하였다. 선체 안은 넓고 컸으며 다락집은 좌우로 각각 4칸을 두었다. 달아매지 않은 노가 한 켠에 7~8개나 있었고 배의 앞면에는 쇠로 뿔을 만들어 적선을 들이받아 부수게 되어 있었다고 한다.[8)]

고려의 선박 건조기술을 엿볼 수 있는 유물이 지금도 일본에 남아 있다. 일본 나가사키와 규슈 앞바다에서 발견된 유물 중에는 닻에 매달았던 돌이 있다. 길이 2.5m에 이르는 이 돌을 장착한 닻은 전체 길이가 무려 7m나 된다. 이렇게 거대한 닻을 사용한 배는 바로 여몽 연합군이 일본 상륙작전에 사용한 전함이다.

닻이 이 정도라면 배의 크기는 얼마나 되었을까? 닻의 무게를 이용해서 배의 길이를 추정해 보면 30~40m 정도가 된다. 그렇다면 닻돌은 어디서 온 것일까? 돌의 재질을 분석한 결과 일본의 것이 아니라 전라남도 장흥군 천관산(天冠山)에서 온 것으로 드러났다.

배를 만든 나무도 마찬가지였다. 『고려사』 기록에 따르면, 천관산 일대 마을인 관산읍 죽청리에서 만들어졌다고 한다. 지금은 간척이 되어 육지가 되어버렸지만, 고려시대만 해도 죽청리는 큰 선박이 드나들던 천혜의 조건을 갖춘 포구였던 것이다.

다카시마의 향토역사자료관에 전시된 몽골 함선

8) 소우기 관인 3년(1019년) 8월 10일.

13세기의 일이지만 원나라에서 일본을 공략할 당시 만든 커다란 전함은 한 배에 평균 170~180명의 인원과 무기, 장구류, 식량 등을 실어 3천~4천 석(250~280t)을 싣고 항해하였다고 가정해 볼 수 있다.

당시 원나라 강남 지방에서 만든 배 3,500척은 폭풍우를 만나 거의 다 파괴되어 침몰했으나 유독 고려의 선박들은 거의 손상을 입지 않았다. 이는 고려의 선박 건조술의 우수성을 보여준 좋은 사례라 하겠다.

여몽 연합군의 일본 원정은 두 번에 걸쳐 이루어 졌는데, 1차 원정에서 연합군은 쓰시마 상륙에 이어 규슈 본토로 향한다. 900척의 전함과 4만 명의 병력의 여몽 연합 함대는 하카타만에 상륙, 규슈 일대를 휩쓸어버렸다. 여몽 연합군을 물리친 것은 일본군의 대항이 아니라 우연히 불어온 바람, 그들이 말하는 가미가제(神風)였던 것이다.

흥미로운 것은 고려 함선은 가미가제에도 견뎌냈다는 점이다. 『원사(元史)』「장희(張禧) 열전」에는 다음과 같이 기록되어 있다.

"원나라 전선(戰船)은 모두 돌풍에 깨어졌으나 고려의 배는 대부분 무사했다."

신의 바람, 가미가제에도 끄떡없는 고려 군함은 과연 어떠했을까? 『고려사』에서 김방경(金方慶, 1212~1300) 장군은 "중국식으로 만들면 노력과 비용이 많이 들고 시간도 많이 걸린다. … 전라도에서 우리 식으로 배를 만들겠다"고 하였다. 그가 말하는 고려식의 배는 바닥이 평평하고 배의 앞과 뒤가 유선형이었다. 고려의 배는 모두 4종류였다. 순찰용 배인 순선(巡船), 행정 지도선 격인 관선(官船), 묵은 소나무로 튼튼하게 만든 송방(松舫), 강판 위에 커다란 방을 만든 막선(幕船) 등이다. 대선(大船)과 창이 달린 과선(戈船)은 모두 군함이다.

고려의 조선술은 하루아침에 축적된 기술이 아니었다. 당시 고려 함선의 앞머리에 있었다는 쇠뿔은 거북선 앞머리에 있던 쇠를 박은 용머리 모양으로, 적선을 들이받아 파선시킬 수 있는 장치였다.

일본 『소우기』라는 책에 따르면 고려 군함은 뱃머리에 철로 뿔을 만들어 적의 배를 맞받아 부수도록 했다는 기록이 있다. 뱃머리에 강력한 돌출구를 만들어 충돌을 통해 적선을 파괴하고자 하는 전술적 목적을 가지고 있던 것이다. 이 같은 고려 배의 전통은 조선으로 그대로 이어졌고, 가장 대표적인 배가 판옥선과 거북선이다. 특히 무적 군함 거북선은 지붕에 쇠못을 꽂았다는 부분에서는 과선의 전통을, 적을 향해 돌진하여 충파시키는 부분에서는 고려 군함의 전통을 이어받았던 것이다.

1280~1281년 원의 제2차 출정 시 고려에서 만든 배 900척 가운데 300척은 가볍고 빠른 경질선이었으며, 여타 300척은 물을 싣는 급수선에다 나머지 300척은 커다란 전투함이었다. 이 가운데 작은 배는 평균 7명 정도가 탈 수 있었다. 당시 동원된 군의 수는 5만 7천 명으로 평균 175명이 탔던 것으로 추산된다.[9)]

고려의 배들은 송나라에서 순풍을 타면 2~3일 사이에 닿을 수 있었고 일본은 아침에 떠나서 저녁이면 도착할 수 있었다.[10)] 고려의 함선들은 뗏목처럼 통나무를 이어 붙여 바닥을 만들었으며, 평평한 바닥 때문에 평저선(平底船)이라고도 한다. 배의 앞뒷면 역시 평평하게 막았다. 옆면은 두꺼운 판자를 대어서 튼튼하게 세우고 내부에는 가로막을 대어 배의 골격을 유지했다. 돛대는 앞뒤에 두 개를 세우고 판자로 갑판을 씌웠다. 원양(遠洋) 항해에 적합하도록 앞뒤의 갑판은 높고 중앙부는 낮은 곡선형을 유지했다.

고려의 배들이 개선을 거듭한 것은 발해 유민, 동여진인들의 지혜가 더해진 덕분이기도 하다. 929년 발해가 거란족에 의해 멸망하자 발해의 유민들은 고려로 귀화하는데, 이때 이들이 타고 온 배 20여 척과 1012년 탐라에서 큰 배 두 척을 바쳤는데 이것들은 후에 고려의 함선 축조술에 일정한 참조가 되었다. 1030년에는 동여진인들이 과선(戈船) 7척을 바쳤는데, 이들 배들의 기능을 종합한 조선술이 고려로 이어져 내려왔다.

이후 이러한 조선술은 후에 판옥선이나 거북선 축조술로 이어졌다. 1009년 과선(戈船) 75척을 만들어 연안에 출몰하는 해적들의 준동을 제어하였다. 『고려사절요』에 의하면 순선, 관선,. 송방, 막선 등 여러 종류를 두고 있었는데, 순선은 정기(旌旗)를 달고 돛대 끝에 도순(都巡), 위사(尉司) 등의 글자가 쓰인 것을 달고 순찰하였다.

관선은 위에 갈대 지붕을 잇고 그 아래에 지게문과 창문을 냈으며 둘레에 난간을 치고 나무를 가로대어 배전 밖으로 갑판이 삐져나오게 한 것이나, 앞뒤가 모두 나무판자를 쓰지 않고 통나무를 휘어 굽혀 연결시킨 것이었다. 앞에는 닻을 감아올리는 바퀴가 있

9) 고려사절요, 권20, 충열왕 6년 8월 신묘; 元史, 권208, 일본열전 참조.
10) 고려사, 권102, 이장용열전 원사, 권208, 고려전.

고 위에는 큰 돛이 달려 있었다. 돛의 폭은 20여 폭인데 아래로 오면서는 낮게 내려드리우기만 하였다.

이는 바람에 의한 피해를 막기 위한 것이었다. 이들 배들은 접반, 선배, 관구, 공주(公廚) 등의 명칭을 갖고 외국 사신의 응접용으로 활용할 수 있게 되어 있었는데, 배의 크기는 각각 비슷했으며 접반사가 탄 배만이 포장을 치도록 하였다.

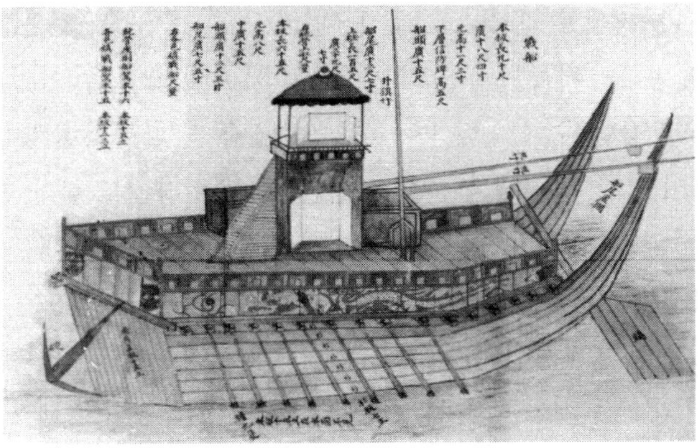

조선 후기 각선도본에 그려진 판옥선

고려 조운선 마도1호. 국립해양문화재연구소가 충남 태안의 마도 앞바다에서 발굴한 고려 선박 '마도 1호선'. 1208년 전남 해안을 떠나 항해 중 마도해역에서 침몰해 뻘에 처박혀 있던 것을 2010년에 발굴했다.

특히 송방은 이물과 고물이 다 뾰족하게 생겨 중간에 5칸의 방을 만들었고 앞뒤로는 2개의 작은 방이 있어 좌상인 탑을 안치하고 발을 드리웠으며, 가운데 2칸은 비단자리와 방석요를 깐 외국인 접대석으로 정사와 부사 및 상급 사절만이 탈 수 있게 장식하였다. 지붕은 역시 갈대로 이어 덮었다. 막선은 하급 사절들을 태우기 위한 것으로 위에는 푸른 베로 두른 방을 만들고 아래쪽은 장대로 기둥을 삼았으며 네 모서리는 각각 붉은 끈으로 잡아당겨 매도록 하였다. 이러한 장식은 경비정이나 민간용 선박들에 가미된 것으로, 관선이나 송방은 별도의 모양새를 갖추고 있었다. 큰 배들에는 배에 딸린 급수선과 전마선인 삼판선 등이 매여 있도록 되어 있으며, 이 밖에 날쌔고 가볍게 기동할 수 있는 경함배도 있었다.

큰 강어귀에는 배를 건조하는 데 필요한 기술자들이 모여 있었다. 동여진인의 해적 떼들은 가볍고 빠른 작은 배들을 이용하여 해변에 바짝 붙어 다니면서 무시로 동해안 각지를 제집 드나들듯 침범하곤 하였다. 반면에 고려의 배들은 크고 둔중해서 연해에서는 자유로이 기동하기 어려웠다. 이에 고려에서는 이들의 과선(戈船)을 참고, 개량하여 1009년 과선(戈船) 75척을 건조해 진명도부서 앞바다에 배치해 소소한 해적들의 준동을 적시에 막아내도록 하였다.

몽골 40년 지배하인 1270년대 말에서 1280년 초에 900척에 달하는 배를 3만여 명을 동원해 4개월 반 사이에 건조하였고[11], 삼별초의 항전 시 강화도에서 진도로 옮겨 가면서 1천여 척의 배가 동원되었던 사실에서도[12] 고려조의 뛰어난 선박 조선술을 확인할 수 있다. 함선들은 오늘날 개성시 개풍군에 속해 있는 정주, 염주(연안), 백주(배천) 등을 비롯해 진지(陣地) 인근에서 건조되었는데, 이에 사용된 자재는 수십 년 내지 백여 년간 실히 자란 소나무들이었다.

---

11) 고려사절요, 권19, 원종 15년 6월; 고려사, 권28, 충렬왕 즉위년 10월 기사.
같은 책, 권29, 충렬왕 5년 6월; 신축, 권29, 충렬왕 6년 11월 기유.

12) 고려사절요, 권18, 원종 11년 6월; 고려사, 권26, 원종 11년 6월 기사.

4) 고려의 외적 침입 상황

11세기 초에 고려는 동북방 여진족들의 해적인 도이(刀伊)라는 해적들의 침입을 받기 시작하였다. 이들의 만행은 해가 갈수록 심해져 고려 정부로 하여금 동해안에서의 수륙군의 무력을 강화하지 않을 수 없게 되었다. 1005년 오늘날의 강원도 안변으로 알려진 등주에 도이들이 침입하여 여러 고을과 진들을 노략질하였는데, 그 피해가 막심하였으며 심지어 불을 놓고 달아난 지역이 무려 30개 처나 되었다.

이렇게 되자 고려 정부에서는 원흥진도부서, 진명선병도부서, 동남해선병도부서와 같은 수군 부대들을 동해안 일대에 집중 배치하여 동여진 해적들을 효율적으로 쳐부수기 위한 전략을 펼쳤다. 1011년에는 동여진 해적들이 1백여 척의 배를 타고 경주 해안가까지 침범하였다. 이듬해 청하, 영일, 장기현 등지를 침공하였다가 달아났고, 1015년에는 20척의 배를 타고 도련포(당시 구두포)를 습격하려다 진명도부서의 수군들이 활용한 우수한 무기들에 의해 격파당하였다. 1019년(현종 10) 4월 해적 8척을 나포해 보니 이 배 안에 일본인 259명이 잡혀 있어 이들을 고국으로 돌려보냈다. 이 해 7월 우산국 주민들이 고려 내지로 피란하였던 이들을 돌려보냈다. 1022년에는 여진인들에게 납치당하였다가 돌아온 이들을 희망에 따라 예주(禮州)에 살게 하였다. 이후에도 여진인들의 기습은 계속되었는데, 오늘날 울진군 평해면에 침입한 이들의 만행을 응징하여 배 4척을 나포하고 이들을 모조리 사살하였다.[13] 같은 해 10월 15척의 동여진 해적선이 고성과 용진진(문천군)에 침입, 70여 명의 고려인을 납치하였고, 1029년 2월에는 30여 척이 동해 변방에, 3월에는 10여 척이 명주(강릉)에 침범했으나 격파당하였다. 5월에는 400여 명의 동여진인들이 동산현(양양군)에 침입해 노략질을 하였다.[14]

1033년에는 간성현(고성 남쪽) 백석포와 삼척현에 침입하였는데, 이 가운데 90여 명이 사로잡혔고, 1036년 2월에는 삼척현 동진수에 침입 노략질을 함에 40여 명을 사살 또는 포로로 잡았다.[15] 이러한 시기를 당하여 현덕진(1027년: 금야군에 있음), 간성현성(1033년), 명주성(1034년), 환가현성(1041년: 고성군에 있었음), 영흥진성(1046년)의 성을 축조・보수하였

13) 고려사절요, 권3, 현종 19년 5월 10월 동왕 20년 2월 3월 5월.
14) 고려사절요, 권4, 덕종 2년 3월 4월.
15) 고려사절요, 권4, 정종 2년 2월.

다. 설치된 수(守)자리로는 압용수, 향정수, 철원수 등이 있었다. 1049년 여진 해적들의 침입은 현 강원도 통천군인 임도현과 금야현에 침입하여 약탈과 살인 행위를 감행하였다. 이듬해에는 현재의 간성인 열산현(烈山縣)을 비롯해 영파수와 안변 소재 파천현(派川縣) 등을 습격하였다. 이러한 해적들의 준동에 대해 고려의 수군들은 더 이상 피동적으로 방어만을 능사로 삼을 수 없었다.

1049년 10월 해적들이 진명 포구에 머물러 있던 고려 병선 2척을 탈취해 달아남에 오늘날 정평군에 소재하고 있던 원흥진도부서 소속 수군들은 병마녹사 문양렬과 도부서 판관 송제한 등의 지휘하에 해적들의 소굴을 기습해 이들의 집들을 불태우고 20여 명을 사살하였다.

이렇듯 선병도부서에 배치되었던 수군들은 해적들이 침입해 올 때마다 적들을 쳐부수었을 뿐만 아니라 이들을 멀리 추격하여 소탕하기도 하였다.

이듬해 9월에는 열산현을 습격한 여진 해적들을 응징하기 위해 전함 23척을 이끌고 초자도로 가서 해적선 8척을 격파하고, 여진부락 30여 개 처를 불살랐다. 이 해 11월에는 진병도부서 부사 김경웅이 열도에서 해적선 3척을 격침하고 적들을 사살하였다.

1064년 여진 해적들이 평해군 남포에 침입함에 이를 나포하였고[16], 1068년 6월에도 또다시 적선 7척을 나포하였으며[17], 1068년 7월에는 동계병마판관(東界兵馬判官), 진명도부서 부사, 원흥진 부사 등이 거느린 고려 수군이 초도 앞바다를 순찰 중 적선 8척을 발견하고 이 가운데 3척을 격파 30여 명을 처단하였다.[18]

1073년(문종 27년)에는 여진 해적 떼들이 경주 파잠부곡까지 침입하여 노략질을 하고 돌아가는 것을 원흥진도부서의 염한 휘하의 수군들이 수십 척의 함선을 이끌고 초도 앞바다에서 요격하여 12명을 사살하고 붙잡혀가던 고려인 162명을 구하였다.

1084년(선종 1년) 홍해군 모산진 나루에 침입하여 고려 수비병들이 경작하던 농장을 습격함에 이들 해적들을 퇴치하였고, 1096년(숙종 1년) 진명도부서사가 해적들과 싸워 적 17명을 처단하였고, 1097년(숙종 2년) 동여진 해적선 10여 척이 진명현을 습격해 옴에 동

16) 고려사절요, 권5, 문종 18년 윤5월.
17) 고려사절요, 권5, 문종 22년 6월.
18) 고려사, 권8, 문종 22년 7월 정유.

북면 병마사는 반격에 나서 해적 3척을 나포하고 이 가운데 48명을 처단하였다.

11세기 말엽 완안여진부의 결속으로 동북지방이 소란해지자 1104년 동북면병마사 임간으로 하여금 이들에 대해 공격전을 펴다가 실패했으나, 이를 교훈 삼아 수륙군 협동으로 1107년 12월 17만의 대군을 5군으로 편성 출전케 하였다.[19] 이 당시 고려의 수군 함대는 도련포를 떠나 동해 연안을 따라 북쪽으로 진격하였다. 고려군은 여진족들의 수군을 견제하면서 지상의 육군 병력의 안전을 도모하였다. 이러한 고려 정부의 결단은 11세기 말엽 여진족 가운데서 가장 북쪽에 있던 완안 부족이 급속히 성장하면서 그 세력이 두만강 부근까지 미치게 되었으며, 1102년에는 천리장성 관문 밖까지 침입해 왔다.

원정군의 선봉 부대는 두만강 북쪽 공험진 선춘령까지 진출하였다.[20] 원정군은 그 지역에 영주, 웅주, 길주, 복주 등 9성을 쌓았고, 1108년 7월 행영병마판관 신현이 지휘한 고려의 수군 함대는 영인진에서 적선을 격파하였다.[21]

1109년 5월에는 도련포 남쪽인 선덕진에서 침입하여 고려의 후방을 교란시키려 하였으나 고려의 수군에 의해 격파되었다.[22]

웅주성이 적의 공격으로 위험에 직면했을 때 고려 수군들은 군량을 비롯한 군수물자의 운반에 만전을 기함으로써 적들을 섬멸하는 데 커다란 역할을 수행하였다.[23]

1109년 완안부여진족은 다시는 고려를 침범하지 않겠다고 하면서 9성 지역을 돌려줄 것을 간청함에, 그해 7월에 고려군은 철수를 단행하였고 연해를 수호하는 데 만전을 기하였다. 이후 북방 정세가 급격하게 변하여 완안부여진족이 1115년 금나라를 세우면서 거란 침략자들이 근 100년간이나 차지하였던 압록강변의 보주(保州)와 내원(來遠)[24] 두 성을 되찾고 수륙 경비의 요새로 삼았다.

특히 내원성의 유래나, 압록 강변에 구당사(句當使)[25]를 두었던 것도 이후 구당사를

19) 고려사절요, 권7, 예종 2년 12월; 금사, 권135, 고려열전.
20) 고려사절요, 권7, 예종 3년 2월
21) 고려사절요, 권7, 예종 3년 7월.
22) 고려사절요, 권7, 예종 4년 5월.
23) 고려사, 권93, 윤관열전; 조선금석총람, 上, 이탄지 묘지명.
24) 보주와 내원 두 성은 고구려에서 압록강가에 있던 성으로, 보주는 의주의 옛 지명이다. 고구려에 투화(投化)한 오랑캐들을 이곳에 모여 살게 하였으며 그 이름을 내원성이라 하였다. 고구려 멸망 이후 여진족의 소굴이 되었던 곳을 고려 성종 때 수복하였는데 이 시기가 요(遼)나라와 금(金)나라가 교체될 시기였다. 내원성의 유래를 읊은 노래가 전해진다고 『고려사』와 『증보문헌비고(增補文獻備考)』에 실려 있다.

압강도부서로 승격시킨 것도 이 무렵이었다. 이곳은 고구려 이래 중요한 수군기지였다.

고려가 압록강 하구 일대를 완전히 장악하고 수륙 양방면으로 방위체계를 공고하게 세운 것은 외침을 막고 대내외적으로 우리의 내륙과 영해를 수호하는 데 매우 의의 있는 일이었다.

1123년 동남해도부서사는 여진 병선 30척이 나타난 사실에 대해 보고해 왔으나 고려 수군의 출동으로 이들의 접근은 이루어지지 않았다.[26]

1135년 1월 서경에서 정변이 일어났을 때 이들을 진압하는 데 수군도 동원되었다. 개경 부근의 수군함대가 기지를 떠나 서해를 통해 북상, 평양성 서남 60리 지점인 순화현 남강에 진출하고, 이곳에서 정습명이 지휘하는 수군과 합세하여 대동강을 따라 올라와 물길을 봉쇄하였다. 정변을 일으킨 이들은 서북면의 여러 성들의 군력을 집결시켜 나라 이름을 대위(大爲), 연호를 천개(天開)라 하고, 이를 지키는 군을 천견충의군(天遣忠義軍)이라 칭하였다. 국왕인 인종은 이 소식을 듣고 김부식을 총지휘관으로 하는 토벌군을 조직하였는데 여기에는 다수의 수군들도 동원되었다.

묘청(妙清: ?~1135, 인종 13). 고려 중기의 승려. 고려 인종 때 칭제건원(稱帝建元)과 금국정벌론(金國征伐論)을 내세워 자주적 기백을 떨쳤다.

이로 인해 서경은 이 해 2월부터 진압군에 의해 수륙 양면으로 완전히 포위되었다. 이 당시 정습명은[27] 왕명으로 서경 서남 방면에 있는 모든 섬들에서 활 쏘는 군사와 수군 4,600명을 모아 140여 척의 배에 나누어 태우

25) 구당사(勾當使)는 고려 때 지방에 파견하던 관직의 하나로, 고려 성종 12년(993) 압록강의 도강 일을 맡게 하였는데, 그 후 모든 나루터에 두게 하였다.
26) 고려사, 권15, 인종 1년 6월 을유; 고려사절요, 권12, 명종 6년 정월.
27) 정승명(鄭襲明)은 고려 의종 때의 중신으로, 시폐십조(時弊十條)를 상주하였다가 거부되자 직을 사퇴하였다. 의종 즉위 후 복권하여 한림학사 등 한직에 있으며 간사한 무리들에 유혹되어 실정을 거듭하는 의종을 직언으로 보필하였으나 임금의 뜻에 거슬려 참소로 인해 약을 먹고 자살하였다.

고 남강에서 대기하게 하였다. 이 사건을 역사는 묘청(妙淸) 천도운동(遷都運動)이라 기록하고 있다.

가) 삼별초군의 몽골 침략군에 대한 항전

1170년의 무신들에 의한 경인란(庚寅亂), 1173년의 계사란(癸巳亂), 1196년의 최충헌(崔忠獻)의 집권으로 명종(明宗)과 희종(熙宗) 두 왕을 폐하고 신종, 희종, 강종, 고종의 네 왕을 옹립함에 따라 왕권은 무력하게 되었고 민란(民亂)은 잇달았다.[28]

고려 고종 19년인 1231년 몽골의 침입이 있은 이래 전후 30년간 6차례에 걸쳐 침입은 계속되었다. 이때 고려의 형편은 무신정권의 출현으로 혼란과 무질서로 인해 외적의 침입을 제대로 막아낼 수 없었다. 몽골 제1차 침입시기인 1231년 9월에는 황주 봉산 출신의 백성들이 철도(鐵島)로 들어가 대항하였으며, 10월에는 신도로 들어가 섬에 기거하면서 바다를 이용해 저항하였다.[29]

무엇보다 육지만 누볐던 몽골군은 배를 타보지 못했던 관계로 속수무책으로 당하며 어찌할 바를 몰랐다. 이에 무신정권은 1232년 6월 수도를 강화도로 옮기고 항전을 계속하기로 하였다. 이에 고려 수군은 강화도 일대는 물론 서해 및 동해에 이르기까지 경비순찰을 강화하였다. 이 당시 강화도에는 1천여 척의 각종 선박과 전함들을 집결시켜 놓고 천도를 결행하였다. 이에 몽골 침략군은 내륙에서뿐만 아니라 해안의 여러 지대를 기습 공격하기에 이른다. 이들은 고려 사람들을 시켜 배를 만들게 하여 강화도와 남부 해안지대와의 연계를 끊어 놓으려고 발악하였다.

1236년 8월에는 황해도 은률군 소재 석도(石島) 주민들이 방호별감 지휘 아래 몽골 침략군을 기습, 소탕하고 포로들을 강화도로 압송하는 전과를 올렸다.[30] 1253년 수군으로 하여금 갑곶(甲串)에서 수상 전투훈련을 하였고, 1254년 몽골 침략군은 7척의 배로 서북면 갈도(葛島)에 침입함에 이듬해인 1255년(고종 42년) 몽골군이 함선을 만들어 조도(槽島)를 향해 공격해 왔으나 격파시켰다.

---

28) 이기백, 한국사신론, 일조각, 1990, pp. 193~202.
29) 고려사절요, 권16, 고종 18년 10월.
30) 고려사절요, 권16, 고종 23년 8월.

1256년 1월 서해 남쪽 여러 섬들을 공격해 온다는 첩보에, 전북 정읍 남쪽 30리 지점에 위치한 입암산성을 300여 명의 수군으로 하여금 기습 소탕해 버렸다. 또 다른 한편 대부도의 주민들과 별초부 대원들은 바다를 우회하여 육지로 상륙해 몽골군 100여 명을 사살하였다. 6월에는 200여 명의 고려 수군편대가 아산만에 진을 치고 있던 적군들을 소탕하고 100여 명의 고려 백성들을 구출하기도 하였다.[31]

1256년 몽골군이 나주에서 70척의 함선을 이끌고 압해도(전남 무안군 소재)를 공격했으나 두 대의 포를 설치한 함선으로 맞받아 싸울 태세를 취함에 도망쳐 달아났다.[32] 이 해 10월 몽골군은 애도(艾島)를 침공하였으나 고려 별초군의 반격으로 전멸되었다.[33]

이듬해 9월에 6척의 배로 창린도를 공격해 왔으나 이곳을 지키던 옹진현령과 별초군이 이 지역 백성들과 힘을 합쳐 적을 물리쳤다.[34] 이처럼 고려 수군은 섬과 해변에 설치한 해상기지를 근거로 해안 상륙작전과 기습전 등을 통해 독자적인 방어전을 수행하면서 적들을 궁지에 몰아넣었다.

삼별초군[35]은 40년간에 걸친 항몰전에 단련된 정예부대로 고려국의 왕인 원종과 그 측근들이 몽골 침략군과 강화 담판을 거듭한 끝에 1259년 화의를 맺었으나, 무신정권 실권자들의 반대에 부딪쳐 개경으로 돌아가려는 왕과 그 추종자들이 뜻을 실현할 수 없게 되자 몽골군을 다시 불러들여 실권(失權)을 회복하려 하였다.

즉 왕권파는 1370년 5월 강화천도에서 개경으로의 복귀를 세상에 공포하였다. 이에 대해 삼별초는 반대를 함에 국왕은 이 해 5월 29일에 삼별초의 해산을 명령하였다. 6월 1일 삼별초는 배중손(裵仲孫)[36], 노영희(盧永禧)[37] 등의 지휘하에 폭동을 일으키고 대오(隊伍)

---

31) 고려사, 권24, 고종 43년 정월 정사 4월 경진 6월 경신 임오.

32) 고려사절요, 권17, 고종 43년 6월; 고려사, 권130, 한홍보열전.

33) 고려사, 권24, 고종 43년 10월 기사.

34) 고려사, 권24, 고종 44년 9월 기사.

35) 고려사, 권81, 병지 1 원종 11년 5월조에 따르면 삼별초는 3개의 별초 부대인 좌별초, 우별초, 신의군을 통칭한 것으로, '별초'란 '별도로 선발된 군대'를 이른다. 고려사, 권26, 원종 11년 8월 병술; 김상기, 삼별초와 그 난에 대하여, 진단학보 9, 10, 13 1938, 1939, 1941.

36) 배중손(裵仲孫)은 삼별초의 영수(領首)로 원종이 개경 귀환 추진에 반대해 야별초 노영희와 함께 적의를 표함에 파직되고 진도로 옮겨와 저항하다 전사하였다. 그 잔당이 제주도로 옮겨 싸웠으나 결국 평정당하였다.

37) 노영희(盧永禧)는 고려 원종시의 인물로 야별초의 지유(指諭)였다. 원종 11년 강화도에서 배중손과 함께 반기를 들고 승화후(承化侯) 온(溫)을 왕으로 삼고, 관부(官府)를 설치하였으나 추토사 김방경에게 밀려

를 정비하였다. 항전군은 강화도를 장악하고 이의 수비를 강화하는 한편, 몽골 침략군과 결탁한 개경 정부를 인정하지 않는다는 입장을 취하고 궁중에 속했던 모든 재물과 군량, 군기 및 각종 함선들을 통제하는 한편 항쟁력을 크게 배양하였다.

나) 항전군의 기지 이동

1370년 6월 3일 이들은 장기전에 대비하여 보다 유리한 조건을 갖추고 있는 지역을 물색한 끝에 남해상의 진도로 항쟁 근거지를 정하였다. 항전군들은 강화 인근에 있던 수군 병선과 민간 선박들을 망라, 무려 1천여 척에 달하는 배로 대장정에 나섰다. 강화도를 출발한 항전군들은 서해안 백성들에게 그 위력을 과시하며 남쪽으로 향하였다.

이러한 정세하에 개경 정부와 몽골 침략군은 서둘러 1천여 명의 개경 정부군과 몽골군과의 혼성 부대를 편성해 항전군을 지상으로 추격케 하였다. 6월 13일 항전군이 경기도 남양 앞바다에 위치한 영흥도에 머물러 있었으나, 그 위세가 높아 감히 대적할 생각을 못하였다.[38)]

그리하여 항전군은 강화를 떠난 지 두 달 반 만인 8월 19일 진도에 무사히 도착, 진도섬을 완전히 장악하여 근거지로 삼았다.[39)] 이렇듯 항전군의 해상 기동은 우리나라 수군사상 유례를 찾아볼 수 없는 장거(壯擧)였다.

무려 1천여 척으로 이루어진 대함대가 1,200리(480km; 250마일)에 달하는 해로를 두 달 반이나 걸려서 이동했다는 것은 결코 용이한 일이 아니다. 특히 육로와 달리 평온치 못한 기상조건에다 장마철로 계절 태풍이 부는 시기에 무수한 악조건을 무릅쓰고 항해를 하였다는 것은 특기할 만한 일이다.

항전군은 수군이 갖추어야 할 조직성과 항해에 따른 기술적 역량, 또 투쟁 정신 모두를 갖추고 있었다. 진도는 333.4㎢의 넓이로 우리나라에서 네 번째로 큰 섬이다.

이 섬은 서해와 남해를 연결하고 중국, 일본, 동남아 여러 나라들과도 왕래할 수 있는 해상로의 요지이다. 섬은 내륙에 가까운 위치에 있어 육지와의 접근이 쉽고 주변에 크

진도로 갔다가 이듬해 김방경 및 몽골 연합군의 공격을 받아 토벌당하였다.

38) 고려사절요, 권18, 원종 11년 6월.

39) 고려사, 권26, 원종 11년 8월 병술.

고 작은 섬들이 많아 항전군의 근거지를 확대하거나 방위하는 데 매우 유리한 곳이었다. 뒷날 이곳은 임진왜란 시 이순신 장군이 명량(鳴梁)해전을 통하여 대승을 거둔 곳이기도 하다.

울돌목인 명량 해협은 물살이 빠르고 급해 방어 면에서 천연의 조건을 갖추고 있었다. 항전군은 1270년 9월 전라도 장흥부에 상륙하여 개경 정부에서 파견한 정부군을 격멸하고, 그 지휘관을 포로로 하였으며, 수많은 무기와 군수물자, 군량미를 노획하였고, 전라도 인근 여러 고을들을 관장하게 되었다. 또한 11월 초 제주도를 공략하여 그곳에 주둔하고 있던 정부군을 소멸하고 관리들도 처단하였다.[40)]

제2의 항전 기지로 제주도를 확보한 삼별초군은 서해와 남해에서의 제해권을 완전히 장악하고, 활동범위를 더욱 넓혀 나갔으며, 내륙의 전라도와 경상도 해안지대를 기습해 그 역량을 가일층 높여 나갔다. 이에 당황한 개경 정부에서는 진도대안(珍島對岸)으로 토벌군을 파송하였으나 이 해 11월 선제 타격을 가해, 정부군에 일대 타격을 입혔다. 이에 이 해 말인 12월에 관군과 몽골군은 연합하여 진도에 머물고 있는 삼별초군에 대해 공격을 개시하였다. 이에 맞서 양측은 진도 앞바다에서 대격전을 벌이게 되었다. 이때 정부군의 지휘관은 김방경[41)]이었다. 그리고 몽골의 지휘관 아해는 항전군의 격렬한 저항에 부딪쳐 배에서 내려 육지로 도망가려 하였다. 정부군과 몽골 연합군은 완전히 포위당하여 지휘관이 타고 있던 함선을 전투 대열에서 떼내어 진도로 몰고 가면서 상대 함선들을 모조리 격파하였다.

이 전투를 통해 이듬해 5월까지 관군은 섣불리 진도 공격을 감행하지 못하였다. 이러

---

40) 고려사, 권26, 원종 11년 11월 기해.

41) 김방경(金方慶)은 고려 강종(康宗 1년, 1212~충렬왕 26년, 1300년)의 인물로 고종 때 문벌로서 16세에 산원(散員)이 되어 식목로사(拭目錄事)를 겸하였고, 감찰어사를 거쳐 서북면병마판관(西北面兵馬判官)으로 있을 때 몽골 침입을 위도(葦島)에서 막아 싸웠다. 원종 때 지어사대사(知御使臺事)로 승진, 1236년인 원종 4년에 진도에 침입한 왜구를 물리치고 상장군으로 있다가 남경유수로 좌천되었다. 다시 복권되어 서북면병마사로 이 지역을 다스렸으며 조정에 들어와서 형부상서와 추밀원부사를 지냈다.
1269년인 원종 10년 원나라에 있을 때 임연(林衍)이 원종을 폐하고 안경공(安慶公) 창(昌)을 세우매 몽골 황제의 명으로 맹격도(孟格圖)와 함께 군사 2천을 거느리고 동경에 이르러 이미 원종이 복위하였음을 알고 되돌아갔다. 그 이듬해 배중손 등이 삼별초를 이끌고 승화 후 온을 추대하자, 추토사의 명을 받고 참지정사 신사전(申思佺)과 함께 무리를 치고 1271년 몽골군과 합세, 몽골의 흔도(欣都) 다구(茶丘) 등과 함께 삼별초를 평정하고 시중(侍仲)에 올랐다.

한 전투 결과로 몽골 장수 아해는 파면당하였고 관군의 사기는 극도로 저하되었다.[42] 1271년 1월 개경 정부에서는 삼별초군에 대해 그 어떤 추궁이나 처벌도 하지 않겠으니 하루빨리 육지로 나와서 저항을 거두라고 회유정책을 폈으나, 항전군은 개경 정부군의 사신을 벽파정에서 맞이하여 연회를 베푸는 척하면서 전함 20여 척으로 이들을 습격해 이들이 타고 온 전함 1척과 90여 명을 사살하였다. 이후에도 개경 정부군의 회유정책은 계속되었으나 도리어 항전군의 비난과 야유를 받았을 뿐이었다.[43] 이러한 시기에 경상남도 밀양군에서 일어난 폭동을 계기로 개경 관노들과 강원도 양양 등 민초들은 삼별초 항전에 고무되어 곳곳에서 폭동을 이어갔다. 1271년 2월 항전군은 전라도 장흥부 조양현으로 나아가 정부군의 함선 수 척을 불사르고 다량의 물자를 노획하였으며, 3월에는 경남 마산시 소재인 함포를 기습하여 엄청난 피해를 입혔다. 이 같은 전투의 결과로 서 · 남해상의 여러 섬들을 장악하게 되었다.

항전군은 남해도를 비롯하여 창선도, 거제도, 제주도 등 30여 개의 커다란 섬들을 장악하였고, 서 · 남해안 지역을 통제하기에 이르렀다. 따라서 개경 정부의 행정은 혼란 속에 빠져들었고 아울러 해상 교통의 차단으로 인해 조세(租稅)를 운반할 수 없게 되어 개경 정부는 재정적 위기에 봉착할 수밖에 없었다.

1271년 5월 김지숙(金之淑)의 밀고로 정부군은 100여 척의 함선에 4천 명의 정예 병력이 진도 공격에 나섰다.[44]

이러한 역경 속에 항전군은 대오를 수습, 함선에 필수품들을 싣고 미리 확보해 두었던 제주도로 이동하였다. 남해안 일대에 나가서 활동하던 일부 항전군들은 진도 전황 소식을 듣고 80여 척의 함선들과 함께 제주도로 향하였으며, 진도 전투에서 전사한 배중손을 대신하여 김통정이 항전군을 지휘하게 되었다.[45]

제주도로 이동한 항전군은 해안에 방어 시설을 구축하고 전열을 가다듬은 후 남해 여러 지방에 출격, 정부군을 교란시켰다. 1272년 3월부터 6월에 이르는 석 달 동안 삼별초

---

42) 고려사절요, 권19, 원종 12년 정월.
43) 고려사, 권27, 원종 12년 4월 정미; 원사, 권7, 본기 세조 지원 8년 3월 기묘.
44) 고려사, 권108, 김지숙(金之淑)열전(진도 항전군 소속으로, 관련 비밀 정보를 두 차례나 개경 정부군에 제공한 자이다).
45) 고려사, 권130, 배중손열전.

항전군은 전라남도 장흥군 소재인 회령현과 전남 강진의 탐진을 기습해 20여 척의 조세 운반선을 노획하고 서해안까지 출동해 개경 통치자들을 위협하였다. 이에 개경의 정부군은 1,500여 명의 병력을 동원해 항전군을 회유, 저지해 보려 하였다. 그러나 크고 작은 섬들에 기지를 둔 항전군은 그해 11월 현 경기도 부천시에 있던 안남도호부를 습격, 부사를 생포하는가 하면 몽골 침략군이 갖추고 있던 합포를 공략, 적함 20여 척과 많은 군수물자를 노획하였다. 연이어 거제현을 공략, 함선 3척을 불살랐으며, 영흥도로 진출하여 많은 전과를 올렸다. 1273년 1월 또다시 합포를 기습, 32척의 배를 소각하고 막대한 군수물자를 노획하였다.[46] 이에 따라 몽골군의 일본 침략은 얼마간 지연될 수밖에 없었다. 이러한 성과를 거둘 수 있었던 것은 육지 향민들과의 연계가 있었기 때문이다. 이러한 상황을 더 이상 방과할 수 없었던 개경 정부는 1273년 봄부터 제주도 공략을 준비하면서 일편으로는 교활한 회유와 술책을 폈다.

그러는 와중에 개경 정부는 몽골 침략군과 한편이 되어 1273년 4월 160여 척의 함선과 병력 1만여 명을 동원하여 제주도 공략에 나섰다. 이에 항전군이 결사적으로 대항하였으나 중과부적으로 3년여의 항전은 끝났다. 삼별초의 항전 투쟁은 국내외적으로 그 파장이 컸다. 우선 고려 함대를 동원하여 남송을 정복하려던 몽골국의 계획을 수포로 돌아가게 하였고, 일본 내륙의 점령을 꿈꾸던 계획을 지연시키는 요인을 불러왔다. 여기에다 중국 대륙에서 주원장이 이끄는 명나라가 들어서고 원나라의 세력이 급격히 약해지면서 이제까지 고려 정부의 친원정책 또한 전환점을 맞게 되었다.

그러나 원나라 침략자들은 삼별초의 항전을 종식시키자 제주도의 군사 경제적 유익성을 간파하여 수많은 병력을 여기에 주둔시키고 다루가치라는 감독관을 두었다. 그리고는 이곳을 일본 침략을 위한 군사기지로 이용하였으며, 수많은 군마를 길러내는 목장으로 변하게 했다. 이곳의 목부(牧夫)는 사실상 몽골군의 기병(騎兵)이었다.[47]

충렬왕 20년(1294년) 고려 정부는 제주도가 원나라에 예속되어 가는 것에 대해 강편책을 제기하자 마지못해 고려 정부에 반환하기는 하였으나 군대와 목부는 철수하지 않고 그대로 눌러앉아 있었고 목장을 관리하는 관리들을 파견하기도 하였다.[48] 제주도에 남

---

46) 고려사, 권27, 원종 14년 1월 임오.
47) 원사, 권11, 본기 지원 18년 2월 을해 9월 갑자.

아 있던 원나라 강점자들은 1356년 친원파인 기철(奇轍) 일당이 숙청되었을 때와 1362년 덕흥군(德興君)이 고려를 침공하였을 때 원나라 편에 서서 고려의 관리를 살해하는 등의 만행을 자행하였는데, 이러한 사태를 당하여 고려 정부는 전라도 순무사 김유로 하여금 100여 척의 함선을 이끌고 제주도를 공략케 하였으나 전과를 거두지 못하고 돌아왔다.[49]

원나라를 축출하고 새로이 들어선 명나라도 제주도의 전략적 가치를 탐내 몽골 목부들이 기르던 말들을 명나라에 보내달라고 할 정도였다.[50] 그러나 1374년 7월 최영을 도통사로 삼아 2만 5천6백 명의 병력과 314척의 함선으로 제주도를 탈환하였다.[51]

5) 고려의 왜구 침입 상황

가) 왜구들의 고려 연안 침습

11세기 중반에 들어서면서 고려국 연안으로 해적들의 침입이 잇달았는데, 그 가운데 동해안 쪽으로는 주로 동여진족들의 침투와 노략질이 심했다. 12세기 말 일본 봉건 영주들 간의 쟁투와 몰락한 하층 무사(사무라이)들을 비롯하여 무지한 농민들이 해적으로 변하여 해외 약탈을 위한 조직체를 이루었는데, 이들은 고려, 중국, 동남아 지역에 출몰하면서 만행을 저질렀다. 이러한 무리들을 일컬어 왜구(倭寇)[52]라 불렀다.

왜구들은 지리적으로 가장 가까운 고려에 수시로 침입하여 약탈을 감행하였다. 왜구들이 1223년(고종 10년) 5월 경남 김해군인 금주에 침입한 바 있으며, 이후로도 해마다 수차에 걸쳐 경상도 일원의 연해에 출몰하여 약탈을 일삼았다. 1300년 중반인 충숙왕 10년(1323년) 6월 전라북도 옥군인 군산도로 침입해 개경으로 가는 조운선(漕運船)을 습격, 조세미를 약탈해 갔는가 하면 이튿날에는 추자도에 침입 주민들을 납치해 가는 만행을 저질렀다. 이에 대해 『고려사』에는 왜구의 침습이 이때로부터 본격적으로 자행되었다

48) 고려사, 권31, 충렬왕 20년 5월 갑인 22년 2월 을축.
49) 고려사절요, 권28, 공민왕 15년 10월.
50) 고려사, 권42, 공민왕 19년 7월 갑진; 고려사, 권44, 공민왕 23년 4월 무신.
51) 고려사, 권44, 공민왕 23년 8월 신유; 고려사, 권113, 최영열전.
52) 왜구라는 말은 역사적으로 매우 오랜 시기 우리나라와 중국에서 일본의 바다 도적 또는 일본 침략자라는 뜻으로 사용되었으며, 특히 14~15세기 일본 해적들을 가리키는 말로 사용되었다.

고 기록되어 있다.[53)]

1350년 4월 왜구들은 무려 100여 척의 배를 이끌고 순천, 남원, 구례, 영광, 장흥 등 전라도 해안 고을에서 모아두었다가 개경으로 보내는 조세미를 약탈해 가는가 하면, 이 해 5월 말에는 66척의 왜구들의 배가 순천부로 침입해 만행을 저질렀고, 연이어 합포, 장흥, 동래, 진도 등 남해안 곳곳으로 침입해 약탈을 감행하였다. 이렇듯 빈번한 왜구의 침입은 1365~1366년간 교동도 부근 출몰로 인해 개경에 계엄령을 선포하고 동서강도지휘사 33명의 병마사를 일시에 임명할 정도로 정세가 급박해졌다. 이후 바다로 침략해 오는 적은 바다에서 막아내는 것이 가장 적극적인 대응이며 효과적이라는 조정의 여론이 형성되었다.

따라서 수군의 역할이 그만큼 절실해졌다. 1370년대에 들어서면서 한때 주춤하였던 왜구의 침입은 1372년 한 해 동안에만도 동서남 해안을 가릴 것 없이 10여 차례나 거듭되었으며, 심지어 경기도 김포인 양천 인근까지 출몰하여 수도를 위협할 정도였다. 이들의 침략범위 또한 확대되어 심지어는 동해안 북청 일대에까지 뻗쳤다. 1375~1379년간만 해도 5년 사이 왜구의 침입 횟수는 133회 이상이 되고, 피해 지역만도 200여 곳에 달하였다.

이에 고려 정부에서는 1373년(공민왕 22년) 10월 수군 강화에 박차를 가하게 되었다. 그리하여 1년 사이에 130여 척의 커다란 함정을 만들어냈다.[54)] 당시 시중으로 있던 최영은 적어도 8백 내지 2천에 달하는 많은 배를 만들어내자고 주장하였으나 관철되지 못하였다.[55)] 1377년 3월에는 각 도에서 승려 2,800명을 동원하고 100명의 선박 건조 기술자를 선발해 함정을 만들어내도록 하였으며, 이 해 4월에는 판군기감사 이광보를 강화도로 보내 전함 건조사업을 감독하게 하였다.[56)]

1380년 최영이 해도도통사를 겸하면서 보다 튼튼한 함선들을 더 많이 건조해 내도록 하고 이 배들을 서해와 남해 요해처에 배치하도록 하였다.[57)] 그리고 이듬해에는 지문하

53) 고려사, 권41, 공민왕 14년 2월 경신, 15년 5월 을사.
54) 고려사, 권37, 충정왕 2년 2월.
55) 고려사절요, 권29, 공민왕 22년 10월.
56) 고려사, 권113, 최영 열전 및 정지 열전.
57) 고려사, 권81, 병지 1 우왕 3년 3월. 고려사, 권133, 우왕 3년 3월 및 4월.

부사 정지의 제의에 따라 관리들을 양광, 서해, 전라, 경상도 등지에 파견하여 전함 건조를 다그치도록 하였다.[58]

이 당시 만들어진 배는 240~280t급으로 태풍을 만나도 피해를 받지 않을 정도였다. 이러한 배경하에 이전의 수군만호부제도를 전국 각지로 확대 실시하는 한편, 해도(海道) 도원수, 부원수 제도를 두고, 총지휘자로 최영을 해도도통사로 임명하였다.

1389년에는 경기연해절제사, 1390년에는 3도 수군 도제찰사를 두도록 하였다. 1377년에는 수군 병력을 선발·보충하고, 1379년에는 서해도와 양광도에서도 수군을 선발해 오게 하였다.[59] 또한 이 시기에 흉악범을 제외한 죄수들을 승선시켜 전투에서 공을 세운 자들은 죄를 면해 주기도 하였다. 아울러 바닷가인 전라도·경상도 장정들 가운데 수군에 자원하는 자들에게는 국가적 요역을 면해 주고 일정한 경작지를 주어 생계에 보탬을 주는 우대정책도 아울러 시행하게 하였다.

박위는 훗날(1389년) 1백여 척이라는 대규모 함대를 이끌고 대마도로 이동, 왜구의 함선 3백여 척과 막사들을 완전히 불에 태워버렸다.

이러한 조처로 성과를 거둔 것이 낙동강 하류인 황산강 전투였다. 김해부사 박위는[60] 적정을 미리 탐지하여 왜적선 50여 척이 경상남도 밀양을 향하여 낙동강을 거슬러 올라오고 뒤이어 그 후속 부대들이 올라온다는 것을 예견하고 적선들을 포위·섬멸하기 위한 전투를 지휘하였다.

그는 황산강 좌우의 강안에 부대원들

58) 고려사, 권113, 최영 열전; 고려사절요, 우왕 6년 4월.
59) 고려사, 권83, 병지 3 선군(船軍) 우왕 3년, 4년조.
60) 박위는 김해부사로 있으면서 경상도 도순문사가 되어 전함 100척을 이끌고 대마도를 쳐서 크게 이기고 돌아왔다. 조선 건국 후 양광도 절도사가 되어 침입한 왜구를 물리친 바 있다.

을 매복시키고 자신은 전함 30척을 이끌고 적선이 나타나기만을 고대하였다. 드디어 왜구의 후속 부대가 나타나자 3면을 포위하고 맞받아 나아가 왜구의 함선들을 화공전으로 매복권 내에 몰아넣고 수륙 양면전으로 포위망을 압축하면서 돌격해 나갔다.

3면의 포위공격을 받은 적들은 싸움다운 싸움 한번 제대로 못하고 섬멸당하였다.

이 무렵 배극렴[61]도 해적 괴수 패가대만호를 비롯해 수많은 적들을 사살하는 전과를 올렸다.[62]

당시 경상도원수로 있던 배극렴은 1378년 8월 왜구의 한 무리가 경상남도 통영군에 소재하고 있는 욕지도에 침입해 약탈을 감행하고 있다는 통보를 받고 출항하여 이들의 퇴로를 막고 50여 명에 달하는 적들을 격멸하고 남해상의 여러 섬들을 수색하여 약탈을 감행하던 왜구들을 모조리 소탕하였다. 이러한 고려 수군의 승리는 수륙 양면에서 긴밀한 협동작전으로 이루어낸 전과로, 해상 매복과 육상에서의 포위로 적들을 해안에 발붙이지 못하게 하고 소멸시킨 전투로 고려 수군의 위력을 드높이게 하였다.

이 같은 승전으로 그간에 얻은 경험과 교훈에 따라 수군 지휘에 통일성을 기하게 하는 일련의 조치들이 취해졌다. 즉 각도에 미리 지휘관인 장수들을 배치하고 적이 나타나면 즉시 반격을 가할 수 있는 작전상의 기동성을 발휘하게 하였다.[63]

이에 따른 일련의 조치들로 인해 1370년대 고려수군은 왜구의 침입을 물리치는데 점차 주도권을 장악하게 되었고 이어서 수군전함의 강화를 가져오게 하였다.

나) 최무선의 화약 발명과 화통도감(火筒都監) 설치

바다와 강 하천에서 침략해 오는 해적들을 막아내는 데는 화통(火筒)과 화전(火箭) 전법이 매우 유용하였다. 그러나 이 전법은 한계가 있을 수밖에 없었다. 왜냐하면 물에 젖

61) 배극렴은 충숙왕 12년(1325)~조선 태조 1년(1392)간의 인물로, 조선 건국에 따른 개국공신으로 자는 양가(量可) 시호는 정절(貞節)이다. 고려 공민왕 때 과거 급제 후 여러 지방관을 거쳤으며, 진주의 수령으로 있을 때 선정을 베풀었으며 상주목사 계림윤(鷄林尹) 화령윤(和寧尹)을 지냈다. 1376년인 고려 우왕 2년 진주 도원수로 있으면서 진주에 침략한 왜구를 반성현에서 크게 무찌르고, 이듬해에는 경상도 도순문사가 되어 왜구의 침략에 대비해 공을 세웠다. 1388년 요동 출병 때 우군도통수인 이성계 휘하에 참여하였고, 1392년 조준 등과 모의하여 공양왕을 폐하고 이성계를 추대하여 조선 건국에 따른 개국공신이 되어 좌시중 벼슬을 받고 성산군에 책봉되었다.

62) 고려사절요, 권30, 우왕 3년 5월.

63) 고려사, 권81, 병지 1 5군 우왕 3년 정월.

은 배를 기름 먹인 불 뭉치나 불 붙인 화살로는 목적을 달성하기 어려웠기 때문이다.

이 같은 취약점을 해결하는 데는 강력한 폭발물과 고강도의 열을 내는 화약이 필수적이었다. 이를 해결하는 데 결정적인 역할을 한 사람이 최무선[64]이었다. 최무선이 적들을 궤멸하는 데 유용한 화약과 이에 수반되는 무기를 만들어낸 시기는 정확히 알 수 없으나, 1356년 9월 여러 재상들이 숭문관 앞에서 서북면에 보낼 무기의 발사 시험을 하였다는 기록이 전하고 있다. 1377년 최무선이 창안한 화약 무기는 당국자들의 미온적인 태도와 불신으로 인해 정부에 의해 제조·채택되지 못하였다.

이후 최무선은 새로이 건조된 전함에 화통과 화전의 시험도 하였다.[65] 1378년 4월부터는 화통방사군을 조직하여 화포 사격훈련과 화약 무기를 적재한 함선들로 하여금 전투훈련을 실시케 하였다.[66] 최무선의 지휘하에 화통도감에서는 대장군포, 2장군포, 3장군포, 육화석포, 화포, 신포, 질려포 등 다양한 포(砲)들과 철령전, 피령전, 철탄자, 천산오령전, 유화, 주화, 촉전화 등의 화전과 포탄 등을 개발·발전시켰으며, 계속하여 대량 생산하였다. 특히 새로이 건조한 전함들은 갑판을 든든하게 하고 포가(砲架)를 설치하여 포격 시 강한 진동으로 배가 손상되지 않도록 건조하였다.

무엇보다 함선의 운영과 해전에 익숙한 통신 포사격 등 실전에 요구되는 조타수, 신호병, 포수, 사수 등 수병들의 훈련이 절실하였다. 1356년의 총통 실험도 1373년의 새로운 전함에 화통과 화전 발사도 시험하게 하였다. 그리하여 1380년대 초 고려의 수군은 화포와 화전 등을 갖춘 전함 130척에 3,600명의 해전에 능한 정예요원을 갖추게 되었다.[67] 함선에 포를 설치함에 따라 함선의 설계도는 종전과 다르게 되었으며, 대체로 이 같은 변화는 전투형 함정으로 개조되었다.

왜구의 침략을 막아내는 데는 수군의 활동이 전제되어야 함에 1377년 최영 장군을 6도 도통사로 임명한 후, 130여 척의 함선을 건조하기에 이르렀다.[68] 당시 양광도, 충청도,

---

64) 최무선(1325~1395)은 염초(焰硝) 기술자인 원나라 사람 이원을 만나 제조법을 익혔다. 1377년(우왕 3) 화통도감을 설치하여 각종 화기를 제조하였다. 1380년 왜구 침입 시 전함을 이끌고 금강 입구인 진포에서 왜선 500여 척을 격파시키는 큰 전과를 올렸다. 조선 태조 때 검교참찬문하부사로 있었고, 그의 아들 해산(海山)은 태조 때 군기소감을 지냈다.

65) 고려사, 권81, 병지 1 5군 공민왕 5년 9월.

66) 고려사, 권44, 공민왕 22년 10월 을해.

67) 고려사, 권81, 병지 1 우왕 3년 10월 동왕 4년 4월.

연해 지방에서 해적 행위를 일삼고 있던 왜구는 500여 척의 배를 이끌고 금강 하구 일대인 진포(鎭浦)[69]에 나타났다.

적들은 수적인 우세를 믿고 배를 진포항에 정박시키고 뭍으로 올라 여러 고을을 돌아다니면서 곡식과 재물을 약탈하였다.[70] 진포는 지금의 전북 군산항이다. 진포는 가까이 만경평야, 금강평야 같은 곡창지대가 있어 세금으로 바치는 곡식을 모아두는 창고인 조창(漕倉)이 발달했다. 특히 금강 하구에 있는 진포는 인근 지역에서 세금으로 거둔 곡식들이 바다를 통해 개성까지 운반되는 수상 운송의 중심지였다.

이런 사실을 알게 된 왜구들은 1350년경부터 진포에 자주 침입해 왔다. 바다 가까운 지역은 왜구들이 너무 자주 침탈하여 사람이 살 수 없는 텅 빈 마을이 되었다. 고려 왕실은 게릴라식으로 치고 빠지는 왜구를 소탕하기 위한 대책 마련에 부심했다. 왜구의 침략을 보고받은 고려 정부는 해도도원수 심덕부[71], 상원수 나세[72], 부원수 최무선의 지휘하에 화약무기를 적재한 새로이 건조된 함선 100척을 출동시켰다.

이날 고려군과 왜구 사이에 벌어진 진포해전은 이전과는 전혀 다른 양상의 전투였다. 왜구는 내륙 지역을 약탈하기 위해 진포에 500척의 전함을 몰고 왔다. 적은 한 척에 탈 수 있는 인원을 100명만 잡아도 모두 1만 명에 이르는 엄청난 병력이었다.

이때 고려 수군의 전함은 고작 100척이었고, 병력도 왜구의 5분의 1분에 불과했다.

왜구는 고려의 함선 수가 적은 것을 얕보고 일제히 배에 올라 싸울 태세를 갖추었다. 화포라는 신무기에 대해 전혀 알지 못한 왜구는 배끼리 여러 척씩 밧줄로 묶어놓고 저항하였다. 고려 수군은 왜구가 약탈한 곡식을 배에 싣고 있을 때 공격했다. 고려 함선들은 일제히 포문을 열고 주화와 화포로 집중 사격을 가하였다. 이에 적선들은 삽시간에 불바다로 변하였다. 50여 년 동안 고려 전역을 불안에 떨게 한 왜구들이 섬멸되는 순간이

68) 고려사절요, 권31, 우왕 6년 4월.

69) 진포는 금강 입구에 위치한 곳으로, 1380년(고려 우왕 6년) 최무선이 화기를 사용하여 왜구들이 타고 온 배 500여 척을 모조리 불사른 곳이다.

70) 고려사, 권134, 우왕 6년 8월; 같은 책, 권114, 나세 열전.

71) 1375(고려 충숙왕 15)~1401(조선 태종 1) 우왕 때 누차 왜구의 침입을 막아냈고 서경도원수로서 요동 공략을 위해 떠났으나 이성계의 위화도 회군에 참예, 개국공신으로 좌명공신이 되고 후에 좌정승을 지냈다.

72) 고려 우왕 때의 장수. 본래 원나라 사람으로 홍건적의 난 때 이를 격퇴시켜 공신 2등에 책봉되고 왜구를 자주 쳐 물리쳤고 특히 진남포 어귀에서 왜선 5백여 척을 불 질렀고 벼슬로 문하평리가 되었다. 후에 축산도에 도적이 침입함에 소탕하라는 명을 받았으나 나아가지 않은 죄로 광주옥에 갇혔다가 석방되었다.

었다.

이 광경에 대해 『고려사』 나세열전에는 "연기와 불길이 하늘을 덮었고, 항거하던 적들은 모두 타 죽었으며, 바다에 빠져 죽은 자 부지기수였다"고 기록하고 있다. 진포해전은 왜구의 침입을 막아내는 전환점이 되었다.

진포해전은 이전까지의 전투방식을 완전히 바꿔버린 해전이기도 하다. 기존의 해상작전은 적의 배 가까이 가서 강한 돌기가 부착된 뱃머리를 부딪쳐 싸우는 당파술 위주였다. 하지만 주화를 사용하면서 근접전에서 탈피, 원거리 작전이 가능해진 것이다.

고려의 수군이 이처럼 대승을 거둔 힘은 최신 무기였던 화포, 그중에서도 특히 로켓무기인 주화를 사용한 덕분이다. 주화를 사용한 진포해전을 기점으로 왜구의 기세는 크게 꺾였다. 삼남 지방의 연해뿐만 아니라 내륙 깊숙한 곳까지 들어와 고려 전역을 초토화시켰던 왜구는 순식간에 평정되기 시작한다. 『고려사』에는 "주화를 쏘면 그 형상을 보거나 소리를 듣는 자는 모두 항복한다"며 주화의 위력에 대해 기록하고 있다.

그러나 이후 왜구들은 경남 사천 앞바다인 곤양(昆壤)에 수많은 함선들을 이끌고 또다시 침입해 왔다. 당시 고려의 수군은 10여 척의 함선으로 이들을 막아내려 하였으며, 적들은 수적 우세를 믿고 고려 함선들을 포위하려 하였다. 이때를 기하여 고려 함선에서는 일제히 포문을 열고 사격을 가함에 적의 배는 순식간에 불에 타버렸다. 이때 왜구가 타고 온 큰 배 9척을 노획하는 전과를 올렸다.[73]

1382년 10월 왜선 50여 척이 침입하자 고려 수군은 퇴로를 막고 도망치려는 놈들을 군산도까지 추격하여 이 가운데 4척을 노획하였다.[74] 거듭되는 참패에도 불구하고 왜구의 침략은 이어졌다. 1383년 5월 이들은 120여 척의 선단(船團)을 이끌고 나주와 목포 등지로 침입해 왔다. 당시 정지(鄭地)가 지휘하는 47척의 함선들은 관음포에서 왜선(倭船)과 조우하였는데, 왜의 선수는 3배가 넘었다.

이들을 따돌려 경남 남해군 박두양으로 이동하여 전략적으로 유리한 진지를 차지하고 왜적이 나타나기를 기다렸다. 아니나 다를까 이들은 140명씩 태운 20여 척을 선봉대로 하여 아군을 포위태세로 달려들었다. 이때 적함들이 유효사거리 안에 들어서자 화포

73) 조선왕조 세종실록, 권48, 세종 12년 4월 계미.
74) 고려사절요, 권31, 우왕 8년 10월.

사격을 일제히 가함에 적선은 불에 타는가 하면 아군은 민첩하게 추격을 가해 3배에 달하는 적선들을 궤멸시켰다.75) 1356년 9월 개경 숭문관 앞에서 서북면에 보낼 무기의 발사 시험이 있었다. 1373년 새로 건조한 전함들을 보고, 화전(火箭)도 시험하였다.

1377년에는 화통도감을 설치하고 화포, 화통 등을 대량 생산하여 1378년 4월 이후로는 화통방사군을 조직, 사격 훈련에 화약 무기를 장착해 해전에 유리하도록 훈련하게 하였다.76) 당시 함선에 설치된 화포나 화통들은 적의 함선을 격멸하고 굉음을 내, 적들의 사기를 떨어뜨리는 데 매우 효과적이었다. 이때 배에 설치된 포의 발사로 충격을 완화하고, 습기를 막아내도록 밀폐된 화약고도 함께 설치하였다.

화약 무기를 실은 배는 무엇보다 관련 무기를 다룰 줄 아는 전문인의 훈련과 양성이 필요하였다. 따라서 해안가에 살면서 해상활동에 능란한 자들을 선발해 우선적으로 수도 인근의 강화, 교동 등지에 살게 하면서 일정 면적의 경작지를 주어 농사를 짓게 하고 일편으로는 훈련을 절기에 따라 겸하도록 육상의 보병처럼 둔전제(屯田制)를 병행토록 하였다.77)

고려의 수군은 1380년대에 이르러서는 130척의 전함 건조와 3천여 명의 전문적인 수군을 확보할 수 있었다.78) 1380년 8월 양광도와 충청도 연해지방에서 해적질을 하던 왜구가 500여 척의 배에 진포인 금강 하구 일대에 나타나 일부는 육지로 상륙해 여러 고을에서 곡식과 재물을 약탈해 가기도 하였다.79)

이러한 보고가 중앙정부에 올라오면서 고려 정부는 해도도원수 심덕부, 상원수 나세, 부원수 최무선을 필두로 화약 무기를 적재한 함선 100여 척을 출전시켰다. 왜구의 선박들은 서로 잇대어 든든한 밧줄로 묶어 집단으로 저항하면서 맞받아 싸우고자 하였으나 결과는 처참할 정도의 대패였다.

이 전투 결과 간신히 목숨을 부지한 자들 가운데는 충청도 일대로 숨어들어 노략질을 하다가 추격을 피해 운봉현(전라도 남원군)으로 모여 발악 끝에 70명가량은 도망쳐 지리산

---

75) 고려사절요, 권32, 우왕 9년 5월.
76) 고려사, 권81, 병지 1 우왕 3년 10월 동왕 4년 4월.
77) 조선왕조 세종실록, 권1, 즉위년 9월 을해.
78) 고려사절요, 권31, 우왕 6년 4월.
79) 고려사, 권81, 우왕 6년 8월; 같은 책, 권114, 나세 열전.

으로 숨어들었다.

이들이 타고 온 배들은 모조리 불태워졌으며 우리 측 백성 330여 명은 구조되었다. 이 같은 전과를 거둔 것은 최무선의 화약 발명에 주로 기인된 것이다. 이 같은 진포 해전은 세계해전 사상 화포를 이용한 화력 기동 전술과 해상 포격전을 최초로 수행, 성공한 역사적 대사건이기도 하였다.

다) 최무선의 활약과 왜구 격퇴

최무선의 정확한 출생 연대는 알려지지 않고 있다. 단지 고려 말 영천(永川) 최씨인 동순(東筍)의 아들로 태어났다는 기록이 전해질 뿐이다. 이 시기는 고려 말기로 홍건적의 난과 왜구의 침략으로 나라 안팎이 실로 다사다난한 시대였다.

남부 지역 해변과 부근 일대에서는 조세로 거둬들이는 양곡이나 진상품 등 비축물을 실어 나르는 조운선들이 왜구의 습격을 받아 약탈당하는가 하면, 일반 백성들도 마음 놓고 살기 어려울 정도였다. 게다가 서울인 개경까지도 위협받고 있어 일부에서는 수도를 옮기자는 논의까지 제기할 정도였다.

이렇듯 국내외 정세가 혼탁한 가운데 최무선은 어린 나이기는 하지만 어떻게 하면 적들의 침입을 막아내고 나라가 평안해질 수 있을까 골똘히 생각하게 되었다. 그러던 어느 날 그는 해마다 벌어지고 있는 연등놀이의 하나인 횃불놀이에서 불의 위력을 깨닫게 되었다.

당시 횃불놀이 가운데 석전(石戰)놀이가 성행하고 있었는데, 그는 돌을 던져 상대방에게 불벼락을 펼 수 있는 방법은 없을까 골몰하게 되었다. 그의 아버지는 강홍창사에서 외국과의 교역품을 취급하는 직책을 맡고 있었기 때문에 그의 집에는 중국인 등 외국인들이 자주 드나들고 있었다. 최무선은 집을 드나드는 사람 가운데 중국 강남에서 상거래차 드나드는 이원(李元)이라는 인물을 알게 되었고, 이원을 통해 화약 만드는 기술을 터득하게 되었다.

최무선은 우선 이 사람을 극진히 대접하고 환심을 사는 데 정성을 기울였다. 그러던 어느 날 이원은 최무선에게 느닷없이 붓 만드는 방법에 대해 말하는 것이었다. 그가 말하기를 좋은 붓을 만들려면, 첫째는 붓이 뾰족해야 하고, 둘째는 붓이 갈라지지 않고 가

지런해야 하며, 셋째는 붓이 둥그런 맛이 있어야 하며, 넷째는 끈질겨야 한다는 것이다. 그러므로 좋은 붓을 만들려면 붓을 만들 재료부터 신중하게 선택해야 한다고 하면서 화약 제조법과는 관계없는 붓 만드는 이야기를 마치고 나서 한숨을 깊이 쉬고는 보따리 속에서 붓 한 자루를 꺼내놓고 말하였다. "나도 솔직히 화약 제조법을 제대로 알지는 못하나 아버님께서 이 일에 관계하시고 계실 때, 어깨너머로 본 바가 전부"라고 하며 화약 제조법은 기밀 중 기밀이므로 함부로 발설하지 말라고 신신당부하였다.

그러면서 화약 제조법은 이 붓 속에 있으니 참고하라며 목소리를 낮추어 말하였다. 최무선은 이원이 건네준 붓을 옷 속에 감추고 집안으로 들어가 붓대를 깨뜨려보았다. 붓대 속에는 종이가 실타래처럼 꼬여 있었는데, 그 종이에는 '화창비법'이라는 제목의 깨알같이 작은 글씨가 쓰여 있었다. 내용인즉 누런 종이를 16겹으로 접고 길이 2자 남짓한 통을 우선 만들고 버드나무 숯, 쇳가루, 자석가루, 유황, 비상 따위로 접은 종이 속을 채우고 창 끝을 새끼줄로 붙들어 맨 연후에 출전자(出戰者)는 무쇠 그릇에 불씨를 갖고 나가는데 위에 접은 종이 속에 든 것들에 불을 붙이면 염초가 타면서 불길이 열 자나 뻗친다는 내용이었다.

이러한 내용을 통해 비로소 최무선은 염초술(焰硝術)이 어떤 것인지를 알게 되었다. 당시 국제사회에서는 염초술에 관한 기법을 기밀로 하고 있었다. 이상의 내용만을 가지고는 이른바 염초자취술(焰硝煮取術)을 익힐 수가 없었다.

최무선은 수없는 시행착오를 겪으면서 화약의 주원료인 염초로 알려진 질산칼륨을 흙에서 추출해 내는 방법을 깨닫게 되었다. 이렇게 하여 얻은 화약이 무기화되려면 철금속이 필요했고, 철금속을 다량으로 얻으려면 사철(砂鐵)이 필수적이었다. 그는 사철 산지를 알아내, 오늘날 재령 인근으로 가서 쇠의 성분부터 알아냈다.

그는 침식을 잊다시피 하며, 자기 집 뒤뜰에 숯가마 비슷한 것을 걸어 놓고 끊임없이 쇳물을 녹여 진흙으로 만든 거푸집(鐵型)에 부었다 허물었다 하는 일을 되풀이하였다. 그러는 가운데 종(鐘) 만드는 사람을 알게 되면서 철 이외에 구리, 납 등을 섞어 주물을 만들 수 있었다. 이렇게 해서 만들어진 주물은 웬만한 화약의 위력에도 주물이 갈라지거나 터지지 않는 오늘날의 놋쇠 비슷한 주조물이 되었다.

이러한 과정을 거쳐 역사상 획기적인 화통(火筒)이 만들어지게 된 것이다. 이 시기가 고려 우왕 2년(1376)으로 최무선의 나이 50세가 되던 해였다. 『고려사』 병지(兵志)에 총통(銃筒)을 사용하여 화살을 사용했다는 기록이 보인다.[80)]

이 같은 기록은 고려인들이 이미 유통식(有筒式) 화기를 사용하고 있었음을 의미하는 것이다. 이 총통은 원나라에서 유입된 것으로 알려져 있다. 총통으로 발사되는 화살은 사정거리가 상당히 멀었고 위력도 대단하였다. 이러한 화기의 원료인 화약은 원나라에서는 군사용으로 광범위하게 사용되고 있었으나 그 제조법을 극비로 하고 있었다.

때문에 명나라가 들어선 이후 명나라를 세운 태조 주원장(朱元璋)이 1374년 5월 우리나라 사신에게 약간의 화약을 나누어줌으로써 그 실체를 파악할 수 있게 되었다. 당시 얻어온 것이 염초 50근, 유황 10만 근 이외에 약간의 의약품들이었다.

그러나 이러한 것들을 가지고는 다량의 화약과 무기를 만들어내는 데 별 도움이 되지 못하였다. 이후 최무선은 여러 차례에 걸쳐 화약 제조를 국가 차원에서 육성해 줄 것을 간곡히 건의했으나 묵살당하다가 1377년 10월에 들어서야 승인을 받았다. 이후 최무선은 종2품 지문하부사(知門下府事)라는 직함을 얻게 되었다.

우왕 3년(1377) 새해를 맞아 최무선이 어전회의에 나아가 아뢰기를 "신은 오랫동안 염초제조술을 연구해 왔는데, 이를 바탕으로 근년에 화통(火筒)을 만들었습니다. 이 화통은 큰 돌 수백 개를 한꺼번에 날려 보낼 수 있습니다. 왜선의 연포구리를 맞추기만 하면 영락없이 배를 침몰시킬 수 있습니다"라고 하였다. 이어서 "화통도감이라는 기구를 두고 포를 다량으로 생산하여 각 수영(水營)에 비치해 두었다가 왜선의 침입이 있을 때 이를 발사하면 왜구들은 더 이상 침범해 오지 못할 것입니다"라고 아뢰었다.

이 해 10월 최무선의 건의대로 화통도감을 설치하고 최무선으로 하여금 제조관을 맡도록 하였다. 우왕 5년 6월에 이르러서는 왜구의 침입이 격심해졌으며, 이 가운데 기병 7백 명, 보병 2천 명이 진주까지 침입해 왔다.

이에 고려군은 나세장군을 원수로, 최무선을 부원수로 삼아 반격에 나섰다. 이들은 승천포를 출발하여 중요 전략기지인 교동도에 도착하여 화약과 식량을 싣고 충청도 앞바다인 아산과 서산을 향해 출발하였다.

80) 양태진, 인물로 본 한국 영토사, 도서출판 다물, 1996, pp. 177~180.

위에서 말한 교동도는 수도를 지키는 수군의 통어영이 자리하고 있는 곳이며, 또한 이곳에는 돌산이 있어 포환을 만들어내는 곳이기도 하였다. 당시 포환은 화통에 맞도록 돌을 둥글게 깎았다. 화통은 구조상 약실과 포신으로 구분되며, 약실에 특수 처방된 염초를 채운 후 포신에 포환을 장전하고 약실에 횃불을 달면, 약실 내부가 가열되어 염초는 폭발하고, 공이(擊針)를 세 겹 밀어내면 이 공이의 충격을 받아 포환이 적선을 향해 날아가게 되어 있었다.

이렇게 마련된 화통을 싣고 우선 각종 물산이 비축되어 있는 서산 해변의 하양창과 영풍창을 지켜내도록 하였다. 함선은 계속 남쪽을 향해 내려가던 중, 영암 인근인 진포 해변에 다다라 적선이 눈에 띄었다.

이때의 적선 수효는 300여 척이었으나, 고려 수군의 함선은 불과 30척뿐이었다. 그러나 고려 수군이 탄 배에서 쏘아대는 화통으로 인해 적은 어찌할 바를 모르고 허둥대다가 괴멸되고 말았다. 해전은 이른 아침부터 계속되어 한나절까지 벌어졌다. 이 전투 역시 최무선이 발명한 화통에 연유된 것이었다.

최무선이 화통도감이 된 후 다양한 화기를 장착할 병선의 구조도 개량하였는데, 이 가운데는 화룡선이라는 명칭의 기동력이 뛰어난 배도 만들었다. 이 화룡선은 뒷날 거북선의 모체가 되었고, 이장손(李長孫)의 발명품으로 알려진 비격지천뢰(飛擊地天雷)[81]도 최무선이 발명한 화통과 맥을 같이한 것이다. 당시 남해지역인 전라도 순천 병마사인 정지(鄭地)[82]도 왜구 방어에 고민하고 있었는데, 최무선을 만나면서 승전을 기록하게 되었다.

이렇듯 변방의 국토 수호와 왜구의 침입에 커다란 공헌을 하였던 최무선은 1396년(이태조 5년) 세상을 떠나면서 아들에게 유언하기를, "우리 집안은 대대로 고려의 녹을 받고 살아온 가문으로, 앞으로는 벼슬길에 나서지 마라. 이성계가 나라를 새로이 개창한

81) 비격지천뢰(飛擊地天雷)는 조선 선조 때 이장손이 발명한 무기로, 표면은 무쇠로 둥근 박과 같고 내부는 화약과 빙철(憑鐵) 등을 장전하게 되어 있으며, 완구(碗口)에 의해 목표물을 향해 발사하면 인마(人馬)가 살상되는 폭탄의 일종이다.

82) 정지(鄭地)는 1347(충숙왕 3년~공양왕 3년) 고려 말 무인인데, 생긴 것이 특이해 우는 아이도 울음을 그치게 할 정도로 그 모습이 매우 괴상했다고 한다. 그러나 마음씨만은 매우 고왔다. 수군에 대한 헌책을 올려 임금의 신임을 받아 전라도 안무사로 특명되고 우왕 3년 순천병마사로 있으면서 왜군을 물리쳤고, 이성계가 위화도 회군 시 동행해 2등 공신이 되고 광주별저에서 생을 마감하였다.

것은 어쩔 수 없는 천명이겠으나, 신하로서 왕을 죽이고 그 씨족인 왕씨까지 몰살시킨 것은 용서할 수 없는 일이다." 하였다.

이 같은 소식이 전해졌으나 이성계는 최무선을 우정승 수성부원군으로 추증하였고, 그 아들 최해산에게는 군기소감이라는 벼슬을 내렸다. 그러나 아버지의 유언에 따라 최해산은 벼슬길에는 나서지 않았다. 세종이 등극하면서 군기시(軍器寺) 청사 벽면에 최무선의 공을 기리고 찬양하였으며, 사당을 지어 그의 공로를 기렸다. 이후 아들인 최해산(崔海山)[83]은 군기시 부정으로 화약 및 화기 제작의 유업을 계승하였다.

6) 연도별로 본 고려 말 왜구[84]의 침탈 사례

1223년(고종 10년) 5월, 금주(경남 김해군), 고려사, 권22, 고종 10년 5월 갑자 12년 4월 무술

1226년, 1227년, 계속 경상도 연해로 침입. 고종 13년(1226) 정월 계미 6월 갑신삭

1227년 5월(고종 14년), 왜국 적선(賊船)의 변구(邊寇)를 사죄, 수호호시(修好互市)를 청함

1323년(충숙왕 10년) 6월, 군산도(전북 옥구군)에서 개경으로 가는 조운미 약탈, 추자도 주민 납치

1323년(충숙왕 10년) 7월, 전라도 일대에서 왜구를 격퇴, 100여 명을 살상함. 고려사, 권35, 충숙왕 10년 정해 7월 경자

1350년 왜구의 침입 본격화, 고려사절요, 권26, 충정왕 2년 2월 4월. 고려사, 권27, 충정왕 2년 2월.

1350년 4월, 100여 척의 왜구가 순천, 남원, 구례, 영광, 장흥에 침입하여 조선(漕船) 습격, 조세미 약탈해 감

1350년 5월 말, 66척의 왜구가 순천부, 함포, 장흥, 동래, 진도 등 남해안 여러 곳을 침입함

1350년 6월, 왜적 합포(合浦)에 침입함

---

83) 부친의 유고인 화약수련법의 비법을 전수받았고, 천부적 재능으로 화약병기와 군장비 보강에 기여한 인물임.

84) 13~16세기 중국과 우리나라 근해에 출몰하여 약탈을 일삼던 일본 해적들을 지칭하는 말.

1350년 9월, 왜구들의 침구(侵寇)로 진도현(珍島縣)을 내륙으로 옮김

1351년 8월, 왜선 100여 척이 경기지방에 나타나 노략질함

1351년 8월, 130여 척의 왜구가 개성 인근인 자연도, 삼목도로 침입하여 민가를 불사르고 남양부 쌍부현을 침입함

〈고려사, 권37, 충정왕 3년 8월 병술 기축, 공민왕 즉위년 11월 임자〉

1351년 11월, 남해현을 습격함(고려수군 왜선 2척 나포)

〈고려사절요, 권26, 공민왕 원년 3월 6월〉

1352년 3월, 강화도 인근의 파음도, 교동도 등 남해안 여러 고을을 침입함

1352년 6월, 동해안 강릉도에 침입하여 약탈함

〈고려사, 권38, 공민왕 1년 9월 임신〉

1353년 6월, 왜 50여 척의 해적선으로 합포에 침입함

〈고려사, 권38, 공민왕 1년 9월 임신〉

1354년 4월, 전라도의 조운선 40여 척을 왜구에 약탈당함

〈고려사, 권38, 공민왕 3년 3월 기유〉

1355년 3월, 고려의 배 200여 척이 습격당함.

〈고려사, 권38, 공민왕 4년 4월 신사〉

1357년 9월, 왜구로 인해 조운(漕運)이 끊어짐

1358년, 경상도 사천의 사주로 침공하여 고려 선박 300여 척을 불지름

〈고려사, 권38, 공민왕 7년 3월 기유〉

1358년 4월, 최영(崔瑩)을 양광 전라도 왜구체복사(倭寇體覆使)로 삼음

1360년 윤 5월, 왜구는 대선단을 이끌고 강화도에 침입하여 300여 명의 주민을 학살하고 4만여 섬의 쌀 약탈해 감

〈고려사절요, 권27, 공민왕 9년 윤5월〉

1961년 4월, 경상도에 왜구가 침입함

1363년, 213척의 왜선이 교동도에 침입함. 개경을 위협하고 수안현에서 약탈함

〈고려사, 권40, 공민왕 12년 4월 기미〉

1364년 3월, 왜선 200여 척이 경상도 거제 부근 갈도에 침입하여 약탈을 감행함
〈고려사, 권40, 공민왕 13년 3월 기사〉
1364년 5월, 침입해 온 3000여 명의 왜구를 섬멸하고 다량의 무기와 장비를 노획함
〈고려사, 권111, 김속명 열전〉
1366년 5월, 왜구가 교동도(喬桐島)에 주둔하며 약탈을 감행함
1370년 2월, 내포(內浦) 선주(宣州)에 왜구가 침입함
1371년 3월, 해주에 왜구가 침입함
1371년 7월, 예성강에 왜구가 침입함. 병선 40여 척 불 탐
1372년 2월, 백천에 왜구가 침입함
1372년 3월, 순천, 장흥 등지에 왜구가 출몰함
1372년 6월, 동서남해에 10여 차례에 걸쳐 침입함. 수도를 위협함
1372년 6월, 함주(함흥) 북청 일대에 침입한 왜구를 지역 주민들이 쫓아냄
〈고려사절요, 권29, 공민왕 21년 6월〉
1373년 4월, 350여 척의 왜선이 김포(양천)에 침입하여 수도를 위협함
〈고려사절요, 권29, 공민왕 22년 6월 23년 4월〉
1374년 4월, 350여 척의 왜구가 합포에 침입하여 노략질함
〈고려사절요, 권29, 공민왕 22년 6월 23년 4월〉
1376년 3월 초, 조민수가 진주에 들어 온 왜구 10여 명을 살해함
1376년 7월, 충청도 홍산(鴻山)에 침입한 왜구를 괴멸시킴
〈고려사절요, 권30, 우왕 2년 7월〉
1376년 9월, 고부(古阜) 태산(泰山) 등지에 왜구가 출현함
1377년 5월, 왜구 경상도 밀양을 향하는 50척의 배를 섬멸, 같은 시기 일본 하다카 지방 괴수 패가다만호를 사살
〈고려사절요, 권30, 우왕 3년 5월〉
1378년 8월, 왜구가 경상도 욕지도(통영군)에 상륙하여 약탈을 감행함에 경상도원수 배극렴(裵克廉)이 출전하여 적 50여 명을 소멸함
〈고려사절요, 권30, 우왕 4년 8월〉

1383년 5월, 왜구 120척이 나주 목포로 침입하자 박두양 해전(경상도 남해군)으로 퇴치함

〈고려사절요, 권32, 우왕 9년 5월〉

박두양 해전은 이 싸움의 지휘자 정지(鄭地)가 말하기를 전장에서 왜적을 격파한 적이 여러 번 있었으나 이번같이 통쾌한 승리는 없었다고 한다.

〈고려사절요, 권32, 우왕 9년 5월; 고려사, 권113, 정지 열전〉

※ 1350년 2월~ 1369년, 20년간 왜구 침입 횟수 77회, 침입 지역 100곳

※ 1370년~1379년, 10년간 왜구 침입 횟수 175회, 침입 지역 290곳

1375년~1379년, 5년간 왜구 침입 횟수 133회, 침입 지역 290곳

1380~1388년, 9년간 왜구 침입 횟수는 139회, 침입 지역 236곳

3 고려 말, 조선 초의 영해 상황

1) 고려 말, 조선 초의 수군

고려 정부를 대신하여 조선왕조가 1392년에 들어섰으나 해양 영토정책은 고려 때와 별반 달라진 것이 없었다. 고려 말에 증설된 수군기지로 서해 옹진에 해도만호를 비롯해, 업청강(풍천)에 천호를 둔 것이나, 양광 좌우도가 수군 도만호 지휘하에 있었고, 만호 천호 영선두목 심지어는 지인(知印)[1]들의 활동마저도 조선 초에 이르기까지 고려 말의 관제를 그대로 따르고 있었다.

1392년 각 도에는 마병, 보병, 선군 수가 도합 20만 8백여 명이고, 여기에 국역부담자(國役負擔者)까지 합하면 30만 1천3백여 명에 달한다고 한다.[2] 10년 후인 1403년에는 군정수(軍丁數)가 29만 6,310명이었고, 이듬해에는 37만 365명으로 집계되었다.[3]

이에 비해 수군의 증가현상은 1412년 경상도 관내에서는 시위군 5,989명 가운데 2,850명을 뽑아 수군으로 전입시켰고[4], 1421년 평안도 관내 군정 수는 7만 7,487명이었는데 이 가운데 마병, 보병, 봉족(奉足)[5]을 합해 6만 4,399명이었으며, 수군은 봉족을 합해 1만 3,186명이었다.[6]

---

1) 지인은 통인(通引)을 가리키는 것으로, 고려 때 중서문하성(中書門下省) 도평의사사(都評議使司)에 딸린 이속(吏屬)이다.
2) 태조실록, 권3, 태조 2년 5월 경오.
3) 태종실록, 권5, 3년 5월 병오; 권7, 4년 4월 을미; 권12, 6년 10월 병진.
4) 태종실록, 권23, 12년 4월 을축.
5) 조선에서 평민이 부담하는 국역(國役)의 하나이다.
6) 세종실록, 권12, 3년 을축.

1410년대 초에 수군의 총 수는 약 4만 명으로 추산되며, 여기에 봉족까지 합하면 12만~15만 명으로 보이는데, 이는 전체 장정 수 약 40만의 30~38%에 달하는 수효이다. 1432년에 편찬된 『팔도지리지(八道地理志)』[7]에 의하면 경기도에 3,892명, 충청도에 7,858명, 전라도에 1만 793명, 황해도에 3,997명, 강원도에 1,384명, 평안도에 3,490명, 함경도에 969명으로, 총 4만 9,317명이라 하였다. 이러한 수군 자원은 바다에서 아주 멀고 북방 방어의 중요 임무를 지고 있는 평안도나 함경도의 산간 또는 수군이 따로 없는 제주도를 제외하고는 300여 개의 고을에 의무적으로 배정, 그 숫자를 확보하게 하였다.

양인 신분의 수군 숫자가 부족함을 메우기 위해 양반의 비첩 출신들을 보충군이라는 미명하에 일정 기간 수군에 복무시키면 양인 신분으로 전환시켜 준다고도 하였다. 그래도 부족하면 시위군 가운데 말(馬)이 없는 자들을 수군으로 전환시켰으며, 마지막으로 염전 인부들을 마구잡이로 수군으로 복무시켰고, 일부는 공노비나 죄수들을 처벌 대가로 수군역을 지우게 하기도 했다. 이러한 조처들은 조선에서 수군의 무력 증강에 얼마나 고심했는지를 여실히 드러내고 있다. 특히 고려 멸망의 요인 가운데 하나가 해상 방어를 제대로 하지 못해 왜구들의 침입이 심해졌기 때문이라고 여겼기 때문이다.

여하튼 『경국대전』에 의하면, 1469년 수군 총수를 4만 8,800명으로 정하고 유사시에는 조운선 선원 5,960명도 동원하였다고 기록하고 있다.[8] 이렇듯 증가된 수군의 수는 함선의 증가와 불가분의 관계를 갖고 있다. 물론 수군 가운데는 함선에 직접 타지 않고 육상의 기지에서 근무하는 여타 인원들도 있을 수 있지만, 이들의 주 임무는 함선을 타고 배 안에서 노를 젓거나 돛을 다루거나 사수와 포수의 역할을 하는 것이었다.

2) 고려 말, 조선 초의 수군기지

고려 말에서부터 조선 초 대마도 원정 당시까지의 수군기지들은 다음과 같다.

만호가 지휘하는 곳으로 경상도에서는 개운포, 서생포, 장생포, 염포(울주 울산), 감북포(경주), 장곶(남해현), 구라량(仇羅梁), 노량, 적량(진주), 영등포(거제)가 있으며, 경상 좌우

7) 세종 때 왕명으로 지은 지리책임. 세종 14년인 1432년에 완성되었으나 실물은 전해지지 않고 있다.
8) 경국대전 병전 번차도목 수군 조졸; 증보문헌비고, 권120, 주사; 선조실록, 권206, 39년 12월 무오.

도 도만호의 지휘를 받는 곳은 부산포, 냉이포(제포)가 있었다. 번계(고성), 다대포(부산)에는 천호영이 있었다.

강원도 동해안에는 월송포(평해), 수산포(울진)가 있었으며, 삼척 등지에는 만호영들이 있었다. 전라도 내의 만호영들로는 검모포(무안), 장사포, 대굴포(무안), 진례량(進礼梁), 내례량(순천), 여도(呂島), 축두(築頭) 등지가 있었다.

두만강 연변인 동북면에는 함선 10척을 새로이 배치하고 경원(慶源)에 만호부를 두었다. 그리고 황해도에는 대곶량, 풍주량을, 의주에는 만호영을, 평양 인근의 안주에는 첨사영 등 여러 수군기지들이 추가되었다.

1399년 각 도에는 수군첨절제사(水軍僉節制使)[9], 절제사 또는 도절제사(都節制使)들이 파견되어 있었다.[10] 1404년에는 삼도 수군 도지휘사(都指揮使)를 두고 수군에 대한 통일적인 지휘를 하게 했다.[11] 이 밖에 하삼도(下三道) 연안에 주둔한 선군(船軍)의 병선, 장비, 군졸들에 대한 검열을 하도록 한 해도찰방(海道察訪) 또는 해도경차관(海道敬差官)을 파견하여 육군과 함께 그 정황을 살피게 하였다.[12] 수군 지휘 통솔체계를 강화하기 위한 방법으로 각급 무관의 명칭을 벼슬 등급에 따라 명확하게 구분 짓게 하기 위해 1413년에 종전의 3품 이상이면 만호, 4~6품이면 천호라 부르던 것을, 3품은 만호, 4품은 부만호, 5품은 천호, 6품은 부천호라 부르게 하였다.[13] 그리고 각 진의 위치는 적들이 나타났을 때 제때 대응책을 취하기 좋은 위치를 선정하는 것을 원칙으로 하였다. 그러기 위해서는 적의 배들이 드나들기 쉬운 길목에 있으면서도 아군 함선들을 은폐할 수 있고, 조속히 함선을 바다에 띄워 보낼 수 있는 간만의 차이가 심한 곳, 또한 수군 진영 간에 연계와 후방 물자의 보급에 편리한 곳으로 진을 선정하였다. 이 밖에 해안지대의 지형, 간석지의 형성, 흙모래의 퇴적 등 매 시기마다 달라질 수 있는 여건을 고려하지 않을 수 없었다. 즉 어제까지 양항이었던 곳이 갑자기 오늘날에 와서는 불편하고 쓸모없는 곳이 될

9) 종3품의 무관으로 각 지방에 설치한 수군 거진의 장(將)이며, 소속 수군 제진(諸鎭)을 지휘 통제하는 직위이다.

10) 정종실록, 권1, 정종 원년 정월 경인; 태종실록, 권6, 태종 3년 9월 갑진.
같은 책, 권11, 태종 6년 4월 신미; 동서, 권27, 태종 14년 4월 경술.

11) 태종실록, 권7, 태종 4년 3월 갑인.

12) 태종실록, 권28, 태종 14년 8월 정미.

13) 태종실록, 권26, 태종 13년 7월 병술.

수 있고 그 반대로도 될 수 있기 때문이다. 그렇기 때문에 수군기지는 일정불변한 곳이 아니라 그 위치가 빈번하게 바뀌었다. 예컨대 충청도 서산군에 있던 대산포 만호영은 함선의 정박이 불편해짐에 따라 1428년 이곳에서 남쪽으로 20여 리 떨어진 파지포로 기지를 옮겨 파치도만호영으로 불리게 되었다.[14] 전라도에 있던 검모포를 고현의 장사포로, 옥구에 있던 수군 처치사영(處置司營)의 병선은 무안현 대굴포로 옮겼다가 1432년 다시 목포로 옮겨졌다. 목포 만호산하에 있던 병선은 주량으로 옮기고 만호영을 천호로 고쳤다. 주량의 병선은 1438년 진도에 있는 남도포로 옮기고 남도포만호가 관리하게 하였다.[15] 1420년 풍해도(황해도로 변경되기 이전의 도 명칭) 반니량의 병선 2척을 용매량에 넘겨주고 반니량만호는 폐지, 1429년 광암량만호가 웅도로 옮겨졌으며, 1439년 장연의 대곶량의 병선들은 별서강으로, 오진 본영의 병선들은 소강으로 옮겨졌다.

1445년에는 평안도 수영을 호도(虎島)에서 광량포로 옮겨졌고, 의주의 수영은 선사포에서 서락포로 옮겨졌다.[16] 경상도에서는 1411년 신당포만호를 폐지하고 관하의 병선들은 냉이포만호가 관할하게 하였고, 같은 도내의 고성군 하서면에 위치해 있던 번계천호는 폐지하고, 가배량만호가 그 병선과 함께 관할하게 하였다. 1417년 다대포에 만호를 파견하고 울산의 염포만호를 새로이 두었다. 1426년에는 염포에 도만호를 두고 서생포 병선 가운데 3척을 더 넘겨받도록 하였다. 1438년에는 좌량이라고도 하던 구량의 병선들을 사량에 옮기고 사량만호로 칭하게 하였다.[17] 동북면이라고도 불리던 함경도, 강원도에서는 1399년 전국의 수군을 축소하는 조처에 따라 선군을 폐지한 일도 있었으나 반년도 못 되어 다시 복구하였다. 1411년 왜구의 침입이 없다 하여 수군의 만호, 천호를 고을 원이 겸하게 하고 선군들도 집으로 돌아가게 하였으나, 1422년 안변의 낭선포, 용진 조지포, 정평 미진포, 북청 자외포, 길주 다산포 등에 병선을 두고 포구와 각 진(鎭)에 만호 1명을 두게 하였다.

1426년 미진포 병선을 도안포로 옮기고, 1449년 원산에 있던 진명포 병선들을 낭성

---

14) 세종실록, 권39, 세종 10년 정월 정해.
15) 태종실록, 권16, 태종 8년 9월 임술; 세종실록, 권58, 세종 14년 10월 을사; 같은 책, 권80, 세종 20년 정월 을미.
16) 세종실록, 권108, 세종 27년 5월 임진.
17) 태종실록, 권22, 태종 11년 7월 무자; 같은 책, 권34, 태종 17년 8월 계묘, 10월 갑진.
세종실록, 권32, 세종 8년 4월 무진; 같은 책, 권83, 세종 20년 10월 임자.

포로, 임성포 병선들은 조지포로 옮겼다.[18] 1419년 강원도 월송포만호, 수산포만호의 겸임제도를 없애고 삼척진 첨사도 겸임이 아닌 전임 첨사를 보내게 하였다.[19] 이 밖에도 적지 않은 수군기지의 변동이 있었을 것으로 추정되는데, 이 가운데는 실록에 기록되지 않은 것들도 있으리라 여겨진다. 이러한 조처에 따른 폐지, 이동, 신설, 승격, 격하와 병선들이 순회하면서 순찰임무를 수행하게 하거나 일정 바다 초소에 나가 경계근무를 하게 한 것은 대체로 왜구의 준동이 심한가의 여부에 따라 결정되었다. 무엇보다 해안 연변 해류의 변경에 따라 모래나 감탕의 퇴적 여부에 따라 결정되었다.

3) 수군의 진관제(鎭管制)

진관제(鎭管制)는 군사의 지휘 통솔체계를 일원화하여 당해 지역 안에서 일어난 사건 등을 그 지역에서 책임지고 처리 또는 적선을 물리치도록 군사 조직체로 묶어 조직화한 제도이다. 이 제도는 1457년 『경국대전(經國大典)』 병전(兵典)에 고착되었다. 수군의 진관제도도 이때 비로소 확립되었는데, 전국을 총 5개의 거진(巨鎭)과 고을별로 나눈 제진(諸鎭)으로 구분하였다. 특히 수군진에서는 이들을 한데 묶어서 군관구를 두었다가 후에는 몇몇 고을의 수군력을 수영(水營)에 소속시키는 형식을 취하기도 하였다. 수군에게도 진관제가 정착되면서 각 도별로 1~3명의 정3품인 수군절도사(水軍節度使[20])를 두고 보좌 구성원으로 경상도와 전라도에 한하여 정4품인 수군우후(水軍虞侯[21])를 두게 하였다. 주진(主鎭)과 거진(巨鎭)의 구분은 수군절도사가 지휘하는 진영을 수사영 또는 주진이라 하였으며, 종4품인 가 주재하는 진영을 거진이라 하였다. 첨사 밑에는 종4품인 수군만호(水軍萬戶[22])가 있었고 만호가 주재하는 진영을 만호영이라 하고 이들이 지휘하는 보루(堡壘)

18) 정종실록, 권1, 정종 원년 3월 갑신; 같은 책, 권2, 정종 원년 9월 정축; 태종실록, 권22, 태종 11년 12월 정유. 세종실록, 권15, 세종 4년 2월 무술; 같은 책, 권33, 세종 8년 9월 병오; 같은 책, 권125, 세종 31년 9월 정미.
19) 세종실록, 권5, 세종 원년 8월 계유.
20) 서반 가운데 종2품 무관으로 각 도 수군 주진(主鎭)의 장(將)이며, 소속 수군의 거진(巨鎭)을 통제한다. 일명 수사(水使)라 약칭한다.
21) 조선 때 충청, 경상, 전라도에 두었던 각 수영에 딸린 정4품의 외직 무관으로, 수군첨절제사 다음이다.
22) 조선 때 각 도에 있는 수군 진영에 딸린 종4품 외직 무관으로, 수군 우후(虞侯) 밑에 있었다.

들을 제진(諸鎭)이라 하였다. 보다 뒤에 이르면 종4품인 동첨절제사(同僉節制使), 종9품인 별장(別將) 같은 품계인 권관(權管) 등이 더 설치되는데, 이들이 주재하는 진영을 별장진, 별장영, 권관진이라 하였다. 이들 진영에는 무과 합격자인 보조 무관 2~5명이 딸려 있었다. 각 도별 수군의 거진 및 제진 명칭은 다음과 같다.

– 경기도 –

진 구분	진 및 속진	속읍	관장명	소속 진관	현 지명	전선	방선	병선	구선	사후선	탐선	거도선	급수선	계
주진	통어영 겸 수영	-	통어사 겸 수사	-	경기 교동	2	1	4	1	8	-	-	3	19
거진	영종진 겸 첨사진	방어영[23]	방어사 겸 첨사	-	옹진군 영종	-	2	2	-	-	-	1	2	7
	덕적, 덕포진	-	첨사	-	옹진군 덕적	-	-	2	-	1	-	-	-	3
제진	화량진	-	첨사	덕포 진관	화성 송산면	1	1	1	-	1	-	-	1	5
	주문도진	-	첨사	-	옹진 서도	1	1	-	-	2	-	1	1	6
	장봉도진	-	만호	-	장봉도	-	3	-	-	1	-	1	1	6
총계						4	10	10	1	16	-	3	9	53

주) 1744년에 편찬된 『속대전(續大典)』에 실려 있는 각 도별 수군 소속 읍진들과 소속 함선 수 정황

23) 방어영은 진관제(鎭管制)의 주진(主鎭)보다는 작고 거진(巨鎭)보다는 큰 방어체계의 한 부분이었다. 진관제 실시로 인한 중요한 변화로 종3품이던 첨사(僉使) 밑에 동첨절제사(同僉節制使)라 하여 종4품으로 하고, 종4품인 만호(萬戶) 아래에 종9품인 권관(權管), 종9품인 별장(別將) 등이 주재하는 진(鎭)들이 많이 생겨났다.

– 충청도 –

진 구분	진 및 속진	속읍	관장명	소속 진관	현 지명	전선	방선	병선	구선	사후선	탐선	거도선	급수선	계
주진	수군철도사영	-	수사	-	보령군	2	1	2	1	7	-	-	-	13
거진	안홍진	-	첨사	-	서산 근홍	2	1	2	1	7	-	-	-	13
	소근포	-	첨사	-	서산 소홍	1	1	1	-	3	-	-	-	6
	마량진	-	첨사	-	서천 서면	1	1	1	-	3	-	-	-	6
	평신진	-	첨사	-	서산 대신	-	2	1	-	2	-	-	-	5
제진	서천포	-	만호	마량 진관	서천 장항	1	2	1	-	2	-	-	-	6
속읍	홍주	-	-	-	홍성군	1	1	1	-	3	-	-	-	6
	태안	-	-	-	서산 태안	1	-	1	-	2	-	-	-	4
	서산	-	-	-	서산 인지	1	1	1	-	3	-	-	-	6
	한산	-	-	-	서천 한산	-	2	1	-	2	-	-	-	5
	임천	-	-	-	부여 임천	-	2	1	-	2	-	-	-	5
	해미	-	-	-	서산 해미	1	1	1	-	1	-	-	-	4
	결성	-	-	-	홍성 결성	-	1	1	-	1	-	-	-	3
	면천	-	-	-	당진 면천	-	1	1	-	1	-	-	-	3
	보령	-	-	-	보령	-	1	1	-	1	-	-	-	3
	남포	-	-	-	보령 남포	-	1	1	-	1	-	-	-	3
	비인	-	-	-	서천 비인	-	1	1	-	1	-	-	-	3
	당진	-	-	-	당진군	-	1	1	-	1	-	-	-	3
	서천	-	-	-	서청 서면	-	-	1	-	2	-	-	-	3
합계						9	21	20	1	41				92

– 경상도 –

진 구분	진 및 속진	속읍	관장명	소속 진관	현 지명	전선	방선	병선	구선	사후선	탐선	거도선	급수선	계
좌도 주진	좌수사영	-	수사	-	부산동래 수영	3	-	5	1	12	-	-	-	21
우도 주진	우수사영	-	수사	-	경남 충무	3	-	7	3	21	2	-	-	36
거진	부산진	-	첨사	-	부산 부산진	1	-	2	1	4	-	-	-	8
제진	두모포	-	만호	부산진관	부산 부산진	1	-	1	-	2	-	-	-	4
	서생포	-	만호	부산진관	부산 부산진	1	-	1	-	2	-	-	-	4
	개운포	-	만호	부산진관	부산 부산진	1	-	1	-	2	-	-	-	4
	포이포	-	만호	부산진관	부산 부산진	1	-	1	-	2	-	-	-	4
	칠포	-	만호	부산진관	경북 영일 의창	1	-	1	-	2	-	-	-	4
	축산포	-	만호	부산진관	경북 영덕 축산	1	-	1	-	2	-	-	-	4
	서평포	-	만호	부산진관	부산 서구	1	-	1	-	2	-	-	-	4
	감포	-	만호	부산진관	경북 월성 감포	1	-	1	-	2	-	-	-	4
	다대포진	-	만호	부산진관	부산 서구	1	-	2	1	4	-	-	-	8
거진	가덕진	-	첨사	가덕진관	창원 가덕도	1	-	2	1	4	-	-	-	8
제진	안골포	-	만호	가덕진관	창원 웅동	1	-	1	-	2	-	-	-	4
	제포	-	만호	가덕진관	진해 웅천	1	-	1	-	2	-	-	-	4
	장목포	-	별장	가덕진관	거제 장목	1	-	1	-	2	-	-	-	4
	옥포	-	만호	가덕진관	거제 장승포	1	-	1	-	2	-	-	-	4
	지세포	-	만호	가덕진관	거제 일운	1	-	1	-	2	-	-	-	4
	조라포	-	만호	가덕진관	거제 장목	1	-	1	-	2	-	-	-	4

	천성포	-	만호	가덕 진관	창원 가덕도	1	-	1	-	2	-	-	-	4
	구산포	-	만호	가덕 진관	창원 구산	1	-	1	-	2	-	-	-	4
	가배포	-	만호	가덕 진관	거제 동부	1	-	1	-	2	-	-	-	4
	풍덕포	-	별장	가덕 진관	진해	1	-	1	-	2	-	-	-	4
	신문	-	별장	가덕 진관	창원 웅동	1	-	1	-	2	-	-	-	4
	청천	-	별장	가덕 진관	창원 웅동	1	-	1	-	2	-	-	-	4
	율포	-	권관	가덕 진관	거제 일운	1	-	1	-	2	-	-	-	4
	진주	-	-	-	사천 주동	1	-	2	1	4	-	-	-	8
	창원	-	-	-	마산시	1	-	1	2	-	-	-	-	4
	김해	-	-	-	김해읍	1	-	1	-	2	-	-	-	4
	하동	-	-	-	하동 고진	1	-	1	-	2	-	-	-	4
	거제	-	-	-	거제읍	1	-	2	1	4	-	-	-	8
	웅천	-	-	-	진해시	1	-	1	-	2	-	-	-	4
속읍	사천	-	-	-	사천 용진	1	-	1	-	2	-	-	-	4
	곤양	-	-	-	사천 곤양	1	-	1	-	2	-	-	-	4
	진해	-	-	-	창원 진전	1	-	1	-	2	-	-	-	4
	남해	-	-	-	남해읍	1	-	1	-	2	-	-	-	4
	고성	-	-	-	고성읍	1	-	1	-	2	-	-	-	4
	울산	-	-	-	울산시	1	-	1	-	2	-	-	-	4
	기장	-	-	-	양산 일광	1	-	1	-	2	-	-	-	4
합계						55	2	66	9	143	2			277

– 전라도 –

진 구분	속진, 속읍	관장명	소속 진관	현 지명	전선	방선	병선	구선	사후선	해골선	計
전라좌진	좌수영	수사	-	전라 여수	3	-	5	1	11	-	20
전라우진	우수영	수사	-	해남 문내	2	1	4	1	8	-	17
기진	사도진	첨사	-	고흥 모두	2	-	2	-	4	-	8
제진	방답	동첨사	사도진관	여천 포산	2	-	2	-	4	-	8
	여도	만호	사도진관	고흥 과역	1	-	1	-	2	1	5
	발포	만호	사도진관	고흥 도화	1	-	1	-	2	-	4
	녹도	만호	사도진관	고흥 도양	1	-	1	-	2	-	4
	화령포	만호	사도진관	장흥 관산	1	-	1	-	2	-	4
	마도	만호	사도진관	장흥 대덕	1	1	1	-	2	-	5
	금갑도	만호	사도진관	진도 내귀	1	1	1	-	2	-	5
거진	임치도	첨사	-	무안 해제	1	1	1	-	2	-	5
제진	남도포	만호	임치진	진도 임피	1	1	1	-	2	-	5
제진	목포	만호	임치진	목포	1	1	1	-	2	-	5
	다경포	만호	임치진	무안 망운	1	1	1	-	2	-	5
	검모포	만호	임치진	무안 산내	1	1	1	-	2	-	5
	지도	만호	임치진	신안 지도	1	-	1	-	2	-	4
	임자도	동첨사	임치진	신안 임자	1	-	1	-	2	-	4
거진	가리포	첨사	임치진	완도읍	1	1	2	1	4	-	9
제진	어란포	만호	가리포진관	해남 송진	1	1	1	-	2	-	5
	고금도	동첨사	가리포진관	완도 고금	1	-	1	-	2	-	4
	이진	만호	가리포진관	해남 부평	1	-	1	-	2	-	4
	신지도	만호	가리포진관	완도 신지	1	-	1	-	2	-	4
거진	위도진	첨사	가리포진관	무안 위도	1	-	1	-	2	-	4

제진	고군산	동첨사	위도진관	전남 옥구	1	-	1	-	2	-	4
	군산도	동첨사	위도진관	전북 군산	1	-	1	-	2	-	4
	법성포	동첨사	위도진관	영광 법성	1	1	1	-	2	-	4
	고돌산	별장	가리포진관	여천 화양	1	-	1	-	2	-	4
	명월포	만호	제주진관	북제주 한림	-	-	-	-	-	-	-
속읍	나주	-	-	나주 동강	2	-	2	-	2	-	6
	영암	-	-	영암 덕진	1	-	1	-	2	-	4
	영광	-	-	영광읍	1	-	1	-	2	-	4
	순천	-	-	승주군	1	-	1	-	2	-	4
	낙안	-	-	낙안면	1	-	1	-	2	-	4
	광양	-	-	광양 전상	1	-	1	-	2	-	4
	홍양	-	-	고홍 도양	1	-	1	-	2	-	4
	보성	-	-	보성 득량	1	-	1	-	2	-	4
	장홍	-	-	장홍 안량	1	-	1	-	2	-	4
	진도	-	-	진도 외신	1	-	1	-	2	-	4
	함평	-	-	함평읍	1	-	1	-	2	-	4
	해남	-	-	해남 화산	1	-	1	-	2	-	4
	무안	-	-	무안 몽탄	1	-	1	-	2	-	4
계					47	11	51	3	101	1	214

– 황해도 –

진 구분	속진읍	지휘관	소속 진관	현 지명	전선	방선	병선	사후선	소맹선	거도선	급수선	협선	범소선	추포선	계
주진	수사영	수사	-	옹진 연봉	1	2	1	-	1	5	-	2	-		23
거진	백령진	첨사	-	백령도	1	1	2	-	-	4	-	-	-	-	8
제진	허사포	동첨사	백령진	옹진 월사리	-	2	1	-	-	3	-	-	-	2	8
	오차포	동첨사	백령진	용연 오차진	-	2	1	-	-	3	-	-	-	-	6
	등산곶	동첨사	백령진	강령 동암리	-	2	1	-	-	3	-	-	1	-	7
	용매량	동첨사	백령진	벽성 용매도	-	2	1	-	-	2	-	1	-	-	6
	초도	동첨사	백령진	옹진 초도리	-	1	2	4	-	-	-	1	-	-	8
	조니포	만호	백령진	용연 몽금포	-	-	-	-	-	-	-	-	-	-	-
	금사사	-	-	용연 순계리	-	-	-	-	-	-	1	-	-	5	6
속읍	해주	-	-	해주 용당	-	2	-	-	-	-	1	2	-	1	6
	풍천	-	-	연백 풍천	-	2	-	-	-	-	1	2	-	1	6
	안악	-	-	안악 굴산	-	2	-	-	-	-	-	1	-	-	3
	배천	-	-	배천읍	-	1	-	-	-	-	-	1	-	-	2
	연안	-	-	연안 나진포	-	1	-	-	-	-	-	1	-	-	2
	장련	-	-	은률 금포	-	1	-	-	-	-	-	1	-	-	2
	장연	-	-	장연 백촌	-	1	-	-	-	-	1	2	-	1	5
	은률	-	-	은률 삼리	-	1	-	-	-	1	-	-	-	-	2
	강령	-	-	강령 부포	-	1	-	-	-	1	-	-	-	-	2
	옹진	-	-	옹진 남해	-	1	-	-	-	-	2	1	-	2	6
계					2	27	9	5	1	21	6	17	1	23	112

– 평안도 –

진 구분	속진읍	지휘자	소속 진관	현 지명	방선	병선	사후선	거도선	급수선	함선	계
	선사포	첨사	-	철산 기봉	2	1	6	-	-	-	9
	광량진	첨사	-	남포 와우도	2	2	-	-	3	-	7
	노강진	첨사	-	문덕 서호	1	1	3	-	-	-	5
	미곶진	첨사	-	염주 다사도	1	1	1	-	1	-	4
	선천 방어영	방어사 겸 수사	-	선천	-	-	2	1	-	1	4
계					6	5	12	1	4	1	29

조선 성종 ~ 중종 연간의 수군기지 축성현황

(단위=자)

축성연대	수군기지	현 지명	형태	성의 길이	높이	비고
1488(성종 19)	당포만호진	고성	石城	1445	13	_
	돌산도만호진	_	〃	2313	_	_
	옥포만호진	_	〃	1074	_	_
1498(연산 4)	장군도	전라 좌수영	〃	_	_	_
1500(연산 6)	오양포	거제 西34리	〃	2150	_	_
1510(중종10)	칠포만호진	_	〃	1153	_	_
〃	두무포만호진	_	〃	1010	_	_
〃	마량첨사진	_	〃	1371	9	_
〃	충청수사영	보령	〃	3174	11	_
1514(중종14)	해운포만호진	_	〃	1036	_	_
〃	법성포	_	〃	188	12	조창방어
〃	서천포만호진	_	〃	1311	9	_
〃	소근포첨사진	_	〃	2165	11	_
〃	당포폐진성	_	〃	1340	_	당진포 만호 진성
1515(중종15)	다경포만호진	_	〃	980	12	_
1520(중종20)	대진포만호진	양양	〃	1469	12	1487년 안인포 이동
〃	삼척포첨사진	삼척	〃	900	8	_
1521(중종21)	가리포첨사진	_	〃	5400	11	완도에 새로 설치
〃	백석포	홍양	〃	1611	6	장성 일부로 추정
1522(중종22)	울진포	고현	〃	750	6	_
〃	미조항첨사진	_	〃	2146	6	1506년 첨사진 설치
〃	상주포권관진	_	〃	985	_	남해성 고개보에서 이전

제주도는 지리적 특수성으로 인해 종3품인 제주진 병마수군절제사를 따로 두었고, 수군도 공(公)·사(私)의 배 5~6척을 1대(隊)로 하였으며, 몇 개의 대(隊)들이 9개의 방호소마다 각각 소속되어 있었다. 이는 제주의 특성을 고려하여 수전과 육전을 아울러 하기 위한 것이었다.[24] 다음으로 수군 진영의 배치문제가 계속 논의됨에 따라 충청도 보령군 오천면에 고만량만호와 도내 당진군 송악면 한진리 대진만호가 없어지고 마량첨사진이 생겨났다. 또 경상도에서는 경북 포항에 있던 통양포와 경남 고성군 용남면에 있던 견내량, 삼천포의 구량, 하동군 금나면 소재 요양 만호영, 고성군 하이면의 번계포(일단 폐지되었다)가 없어지고, 평산포, 사량, 당포, 조라포, 안골포 진영들이 새로 설치되었다. 전라도에서는 무안군 무안면 소재의 무안현 대굴포에 있던 수군처치사영이 목포를 거쳐 해남현 명량해협 북안으로 옮겨져 전라우수영이 설치되었다.

전라우수영이 설치됨에 따라 순천의 내례만호영은 폐지되었다. 고흥현의 축두만호영이 없어지고 진도군 소재에 남도포, 금갑도 진영(鎭營)들이 생겨났으며, 현 부안군 해제면 소재의 함평현 원곶 부근에 임치도 첨사영이 생겨났다.

황해도에서는 옹진군 본영리의 옹진현 관량에 있던 첨사영이 소강진으로 이동되고, 강령군 순위도의 순위량, 장연 서남쪽 40리의 대곶량, 풍천량 10리 지점의 업청강만호가 폐지되면서 강령군 무포에 가을포, 허사포만호영 등이 신설되었다. 강원도에서는 삼척포만호가 첨사로 승격되고, 속초시의 속초포, 명주군 연곡면 연곡포만호영이 폐지되고 안인포만호가 신설되었다.

함경도인 함길도(영안도라고도 함)에서는 원산시 죽산리 소재 조지포, 영평부의 임성포, 경성(鏡城)의 수군기지들이 폐지되고, 조산포에는 권관진(權官鎭)이 신설되었다. 각 진(鎭)에서는 몇몇 개의 촌(村) 또는 한두 개의 면을 직속지로 두었는데, 흉년이 들면 진휼(賑恤)이나 진대(賑貸)도 각 진 직속 지역 주민들에 대해서 진이 책임을 지고 진행하게 하였다. 그러므로 진 직속 지역은 인접한 고을들과는 소속관계가 명확하지 않았던 것으로 보인다. 진상 공물도 진을 단위로 하여 바쳤다.

특이한 것은 소모진(召募鎭)이라 하여 정규군을 보내기 어려운 요충지들은 민간에서

---

24) 세종실록, 권84, 세종 21년 윤2월 임오; 같은 책, 권93, 세종 23년 7월 임자.

자원하여 배와 장정들을 모아 방어하도록 하게 한 진이 있었는데, 이를 후에 진관제 편제하의 정규 소속진으로 두었다. 1678년에는 강화도 방어를 위하여 49개소의 포대(墩臺)를 축조하였는데 이러한 돈대가 설치된 곳은 손돌목, 휴암, 월곶, 용진, 덕진, 광성, 초지, 선두, 정포, 인화, 철곶 등지로 해안포(海岸浦)의 역할을 하게 하였다.

수군을 이끌어온 3도 수군통제사영은 처음에는 한산도에 두었다가, 원균의 패전으로 전라우수영 자리인 해남으로, 그리고 뒤이어 고금도로, 그 다음에는 거제 남쪽으로, 1602년에는 고성으로 옮겼다. 이 당시 거제는 행영으로 되었으며, 1604년 고성읍 남쪽 50리 지점인 두룡포로 옮겨졌다.

동해를 관할하던 강원도는 본래 있었던 안인포, 고성포, 울진포, 월송포에 만호를 각각 두었다가 삼척 진영장만 남겨 두었고 월송포만호만은 삼척진관 소속 수군만호로 복구하였다. 함경도에서는 낭성포만호, 도안포만호를 폐지하고 조산포만호만을 남겨두었다.

서수라포에는 권관진이 있었는데, 이곳은 전문적인 수군기지가 아니었지만 수군의 기능도 아울러 수행하였다.[25] 1701년 성진에 방어영을 두고 1749년 성진 첨사가 방수장(防守將)을 겸임하였는데 함경도에서는 정식으로 수군편제에 속하는 함선들은 없었다.

1555년(명종 10년)에 일어난 을묘왜변 이후 제주 목사 김수문(金壽文)의 건의에 의해 전라도 각 고을 군병들과 당해 도의 병사, 수사 등에 소속하게 하는 분군법(分軍法)을 도입, 일명 제승방략(制勝方略)을 적용하게 하였으며, 진관법(鎭管法)은 허울만 남게 되었다.

임진왜란이 일어나기 전까지 수군기지에 여러 변동이 있었다. 1556년에는 경기수사를 임명하고 남양부 화지량에 수사영을 두게 하였다. 이는 1555년에 일어난 을묘왜변을 거울 삼아 수도 방위를 튼튼히 하고자 함이었다. 1506년에는 남해도에 미조항첨사진을 신설하였고, 1522년에는 신라 때 청해진이 들어섰던 완도에 가리포첨사진을 두었고, 1538년 돌산도 방답첨사진을 두었는데 이는 기존의 돌산도만호진을 승격시킨 것이었다.[26] 이 해에 남해도 곡포에 권관진을 신설하였고, 1523년에는 황해도 풍천 비파곶과

25) 만기요람, 군정편 4, 주사.
26) 증보문헌비고, 권32, 해방(2).

장연현 대진관에 각각 권관진을 두었는데 이는 당시 명나라와의 사무역을 막기 위한 조치였으나[27], 대체로 이 같은 수군기지의 변동은 왜구의 침입 동향과 관련된 조치들이었다.

그런가 하면 수군에 대한 지휘 통솔에는 수도나 타도에서 파견된 고위급 지휘관이라 하더라도 해전의 경험과 승선 경험이 없는 자들로서는 함선을 타고 지휘 통솔할 수 없는 실정이었기 때문에 수군절도사, 첨절제사, 만호, 권관 등 수군 위주로 지휘 통솔할 수밖에 없었다. 이렇게 되자 연해지방의 일부 고을에서는 수사의 전투지휘를 받게 되었으며 자연히 고을원들의 지휘하에 있던 병사들도 수군 위주로 편제될 수밖에 없었다.

4) 수군 병사의 징집

조선의 수군 병사의 징집은 양반, 공사노비(公私奴婢), 역리(驛吏) 등을 제외한 양인 신분의 농민들에게 주로 적용되었다. 수군은 바다에서 멀리 떨어진 벽촌이나 북방 방어상 중요 임무를 지고 있는 평안도나 함길도의 산간 고을들과 수군이 따로 없는 제주도를 제외하고는 전국의 300여 개 고을에 의무적인 수군 군역 담당자를 배정하여 병정 수를 확보하게 하였다.

바다에서 상대적으로 멀리 떨어져 있는 충청도 괴산의 경우 137명, 청주에 475명, 경상도 상주에 540명, 성주에 768명, 합천에 236명, 초계에 280명, 황해도 수안에 160명, 곡산에 119명, 전라도 남원에 567명, 운봉에 159명 등 수군 장정 징모를 배정함으로써 군역 담당자를 채워 넣도록 하였다.

그렇게 하고도 모자라는 수는 양반의 비첩소생들을 보충군이라는 이름 아래 일정 기간 수군에 복무하도록 하고 기간이 완료되면 양인 신분으로 전환케 하는가 하면, 노비변정사업(奴婢變政事業)이라 하여 신양역천(新良役賤)으로 규정된 자를 궁중에서 쓰이는 생선, 고기, 소금, 연료 등에 관한 일을 맡아 보던 관청인 사재감(司宰監) 또는 사수감(司水監: 일명 典艦司) 수군으로 충당하였다.

---

27) 증보문헌비고, 권31, 해방(1); 권32, 해방(2); 권34, 해방(4).

그것도 부족하면 오위(五衛)의 하나인 호분위(虎賁衛)에 소속된 잡종 군직으로 뽑은 인원으로 충당하였다. 이들의 선발 기준은 달리기와 힘쓰기에 따랐다. 정원은 5천 명으로 재직기간은 1,800일이며, 기간이 만료되면 종8품을 주어 전직시키고, 계속 근무를 원할 때에는 290일까지 연장하되 종6품으로 끝나게 하였다. 이들을 이른바 팽배(彭排)라 칭하였다.

대졸(隊卒) 역시 용양위(龍驤衛)에 딸린 병졸들로, 달리기는 삼주(三走) 이상, 힘쓰기에는 삼력(三力) 이상을 시취(試取)하여 뽑았다. 이들은 무관 잡직 중 하나로 정원은 3,000명이며, 다섯 번(番)으로 나누어 4개월씩 근무를 교대하게 하였는데, 이들을 수군으로 징발하여 복무하게 하였다.

이러한 수군은 육군에 비해 2배 이상의 무거운 역(役)을 지고 있었으며 부과되는 일 역시 사회적으로 천시되는 일이었다.

태종 3년인 1403년에는 경상도 시위군 가운데 2,850명을, 태종 12년인 1412년에는 경상도 시위군 5,989명 가운데 2,850명을 수군으로 전환시키고 병선(兵船) 50척에 나누어 타게 하였다. 이렇듯 무리한 수군으로의 전환은 그 어느 누구도 자원해서 수군이 되겠다고 나서는 자가 없는 형편에서 취한 조치였다.

더욱이 일단 수군이 되면 대대손손이 그 군역을 세습해야 된다고 못 박고 이들에게는 검게 칠한 둥그스름한 나무패인 원패(圓牌)를 차도록 하였다. 이 원패에는 '어느 포구의 수군 모모(某某)'라 적고 나이, 용모, 주소를 기재하고 반대쪽에는 작성 연월일을 적고 양쪽 모두에게 전서로 '水軍' 두 자를 낙인(烙印)하였다.

이러한 원패는 호패와 마찬가지로 위조패(僞造牌)를 차는 경우 당사자는 처형되며 그 처자는 노비로 삼으며, 패를 소지하지 아니한 자는 태(笞) 50에 처하고, 불개패(不改牌)하거나 불각패(不刻牌)하거나 실패(失牌: 패를 잃어버림)하면 역시 50의 태를 맞아야 하며, 환패(換牌: 남의 패를 빌려 사용)하면 공사천은 유배에 처하는 등 위반자에 대한 치죄(治罪)나 형옥(刑獄)이 번거로웠다.

4 외적 침입에 대비한 조선의 선박 건조와 거북선의 원형(原型)

1) 조선의 선박 건조 상황

고려 말에는 수십 척의 함선을 출동시켜 왜구를 격파해 왔는데 조선 초기에 들어와서도 함선 건조에 박차를 가하였다. 수군의 증가는 곧바로 함선의 증가와 직결된다.

조선왕조가 들어선 1408년에는 각 도에 배치되어 있는 428척의 함선으로는 부족하다 하여 185척을 더 건조하여 모두 613척으로 늘어났다.[1)]

1415년에는 화약 무기 적재 대상 병선 수가 160여 척이었는데, 대선(大船)이나 중선(中船)만 인정하여 160여 척이라 한 것이다.[2)]

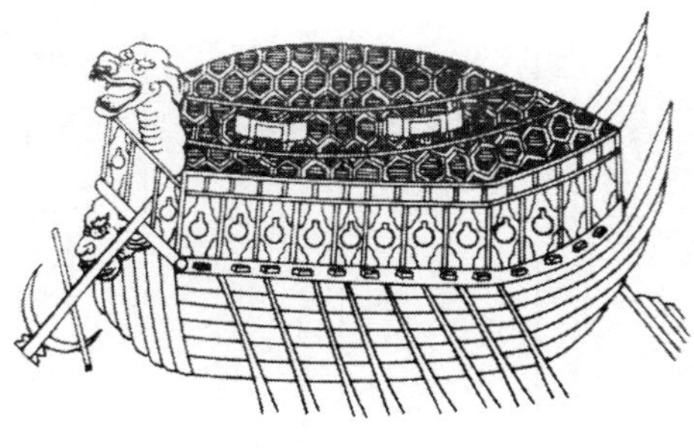

전라좌수영 거북선

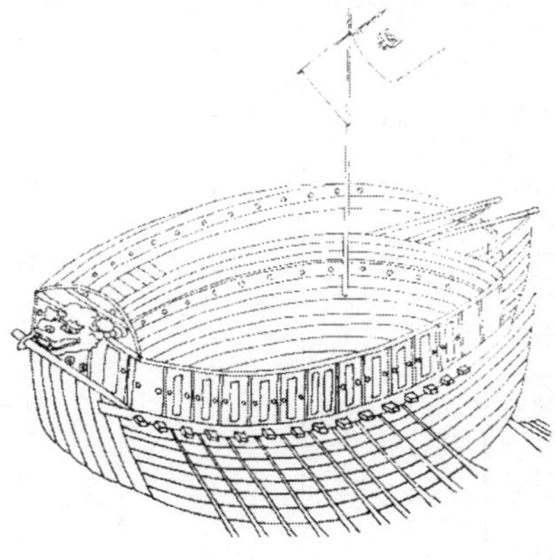

통제영 거북선

1) 태종실록, 권15, 태종 8년 3월 경오.
2) 태종실록, 권30, 15년 7월 신해.

각 도별 기존 함선 수와 새로 건조한 함선 수를 비교하면 다음과 같다.

『경국대전』에 의한 각 도별 기존 및 신규 함선 건조 수

도 별	기존 함선 수	추가 건조 함선 수	총 계
경기좌우도	51	25	76
전라도	81	30	111
경상도	137	50	187
황해도	26	20	46
강원도	16	10	26
충청도	47	30	77
서북면	40	15	55
동북면	30	5	35
총 계	428	185	613(척)

『경국대전』에 수록된 전국 병선 수

도 별	병선 종류						
	대맹선 (수군 80명)	중맹선 (수군 60명)	소맹선 (수군 30명)	무소속군 대맹선	무소속군 중맹선	무소속군 소맹선	합계
경기도	16	20	14	-	-	7	57
충청도	11	34	24	-	-	40	109
경상도	20	66	105	-	-	75	266
전라도	22	43	33	-	-	86	184
강원도	-	-	14	-	-	2	16
황해도	7	12	10	-	-	10	39
영안도	-	2	12	-	-	9	23
평안도	4	15	4	1	3	13	43
총계	80	192	216	1	3	245	737

1430년 초의 『세종실록지리지』에 기재된 함선 수와 1460년대의 『경국대전』에 기록된 함선 수는 다음과 같다.

『세종실록지리지』에 의한 함선 종류

도 별	병선	중대선	쾌선	맹선	중맹선	무군선[3]	문군중대선	별선	대선	중선	계
경기도	4	11	30	4	-	47	-	-	-	-	96
충청도	92	6	4	-	18	4	6	4	-	-	142
경상도	285	-	-	-	-	-	-	-	-	-	285
전라도	-	-	-	14	-	-	-	40	8	103	165
황해도	41	-	-	-	-	-	-	-	-	-	41
강원도	17	-	-	-	-	-	-	-	-	-	17
평안도	41	-	-	-	-	-	-	-	-	-	41
함길도	41	-	-	-	-	-	-	-	-	-	41
총계	521	17	34	18	18	51	6	44	8	103	820

『경국대전』에 의하면 대맹선의 승무원 수는 배 한 척당 80명, 중맹선은 60명, 소맹선은 30명이라 하였다. 따라서 대맹선 80척에는 6,400명, 중맹선 192척에는 1만 1,520명, 소맹선 216척에는 6,480명으로 승무원 총 합계 2만 4,400명이 된다.

이들을 2교대제로 한 달씩 교대 근무를 시키려면 4만 8천8백 명이 필요한데, 이 밖의 필수 요원들을 합산하면 적어도 5만 명 내외의 수군이 상근해야 한다. 이들이 타야 할 배의 크기를 정한 『경국대전』 주차(舟車)조에 실린 내용을 요약하면 다음과 같다.

『경국대전』에 의한 해선(海船)과 강선(江船)의 크기 비교

종 류	척 도	길 이	너 비
해선(海船)	대선(大船)	42자(약 12.5m)	18자 9치(약 5.63m)
	중선(中船)	33자 6치(약 10m)	13자 6치(약 4m)
	소선(小船)	18자 9치(약 5.6m)	6자 3치(약 1.9m)
강선(江船)	대선(大船)	50자(약 14.9m)	10자 3치(약 3.1m)
	중선(中船)	46자 6치(약 13.6m)	9자(약 2.7m)
	소선(小船)	41자 (약 12.2m)	8자(약 2.4m)

3) '무군선'이라 함은 수군이 평시에는 배를 육지에 매달았다가 유사시에만 쓰는 함선이다.

이 같은 규정이 정해져 있었으나 세월이 흐름에 따라 함선의 크기는 점차 대형화되었다. 예컨대 배 1척에 많게는 300여 명이 타는 경우도 생겼다.[4] 17세기 판옥선의 경우 길이 73자(약 21.7m), 너비 25자(7.45m)나 되었다. 거북선의 경우도 길이 64자 8치(약 19.3m), 앞너비 12자(약 3.6m), 중간너비 14자 5치(약 4.3m), 선미(船尾)는 10자(약 3.2m)가 되었다.[5] 이렇듯 대형화된 함선들에게 운항 속도는 항시 문제가 되었다. 1420년 새로 건조된 함선들을 검수하던 곳으로 사수감(司水監) 또는 전함사(典艦司)라고 불리던 기관에서 함선의 속도를 측정하였는데, 임금이 양화도로 가서 전함을 보니 쾌선 3척이 왜구들의 배보다 속도가 빨랐다고 한다.[6] 이러한 배들은 앞부분이 뾰족하고 모양이 톱날처럼 생겼다 하여 비거도선(鼻居刀船) 또는 거도선(居刀船)이라 불렀는데, 당시 전라도 해안지역에 있던 병선과 맹선 249척 가운데 비거도선이 약 30%에 달했다고 한다.[7]

비거도선의 건조는 왜구들의 배가 작아서 섬 사이를 숨어 다니면서 해안 기슭을 바짝 붙어서 다니는 데 비해, 우리의 전함들은 너무 커서 왜선들을 따라잡을 수 없다 하여 각 지역마다 쾌선 10여 척씩을 만들어 추격·격퇴하도록 한 데서 기인하였다.[8] 1434년 서울 인근의 한강에서 신조된 전함의 속도를 실험하였는데, 왕자갑선(往字甲船), 동자갑선(冬字甲船), 월자갑선(月字甲船) 가운데 왕자갑선이 가장 빠르고 동자갑선이 그 다음이었다. 왕자갑선과 동자갑선의 경우 선체 아랫부분은 쇠못과 나무못을 섞어 쓰고 갑판 위의 시설인 상장은 쇠못만을 썼고 월자갑선의 경우 일체를 쇠못을 써서 만들었다.[9] 김순고(金舜皐)의 창안으로 윤선(輪船)이 등장하기도 했다. 물을 떠밀게 된 바퀴를 양쪽 현측에 달고 안에서 축을 밟아 돌아가게 함으로써 앞으로 전진할 수 있게 하여 이제까지 노를 저어 배를 움직이게 하는 것보다 훨씬 빠르게 배를 움직일 수 있다 하여 1553년 시험되었으나 성과를 거두지는 못하였다.

1599년 나대용에 의해 건조된 창선(艙船)의 경우 노군 42명을 태우고도 빠르기가 나는

4) 선조실록, 권206, 선조 39년 12월 무오.
5) 증보문헌비고, 권120, 주사.
6) 태종실록, 권16, 태종 8년 12월 정유.
7) 세종실록, 권28, 세종 7년 5월 정축.
8) 태종실록, 권5, 태종 3년 6월 정사.
9) 세종실록, 권65, 세종 16년 9월 정유.

듯하고 활쏘기에도 매우 편리한 함선이었다. 창선이란 명칭은 뱃전에 검과 창을 가득이 꽂아 놓고 저들이 접근하지 못하게 한 데서 연유된 것이다.[10] 하나밖에 없던 배꼬리를 1419년에 이르러서는 두 개 달게 하였는데[11] 배꼬리가 두 개 달리면 바람이 어느 쪽에서 불어와도 뒤집힐 염려가 없어질 뿐만 아니라 뱃전 뒤로 불어오는 바람을 이용해 속도를 낼 수 있기 때문이었다.

1416년 함선의 종합적인 관리 운영에 따른 『승선직지록(乘船職之錄)』이라는 명칭의 책이 300부 정도 인쇄 출판되었다. 책에는 항해의 안전과 화포, 화전 등을 통한 전투 시의 안전수칙을 담고 있었다. 『경국대전』「병선조」에도 전국의 함선들과 장비에 관해 해마다 수군절도사들이 연말경에 배의 보관상태와 장비현황을 점검 · 보고하게 하였다. 함선의 보수 및 건조에 대해서는 "건조된 지 8년이 지나면 수리하고, 이후 6년이 더 지나면 또 수리하고, 또다시 6년이 지나면 개조한다"라고 규정하고 있다. 그리고 배의 안전관리를 위해 매달 보름과 그믐에 연기로 배를 그을려 선체가 썩는 것을 막아야 한다고 규정하고 있다.

그런데 경상좌도, 강원도, 영안도에서는 함선을 10년 만에 수리하고, 10년 만에 새 배로 건조해 연기로 거슬리는 작업은 하지 말고 짠 바닷물이 아닌 육지에 있는 물 가운데 배를 정박시켜 두어야 한다고 하였다. 함선들에 필수 장비 3건씩은 모두 갖추어야 한다는 것과 함선 건조 5년 안에 배를 잃어버렸을 경우에 대맹선은 면포 230필, 중맹선은 210필, 소맹선은 110필, 거도선은 55필을 보상하도록 하고 있고, 건조된 지 10년, 15년, 20년 미만 일 때에는 각각 5필씩 감해 준다고 규정하고 있다.

함선이 위에 적힌 기간 내에 썩었거나 불에 탔을 때에는 정한 배상액에 절반을 물어내도록 하며, 각 함선에는 1개월분의 군량미를 싣도록 하였다.[12] 일정량의 육물제록(陸物諸綠)이라 하여 배를 조종 관리하는 데 필수기구와 물자를 예비해 두어야 한다고 하고 있다. 육물이란 예컨대 황죽, 벼짚, 초둔, 초석, 삶은 삼으로 엮은 줄인 숙마줄, 숙마, 소조팔거리, 산마줄, 칡줄, 쇠못, 거머리못, 돛대에 쓸 범죽 등이다.[13]

---

10) 선조실록, 권206, 선조 39년 12월 무자, 창선은 이후 실전에 배치되지 못하였다.
11) 세종실록, 권42, 세종 13년 6월 경자.
12) 경국대전, 병선조; 역주 경국대전, 한국정신문화연구원, 1986, pp. 650~651.
13) 증정교린지, 권1.

조선 중기에 이르러 함선들의 종류와 호칭도 다양해졌다. 대 · 중 · 소 맹선들을 비롯하여 병선, 대선, 중선, 중대선, 소선, 별선, 검선, 쾌선, 별쾌선, 추왜별선, 왜별선, 전함, 전선, 방선, 박배선, 방패선, 판옥선, 구선, 협선, 사후선, 탐선, 비거도선, 거도선, 포작선, 삼판선, 급수선 등이 있었다.

2) 거북선의 원형

이렇듯 수많은 배들 중에 우리에게 낯익은 거북선 명칭은 보이지 않으나 이 배는 대맹선급이었다.[14] 거북선의 원형은 조선시대 초기에 나타나는데, 1413년 임금 이하 고위관리들이 임진강에서 거북선과 왜적선이 싸우는 모습을 보고 좌대언(左代言) 탁신(卓愼)[15]이 말하기를 "거북선은 많은 적들과 맞붙어도 적이 해칠 수 없으니 승부를 결정하는 데 더 이상 좋은 방안이 없다." 하면서 보다 견고하고 정교하게 만들자고 건의한 바 있다. 거북선은 기존의 판옥선(板屋船)을 개조함으로써 본격적으로 그 모습을 갖추게 되었다. 개조된 거북선은 두꺼운 판자로 배를 덮고 그 위에 +자로 된 작은 길을 내어 사람이 다닐 수 있게 하였다. 나머지 부분은 송곳을 빈틈없이 꽂아두고 그 위에 다시 갈대로 자리를 엮어 덮음으로써 적들이 알 수 없도록 위장해 놓았다. 따라서 적이 기어오르려 해도 송곳에 찔려 발붙일 데가 없게 하였고, 밑판을 모두 철로 하여 포탄이 날아와도 불태울 수 없게 하였다.

거북선은 뱃머리를 용처럼 만들어 마치 엎드려 있는 거북이처럼 모양을 갖추고 전체 표면은 철판으로 씌웠다. 거북선은 본판인 밑판 10쪽을 잇대고, 길이는 64자 8치(19.13m), 뱃머리 너비는 12자(3.57m), 중간허리 너비는 14자 5치(4.31m), 배꼬리 너비는 10자 6치(3.16m)이다.

---

14) 숙종실록, 권40, 숙종 30년 12월 갑오.

15) 태종실록, 권25, 태종 13년 2월 갑인; 같은 책, 권30, 태종 15년 7월 신해. 이 당시 좌대언으로 있던 탁신은 승정원 정3품이었다. 그는 세종 3년 의정부참찬을 지냈는데 경학, 음률, 무예에 이르기까지 모두 능통하였다고 한다.

진해 해군사관학교 앞바다에 전시된 실물크기의 거북선

좌우 현판(舷版)인 삼판(杉版)은 각각 7쪽을 잇대어 만드는데 높이는 7자 5치이다. 맨 아래 첫째 쪽의 길이는 68척이고, 점차 길어져서 맨 위쪽 길이는 113척(33.65m)이며, 두께는 모두 4치(약 12cm)이다.

뱃머리 쪽에 대는 노판(艣版)은 일명 하판(荷版)이라 하는데 여기를 4쪽 이어서 만들며 높이는 4척이다. 두 번째 쪽 좌우 양측에 현자(玄字) 총구멍을 각각 하나씩 뚫었다. 하판이라 불리는 배꼬리인 고물 쪽에 대는 판자 역시 7쪽을 잇대어 만드는데 높이는 7척 5치, 맨 위의 것의 너비는 14척 5치, 맨 아래의 것의 너비는 10척 6치이다.

여섯째 쪽 한복판에 직경 1척 2치의 구멍을 뚫어 거기에 키(일명 舵)를 꽂는다. 좌우 현(舷)에는 난간(舷欄)을 만드는데 이것을 속칭 신방(信防)이라 하고, 난간머리 쪽에 횡량(橫梁; 속칭 '가룡(駕龍)')이라는 보를 가로질렀는데, 횡량이 뱃머리 앞에 닿게 되어 마치 소나 말의 가슴에 멍에를 멘 것처럼 보였다.

난간을 따라 판자를 깔고 그 둘레에 패(牌)를 둘러 꽂았으며 방패 위에 또 다른 난간(牌欄)을 만들었다. 이것을 속칭 '언방(偃防)'이라 하였다. 신방인 현란에서 언방인 패란까지의 높이는 4척 3치이다. 언방 좌우에는 각각 11쪽의 판자(속칭 '개판(蓋版)', '덮개관' 또는 '귀배판(龜背版)')가 비늘처럼 서로 마주 덮고 배 등에는 1척 5치(약 44.7cm)의 틈을 내어 돛대를 세우고 눕히기 편리하게 하였다. 뱃머리인 이물에는 길이 4척 3치, 너비 3척인 거북머리를 설치하고, 그 안에 유황과 화약인 염초를 태워 거북이 입에서 안개 같은 연기를 내뿜게 하여 적들로 하여금 혼란을 일으키게 하였다.

좌우에는 노가 10개씩 있고, 좌우 패에는 22개의 포혈을 뚫고 12개의 문을 설치하도록 되어 있다. 거북머리 위에도 총통 구멍인 포혈 2개를 뚫어 아래에는 문 2개를 설치하였고 문 옆에는 각각 하나의 포혈을 내었다. 좌우쪽에 덮인 판자 복판(覆版)에도 각각 12개의 포혈을 뚫어 거북 구자인 구(龜)의 깃발을 꽂았다.

좌우 판을 깐 포판(鋪板) 아래에 12칸의 방이 있는데, 이 가운데 2칸은 철물을 저장하고 3칸은 화포, 활, 화살, 창, 검을 두었으며, 남은 19칸은 수군들의 휴식처였다. 왼쪽 포판 위의 방 한 칸은 배를 지휘하는 장수인 선장실이고, 오른쪽 포판 위의 방 한 칸은 장교들이 있는 곳이다. 수군들이 쉴 때에는 포판 아래에 있고 싸울 때는 포판 위로 올라와 모든 포혈에 대포를 대어놓고 쉴 새 없이 쏘아 대게 했다. 이상이 『이충무공전서(李忠武公全書)』의 거북선(龜船) 건조법에 관한 당시 규장각 문신인 윤행임(尹行恁)이 편집한 「권수도설(卷首圖說)」에 따른 안설(按說)이다.

해사박물관에 있는 명량해전도

이순신 장군이 전사한 지 2백 년이 지난 1795년 정조 19년에 왕명에 의해 편집된 30여 만 자에 달하는 책의 「권수도설(卷首圖說)」에 통제영귀선(統制營龜船), 전라좌수영귀선(全羅左水營龜船)의 판화귀선도(版畵龜船圖) 7백 자 정도로, 그것도 안설(按說)을 가지고 거북선의 건조과정 전부를 알 수는 없다고 하겠으나, 현존하는 관련 사료 중에 가장 체계적이고 신빙성이 높은 기술로 평가되고 있다.[16)]

16) 韓國精神文化院, 韓國民族文化大百科事典, 卷一, 1991, pp. 676~677.
趙成都, 龜船考, 海軍士官學校 研究報告 2, 1963.
金在根, 龜船의 造船學的 考察, 學術院論文集, 1974 等 參照.

5 조선 중기에 일어난 임진왜란

1) 임진왜란으로 변질된 왜구의 침략

1588년 4월 하삼도(下三道; 충청도, 전라도, 경상도)에 왜구들의 침입에 대비해야 한다는 여론이 들끓자, 조정에서는 이 지역에 병마사를 파견하고, 이해 7월 중요한 병영과 수영 등 기타 중요 군사 요충지에 정통 무관들을 파견하였다. 그러나 전반적으로 국방력은 취약한 상태에 놓여 있었다. 1586년 이미 일본은 해외 침략을 위해 수십만의 군대와 2천여 척의 함선들을 준비하고 있었으며, 조선에 대해서는 명국(明國)을 치려고 하니 길을 빌려달라는 엉뚱한 구실을 내걸었다.

1592년 4월 13일, 이제까지 개별화된 왜구의 침략은 9개 진으로 편성된 15만 8천700명의 후속부대까지 합쳐 무려 20만이 넘는 병력으로 400여 척의 함선을 동원해 부산 앞바다로 몰려들었다. 이에 경상좌수사 박홍(朴泓)은 싸워보지도 않고 도주하였으며, 경상우수사 원균은 100여 척의 전함과 화포 무기를 바다에 투척하고 곤양(昆陽) 방면으로 피신함에, 왜군은 별 저항을 받지 않고 내륙으로 상륙을 꾀할 수 있었다.[1)]

부산성과 동래성을 지키던 군병과 주민들이 합세하여 이들 침략자들에 대해 결사항전하였으나 수적으로 역부족이었고, 왜구는 세 갈래로 나누어 북쪽으로 향하였다.[2)]

---

1) 징비록(懲毖錄), 권1, 임진 7월; 선조수정실록(宣祖修訂實錄) 권26, 25년 4월 경인삭 14일.
2) 선조수정실록(宣祖修訂實錄), 권26, 선조 25년 4월 14일; 대동야승(大東野乘), 권10, 연려실기술(練藜室記述), 권15.

송희립 장군을 모신 제동서원

4월 17일 침략 소식을 들은 조정에서는 『제승방략(制勝方略)』에 따라 이일(李鎰)을 순변사, 성응길을 좌방어사, 조경을 우방어사, 신립을 도순변사로 임명하여 적의 침략을 막게 하였으나 조총으로 무장한 침략군을 막아낼 수 없었다. 도순변사 신립이 충주에서 패전했다는 소식을 들은 왕과 조정 중신들은 피란길에 나섰고, 전쟁이 시작된 지 3개월이 채 되지 않아, 서쪽으로는 평양 이남 지역과 동쪽으로는 함경도의 일부 지방까지 내주게 되었다.

조선과 명나라의 해적 활동을 통하여 얻은 경험을 토대로 싸움에 자신이 있다고 생각한 왜군들은 조선 수군을 얕잡아보기까지 하였다.

이 당시 전라좌수영 군관 송희립(宋希立)이 말하기를 "큰 적이 지경(地境) 밖에 와서 쳐들어오는데 앉아서 외로운 성을 지키려 한들 혼자 힘으로 지켜낼 도리가 있겠는가? 나아가 싸우느니만 못하다. 이기면 적들의 기세를 꺾을 수 있고, 죽더라도 신하된 도리에 부끄럽지 않을 것이다"고 하였다. 정운(鄭運) 역시 이 말에 동조하면서 대전하기를 주장하였으나 일부의 권관 만호들이 소극적으로 나옴에 이를 일갈하고 죽기로 싸움에 나아갈 것을 강력하게 주장하였다.[3]

---

3) 정운은 선조 25년(1592) 임진왜란이 일어나자 수군절도사 이순신(李舜臣)의 선봉장이 되어 옥포해전 · 당포해전 · 한산도대첩 등의 여러 해전에서 큰 전과를 올렸다. 부산포해전에서 추격 도중 적탄에 맞아 전사하였으며, 병조참판에 추증되었다.

2) 이순신 장군의 활약

가) 안골포해전에서의 승리

전라좌수영에서 왜적들의 침략소식을 들은 것은 4월 16일이었고, 경상도 관찰사의 지원 요청을 받은 것은 4월 20일이었다. 전라좌수영인 이순신 장군은 관하 각 고을 수군 기지의 진(鎭), 포(浦)에 출전 준비를 독려하고, 4월 29일까지 각 진, 포의 함선들을 전라좌수영 앞바다에 모이게 하여 전투태세를 갖추도록 하였다. 전라좌수영 산하의 함선들이 모인 바로 그날 한낮에 경상우수사의 원조 요청이 도래하였다. 내용인즉 왜선 500여 척이 부산, 김해, 명지도, 영산강 등지에 정박하고 육지로 상륙해 노략질을 하고 있으며, 연해 지방의 고을, 진, 포, 병영, 수영 등이 거의 다 함락되고 경상우수영마저 함락되었으니 전라도 함선들을 시급히 후원해 달라는 것이었다.

이 전갈을 받은 이순신 장군은 황급히 전투 대오를 편성하고 4월 30일에 출발하겠으니 경상우도의 미조항, 상주포, 목포, 평산포 등지의 현령 첨사 만호들도 함선을 정비하고 대기하도록 연락을 취하였다. 그러나 이미 남해현성이 비고 경상우수영도 함락되었으며, 관련 관원들은 피신하고 심지어 현령 첨사들마저 피신해 자리를 비우고 없었다.

당시 전라좌수영에 남아 있는 30여 척의 함선만으로 출전하기에 역부족이라, 전라우도 수사 이억기와 연계하여 4월 30일에 출발하여 5월 4일에 적들을 쫓아내자고 약속하였다. 5월 4일 새벽 3시에 판옥선 24척, 협선 15척, 고기잡이배인 포작선 46척으로 편성된 전라좌수영 함선이 순천을 떠나 경상우도 소비포 앞바다에서 진을 치고 하룻밤을 지낸 후 5일 아침에 당포 앞바다에 도착하였다.

이곳에서 경상우수영 함선들과 합류하기로 약속되어 있었으나 이들은 아직 도착되지 않았다. 하루를 더 기다려 6일 오전 9시에야 경상우수사 원균이 한산도에서 배 1척을 타고 당도하였다. 여기에 남해현령, 미조항첨사, 평산포 및 소비포 권관, 영등포, 지세포, 옥포, 사량 만호들이 판옥선 3척, 협선 2척을 가지고 합세하였다. 이에 함선 총 수는 90척이 되었다. 90척의 연합 함대는 거제도 송미포 앞바다에서 밤을 지새우고 7일 새벽에 일제히 왜적선이 집결해 있다는 가덕도로 향하였다.

도중에 옥포 앞바다에 적함들이 있다는 신호를 받고 진격하니 적선 50여 척은 옥포

선창에 정박해 있었는데, 큰 배는 사방에 각종 무늬를 그린 장막을 내리우고 수많은 장대에 붉고 흰 깃발들을 휘날리고 있었다. 적들은 우리 함대를 발견하자 당황하여 배에 올라타고 6척은 먼저 강기슭으로 빠져 달아나려고 하였다. 이때 이순신 장군이 지휘하는 전라좌수영 함대는 왜적의 대선 13척, 중선 6척, 소형선 2척을, 경상우수영 소속 함대는 적선 5척을 불 질러 태워버렸다.

옥포 앞바다에서의 해전은 우리 병사들에게 적들을 막아낼 수 있다는 자신감을 심어주었다. 이날 오후 5시경에는 거제도 북단 영등포 앞바다에 정박하려던 우리 측 함선이 왜적선 5척이 지나가는 것을 발견하고 추격하여 대선 4척, 작은 배 1척을 불살라버렸다.

그날 밤 우리 측 함대는 창원의 남포 앞바다에서 진을 치고 지냈다. 8일 아침 진해현 고리량(古里梁)에 적선이 정박해 있다는 첩보를 받고 즉시 발선(發船)하여 섬들 사이사이를 수색하던 중 통영군 광덕면 적덕리 소재 현 고성의 적진포에서 왜적의 대선과 중선 13척이 줄지어 정박하고 있는 것을 발견하였다. 이에 우리 측 함대원들이 용감하게 대응하니, 적들은 놀라서 도망하였으나 적선 모두를 격파하여 불살라버렸다.[4)]

9일 우리 측 함대는 일단 전라좌수영 기지로 돌아왔다. 당시에는 전투에서 적들의 목을 베거나 최소한 귀라도 베어 보고해야 실적을 인정하였다. 그러나 이순신 장군은 적들의 목을 베는 시간 대신에 적의 함선을 쳐부수어 적선에 붙잡혀 있던 우리 측 백성들을 구조하는 데 열중하게 하였다.

적들은 이제까지의 패배를 만회하기 위해 전라좌수영을 공격하려 함에 이순신 장군은 전라우수사 이억기 장군에게 6월 3일까지 좌수영 앞바다에서 연합하여 적의 침략을 막아내자고 제의하였다. 그러나 왜적선 10여 척이 먼저 사천, 곤양 등지에 나타났다. 이순신 장군은 우수영 함선들이 노량 앞바다로 옮겨왔다는 전갈을 받고 5월 29일 함선 29척을 이끌고 하동 선창에 있던 원균 휘하의 함선 3척과 합류하여 왜선 1척이 곤양에서 나와 도망치는 것을 추격·격침시켰다. 사천선창에는 왜적의 대선 12척과 왜구 400여 명이 7~8리나 되는 험준한 산에 진을 치고 있었다. 이순신 장군은 허위 퇴각을 명하여 적함들을 유인하여 끌어냈다. 저녁 밀물이 몰려올 때 적함을 공격함에 거북선을 필두로

4) 이충무공전서(李忠武公全書), 권7, 장계(狀啓) 목포파왜병장(木浦破倭兵狀).

하여 화통을 쏟아내고 화학 무기로 불을 뿜으니 적함들은 파괴되고 불에 탔다.[5)]

이 전투에서 장군은 왼쪽 어깨에 적탄을 맞아 팔목까지 피가 흥건히 흘러내렸으나 태연자약하게 끝까지 전투를 지휘하였다. 6월 2일 아침 9시에 왜적들이 통영군 산양면 삼덕리 소재 당포 선창에 모여 있음을 탐지한 아군 측은 적장 가메이(龜井琉球守) 등이 지휘하는 21척의 배가 정박하고 있음을 알게 되었다.

그 가운데 대선은 우리나라 판옥선만 하였는데 이러한 크기의 배가 9척이었고 중선과 소선 12척이 더 딸려 있었다. 적장은 2층 다락방이 있는 큰 배에 있었다. 적병 300여 명 가운데 절반은 성 안으로 들어가 노략질을 일삼았고 절반은 험한 지형을 이용하여 대항하였다.

이러한 정황을 포착한 장군은 거북선을 선봉으로 하여 일선형의 전투 서열을 짓고 돌격하니 먼저 적의 지휘관이 탄 배를 들이받아 부숴버리고 현자포탄을 쏘고 천자, 지자, 총통, 대장군전을 잇달아 쏘아 부수니 뒤따르던 함선들에서는 편전 승자통으로 일제히 사격, 적선들은 격침되고 적장도 사살되었다.

이 전투에서 달아나려던 적들은 퇴로가 차단됨에 거의 궤멸되었다. 이때 왜병선 20여 척이 수많은 작은 배들을 거느리고 거제도로부터 온다는 척후선의 보고가 있었다. 적들이 5리 밖에서 우리 측 함대를 보고 정신없이 달아났다. 날이 저물어 어두워졌으므로 남해군 창선도에서 자고 6월 3일에는 추도를 향해 부근의 섬들을 수색하였다.[6)] 6월 4일 아침 당포 앞바다에서 이억기가 지휘하는 전라우수영의 25척 배와 합류하면서 동쪽으로 계속해 진격해 나갔다.

왜선 26척이 고성군 마암면 두호리에 위치한 소소강 서쪽 당항포에 선체를 대고 있었는데 적선 가운데 가장 큰 배에는 뱃머리에 3층으로 된 나무판집을 만들고 흰색 벽에 단청칠을 한 것이 마치 사찰처럼 보였으며, 검은색 비단장막에 커다란 꽃무늬를 그려놓고 그 안에는 수많은 왜인들이 줄지어 서 있는 모양새를 하고 있었다.

이 밖에 대선 4척이 내포로부터 나왔는데 검은 깃발에다 '남무묘법연화경(南無妙法蓮華經)'

---

5) 이충무공전서(李忠武公全書), 권5, 난중일기(亂中日記), 임진 5월 29일.
6) 이충무공전서(李忠武公全書), 권2, 당포왜병장(唐浦倭兵狀); 이충무공전서(李忠武公全書), 난중일기(亂中日記), 임진 6월 2일.

이라 쓴 깃발을 세우고 있었다. 이들과 한동안 접전하다가 포위를 풀고 퇴각하는 체하였다.

달아나려던 적들은 우리 측이 퇴각하는 것으로 알고 달려듦에, 우리 측 함선들이 다시 달려들어 4면으로 포위하고 거북선이 앞장서 들이닥치고 여러 함선들도 화전으로 장막과 돛을 쏘니 불길이 세차게 일어나고 층집 위에 앉아 있던 적장은 화살에 맞아 곤두박질하면서 떨어졌다. 이때 왜선 4척은 돛을 달고 달아나기 시작했다. 이들을 뒤쫓아 가면서 창검과 활로 쏘아 왜적 43명의 목을 베었다.

이 전투에서 적선 20척을 소멸하고 단 1척을 유인 미끼로 남겨 두었다. 이윽고 100여 명의 적들이 이 배를 이용하여 달아나려 함에 우리 측 수군은 적선을 끌어당기는 갈고리인 요구금을 들이대고 적은 물에 빠져 죽어나갔다. 이 전투로 적의 목을 벤 것이 50여개나 되었다.

왜군이 옥포에서는 붉은 깃발, 사천에서는 흰 깃발, 당포에서는 누런 깃발, 당항포에서는 검은 깃발을 꽂고 있는 것으로 보아 이들은 분견대에 따른 표시로 보인다. 7일 이른 아침 웅천 땅 시루섬 앞바다에 진을 치고 가덕 천성의 적들 동태를 탐지하였다. 탐망선이 보고하기를 가덕 앞바다에서 저항하는 적선 한 척을 격침시켰다고 한다.

낮 12시에 영등포 앞바다에서 왜적의 대선 5척, 중선 2척이 율포에서 나와 부산으로 달아나고 있었는데, 우리 측 함대를 보자마자 배 안에 있던 물화를 바닷속으로 던져버리고 빠르게 달아나려 함에 집중 공격으로 7척의 배를 격파하고 불태웠으며 단 한 명의 목숨도 살려두지 않고 소멸시켰다.

이어 가덕 천성 몰운대(부산 앞)까지 가면서 수색작전을 폈으나 적들은 사라지고 없었다. 8일 창원 제포와 웅천 등지에도 탐망선을 보냈으나 적선은 보이지 않았다.

나) 수군의 활약상

9일 우리 측 연합 함대는 계속 수색을 하였고 10일에는 미조항 앞바다에서 이순신, 원균, 이억기의 함대가 서로 헤어져 기지로 돌아갔다. 사천 앞바다에서 12척, 당포에서 21척, 당항포에서 26척, 율포 앞바다에서 7척 등 적선 74척을 격멸함으로써 왜적의 선봉대를 전멸시킨 것이다. 특히 사노(私奴) 내수사에 소속된 내노(內奴)들, 포작(鮑作)이라 하던 어민(漁民), 지방군인 토병(土兵) 노군(櫓群)들 가운데 전사자 13명, 부상자 34명이 포함되어 있었다는 점에 유의할 필요가 있다.[7] 앞서 두 차례에 걸친 작전에서 우리 측 함대가 이룩한 성과는 남해상에서의 제해권을 확고하게 장악하고 작전을 능동적으로 치러나갈 수 있게 된 점이라 하겠다.

특히 적들의 수륙병진 정책을 지연시키고 적들의 작전 수행에 재편을 기도하게 하였다. 적들의 육상 침투 병력은 전라도 금산(錦山) 지역까지 이르렀고, 바다에서는 10~30척의 배들이 편대를 지어 가덕도, 거제도 앞바다로 출몰하고 있었다. 이에 우리 측 연합 함대는 의령, 정진, 고령, 성주 지방의 의병 항쟁과 함께 적들의 배후를 쳐 적의 퇴로를 차단하였다.

이러한 정황하에 적들은 6월 23일 와키사카의 함대는 규키와 가토의 함대와 협동하여 우리 측 함대를 격파할 모의를 하였다. 7월 1일 와키사카가 이끄는 73척의 함선이 김해를 경유하여 서쪽 바다로 나왔고, 그 뒤로 규키와 가토의 함대가 따라 붙었다. 이에 우리 측에서는 전라좌수영의 전선 23척, 전라우수영의 전함 25척, 경상우수영의 7척이 주력선이 되어 총 90여 척이 진영을 갖춘 대함대가 되었다. 7월 7일 고성 당포에서 숙영준비를 하고 있던 차에 경상도의 말먹이 하는 김천순이 달려와 적선들이 영등포 앞바다에서 나와 고성 견내량으로 나왔음을 전하였다. 적선은 대선 36척, 중선 24척, 소선 13척이었다.

그런데 이곳 견내량은 해협의 너비가 500m밖에 되지 않은데다 암초가 많아 판옥선, 거북선과 같은 큰 함선들이 작전을 펴기에는 적당치 않았다. 여기에다 적들이 불리할 경우 육지로 달아날 수 있다는 점도 고려하지 않을 수 없었다.

장군은 적들을 한산도 앞바다로 유인할 것을 논의하고 전투에 임하게 하였다. 한산도 앞바다는 수심이 깊어 연합 함대가 작전을 펴는 데 유리한 지역이었다. 적선을 유인하기 위하여 먼저 판옥선 5~6척을 보내 견내량으로 공격해 들어가는 척하다가 퇴각하였다.

적들은 우리 측 함선이 적은 것을 보고 급히 뒤쫓아왔다. 이에 우리 측 연합 함대는 거북선을 선두로 학익진의 전투대열을 짓고 적함들을 포위망 안으로 몰아넣고는 지자,

7) 이충무공전서(李忠武公全書), 권2, 당포왜병장(唐浦倭兵狀); 선조실록(宣祖實錄), 권26, 선조 25년 6월삭기축(己丑).

현자, 승자, 총통을 비롯한 화력으로 사격하여 적선 3척을 일차적으로 격침시켰다. 이 전투에서 순천부사 권준이 탄 배는 먼저 층각을 세운 대선 1척을 갈고리로 끌어당겨 뛰어올라 육박전을 전개함으로써 왜장 이하 10여 명을 사살하고 우리 측 주민 1명을 구출하였다.

광양현감 어영담은 층각이 있는 왜의 대선 1척을 들이받아 쳐부수는 동시에 적장 1명을 사로잡았다. 적장은 크게 부상을 당한데다 쓸모가 없어 여타 적의 병졸 11명과 함께 처형하였다. 사도첨사 김완, 홍양현감 배홍립, 방답첨사 이순신 등도 커다란 전과를 거두었다. 이 전투에서 우리 측 연합 함대는 왜적의 대선 20척, 중선 17척, 소선 5척을 불살랐고 왜군 90여 명의 목을 베었다.

1592년 8~9월 사이에 이순신 장군은 전라도 방어를 위하여 인근 각 고을 승려들에게 호소해 400여 명의 승려들로 하여금 요해지에 파수를 서게 하였다. 이후 승장 삼혜(三慧) 의능(義能) 성웅지에 전함을 내주어 해전에 임할 수 있도록 하였다.

한산도전투에서 적들은 화살에 맞아 죽은 자 무수히 많았고, 익사한 자도 헤아릴 수 없었다. 왜장 와키사카는 간신히 달아났고, 그가 인솔한 1만 명의 수군 가운데 살아남은 자도 1천 명이 넘지 않았다.[8]

한산도대첩에서 큰 전공을 세운 배흥립 장군 묘소

8) 이충무공전서(李忠武公全書), 권3, 피로인소고왜정장(被虜人所告倭情狀).

한산도 앞바다 전투에서의 특징은 이전처럼 적선을 불태워 소멸하는 데 그치지 않고 적함에 바싹 다가가 요구금(要鉤衿)으로 끌어당겨 총포와 화전을 쏘면서 적함에 뛰어올라 적장 이하 왜병들의 목을 베었다는 점이다. 이처럼 처절한 한산도앞 바다에서의 전투는 날이 저물도록 지속되었고 우리 측 수군은 견내량 서쪽에 진을 치고 휴식을 취하였다.[9)]

7월 9일 적선 40여 척이 안골포에 정박해 있다는 적정 보고를 받은 이순신 장군은 7월 10일 이른 새벽에 출발하였다. 적은 규키(九鬼)와 가토(加藤清正)가 이끄는 제2, 3함대들로 와키사카의 함대가 패전하였다는 급보를 받고 안골포로 퇴각했던 자들이었다.

안골포 선창에는 왜적의 대선 12척, 중선 15척, 소선 6척 등 모두 33척인데, 이 가운데 3층집을 올린 큰 배가 1척, 2층집을 올린 큰 배가 2척이었다. 안골포는 지대가 좁고 수심이 얕은 관계로 우리 측 판옥선 같은 큰 배가 출입하기에는 여의치 않아 적을 두세 번 유인해 내려 하였으나 견내량과 한산도에서의 참패 후라 유인에 걸려들지 않았다.

이에 우리 측 판옥선들이 교대로 진입해서 공격하여 적을 소멸하고 잔존한 적은 육지로 올라 도망쳤다. 이후로 적들은 우리 측 거북선을 본떠서 배에 철판을 대고 물에 젖은 솜을 씌우는 등 대비책을 강구했으나 여의치 않았으며, 결국 42척의 적선은 파괴되고 말았다.[10)] 마침내 우리는 한산도와 안골포 해전에서 적함 총 101척을 불사르는 큰 전과를 올렸다.

이 같은 전과에 힘입어 전국 각지의 의병 항쟁이 활발하게 전개되었고, 조정에서는 육상의 관군을 수습 정비하고 군량을 마련하여 반격 태세를 갖추게 하였다. 왜군이 평양까지 올라갔으나 더 이상 진격하지 못한 것은 해상 보급로가 차단되고 의병들의 항쟁이 잇따른 데다, 해상에서 우리 측 수군이 해안 일대를 완벽하게 장악하고 있었기 때문이며, 명나라를 치고자 하던 왜군들의 소동을 멈추게 한 것도 우리 측 수군의 활약 덕분이었다.[11)]

주로 부산 앞바다에 왜적들의 주력군과 보급 물자를 실은 배들이 몰려 있었는데, 부

---

9) 이충무공전서(李忠武公全書), 권2, 見乃梁破倭兵狀.
10) 이충무공전서(李忠武公全書), 권9, 行錄 壬辰 7월 9일 卷首 年表.
11) 징비록(懲毖錄), 권1, 總論; 崔槿默, 임란 때의 湖西義兵에 대하여, 忠南大論文集 人文社會科學編, 1970년 9월.

산 인근 지역인 김해, 양산 등지에서 약탈한 물건을 실어 나르기도 하였다. 이를 두고만 볼 수 없었던 우리 측 수군은 8월 24일 출정을 개시하였다.

이순신 장군은 전라 좌·우수영 소속의 함대 166척(싸움배 74척, 협선 92척)을 남해 관음포 앞바다에서 하룻밤을 묵게 하고 다음날 사량 앞바다에서 경상우수영의 함선들과 합류해 170여 척으로 진격을 개시하였다. 25일 당포, 26일 거제도, 27일 내이포 후면의 원포로 나가고, 28일 경상도 땅인 고성, 진해, 창원, 병영 등지에 있던 왜병들이 24~25일 사이에 모두 도망쳐 달아났다는 소식을 접하게 되자, 장군은 함대의 주력 부대를 가덕도 서북쪽에 숨겨두고 적정을 살폈다.

29일 이른 새벽 낙동강 하구에 이르러, 현 부산시 사상구인 동래 장림포에서 대선 4척, 소선 2척이 나오는 것을 목격하였다. 이 배들은 경상우수영 함대가 격파시켰고 전라좌수영 우후(虞侯)는 대선 1척을 격파시켰다. 9월 1일 왜구가 몰려 있는 부산 항구로 향하면서 중간에 화준포, 서평포에서 대선 9척과 조우함에 다대포 앞바다에서 대선 8척, 서평포에서 대선 9척, 절영도 앞바다에 대선 2척이 정박해 있는 것을 발견해 모두 격침시켰다.

그런데 부산 앞바다에 왜선 500여 척이 동쪽 산 아래인 간만이포에 줄지어 정박해 있고 대선 4척이 초량 쪽으로 나오고 있어 이들을 맞받아 순식간에 소멸시켜 버렸다. 불리한 여건 속에서도 격렬한 전투를 통하여 적선 100여 척을 격침하고 수많은 적들을 사살하였다.[12)]

부산 앞바다 해전에서 특기할 것은 순천의 감목관 조정은이 자진해 배를 마련, 목장의 목동들과 노비들이 합류해 수많은 왜적들을 사살하는 전과를 올렸는데, 이는 해상 전투 사상 첫 의병전투였다.[13)] 4차례에 걸친 출정과 10차례의 접전에서 승리하였다고 하나 장병들의 공로를 논한다면 부산 앞바다 전투에 비할 바 없었다.

전에 만난 적선은 많아야 70여 척이었으나 부산 앞바다 전투에서는 400여 척의 적선들이 늘어선 가운데 적진으로 뚫고 들어가 기세등등하게 적들을 공격, 적선 100여 척을

---

12) 이충무공전서(李忠武公全書), 권9, 行錄 壬辰 7월 9일 卷首 年表.
13) 징비록(懲毖錄), 권1, 總論; 崔槿默, 壬亂 때의 湖西義兵에 대하여, 忠南大論文集 人文社會科學編, 1970년 9월.

여수 화양면에는 군사용 말, 군마를 기르던 순천부 소속 '곡화목장(曲華牧場)'이 있었다. 목장 책임자는 감목관이라 했는데, 이 비석은 한 감목관의 선정비이다.

격파하고 적을 사살하는 등 그 어느 전투에서보다 혁혁한 공로를 세웠다.[14] 이 전투의 결과로 1593년 1월 8일 명군과의 연합하에 평양성을 탈환하였다.

2월 10일과 12일에 왜선이 웅천 웅포에 정박해 있다는 첩보가 있었는데, 수륙양면작전을 선행해야 적을 궤멸시킬 수 있다고 경상우도 순찰사 김성일(金誠一)에 보고하고 그 대책 마련에 힘써 달라고 하였다.[15]

2월 18일에는 왜선 3척을 추격하여 왜병 100여 명을 사살하고, 2월 20일에는 웅천 웅포에서 적들을 만나 이전과 같은 전과를 올렸다. 2월 22일에는 10여 척의 배에 의병장과 의승장들이 냉이포 해안에 상륙하여 각각 진을 치고 가볍고 빠르며 전투 준비가 되어 있는 배를 몰고 웅포 동쪽 안골포에 상륙하여 바다와 육지에서 공격하니 왜적들은 어찌할 바를 모르고 날뛰다가 소멸당하였다. 이 전투에서 우리 측 주민 6명이 구조되었고 적진에서는 전염병이 돌아 심각한 타격을 입게 되었다고 한다. 2월 28일과 3월 6일에는 진천뢰를 산 아래 적진에 쏘아대니 적들의 사상자는 부지기수였다.

1593년 7월 남해의 수군 지휘처를 여수에서 한산도 두을포로 옮겼다. 두을포의 지형은 반달형으로 되어 있고 산으로 둘러싸여 있으므로 함선들을 은폐시키기에 유리하며 또한 태풍의 피해를 최소화할 수 있는 곳이었다. 여기에다 수심이 깊어 대선들의 드나듦이 용이하였다. 특히 왜적의 수군들이 서해로 침범하지 못하게 하는 관문적 위치에 있는 해상 요충지였다. 한산도 역시 거제도 서쪽 30리 지점에 위치한 섬으로, 수군의 체

14) 이충무공전서(李忠武公全書), 권2, 釜山破倭兵狀.
15) 이충무공전서(李忠武公全書), 권3, 令水陸諸將 直擣熊川狀.

계적인 지휘처로 적합한 동시에 왜적의 침략을 막아내는 데 기동성으로나 지형상 매우 유리한 곳이었다.

1592년 가을과 겨울 이후 전쟁 발발 제2계단에 접어들자 일부 군인들을 귀향시켜 농사일에 참여토록 했고, 부상 입은 군졸들은 치료를 받도록 하였다. 이 밖에 경작할 수 있는 곳을 골라 둔전을 경영, 군량과 민생 문제를 해결할 수 있도록 상급 관서에 보고하고 전라도 여천군 관내 돌산도를 비롯한 여러 곳에 둔전을 설치하도록 하였다.

1593년 8월 조정에서는 이순신 장군을 경상, 전라, 충청 3도의 수군을 지휘할 수 있는 수군통제사로 임명하였다.

1593년 7월 남해의 수군 지휘처를 한산도 두을포로 옮겼다.[16)]

왕은 3도의 장병들을 2교대로 나누어 휴가를 보내 의복과 식량을 준비하게 하였다. 경상도 지역은 적들의 침입을 받은 곳이 많았고 사공과 노군들의 징발이 규정대로 지켜지지 않았으나 수군 함대가 진을 친 곳과 멀리 떨어지지 않았으므로 그런대로 휴가를 보낼 수 있었다.

이순신 장군의 수하에 있던 이봉수 군관은 화약 제조의 묘리를 연구하여 3개월 사이에 염초 300근을 제조하였는데, 수영 인근에서는 석류황이 없어 중앙 정부에서 100여 근쯤 보내줄 것을 요청하기도 하였다.[17)]

이순신 장군은 부하 장병들에 대한 보살핌도 각별하였다. 예컨대 전쟁 발발 이후 광양 현감 어영담은 수군에 참예하여 많은 전공을 세웠으며 고을 안의 질서를 바로잡는 데 공로가 있었다. 그런데 그가 없는 시기에 관청 양곡의 지출명세서를 갖추어 놓지 않아 어사(御使)가 검열하고는 부족분을 현감이 사사로이 소모했다고 하여 어영담이 파직당하게 되었는데, 장군은 이를 두고만 보지 않고 변호하여 어영담은 조방장으로 계속 근무하게 하였다.[18)]

이해 5월과 8월 사이 왜적들은 여전히 부산, 웅천, 김해 등지에 군사력을 집결시키고 있었을 뿐만 아니라 점차 거제도 북부지역으로까지 활동 반경을 넓혀오고 있었다. 6월

16) 두을포는 반달형으로 천연의 요새이고 해수가 깊어 함선들의 기동이 유리한 지역이다.
17) 이충무공전서(李忠武公全書), 권3, 請賜硫黃狀.
18) 이충무공전서(李忠武公全書), 권3, 請光陽縣監 魚泳潭仍任狀; 같은 책, 권4, 請以魚泳潭爲助防將狀.

16일 당시 적의 배는 800여 척으로 늘어났고 오가는 배들도 훨씬 많아졌다.

이에 비해 우리 측 수군은 전라좌수영 소속 전선 42척, 척후용 작은 배 52척, 전라우수영 소속 54척, 척후용 54척 등 전함 96척, 척후선 106척에 불과하였다. 이러한 여건하에서 이순신 장군은 충청수영의 함대를 보내줌과 동시에 수군 병사의 확보에도 진력하였다.[19]

이후 조정에서는 3도의 장병들을 2교대로 나누어 귀가하게 하라고 하였다. 1592년 가을, 장군은 전함을 될 수 있는 대로 많이 건조할 것을 제기하였다. 수영 소속 5관, 수군기지 5포에서 60척, 전라우도 15관 12포로 90척, 경상우도 40척, 충청도 60척 등 250여 척을 건조해 기존의 함선들과 합친다면 적을 해상에서 격파할 수 있다고 조정에 보고하고 그해 12월 말 국왕의 승인을 받아냈으나 모두 실현되지는 못하였다.[20]

이에 따른 대책으로 수영 소속 고을로 지정된 곳에서만이라도 군정, 군량, 무기 등을 모두 수영에 속하게 해줄 것을 재삼 조정에 건의하였다. 자체 군량을 해결하기 위해 돌산도 외에 흥양, 도양장, 해남, 황원고, 강진, 화이도 등지에 둔전을 더 설치하고, 이에 필요한 보습 따비 등 농기구들과 소금구이, 질그릇구이, 물고기잡이 등을 마련케 하여 부족한 군량을 마련하도록 하였다.[21]

1594년 초까지 전라좌수영 소속 고을이 건조한 전함 수는 순천 10척, 흥양 10척, 보성 8척, 광양 4척, 낙안 3척 등 합계 35척이었다. 원래 계획상으로는 60척이었으나 계획대로 되지는 못하였다. 이 가운데 18척을 끌고 1594년 정월 17일에 한산도로 가고 나머지는 이후 인수해 오도록 하였다. 전라우수사도 수군 병사가 없어서 먼저 전함 22척을 이끌고 2월 17일에야 도착하였다.

1594년 3월 3일 적이 대선 10척, 중선 14척, 소선 7척으로 영등포에서 나와 21척은 고성 지경인 당항포로 향하고 7척은 진해 오리량으로, 3척은 저도로 향한다는 소식을 접하였다. 이에 장군은 거제도 안쪽 지도 앞바다에서 밤을 보내고 4일 새벽 우리 측 전선

---

19) 이충무공전서(李忠武公全書), 권3, 請湖西舟師繼援狀 逐倭船狀; 같은 책, 권2, 請反汗一族勿侵之命狀; 같은 책, 권3, 申請反汗一族勿侵之命狀.

20) 이충무공전서(李忠武公全書), 권3, 陳水陸戰事狀; 같은 책, 권3, 請沿海軍兵糧器全屬舟師狀.

21) 이충무공전서(李忠武公全書), 권3, 請舟師所屬邑勿陸軍狀; 같은 책, 請沿海軍兵糧器勿令遞移狀; 같은 책, 권4, 請改差興陽牧官狀; 같은 책, 권6, 亂中日記, 甲午年 5월 19일 24일 등.

20여 척을 견내량에 머물게 하고 민첩하게 움직일 수 있는 함선을 골라 조방장 어영담의 지휘하에 31명의 장수들로 하여금 당항포와 오리량으로 출격하게 하였다.

장군 스스로는 영등포, 장문포 앞바다 시루섬 부근에 학익진을 치고 앞으로는 군세를 시위하고 뒤로는 적의 퇴로를 막았다. 왜선 10척이 진해 선창에서 나와 기슭을 따라 도망치려 하자 어영담이 인솔하는 선봉 함대가 좌우로 좁혀 다가갔다. 이에 적들은 진해 앞바다에서 6척을, 고성 어선포에서 2척을, 진해 시굿포에서 나머지 2척을 버리고 달아났다. 우리 측 수군은 이 배들을 모두 불태워버렸다. 3월 5일 아침, 적들은 도망가기에 바빴고 영등포, 장문포, 제포, 웅천, 안골포, 가덕, 천성 등지에 웅거하고 있던 적들도 스스로 장막을 거둬버리고 숨기에 급급하였다.

다) 왜군의 화의 계략에 의해 백의종군하게 된 이순신 장군

1594년 3월 4일에서 5일, 진해와 당항포 앞바다 싸움에서 전라좌수영 함대는 대선 7척, 중선 8척, 소선 4척 등을 소멸시켰고, 경상우수영함대는 대선 5척, 중선 6척 등을 격침시켰다.

3월 6일 우리 측 함대가 고성의 아차음포를 떠나 거제 앞바다로 향하고 있는 가운데 작은 왜선 한 척이 연락 인원을 태우고 고성 건너편으로 보내고 있었다. 이 배에는 명인 2명과 왜인 8명이 타고 있었는데, 명인은 선유도사부(宣諭都司府)의 담종인으로 왜적 토벌을 금지한다는 패문(牌文)을 가지고 왔다. 이 문건의 내용인즉 강화 교섭차 웅천에 와 있는데 이곳에 있던 왜인들이 우리 측 수군이 계속해 공격해 오므로 이를 막아달라고 호소하고 있으니 강화교섭 기간에는 공격하지 말라는 내용이었다.

담종인이 말하기를 "일본 장수들이 명나라에 귀순할 생각이 있고 무기를 거둬가지고 제나라로 가겠다"고 하니 조선 수군도 일본인 보루에 가까이 오지 말고 본래의 장소로 되돌아가서 충돌을 피하라고 한 데 대해 이순신은 다음과 같이 준열히 규탄하였다.[22]

---

22) 이충무공전서(李忠武公全書), 권4, 진왜정장(陳倭情狀).

"日本諸將莫不傾心歸化俱欲捲甲息兵盡歸本國 爾各兵船速回本處地方毋得近駐日本營寨以起端 倭人屯處巨濟 熊川金海東萊等地是皆我土 而謂近日本之營寨云者何也 謂我速回本處地方云本處地方亦未知在何所耶 若起端者 非我也倭也 日本之人變詐萬端自古未聞守信之義也 兇狡之徒尙不斂惡退處沿海經年不退豕突諸處劫掠人物有倍前日 捲甲渡海之意果安在哉令之講和者實涉詐僞然".

"왜인들이 둔을 치고 있는 거제, 웅천, 김해, 동래 등지는 모두 우리 땅인데 일본 영채에 가까이 왔다는 것은 무슨 소리인가? 나에게 빨리 본고장으로 돌아가라고 하는데 본고장이란 어디인지 알기나 하고 그러는가? 싸움을 일으킨 것은 우리가 아니라 왜이다. 일본인들이란 온갖 사기를 일삼는 자로서 예로부터 신용을 지키는 의리가 있다는 것을 듣지 못하였다. 흉악하고 교활한 무리들이 아직 나쁜 짓을 그만두지 않고 바닷가에 있으면서 한 해가 지나도록 물러가지 않고 있으며 멧돼지처럼 각지로 돌아다니면서 겁탈과 노략질을 전날보다 배나 더하고 있으니 무기를 거두고 바다를 건너간다는 뜻이 과연 어디에 있는가? 지금 강화를 한다는 것은 참으로 사기와 허위에 찬 행동이다."

1594년 7월 19일에는 명나라 장수 장학유가 5척의 함선을 이끌고 오면서 내년에는 더 많은 함선들이 제주도에 도착할 것이라고 하였다. 장군은 육상의 육군과 명나라 수군과의 합동 작전에도 주의를 기울였다. 9월 29일 우리 측 함대는 장문사포 앞바다로 진격하였으나 적들은 바다로 나오지 않고 육지의 높은 곳에서 방어에 치중하면서 저항하고 있었기 때문에 우선 적선 2척을 격파해 불태우고 칠천도 바다 앞으로 나왔다.

곽재우는 이순신, 김덕령 등과 함께 수륙 합동 작전을 전개했다.

10월 2~3일에도 싸움을 걸었으나 적들은 성 안에 웅거하면서 나오지 않음에 수륙협동작전을 펼쳤는데 곽재우 · 김덕령 의병부대 중에서 수백 명을 가려 장문포로 상륙시키고 수군도 함께 공격함으로써 전쟁 발발 이후 최초의 수륙군 합동 작전을 개시하게 되었다.

이후 이른바 잠시나마 휴전 기간에 접어들었으나 이순신 장군의 진영은 한시도 게으름 없이 노력해 1595년 말까지 군량미 9,900여 석, 화약 4천근, 총통 400정을 확보하였다.[23]

---

23) 이충무공전서(李忠武公全書), 권10, 행장(行狀).

간교한 침략자인 왜군은 한동안 벌였던 강화조약을 파기하고 1597년 초부터 600여 척의 함선에 14만 1,500여 명의 병력으로 부산항에 밀어닥쳤다. 이들은 경상도, 전라도를 장악한 후 충청도를 거쳐 서울로 진격해 오는 작전을 수립해 지난날의 참패를 만회하려 하였다. 이순신 장군의 수군을 그대로 두고서는 이번 계획도 성공하기 어렵다고 판단한 왜군들은 음모를 꾸며 간첩 요시라를 경상우병사에 보내 가토(加藤清正)가 바다를 건너오니 제때에 이를 맞받아치라고 허위 정보를 보냈다.

당시 조정에는 서인들이 국정을 쥐고 흔들고 있었으며, 이들은 원균을 비호하고 있었다. 이때 조정에서는 요시라 간첩의 말을 곧이곧대로 믿고 이순신 장군에게 명해 적들을 섬멸하라는 명을 내렸으나, 이미 적들의 음모를 간파한 이순신 장군은 가덕도 앞바다에 나아가 시위를 하는 데 그쳤다. 이를 빌미로 장군을 해임시켜 참형에 처해야 한다는 여론을 조성해 원균을 3군수군통제사로 임명하였다.

이순신 장군의 억울함을 잘 알고 있는 일부 권신과 장졸들의 호소로 참형을 면하고 1597년 4월 백의종군하는 선에서 일단락지어졌다. 3군수군통제사가 된 원균은 그해 6월 안골포(安骨浦)와 7월초 웅포(熊浦) 전투에서 패함으로써 엄청난 손실을 입고 도원수인 권율 장군으로부터 엄한 질책을 받았다.[24)]

이에 불만을 품은 원균은 충분한 작전을 세우지 못한 가운데 7월 15일 아침, 부산 앞바다로 출격시켰다. 참모들은 절영도 앞바다까지 진출하였다가 날이 어두워져 다음날인 7월 16일 거제도 북쪽의 칠천포로 되돌아왔다. 적은 우리 측 함대의 이동에 앞서 칠천포에 50여 척의 함선들을 은폐시켜 놓고 포위진을 치면서 공격해 왔다. 이때 전라우수사 이억기 장군은 이 지역이 바다가 얕고 좁아 우리 측 함선들이 기동하기 곤란하니 진지를 이동해 싸우자고 건의하였으나 원균은 이 말을 듣지 않아 결국 패하고 말았다.

이 전투에서 전라우수사 이억기, 충청수사 최호를 비롯한 수많은 장병들이 장렬한 최후를 맞았고 원균은 달아나 거제도에서 왜병에게 잡혀 죽게 되었다.[25)] 경상남도 합천군 초계면에서 패전 소식을 들은 이순신 장군은 망연자실하였으나 어찌할 도리가 없었다. 이 전투의 패배로 인해 적은 수륙 양면으로 총공세를 펴 왔다.

---

24) 선조실록(宣祖實錄), 권89, 선조 30년 6월 정해, 무자.
25) 선조실록(宣祖實錄), 권90, 선조 30년 7월.

라) 장군의 재기용과 명량대첩

이해 8월 3일 3도수군통제사로 부득이 이순신 장군을 재기용하였다. 장군은 진주, 곤양, 요량 등지에 분산되어 있는 군사들을 수습하여 곡성, 남원, 옥파, 순천, 낙안, 장흥 등지를 거쳐 회령포에 도착하였다. 8월 18일 경상우수사 배설로부터 8척의 전함을 인계받고, 녹도 만호가 탄 배 1척을 산하에 두게 되었다.

승기를 잡은 적의 육군은 운봉 · 남원 방향, 경주 · 대구 · 전주 방향, 밀양 · 현풍 · 전라도 방향으로 대거 침입하는 한편, 수군은 서해 바다로 진출시키려는 계책을 수립하여 이른바 수륙군병진정책을 수행하고자 하였다.

이때 조정에서는 사기가 떨어진 우리 수군에 대하여 수군폐쇄론을 제기하는 논의가 있었는가 하면, 적의 수륙양면작전이 실현되면 후방 기지인 전라도와 충청도가 이들의 공격 대상이 될 뿐만 아니라 국가적 형편이 매우 어렵게 될 상황이었다.

이러한 형세에서 경상우수사 배설이 수군에서 이탈하였다. 그러나 이순신 장군은 심기일전하여 남은 수군들과 함께 결사 항전할 것을 다짐하였다.[26] 이러한 정세에서 장군은 수군폐쇄는 적이 바라는 바로, 비록 12척밖에 남지 않은 배일지라도 결사보국하겠다는 의지를 담은 장계를 조정에 띄웠다.[27] 장군은 이진 어란포 등지를 돌아보면서 8월 말 9월 초에 이르러 적군과 대적할 만한 역량을 키웠다.

9월 7일 적선 55척이 서쪽으로 침입해 왔는데, 그 가운데 13척은 어란포 앞바다로 왔다. 이를 추격하자 적선들은 달아났고 밤이 어두워지자 벽파진 근처로 적선이 모여들었다. 9월 7일 적선 2척이 감포(甘浦)로 정찰하고자 하였으나 우리 측의 추격을 받고 달아났다. 9월 14일에는 적선 200여 척이 남해로부터 서해 쪽으로 나가려고 하였다. 9월 15일 아침 장군은 함대를 이끌고 전라남도 해남 소재 우수영 앞바다에 진을 쳤다.

적정을 간파한 장군은 자연지리적 조건을 이용하여 적선을 쳐부술 것을 작정하였다. 장군은 왜적 함대가 서해로 나가려면 진도 벽파정 앞에 위치한 울돌목 해협을 거칠 것이라 예견하고 이곳이 바닷물 흐름이 세고 유속이 빠르기 때문에 이러한 조건을 잘 이용하

---

26) 이충무공전서(李忠武公全書), 권8, 난중일기, 정유 8월 18일; 같은 책, 권9, 행록(行錄), 행장(行狀), 권11, 충민사기(忠愍祠記).

27) 이충무공전서(李忠武公全書), 권9, 행록(行錄), 선조 30년 9월.

면 틀림없이 승전을 기할 수 있다고 보았다.

울돌목 해협은 길이 2km 남짓하고, 폭이 가장 넓은 곳은 400~500m, 좁은 곳은 300m에 불과했다. 이곳은 서해와 남해를 잇는 지점으로 조수 간만의 차가 매우 심한 곳으로 급류를 이루어 흐르는 곳이다. 울돌목이라는 명칭도 여기에서 유래하였다.

장군은 어선들을 함선으로 위장하여 함선 뒤로 배치하고, 도망치는 적들을 사살할 수 있도록 연안 요소에는 화포들을 배치하였다. 16일 아침 도도(藤堂), 구루시마(來島) 등이 지휘하는 330여 척의 적선이 만조기에 순류를 타고 몰려들고 있었다. 이에 우리 측 수군도 접전을 마다하지 않았다.

왜적들은 수적 우위를 자랑하며 우리 측 함대를 포위 공격하려 하였다. 전투가 시작되자 전라우수사 김억추 등 일부 지휘관들이 겁을 먹고 후퇴하려 하였으나, 이순신 장군은 돌진 명령을 내리면서 지자 · 현자 총통을 쏘면서 앞으로 나아갔다. 뒤따르는 배가 없어 적은 몇 겹으로 포위해 왔다. 중군장 미조항첨사 김응함, 거제 현령 안위의 배를 불러 죽기를 각오하고 싸우도록 하였다. 이에 적선 3척을 불태우고 녹도만호 광산포 대장(隊長) 등이 뒤따라와서 합세하니 장병들은 사기가 올랐다.

이러한 기세를 타고 안골포에 있던 적장 마다시의 목을 베어버리니 적의 기가 크게 꺾였다. 이때 썰물이 들면서 적선들이 더 이상 움직이지 못하자 우리 군은 적선을 향해 총포와 활을 쏘아대니 적들은 패전할 수밖에 없었다. 이 전투를 명량대첩이라 역사는 기록하고 있다. 특별히 기억할 것은 적들이 수륙병행작전을 펴고자 하였던 계획이 물거품이 되었다는 사실이다.

마) 노량(露梁) 울돌목 전투와 이순신 장군의 전사

울돌목 전투로 인해 임진왜란의 국면이 새롭게 전환되었다. 이에 관해 '군신(軍神)'이란 용어가 등장하는데, 이 말은 이순신 장군을 추앙하는 말이 되었다. 울돌목 해전 이후 불과 5개월 사이에 수군의 병력 수는 8천 명으로 늘어났고, 전라도 · 충청도의 포구들을 돌아보고 나중의 보화도로 통제사영을 두었다가, 1598년 2월 17일 강진 남쪽 30리 지점인 고금도로 진영을 정하였다. 고금도는 완도처럼 남해 가운데 큰 섬으로, 경지가 많아 군량을 조달하기에 좋고 전란을 피해 오는 사람들도 살 만한 곳이며 적을 막아내는 데도 유리한 지리적 요충지였다.

이 무렵 왜장 고니시(小西行長)가 순천 예다리에 와 있었는데, 이곳은 조선의 수군 선봉대가 있는 곳으로부터 100여 리 떨어져 있었다.

1598년 7월 16일 명나라 수군도독 진린이 거느린 수척의 배와 5천 명의 수군이 고금도에 도착하였다. 1598년 7월 18일 녹도 앞바다에서 왜적선 100여 척이 침입하였음을 간파하고 진린부대와 함께 금당도 앞바다로 가니 적은 도망치고 말았다.

그런 가운데 만호 송여종은 전남 보성군 소재 절이도에 매복해 있다가 적의 배 6척을 나포하고 71명의 적을 사살하였다. 8월 초에는 고금도로 침입해 오는 적을 맞받아 포위공격을 해 50여 척의 적함을 소각 침몰시켰다.[28]

1598년 8월 침략의 우두머리인 도요토미 히데요시가 죽자 경상도 사천과 울산의 도산성에 있던 왜적들이 물러나면서 경상도 일원에서는 완전히 구축되었다. 단지 순천 예다리에 있던 적들은 우리 측 수군들의 봉쇄로 포위상태에 있었다.

9월 15일 조명연합 함대는 고금도를 떠나 나로도에 이르렀고, 18일에는 방답에, 19일에는 여수 앞바다인 좌수영에 이르렀다. 20일에는 순천 예다리로 나아가 적 8명을 죽였다. 9월 21~22일에도 전투를 계속하였고, 30일에는 명나라 수군 100여 척이 더 도착하였다. 11월 8일 왜적들이 퇴각할 기미가 있다는 연락을 받은 우리 측 수군은 백서량 좌수영 앞바다 유도 등지에서 해상 봉쇄를 꾀하였다.

11월 13일 왜선 13척이 노루섬에 나타났다는 보고를 접한 우리 측 수군은 이들을 추격하였으나 적들은 그 모습을 드러내지 않았다. 이에 우리 측 수군 함대는 순천 예다리가 지척으로 보이는 노루섬 앞에서 진을 치고 있었다.

11월 14일 왜선 2척이 진린 도독을 찾아와서 진상을 하고 15~16일에도 말과 창검 등을 선물로 주면서 퇴로를 열어달라고 애걸하였다.

이순신 장군에게도 적장 고니시는 총, 검 등을 보내면서 길을 열어달라고 함에 장군은 임진년 이래 무수한 적을 잡았으니 우리가 그간에 얻은 총검은 산더미같이 많다고 하면서 놈들의 간계를 단호히 물리쳤다. 그러는 한편 우리 측 복병들은 남해에서 왜선 1척

---

28) 이충무공전서(李忠武公全書), 권9, 行錄 戊戌 7월 8일 24일; 宣祖實錄, 권105, 宣祖 31년 丙辰, 宣祖修訂實錄, 권32, 宣祖 31년 8月朔 甲寅.

을 추격하여 한산도 앞바다에서 나포하였다.

11월 19일 사천, 고성, 남해 앞바다에서 적장 시마즈가 지휘하는 왜적선 500여 척이 순천의 고니시 부대를 구출하기 위하여 경남 하동군과 남해군 사이의 바다를 낀 노량 앞바다에 있는 엄목포로 진격해 왔다.

이리하여 유명한 노량진전투가 전개되었다. 장군은 적들의 계획을 알아채고 밤 10시에 울돌목으로 나아가 전략상 유리한 지점에서 대기하고 있었다. 적들이 다가오자 우리 측 수군은 좌우군으로 편성하여 화포와 총통 등으로 집중 포화를 함에 적들은 혼란에 빠졌고 더 이상 싸울 수 없게 되어 왜적은 관음포로 퇴각하기 시작하였다.

우리 측 함대가 포위망을 좁혀가면서 치열한 전투를 전개하였다. 전투가 끝날 무렵 장군은 위험을 무릅쓰고 지휘를 계속하다가 적탄에 치명상을 입고 장렬한 최후를 맞게 되었다.[29)]

그는 전사하면서 마지막 힘을 다해 손에 쥐고 있던 지휘기를 옆에 있던 조카 이완에게 넘겨주면서 "지금 싸움이 고비이니 내가 죽은 것을 숨기고 대신 지휘하라"라는 유언을 남기고 숨을 거두었다. 이후 그가 전사한 사실을 안 사람은 조카와 아들 단 두 사람뿐이었다. 장군의 유언에 따라 조카 이완은 지휘기를 힘껏 휘두르면서 장병들을 독려하였다.

전투가 한창인 때 명나라 도독이 탄 배는 적의 포위에 들어 위기에 처해 있었다. 이에 우리 측 함선들이 달려 나가면서 지휘기의 신호에 따라 호준포를 쏘면서 적선의 포위망을 무너뜨리고 그를 위기에서 구출하였다.

전투가 끝난 다음 명나라 진린 도독은 통제사 이순신 장군에게 감사의 뜻을 전하려 하였으나 이미 장군이 전사하였음을 알고 대성통곡하면서 "죽은 다음에도 나를 살려주니" 하고 가슴을 치며 애도하였다.[30)]

---

29) 이충무공전서(李忠武公全書), 권9, 행록, 무술 7월 18일 24일; 선조실록, 권105, 31년 10권 병진; 선조수정실록, 권32, 31년 8月 朔 甲寅; 崔碩男, 韓國水軍事研究, 鳴洋社, 1964; 韓國水軍活動史 鳴洋社, 1965.

30) 이충무공전서(李忠武公全書), 권9, 行錄;日本朝鮮研究所編, 日朝中三國人民連帶性의 歷史와 理論, 日本朝鮮研究所, 1964, pp. 6~7.

노량진전투[31]에서 우리 측 수군은 적의 함선 200여 척을 격침 · 파괴시키고 근 2만 명에 달하는 왜적을 무찌르는 전과를 올렸다. 이 해전은 임진왜란 이후 가장 치열하였던 전투로, 불과 10여 척의 배로 30배에 달하는 왜적 함대를 울돌목해협에서 격파, 서해로의 진출을 막아냈고, 전투를 대승리로 장식해 왜란을 종식시켰다.

이후 일본에서 군신(軍神)으로 떠받들고 있는 도고가 1805년 영국의 명장 넬슨에 비할 만한 인물이라 칭찬받았을 때 한 말이 "넬슨이란 인물은 그렇게 대단한 인물은 아니다. 정말 '군신(軍神)'이란 칭호를 받을 만한 제독(提督)이 있다면 그것은 이순신(李舜臣)쯤이 될 것이다. 이순신 장군에 비하면 나는 하사관축에도 들지 못하는 사람이다"라고 말하였다. 한국이 낳은 진정한 군신(軍神)임을 어찌 자랑하지 않을 수 있겠는가!

31) 1598년 11월 9일(음) 왜군과 싸우다 적의 유탄에 맞아 사망한 곳으로 公을 추모하는 忠烈祠가 이곳에 있다.

6 왜란 후의 외침 대응책

1) 외침에 대비한 군 및 성곽 정비

임진왜란을 일으켰던 왜군은 1609년(광해군 1년) 11개 항의 기유조약(己酉條約)을 체결하고 지난날 그 어느 때보다 엄격한 제재를 통하여 평화적 관계를 회복하였다. 그러나 명나라 말기와 청의 건국기에 들어서면서 이른바 해랑적이 서해바다를 침범하고 명·청의 일부 고깃배들과 상선인 황당선(荒唐船)의 출몰이 심해지고 있었다. 특히 명의 모문룡(毛文龍)이 철산 앞바다 서해상의 가도를 점령하면서 이들의 행패는 극심하였다. 이러한 때(1607년)에 삼도수군통제사의 지위를 높여주고, 1627년에는 새로이 삼도수군통어영을 설치하였다.

이는 통제사가 전라좌수사 또는 경상우수사의 겸임직으로 되어 있어서 그 격이 관찰사나 순변사, 순찰사보다 낮았고 그들이 통제사의 명령 지시와는 다른 조치를 취해도 직접 대항할 수가 없어 1607년 통제사를 기본 직무로, 수사는 그의 겸임직으로 하는 조치를 취하였다.[1)]

1627년 후금과의 관계 악화로 수도를 비롯한 서해 중부의 방어를 강화하기 위하여 경기도, 충청도, 황해도 3도의 수군을 통일적으로 지휘·통솔할 수 있는 3도통어사를 새로이 설치하고, 3도통어영을 경기 화량진에 설치하였다가 1629년 교동으로 옮겼다.[2)] 1632년 경기수사로 하여금 통어라는 명칭하에 충청도, 황해도의 수군을 통솔한 것으로

1) 宣祖實錄, 권211, 宣祖 40년 5월 戊辰; 肅宗實錄, 권3, 肅宗 元年 3월 丁卯.
2) 增補文獻備考, 권120, 兵考 12 舟師.

되어 있으며 강화도에 나가서 경계 임무를 수행한 것으로 되어 있다.[3)]

1779년에는 강화유수가 진무사가 되어 3도통어사를 겸임하는 것으로 되었으며, 경기수사는 1611년 수원방어사가 생기면서 일단 1629년 교동현(喬桐縣)을 교동부(府)로 승격시키고 경기수사가 화량에서 교동으로 옮겨가게 하였다.[4)]

이로 미루어보아 1629년 이전에 경기수사를 다시 임명하였음을 간파할 수 있다. 이 시기에 진관제(鎭管制) 변화의 하나는 통어영(統禦營) 소속의 수군진포(水軍鎭浦) 일부가 어영청(御營廳)으로 이관 소속된 것이다. 예컨대 영종도 만호는 1680년 어영청에 군영 종4품인 파총(把摠)을 겸임하게 되면서 통어영에서 분리되고 다시 1690년 방어사 겸 첨사로 승격되었다. 1758년 독립적인 진으로 첨사가 어영청 각 군영의 정3품직인 천총(千摠)을 겸하게 하였다.[5)]

조선 인조 7년(1629) 때 쌓은 교동읍성

3) 仁祖實錄, 권27, 10년 9월 甲寅.
4) 仁祖實錄, 권20, 仁祖 7년 2월 己亥.
5) 萬機要覽, 軍政篇 4, 舟師.

1779년에 독진에서 다시 통어영에 소속시켰고,[6] 1789년에는 통어사가 다시 독립관직이 되어 교동으로 나가 있게 되었다. 여하튼 이 시기 이후로 방어영(防禦營)이 여러 곳에 설치되었음을 알 수 있다. 예컨대 1611년에는 수원방어영을, 1681년에는 평안도방어영으로 광량진이 설치되어 있었고, 1690년에는 영종진방어영을, 1691년에는 광주방어영을, 1693년에는 창성과 강계 등지에 강변좌우방어영을, 1711년에는 태안방어영이 안흥진방어영으로 바뀌었고, 1722년에는 선천이 평안도방어영이 되면서 수군에서 육군으로 이관되었다.[7]

이러한 조처는 인조가 등극한 초기인 1624~1626년 사이로 어영청, 총융청, 수어청을 둠으로써 왕정 옹호를 강화하고 지방에서도 진영장제도를 도입, 방어영 가운데는 수군의 방어영과 수륙을 겸한 방어영도 두었다. 이는 당해 지방의 해상 방어를 강화하기 위한 것이었다.

조선 인조 때 경기도, 함경도, 평안도, 강원도 등지에는 방어영을 두었다. 방어영에는 방어사를 두고 요해처에 병권을 가진 무관을 두었는데 그 권한은 절도사에 버금갔다. 방어영은 진관제의 주진보다는 작고 거진보다는 큰 의의를 부여한 방어체계의 한 부분이었다. 따라서 자연히 무관들의 계급제에 변동을 가져왔다. 종3품인 첨사 아래에 종4품인 동첨절제사를, 종4품인 만호 밑에 종9품인 권관과 같은 품계인 별장을 둔 진들이 여러 곳에 생겨났다.

그런데 별장이나 권관이 맡는 진의 경우 종전의 만호를 파견하기에는 그 역할이 덜한 곳이었다. 이러한 별장진은 1624년 고군산도에 둔 것으로 보아 17세기 초부터 설치된 것으로 보인다. 본래 월곶진첨사 아래 영종포만호, 초지량만호, 제물량만호, 교동량만호를 두었으나 1629년 월곶진이 없어지면서 화량진을 두었고 교동현은 교동부로 승격되어 경기수사의 주둔지가 되었다.

1734년에는 장봉도와 주문진에 진을 두었다. 이 두 섬에는 처음에 별장을 두려고 하다가 동첨사(同僉使)만호를 두게 되었고 1740년에는 덕적진이 설치되었다. 특기할 것은

6) 增補文獻備考, 권117, 兵考 9 騎步兵; 大典通編, 권4, 兵典.
7) 光海君日記, 권41, 光海君 3년 5월 辛酉; 增補文獻備考, 권120, 兵考 12 舟師; 肅宗實錄, 권23, 肅宗 17년 10월 丁酉; 같은 책, 肅宗 19년 7월 己未; 同書, 권50, 肅宗 37년 5월 丙辰; 景宗實錄, 권6, 景宗 2년 3월 戊戌.

1678년 강화도 방어를 위하여 49개소의 돈대(墩臺)를 축조하였는데 이는 손돌목, 휴암, 월곶, 용진, 덕진, 광성, 초지, 선두, 정포, 인화, 철곶 등지로 해안포의 역할을 하도록 수군 관할하에 두었다. 당진포 파지도만호는 16세기 초에 없어지고 안흥진은 효종 4년인 1653년 화정도로 옮겨졌다가 1663년부터 성을 쌓고 새로운 진을 꾸렸다.

1678년 강화도 방어를 위하여 축조된 49개소의 포대(墩臺) 가운데 하나인 광성보

1683년 비변사에서 제기하여 무관이 태안군수 겸 방어사가 되면서 안흥진에 거점을 두었다. 1683년 태안방어사는 이전부터 있던 주재지점을 옮긴 것으로 수군 방어진이 되었다. 1711년 항금진(杭金鎭)을 평신진으로 옮기면서 첨사를 두었는데, 충청도 관내 수영 소속으로 13개의 고을이 있었다. 면천읍의 경우 1636년 병자호란이 일어난 다음 수영 속읍으로 전환되었다. 수영 속읍들은 전선창을 둘 만한 적당한 포구가 없어서 다른 고을의 땅을 빌려서 쓰는 경우도 있었다. 속읍의 선창들은 대부분 함선들을 매어 놓는 계선장 등 간단한 시설이 있었을 뿐, 타도 수영 산하 속읍들과 비슷한 형편에 처해 있었다.

경상도의 경우 15~18세기 중엽 간의 변화는 해운포, 오포, 염포, 만호진들이 없어지고 서평포, 장목포, 천성포, 가덕진, 구산포, 가배량, 풍덕포, 신문, 청천, 율포, 미조항, 소비포, 구소비포, 삼천포, 남촌, 섬진 등의 진들이 더 생겨났다. 영해의 축산포, 홍해의 칠포, 기장의 두모포, 울산의 개운포, 장기의 포이포, 경주의 감포 등은『증보문헌비고』에 의하면 선조 25년인 1592년에 각각 부산 부근으로 옮긴 것으로 되어 있으나 이는 1598년 종전 이후로 보인다.

일설에는 조수의 변화로 진들이 대부분 이동했다고 하는데 그러한 예로 축산포가 1636년 부산의 간만이포로 옮겨졌고, 1652년 또다시 그 바다 부근으로 이동했다가, 1754년에 폐지되었다고 한다.[8] 1614년 첨사진을 두었던 칠원인 구산포는 1668년에 폐지되고 전선들은 가덕진으로 이관되었다가, 1675년에 다시 설치되었다. 3도수군통제사영은 해남인 전라우수영자리로 고금도로 거제 남쪽으로 1602년에 고성으로 이동하였다. 이때 거제는 행영으로 되었으며 이 행영은 1604년 고성읍 남쪽 50리 지점인 두룡포로 옮겨졌다. 임진전란 이후에는 통제사가 경상우수사를 겸임하였다. 1614년 남촌별장진은 고성면 남쪽 도선촌에 소모진으로 두었던 곳인데, 1619년 적진포로 옮겨가면서 이곳을 남촌별장이라 지칭하였다.

1604년 소비포 권관진은 거제의 이전 수영 자리로 옮겼고 본래의 소비포는 1606년 다시 소모진을 두면서 구소을비포 별장진이라 하였다. 1625년 냉이포로 알려졌던 제포는 안골포로 옮겨졌다가 다시 제자리로 돌아왔는데 첨사진에서 만호진으로 격하되었다.

가배량 만호진은 거제 남쪽 40리 경상우수영 자리로 여기를 가배량진으로 삼았다. 이 밖에 삼천포, 영등포, 조라포, 율포, 평산포 등 다소의 위치 변경이 있었으나 대체로 19세기 중엽까지는 전술적 견지에서 적을 감시 요격하기 편리하고 아군끼리 협동작전을 민활하게 할 수 있다는 이점에서 커다란 변화는 없었던 것으로 보인다.

전라도에서는 달량진이 없어진 대신에 가리포첨사진, 위도첨사진, 임자도첨사진, 고금도첨사진, 지도만호진, 이진만호진, 명월포만호진이 신설되었다. 1522년에는 가리포첨사진을, 1538년에는 돌산도 방답첨사진을 두었고, 1555년 을묘왜란 때 성이 함락된 이후 다시는 진으로 복귀되지 않았다.

1681년 위도첨사진은 처음에 만호를 두었다가 1682년 격을 높여 첨사진으로 하고 두

8) 肅宗實錄, 권27, 肅宗 20년 11월 庚午. 水宗 또는 水旨가 바뀐다는 것은 바다 흐름의 마루가 달라진다는 것을 의미하며 배들은 이 흐름을 따라 항해하는 일이 많기 때문에 수종이 달라지면 적선들의 침공로도 달라진다고 보았기 때문이다.

개의 소속 진을 두게 되었다.[9] 동첨사진은 거진이 못 되어 첨사진에서 격하되었고, 1681년 신지도에 만호진을, 1711년 임자도에는 첨사진을 두었다.[10]

제주도 망월포에 만호진을 둔 것은 1764년이며 그 이전에는 조방장이 있었다.[11] 황해도에서는 광암량, 아랑포, 가을포, 만호진들이 없어지고 백령첨사진, 등산곶, 용매량, 초도첨사진, 조니포만호진, 금사사진이 신설되었다. 소강진은 본래 첨사진이었으나 1704년 수군방어영으로 되었다.[12] 1719년 황해수사 겸 옹진부사의 직제를 3월부터 8월까지 바람이 거세지 않을 때에는 소강행영에 나가서 지키도록 하고 9월부터 2월까지 바람이 거셀 때에는 옹진 본영에 와서 근무하도록 했다.

초도에는 1702년 서해 방어를 위해 첨사진을 두었고,[13] 백령진은 1618년경까지 광암진, 아랑진을 통합해 당상관이 파견되는 진으로 만들자는 이항복의 제의로 설치된 것으로 보이며,[14] 1705년 대청도로 옮겨진 경우도 있었다.[15] 조니포진은 중국배들이 우리나라 연해에 침범하는 경우가 많기 때문에 설치한 것이고, 금사사진은 승군을 두어 경비를 서게 하였다. 등산곶진은 18세기 초엽 가을포진을 등산곶으로 옮겨 설치한 곳이고, 1645년 용매만호진이었던 것을 1804년 오차포진과 함께 동첨절제사진으로 승격시켰다.

평안도에는 15세기 중엽 수사를 관찰사와 병사가 겸임하던 제도를 없애고 선천과 광량(후에 삼화)방어영을, 1752년 선천방어사가 수군을 겸직하게 하고,[16] 용천과 미곶에 첨사진을 둔 것은 청인들의 국경 침범이 잦았기 때문이었다. 의주를 한때 옥강진이라 하였는데, 이곳은 압록강을 따라 내륙 깊숙이 들어가 있어 강을 건너다니는 길목에 있었던 만큼 큰 배를 두고 경비에 임하게 하였다.

강원도의 수군진영이 거의 폐지된 것은 연해 지역으로 침범해 오는 적들이 없었기 때문이다. 함경도에서는 조산포만호만이 남아 있어 여진인들의 해상 침입을 막고 자국인

9) 肅宗實錄, 권12, 肅宗 7년 8월 丁酉.
10) 肅宗實錄, 권50, 肅宗 37년 7월 乙未.
11) 備邊司謄錄, 英祖 40년 3월 5일.
12) 肅宗實錄, 권40, 肅宗 30년 12월 甲午.
13) 肅宗實錄, 권37, 肅宗 28년 6월 庚子.
14) 增補文獻備考, 권33, 海防 3.
15) 肅宗實錄, 권42, 肅宗 31년 7월 壬申.
16) 景宗實錄, 권6, 景宗 2년 3월 戊戌; 英祖實錄, 권73, 영조 28년 6월 己亥.

의 국경 밖 출입을 통제하며 전문적인 수군기지는 아니지만 유사한 수군의 기능도 수행하였다.[17)]

여기에서 주목해야 할 진(鎭)으로 소모진(召募鎭)이 있다. 국가의 군비가 부족하고 군대를 보내기 어려운 요충지에 유사시 자원 형식으로 민간인 장정들을 모아 방어하던 진들이 있었는데 이를 소모진이라 명명하였다. 여기에 일시 소모관을 파견하여 장정들을 모아 관리하게 하였고, 후에 이러한 소모진도 진관제 소속 진으로 편입된 경우가 적지 않았다. 이러한 진들의 기원은 주로 왜적의 침입기인 임진년을 기해 의병장들이 진장(鎭將)으로 되어 지키던 곳들이 소모진으로 된 것이다.[18)]

2) 함선 건조와 무기 개량

1602년 이덕형이 임금께 보고한 바에 따르면 하3도에는 80척의 전함밖에 없었다.[19)] 『경국대전』에 의하면, 건조된 지 8년이 되는 배들은 한 번씩 보수하고 이후 다시 6년이 지나면 수리하고 또다시 6년이 경과하면 한만선(限滿船)이 되어 폐선(廢船)시켰다.[20)]

매월 그믐날과 보름날에 연기로 선체를 불에 그을려 벌레와 달라붙은 조개를 없애도록 하였는데, 경상좌도, 강원도, 함경도에서는 연기에 그을리는 작업을 하지 않고 10년에 한 번씩 보수하고 다시 10년이 지나면 폐선하고 새로 건조한 배로 대체하였다.

이렇게 해오던 관례가 18세기 말에 이르면 지역별 실정에 맞게 배의 정비 · 보수 · 수리를 하게 하였다. 예컨대 경상우도의 전선, 방선, 병선들은 8년 4개월(즉 100개월), 경상좌도는 9년 만에 각각 개조하게 하였다.[21)] 이는 쇠못을 사용해서 중간에 대보수를 하지 않았기 때문이다. 충청도에서 전선은 30개월마다 대대적인 보수를 통하여 사용하고 이후 세 번에 걸쳐 개수하여 7년 6개월간(90개월) 사용하고 폐선시켰다. 방선은 3년인 36개월 만에 크게 보수하고 9년간인 108개월 만에 새것으로 교체하게 하였으며, 병선은 36

17) 만기요람(萬機要覽), 군정편(軍政篇) 4, 舟師.
18) 증보문헌비고(增補文獻備考), 권31, 輿地考 19 關防 7 海防 1.
19) 선조실록(宣祖實錄), 권146, 선조 35년 2월 을축.
20) 경국대전(經國大典), 4, 兵典 兵船條.
21) 속대전(續大典), 4, 兵船; 대전통편(大典通編), 4, 兵典 兵船; 비변사등록(備邊司謄6錄) 정조 11년 4월 3일; 만기요람(萬機要覽), 군정편(軍政篇), 4.

개월 만에 보수를 하고 9년 만인 108개월 만에 폐기 처분하였다.

경기 지역에서는 크고 작은 배 할 것 없이 보수기간을 따로 정하지 않고 선체가 상한 부위에 따라 보수 · 건조하게 하였다. 그런데 『만기요람』에 보면 경기도 관할인 경기수영에서는 전선, 병선은 5년에 대보수를 하고, 이후 4년마다 대보수를 한 번씩 하게 하고 17년이 지나면 새것으로 교체하며, 병선은 제정된 기한 없이 배에 상처가 나면 보수하고 여러 차례 보수하다가 배 전체가 썩게 되면 비로소 개조하게 하였다고 되어 있다.

황해도에서는 전선, 방선, 병선들은 2년마다 한 번씩 대보수를 하고 12년을 기한으로 하며 평안도의 방선, 병선은 10년을 기한으로 하고 기간이 만료되면 폐선시켰다. 그런데 『만기요람』에서는 위의 내용과 다소 다르게 황해도의 전선, 방선, 병선은 5년 만에 대보수를 하고 8년 또는 11년 만에 두세 차례 대보수를 하고 14년이 되는 해에 완전히 개조하는 것으로 되어 있다. 수영 소속 고을에서는 자체적으로 건조하기 어려울 때 쌀이나 천, 또는 돈을 모아 수영 소속 장인들에게 선박 건조를 위임하게 하였으므로 적지 않은 폐단이 발생하였다.[22)]

함선 건조에 필수 재료인 소나무는 일정한 지역에 채벌 금지 구역을 설정하고 이를 감시 · 관리하는 일을 수군진영에서 맡아 행하였다. 1631년 명나라에서 은으로 전선(戰船)을 구입하려 하였는데, 이들이 요구하는 배의 치수와는 다소 달라 40여 척만 보내준 적도 있었다.[23)]

『속대전』과 『대전통편』에 기록되어 있기를 전국의 함선 총수는 776척이나, 『만기요람』에는 799척으로 되어 있어 함선 수효가 다소 늘어난 것으로 되어 있다. 함선들은 전선인 거북선들로 그 체계나 규모 면에서 점차 커지는 경향이 뚜렷해졌다.

1630년대에 들어서면 전선들은 크고 웅장해졌고 내부도 치밀하여 이국인들조차 감탄할 정도였다.[24)] 1704년 이정청(釐正廳)[25)]의 보고에 따르면 전선은 164명, 거북선은 148명, 정탐선은 79명이 정원이었다.[26)]

22) 광해군일기(光海君日記), 권9, 광해군 즉위년 10월 戊辰.
23) 인조실록(仁祖實錄), 권25, 인조 9년 7월 乙亥.
24) 인조실록(仁祖實錄), 권23, 인조 8년 7월 甲辰.
25) 조선 숙종 29년에 설치된 관청으로, 일영오부제(一營五部制)로 개편되었으며 군포의 억울한 징수를 바로 잡고 경감하는 등 변통책(變通策)을 강구한 기관임.

1653년에 표류했던 하멜의 『조선국기』에는 조선의 큰 배는 노가 30~32개(한쪽에 15~16개씩) 달려 있고 돛은 2개이며 승무원은 300명가량이라고 하였다.

『만기요람』 주사 「분방법조(分房法條)」에 의하면 전선에는 노가 좌우에 10개씩 있으며 노 하나에 노군이 4명씩 붙는다고 하였다. 이 밖에 사공, 선원, 사수, 포수 등 총 120명의 인원이 필요했다. 이러한 수효는 평시에 해당되며 전시에는 훨씬 많은 인원이 필요했다.[27] 이러한 숫자는 후대에 내려오면서 훨씬 늘어나는데 1750년 전선 1척에 근무하는 군인 수는 800명 정도였다.[28]

거북선의 경우 좌우 포혈이 이전에는 6개였던 것을 8개로 늘렸다고도 한다.[29] 그런가 하면 전선(戰船)이 너무 커서 노군 80명이 없이는 움직일 수가 없었고, 또한 배가 민첩하지 못하여 제때에 출동, 추격하지 못하여 실용적이지 못하다 하여 이를 축소하여 보다 작은 배를 만들기도 하였다.

예컨대 1714~1715년에는 황해도의 오차포, 허사포, 등산곶의 전선과 병선은 모두 방선으로 개조하였고, 충청도의 경우 서천, 한산, 임천, 평신진의 전선을 방선으로 개조하였다. 이는 전선 1척으로 방선 2척을 만들 수 있었기 때문이다. 방패선인 방선이나 병선은 벼 500섬 정도를 실을 수 있었으나 전선은 2천 섬을 실을 수 있었다.[30]

1716년에는 전국에 121척의 전선과 5척의 거북선이 있었는데 전선을 방패선으로 개조한 것으로는 전라도에서 2척, 충청도에서 4척, 경기와 황해도에서 각각 3척, 모두 12척이 있었다.[31]

1735년 전선의 개조 제안이 나왔는데 전선 갑판 위에 2~3층의 판옥이 있어 바람을 막는 면적이 넓고 조종하기 어려우니 위층의 방패는 따로 만들어 눕혔다 세웠다 할 수 있게 하고 풍향에 따라 각도를 조절할 수 있게 하고, 뱃머리에는 굽은 나무로 오리 머리보다는 좀 더 뾰족하게 곡목(曲木)을 만들어 붙이면 유선형이 되어 풍랑을 만나도 재빨리

---

26) 인조실록(仁祖實錄), 권206, 선조 36년 12월 戊子; 숙종실록(肅宗實錄), 권40, 숙종 30년 12월 甲午.
27) 숙종실록(肅宗實錄), 권12, 숙종 7년 8월 戊戌條.
28) 영조실록(英祖實錄), 권72, 영조 26년 11월 戊戌.
29) 영조실록(英祖實錄), 권73, 영조 27년 2월 己丑.
30) 만기요람(萬機要覽), 군정편(軍政篇) 4, 舟師; 증보문헌비고(增補文獻備考), 권120, 兵考 12 舟師.
31) 숙종실록(肅宗實錄), 권58, 숙종 42년 8월 辛亥. 비변사등록(備邊司謄錄), 숙종 42년 9월 20일; 같은 책, 정조 21년 3월 1일.

뚫고 나갈 수 있으며 암초에 부딪쳐도 굽은 나무부터 먼저 파괴되니 매우 유용하다고 한 바 있다.[32] 1740년에는 전라좌수영에서 해골선을 만들어 쓰게 하였는데 배는 자그마하면서도 매우 속도가 빨랐으며 바람에 뒤집힐 우려가 없다 하여 통제영과 각 수영에서 만들어 활용하게 하였다.[33]

이러한 해골선은 이물이 낮고 고물이 높으며 앞은 크고 뒤쪽은 작은 것이 마치 갈매기와 같이 생겼다 하여 붙여진 이름이다. 배의 앞 좌우에는 부판(浮板)을 붙여서 날개처럼 펴지게 하였으므로 풍랑을 만나도 뒤집힐 염려가 없으며 매우 빠르고 배 안에서는 밖을 내다볼 수 있으나 밖에서는 배 안을 들여다볼 수 없으며, 노군과 사수들이 몸을 은폐할 수 있어 편리하고 실용성이 높은 함선이었으나,[34] 실제 배치된 함선 수는 매우 적었다.

1744년 황해수사 박문수가 당선(唐船)이라 하던 청나라 배들을 쫓아 잡기 위한 비선(飛船) 20척을 만들겠다고 품신한 일이 있었으나 실현되지 못하였다.[35] 이 비선(飛船)의 건조 계획안에 따르면 배 본판인 밑판은 세 잎으로 하되 길이는 7파(1把는 약 1.6~1.8m)로 하여 협판에는 5개 도리를 설치하고 배 위에 기둥을 세워 판옥을 만들고, 그 안에 10개의 노를 설치하고 고물에는 대포를 장치하되 대포 앞에는 열고 닫는 문을 만들고 홀수선은 두 자 정도밖에 안 되니 얕은 데도 임의로 다닐 수 있고 바다 가운데로 나가게 되면 심한 풍파를 당해도 뒤집힐 염려가 없다 하였다.[36]

1791년 경상좌수사 최동악은 누선(樓船)이 거북선만큼 빠르지 못한 데다 좌수영 관하에 거북선이 적으니 누선 10척 중 3척을 거북선으로 개조할 것을 제안하였다. 또한 배의 추진력을 높이기 위해 윤차를 이용하게 한 윤선(輪船)은 1700년 강화도 사람 권탁(權倬)이 자그마한 윤선을 시험 삼아 만들었는데 속도가 매우 빨랐다. 당시 호조판서 김구는 통영이나 전라좌수영에서 좀 더 크게 만들어보도록 지시하기도 하였다.[37] 이 같은 윤선은 기실 1550년대에 안현에 의해 이미 고안된 바 있었다.

---

32) 영조실록(英祖實錄), 권40, 영조 11년 1월 辛卯.
33) 영조실록(英祖實錄), 권51, 16년 閏6월 丁巳.
34) 만기요람(萬機要覽), 군정편(軍政篇) 4, 舟師 庚申.
35) 영조실록(英祖實錄), 권59, 영조 20년 2월 乙亥, 3월 丙午.
36) 영조실록(英祖實錄), 권95, 영조 정월 戊辰.
37) 숙종실록(肅宗實錄), 권34(상), 숙종 26년 7월 戊戌條.

그런가 하면 유집일이 황해감사로 있을 때 윤선을 창안·제작하였는데 이 배는 앞뒤에 각각 윤차를 설치하고 앞뒤에 키를 단 것이었다. 이렇게 고안된 배는 속도가 빠를 뿐만 아니라 전진과 후퇴를 자유로이 할 수 있어 조수가 밀려들고 나갈 때에도 다른 배들에 비해 영향을 덜 받았다.[38] 19세기 초엽 전라좌수사 이민수는 배의 양쪽에 윤차를 설치하되 앞의 것은 뱃머리 가까이에 뒤의 것은 배꼬리 가까이에 설치하고 바깥은 방패로써 차폐한 다음 건장한 군정 4명으로 각기 한 바퀴씩 맡아 밟게 하였더니 속도가 빠르고 진퇴를 자유로이 할 수 있어 배를 회전시키는 데 키가 없어도 앞바퀴의 왼쪽과 뒤바퀴의 오른쪽을 밟아 돌리기만 하여도 무난하였다. 좌우의 윤차로 인해 배가 뒤집힐 염려도 없었다. 배 안에 물이 새들어오지 못하게 유회(油灰)를 바를 것을 제안, 실천하게 하였다. 함선의 돛은 불화살을 맞으면 여지없이 타버려서 전투용으로는 윤선이 제일 좋다고 하였다.

이 밖에 삼면이 바다로 둘러싸인 우리나라에서 해상 방어가 매우 중요함을 실학자인 성호(星湖) 이익(李瀷; 1681~1763), 정약용(丁若鏞; 1762~1836), 오주(五洲), 이규경(李圭景; 1788~?) 등이 함선들과 무기를 지역 실정에 맞게 개조하는 데 대하여 강조하고 연구한 바 있다.[39] 이외에도 여암 신경준(1712~1781)은 배의 속도는 판재가 두껍고 얇은 데 관계되는 것이 아니라 배의 형태와 관련된다고 하면서 앞이 무겁고 뒤가 가벼워야 하며 앞이 낮고 뒤가 높아야 한다고 주장하였다. 배가 앞이 둥글면 회전하기는 쉬우나 전진하기는 어렵고 선체가 수척하며, 앞이 길면 전진하기는 쉬우나 회전이 어려우니, 이 두 가지를 잘 절충해야 한다고 하였다. 그의 이론은 수력 저항의 견지에서 볼 때 정당한 견해이다.

그는 배는 보습과 같이 생겨야 한다고 하였는데, 보습 모양의 배는 물의 저항을 줄이고 물을 헤쳐 가르는 데 효과적이라 보았다. 그의 선형 선도(船圖)를 보면 선체를 길이에 따라 5개의 획선으로 절단하고 당해 획선에서 좌표인 너비를 주고 있으며, 용골선에 대해서는 기미인 땅으로부터 얼마의 높이에 해당되는지에 대해 좌표를 주고 있다. 특히 측면투영과 평면투영이 일치되게 작도함으로써 선박공학상 손색없는 선형선도(船形船圖)

---

38) 만기요람(萬機要覽), 군정편(軍政篇) 4, 舟師; 증보문헌비고(增補文獻備考), 권120, 兵考 12 舟師.
39) 성호새설(星湖塞說), 권5, 기용문 차선; 여유당전서(與猶堂全書), 권109, 전선책; 오주연문장천산고(五洲衍文長淺散考), 권34, 수륙차변증설(水陸車辨證說).

를 만들었다. 한 걸음 더 나아가 그는 선박의 규격과 크기에 따라 호수를 붙여야 한다고 하였으며, 선창의 습기를 방지하기 위하여 배 안에 온돌 난방시설을 마련할 것을 제안하였다.[40]

『비변사등록』에 의하면 1716년 수군의 총 수는 7만 9,776명으로 나타나고 있다. 그런가 하면 『만기요람』에는 지상 근무원까지 합해 14만 9,863명이라 하였다.[41] 1704년에 작성된 "수군변통절목"의 해서수군절목에 의하면 수군으로 등록된 장정들에게 1인당 무명 2필씩 받으면 그것을 가지고 해변의 양인, 천인들에게 수군 근무를 시키고 남으면 함선의 건조·유지, 기타 모든 비용을 다 충당할 수 있다고 하였다.[42]

여암 신경준은 국토의 뼈대와 핏줄을 이루고 있는 산과 강을 체계적으로 정리한 최초의 지리서 『산수고(山水考)』와 『산경표(山經表)』의 저자이다. 그는 『강계고(疆界考)』『사연고(四沿考)』『도로고(道路考)』『군현지제(郡縣之制)』 『가람고(伽藍考)』『차제책(車制策)』 등 다방면에 걸친 지리학 관련 저서를 남겼다.

이 시기 조군의 경우에도 무명 2필을 내고 조창 부근의 장정들을 고용하여 사선(私船)을 삯 내어 운반하는 것을 제도상 용인하였다. 수군 조군의 급가고립제(給暇雇立制)로의 전환은 수군 군정 문제를 일단 해결하게 하였다.[43]

1618년 무게 50근, 길이 여섯 자 되는 무쇠 화살로 30근의 화약을 폭발시켜 쏘아 올리면 약 600m(900보)를 날아가는 대장군전(大將軍箭), 진천뢰(震天雷), 독시(毒矢), 석류(石瘤), 화전(火箭) 등을 대량 만들어내도록 하였다.[44] 이듬해에는 병기주조도감(兵器鑄造都監)에서 부족한 동철(銅鐵)을 확보하기 위하여, 동서 양반의 문무관 실직에 있는 정직(正職) 6품 이상의 벼슬아치들이 200근 이상의 구리를 바치면 당상관(堂上官)으로 올려 주자고까지 제안한 바 있다. 또한 조정에서는 각 군현과 진영에서 달마다 소정의 무기들을 필히 제

40) 여암전서(旅菴全書), 권18, 논선차비어(論船車備禦).
41) 비변사등록(備邊司謄錄), 숙종 42년 10월 21일.
42) 숙종실록(肅宗實錄), 권40, 숙종 30년 12월 甲午.
43) 숙종실록(肅宗實錄), 권39, 숙종 30년 정월 丁巳
44) 광해군일기(光海君日記), 권130, 광해군 10년 7월 丁亥.

작하여 납부하고 자체적으로 무기와 이에 따른 장구(裝具)들을 마련해 두도록 하고 이에 따른 제작비용을 배정하기도 하였다.

1653년 제주도로 표류해 온 하멜 일행을 왕궁 호위 부대인 금군(禁軍)에 소속시켜 이들로 하여금 화포의 제작 · 개량 · 조종 기술을 습득하도록 하였다.[45] 이해에 전선에 적재할 구리로 만든 포의 일종인 동포(銅砲)의 원료인 청동이 부족하므로 이를 대신할 동포를 양산할 의견까지 제안되었다.[46]

하멜이 표류한 곳으로 알려진 제주 용머리 해안

이때 화포와 총통을 제작하기 위해 애쓴 이유는 해안 방어에 필요한 사거리가 긴 불랑기(佛狼機)와 조총, 장총 등을 제작하기 위함이었다. 1665년 황해 평안도 전선들을 대대적으로 수리 · 제작함과 동시에 조총 무기를 다량으로 내보냈다.[47] 1664년에는 불랑기를 특별히 대량 제작하도록 논의하였고, 1681년에는 대량 제작된 화포, 불랑기와 함께 합구탄 500개와 새알과 같은 작은 철알을 포탄 알에 넣어 만든 조탄환 5,000개를 만

45) 光海君日記, 권139, 光海君 11년 4월 丙子.
46) 효종실록(孝宗實錄), 권11, 효종 4년 8월 戊辰.
47) 효종실록(孝宗實錄), 권10, 孝宗 4년 正月 경인.

들어 강화부에 보내도록 하였다.[48)]

1686년에는 강화도에 많은 돈대를 축조하면서 원거리 사격용으로 필요한 장총을 많이 제작하게 하였다. 이 장총은 천보총으로 불리었으며 1729년에도 제작되었다. 1709년 강화도에 보낼 불랑기 200문을, 1711년에는 조령산성에 보낼 불랑기 250문을 제작한 경우도 있다.

1731년에는 훈련도감에서 동포(銅砲) 50문과 홍이포 2문을 새로 만들어 동포의 사거리 2천여 보인 약 3.6km보다 먼 10여 리인 4.5km에 달하도록 제작하였다.[49)]

이러한 무기류에 앞서 우리 측 수군은 임진년 왜적 침입 시에 천자포, 불랑기, 비격지천뢰 등 여러 가지 무기들을 활용해 적들을 공격해 나갔다. 특히 비격지천뢰는 새로 개발된 포로 600~700m의 사거리로 불이 일어나 폭발하게 되는 포발탄이다. 이 포탄 한 발로 집결되어 있는 적 200명가량을 소멸시킬 수 있는 위력을 지니고 있었다.

따라서 이전까지 활과 칼로 대응하던 무기가 정교하고 조준율이 높은 조총으로 대체되어 활용할 수 있게 되었다. 1593년 12월 황해도, 평안도, 전라도 등지에서는 3연발 총통과 탄환을 대량 생산하게 되었고, 잇달아 자모포를 개량해 호준포를 만들었으며 이들을 대량으로 생산하여 전투력을 강화시켜 나갔다.

따라서 왜적들의 침입 시 이순신 장군의 함대에서만도 250척에 화포를 장비하고 300문의 예비력을 갖추게 된 것은 일조일석에 이루어진 것이 아니라 연면히 이어져 내려온 함선의 개조와 무기류의 발전으로 인한 결과임을 잊지 말아야 한다.

48) 현종실록(顯宗實錄), 권8, 현종 5년 3월 乙丑.
49) 현정실록(肅宗實錄), 권11, 숙종 7년 5월 癸酉; 영조실록(英祖實錄), 권30, 영조 7년 9월 辛巳.

第二部

1 영해상 도서(島嶼) 수난사(受難史)

1) 동해의 출구 녹둔도(鹿屯島) 상실

1860년(철종 11년) 러시아의 동진정책에 의해 이른바 북경조약이 체결되면서 전래적으로 우리나라 영토로서 동해로의 중요 통로였던 녹둔도가 러시아 땅으로 귀속된 것은 훨씬 뒤에 알려진 사실이다.[1)]

우리나라 영토로서 동해로의 중요 통로였던 녹둔도는 지금 러시아 땅으로 귀속되고 말았다.

1) 녹둔도에 관한 글은 졸저, 조약으로 본 우리 땅 이야기, 예나루, 2007, pp. 260~280; 녹둔도 상실, 대륙문제연구소, 1994, pp. 101~111; 근세한국경역론고, 녹둔도론, 경인문화사, 1999. pp. 94~215; 한국의 국경연구, 동화출판공사, 1981, pp. 137~157 등에 수록되어 있다.

이러한 녹둔도가 문헌상에 나타나기는 세조가 함길도 도절제사(都節制使)인 양정(楊汀)[2]에게 내린 어명(御命) 가운데 나타나 있다.[3] 이 섬은 세조 원년인 1455년 8월 이전까지는 사차마도(沙次亇島), 사마도(沙亇島), 사차마도(沙次麻島)라 하던 것이 녹둔도, 녹도라 부르게 되었다. 경흥도부호지에 따르면 "두만강물이 공주(孔州)를 거쳐 동쪽으로 흘러 23리가량 다다르면 사차마도(沙次亇島)에 도달하는데, 강물이 갈라져 5리쯤 더 내려가면 동해바다로 들어간다"라고 하고 있다. 또한 『동국여지승람』 「경흥도호부 관방조」에는 녹둔도는 육진 개척 이래 변방의 전초 기지였음을 다음과 같이 기술하고 있다. 경흥관하 무이보와 조산보[4]에는 관방소가 있는데 무이보는 경흥부에서 북쪽으로 26리 지점에, 조산포영은 경흥부에서 동쪽으로 35리 지점에 수군만호 1인을 두고 있다. 녹둔도는 조산보와 10여 리 조산보만호 관할이다. 수군이 세종조에는 본토 90명이 방술(防戌)하고 있었다. 이 밖에 경흥부 56리 지점에 토성이 있는데, 둘레가 1,247척, 높이 6척으로 두만강에서 동해바다로 들어가는 조산보와는 20리 지점으로 병선을 두고 있다. 이곳은 조산만호 소관으로, 여름이면 조산포의 수군이 이곳을 방비하였다.

성종 17년(1486년) 2월 영안도(永安道) 경차관(敬差官)[5]으로 다녀온 홍문관(弘文館) 전한 정성근(鄭誠謹)[6]은 그가 돌아본 녹둔도에 대해 성종께 보고하기를 "조산군민들이 봄에 녹둔도에 들어가서 경작을 하고 가을에 추수를 마치고 주즙(舟楫)[7]을 해서 본보로 돌아오는데 농민들의 노고가 매우 커, 군민들이 하나같이 유거방술(留居防戌)하기를 한결같이 바라고 있다"고 하였다. 그런데 "이 섬의 토질은 차지지가 않아 흙벽을 쌓거나 바를 경우 모래와 풀을 섞어 쓰나, 비바람이 한번 스쳐 지나가면 곧 무너져 내려 허사가 되기 일

---

2) 수양대군이 세조로 등극함에 정난공신 2등에 책봉되고, 이후 함경 평안도 등 북방지역에 근무, 세조 12년(1466년) 중앙에 소환되자 세조에게 선위를 진언함에 처형당한 인물이다.

3) 世宗實錄地理志 咸吉道條, "世祖密諭記事中 造山口子 鹿屯島 農民布野時 骨看等乘船潛入 搶掠可慮密諭鎭將及萬戶嚴加備御".

4) 東國輿地勝覽 慶興都護府 關防條. 1587년 조산만호겸녹둔도둔전관 이순신 번호를 격파시킨 사적 기록. 이 충무공승전대에는 관찰사 조명정이 찬한 비문이 수록되어 있다.

5) 조선 때 지방에 임시로 보내는 벼슬아치로 전곡(田穀)의 손실을 주로 조사하고 민정을 살피는 일을 맡아 보았다.

6) 성종 5년 문과에 급제 이후 성종 재위 시 대마도에 가니 도주(島主)가 후히 토산물을 주므로 일행들이 받은 것을 돌려주게 하였다. 연산군 때 갑자사화에 몰려 피살되었다.

7) 삿대를 이용하여 배를 움직이도록 하는 일종의 나룻배를 말한다.

쑤이다. 그러니 적을 방비하려 해도 성벽이 없으니 무엇을 의지하여 막아내며 해일(海溢)로 인해 큰물이 밀어닥치면 온통 섬 전체가 물바다가 되니 이곳에 상주한다는 것이 몹시 어려워 이러지도 저러지도 못하고 있다"는 것이다.

중종 5년인 1510년 3월 좌의정 유순정(柳順汀)은 녹둔도에 적들이 침입해 오는 경로는 어려우나 우리 측 백성들이 경작하며 왕래하는 데는 물길이 얕아 다니기 어렵지 않으니 조산만호로 하여금 설보(設堡)하도록 하자고 주청하였다.[8)]

4년 뒤인 지중추부사(知中樞府事) 안윤덕(安潤德)[9)]이 비변대책(備邊對策) 말미에 녹둔도 방비에 관해 언급하고 있으며, 중종 37년 5월의 기사에 의하면 봄철 농번기에 조산보 군민들은 녹둔도에 들어가 일하므로 본보(本堡)는 빌 정도라 하였다.

선조 때 들어와서 정언신(鄭彦信) 같은 사람은 녹둔도에 둔전 설치를 건의하였고, 박권은 그의 북로기략(北路紀略)에서 경원에 야인의 소란이 있은 후 군량미 비축이 절실해져 녹둔도에 둔전을 설치하여 부사로 하여금 경작에 힘쓰고 있으나 소출이 점점 떨어진다고 하였다. 선조 17년 녹둔도에 둔전을 일구었으나 북방지사(北方之事)로 인해 애로가 많다 하고 동왕 19년에는 선전관을 파견하여 둔전관을 두어 설책하였고, 농기구와 농우를 보내 경작에 힘쓰도록 독려하였다. 그러나 녹둔도의 둔전 설치 문제는 여의치 않아 논의가 분분하였다. 선조 21년 함경감사 권징(權徵)[10)]은 임금께 북도에는 공한지(空閑地)가 적지 않아 곡식 2천여 석을 거둘 곳이 많은데 녹둔도에 둔전 설치는 필요치 않다고 하였다.[11)]

1861년 7월 함경도 무이보(撫夷堡) 관할인 망덕산 봉수대에서 강 건너 입계패(立界牌) 설치 장면이 조정에 보고되면서 알려지게 되었다. 녹둔도는 고대로부터 우리나라 영토로써 태평양 진출지로, 또는 북방 방술지로 그 입지적 위치가 매우 중시되어 왔다.

그러기에 세계 해군사상 명장이자 만고의 충신으로 기록되고 있는 이순신 장군도 한

8) 성종 18년 문과에 급제 이조참판까지 올랐으나 임사홍의 중상으로 물러났다. 중종반정 후 영의정에 오름.
9) 중종 때의 명신으로 성종 14년 문과 급제 1510년 삼포왜란 때 병조판서로 부원수가 되어 평정, 형조판서 평안감사로 있으면서 단군 기자의 사당을 수리하였다. 중종 30년에 은퇴하였다.
10) 충청 경기감사를 거쳐 병조판서 때 임진왜란이 일어나 경기감사가 되어 방어책을 진술했으나 좌절되었다. 3만의 병사를 거느리고 한강을 방위하려다가 왕을 모시고 파천을 수행하였고 명군의 힘을 빌리지 않고 의병을 모아 자주적으로 대비할 것을 주장하였다.
11) 선조실록, 선조 17년 정월조 "…有司惜解也 今年屯田亦難其北方之事".

때 이곳을 관할하던 조산보(造山堡)의 만호(萬戶)로 있으면서 수차례에 걸친 여진족의 침입을 막아낸 바 있다. 이 같은 전과를 기리기 위해 조산보 성문 밖 승전봉은 후세에 고전적장(古戰蹟場)이 되었다. 1945년 광복 이후에도 행정관할구역상 함경북도 경흥군 노서면(蘆西面) 조산동(造山洞)이었으며, 이곳 성문 10리 지점에 면대하고 있는 섬이 바로 녹둔도인 것이다.[12)]

이러한 지대가 조선시대 말 변경 관할이 빈약해지는 가운데 세간의 관심에서 벗어났다. 그러나 실제 이곳은 전래적으로 우리나라 주요 방술지(防戌地)인 동시에 이곳 주민들의 농토였다. 때로 춘경추귀(春耕秋歸)하는 형태를 취해 오기는 했으나, 이곳이 육속된 이후에도 외국인들은 살지 않았다.

이러한 사실은 1890년 녹둔도가 국제사회에서 차지하는 비중이 커지면서 당시 일본측의 첩보활동을 통해 알려질 정도였다. 이 같은 파장이 곧 영국의 러시아 남하정책 억제 구실로 둔갑되어 거문도 점거 사실로 세간에 알려지게 된 것이다.[13)]

첩보에 나타난 기록에 의하면 지형은 평지로 섬 가운데는 산이 없고 조산보(造山堡) 강안에서 바라보면 이 섬은 수면상(水面上) 10척 정도의 높이이며, 수목은 별로 없고 가옥은 한식(韓式)에, 생산물은 벼 · 조 · 옥수수 · 피 · 밀 등이며, 강변에는 연어 · 붕어 · 황어 · 송어 등이 잡혀 사람들이 살기에 충분하다고 한다.

이러한 녹둔도가 두만강 하류에 위치해 있는 까닭에 강 상류에서 중류까지 흐르는 급류로 인해 하류로 내려오면서 토사가 쌓여 가장 넓은 곳이 3정(丁) 정도이고, 좁은 곳은 1정(丁)이며 중류에는 2~3개의 지류로 갈라져 흐르는데, 건조기에는 얕은 곳은 발목을 적실 정도다.[14)] 특히 한여름철 급류에 의해 밀려 내려오는 퇴적물로 섬 주변에는 집적물(集積物)이 쌓여 오랜 세월에 걸쳐 물길이 막혀 동쪽 편이 러시아령으로 연접됨으로써 삼각주가 되고 말았다. 1883년(고종 20년) 어윤중(魚允中)이 서북경략사로 임명됨에 그해 정월 28일 임금을 알현하게 되었다. 이 자리에서 고종은 어윤중에게 말하기를 "녹둔도가 본시 우리나라 땅이라고 하는데 이번에 당신이 가서 귀정(歸定)지을 수 있겠는가?"라

12) 함북대관(咸北大觀), 정문사, 1967, p. 283.

13) 일본외무성, 녹둔도관계잡철, 1886(명치19년) 11월~1890년(명치23년) 9월 및 항옥성복(恒屋盛服), 조선개화사(전), 1904, p. 136.

14) 조선총독부 철도국 관리과, 두만강유역경제사정, 동부 발간, 1927, pp. 7~14.

고 하자 어윤중이 답하기를 “이 섬이 중국 땅 훈춘계(琿春界)와 상접(相接)하고, 두만강 사이에 놓여 있어 귀정지사(歸定之事)가 용이하지 않을 듯싶습니다”라고 답하였다. 그해 10월 4일 복명시 녹둔도 사정에 대해 답하기를 “신이 녹둔도 지형을 살펴보니 섬 동쪽으로 모래가 쌓여 있어 저쪽 땅과 연결되어 있고 섬 안에 살고 있는 사람들은 모두 우리 동포들로 이국인은 하나도 보이지 않았습니다.”[15)]

이러한 정황이 역사상 일대 사변(事變)이 우리 측 망수대원에 의해 목격되었다. 내용인즉 다음과 같다. 망덕봉 봉수대원 김대흥(金大興)이 북병윤(北兵尹)에 의해 보고하기를 “두만강 건너편에 호인(胡人)들이 와서 막사를 짓고 있다”고 함에, 경흥부사 이석영은 이 사실을 조정에 필답을 통해 보하였다. 이들은 청인과 러시아인들로 우리나라 영토였던 녹둔도가 상류에서 흘러 내려온 퇴적물로 인해 한쪽이 육속화된 이후 청과 러시아가 경계를 획정하면서 우리나라에는 하등의 통보도 없이 두만강 하류 변에 계패(界牌)를 세우려고 한다는 것이었다. 보고한 원문의 내용은 다음과 같다.

* 北兵尹守鳳啓 七月三十日成貼 慶興府使李錫永牒呈 望德烽燧將金大興馳告. 內江越邊章林之中 騎馬胡人來到 下馬設其依幕云 蓋此望德烽燧 卽府衙之後峴 故率各班諸人 而登峰頭詳察 則柳林間沙邱之上 向我地設立白色依幕 出入者似不過數人 而服色段或白或黑或赤 其中一二人 出江邊脫衣服入水浴後 還着服巾之際 府使與衆人同時詳察 其人形服色則非類於大國人 肖似今年五月日 造山鎭來泊異樣小船 所騎之人服色者 馬匹段或白或黑或黃者 出沒於深林之間 故未能詳細似 不過十餘匹 彼地彼人往來 容或無怪 事不當牒報而衆目所覩 終日所覩 小無淸人之形 而似時異樣船人矣 異樣船之人 騎馬來到 不無擬貳之理 辰時來到 終日逗遛仍爲止宿於此者 極涉訝惑 又況未知下陸於何處 而平蕪草沒 若時忽來者 尤極殊常其在重邊固圉之道 不可尋常看過 故玆以摭 實牒報・而當問情之不可 而旣在彼地 且無舟楫 猝難探情 故別加嚴飭 瞭察看守 初二日成貼 同府使馳報 又率各班諸人等 而登後峴望見彼地 則深草之中 騎馬之人已到依幕處 解鞍放馬者 人爲十五六名 馬爲二十餘匹 而新來者 與昨日留宿之人 互拜揖之狀有傾 五人出到江邊 高聲呼曰 通辭有乎 今此江水自我邊 不過一鏃之間 而可辨人形人語 故聽其言觀其象 則非若作所覩之人也 應是彼地大國之人 以此處初無通辭答之 則其中一人 持白紙出現曰 我是琿春之人 勿慮也 慾渡旣無舟楫之通 且無越境之法意 則不可招來 故不爲應答者 洽爲數三之時 則渠輩聚柴作槎

15) 국사편찬위원회, 한국사료총서, 제6권, 어윤중, 종정연표 중 서북경략사의 기록을 참조.

來泊我邊 故府使下往江邊 飭其將卒等 使不得登岸 出給一張白紙 故不得已披見 則其爲書意 與俄羅斯國 分界之書也 本府旣無通辭 故以書問曰 此書見我國之人 有何意也 彼人答書曰 與祢國無事 且曰 日後他國人 順江上行 不許行 此書見地方官 次書問設幕在人 果何國人也 彼人答書曰 俄羅斯國人 次書問 觀其此書 今番之行 以定界而來耶 彼人答書曰 不許他人行走 不許他國人近界 書問 汝是汝國何官耶 彼人答書曰 我是琿春驍騎伯 寧古塔驍騎校永 次書問 界牌則欲立於何邊也 彼答書曰 立海邊 次書問 然則來此何意耶 彼人答書曰 他國人不知路來此 次書問 然則他國人昨日來此 以今日不去 何也 彼人答書曰 今日回去 次書問 汝去夜宿於何處 而今纔追後來耶 彼人答書曰 我們從後遷來 次書問 今來琿春人馬幾許 俄羅斯國人馬幾許 彼人答書曰 琿春人十六名 馬二十一匹 外國人十三名 馬十匹 次書問曰 汝姓名誰耶 彼人答書 而卽伯興 是如歷歷書之 詳察來人之服色 則頭着亇兀羅而上懸玉鷺及貂尾 上着黑三升揮里亇 下着黑三升拔長股 足着牛皮月玉 腰帶粧刀一箇 烟竹一箇 火金等屬果爲大國人 我人輩互相喧傳 故裯人中招問 開市年年往來之人 則答以爲此人 卽琿春副統官也 己未庚申兩年 會源市邑來到者分明云云 故其中以略知胡語者 使之委問 異國船之泊何處 則彼人答云 泊於東海邊 又使委問 異國船中 安有匹馬之理 則彼人答云 異國船中 果在馬匹 而下陸乘來云云 於斯之問 因 其江越邊渠類之所厥招還收來書欲爲越去 故懇請暫留 謄出厥書 而詳察其紙 則此果唐草紙 紙之廣長及字樣大小 模依移本上送. 哲宗記事 哲宗 十二年 八月條.

북병사(北兵使) 윤수봉(尹守鳳)이 장계를 올리기를 7월 30일부의 경흥부사 이석영의 첩정(牒呈)에 의하면 망덕 봉화대의 봉수 김대홍이 아뢰기를,

“강 건너 수풀이 우거진 곳에 말을 탄 호인(胡人)들이 와서 천막을 친다고 함에, 부사는 관속들을 데리고 관아 뒤의 망덕봉화대로 올라가 자세히 살펴본즉 버들숲 사이 모래언덕 위에 이편을 향해서 천막이 쳐 있는데 자세히 살펴보니 출입하는 자는 여남은 명으로 흰복색, 흑색, 적색 등인데 이 가운데 한두 명이 강변으로 나와서 옷을 벗고 목욕을 한 다음 이들이 다시 옷을 입을 때 동행한 무리들과 함께 자세히 살펴본즉 생김새나 복색 등이 중국인과는 달랐습니다.

복색으로 미루어보면 지난 5월 조산진에 내박하였던 이양선(異樣船) 선원들과 비슷했습니다. 말은 백, 흑, 황색으로 수풀 속을 오고 가기 때문에 그 수를 자세히 알 수 없으나 10여 마리가 되는 듯이 보였습니다. 중국인 저들이 저들 땅에서 왔다 갔다 하는 것은 별로 이상할 것이 없어 보고드릴 바 없으나 여럿이 종일 지켜보았으나 중국인과는 다른 전에

이양선으로 왔던 자들과 닮았습니다.

그런데 이양선인들이 말을 타고 오니 어찌 의심이 나지 않겠습니까? 아침 7~9시 사이인 진시(辰時)에 와서 종일토록 머물다가 잠을 자니 어찌 의심하지 않을 수 있겠습니까? 이들이 어느 곳에서 상륙해 왔는지 알 수 없으며 넓은 들판을 왔다 갔다 하니 매우 수상합니다.

나라의 변방을 지켜야 하는 본인으로서는 그대로 보고 지나칠 수 없어 보고드리는 바입니다. 이들에 대해 문정(問情)할 여유도 없고 또 강 건너 저쪽 땅에 있기 때문에 배도 없어 문정하기가 쉽지 않아 여러 관속들을 엄하게 일러 계속해 저들의 동정을 살피고 있습니다.

8월 2일자 첩정에는 각 방 관속들을 거느리고 뒷산에 올라 강 저편 풀숲을 바라보니 말을 탄 자들이 천막이 있는 곳으로 와서 말안장을 풀고 사람들은 15~16명 정도 되고 말은 20여 필이 됩니다.

새로이 온 자들은 어제 와서 유숙한 자들과 인사를 나눈 다음 그 가운데 다섯 명이 강가로 와서 통사는 있는가 하고 소리쳤습니다.

이곳 두만강은 이편에서 저편까지 너비가 화살이 가 닿을 정도밖에 안 되므로 그 모습이나 말소리를 능히 구별할 수 있습니다. 그들의 생김새나 말소리로 보아서 어제 보았던 자들과는 다른 저편의 중국 사람들이 분명하였습니다.

'이곳에는 통사는 없소' 하자 그 가운데 한 사람이 백지를 들고 내보이면서 하는 말이 '나는 훈춘 사람인데 걱정하지 말라' 하였습니다. 배가 없어 강을 건널 수도 없고 법상 국경을 함부로 넘나들 수 없으니 불러들이지도 못해 대화를 계속할 수 없었습니다.

몇 시간 족히 지난 뒤에 뗏목을 이용해 한 사람이 우리 쪽으로 건너왔습니다. 이에 나는 곧 강가로 달려가서 장졸을 시켜 상륙을 못하게 한즉, 그자는 백지 한 장을 내보이기에 펼쳐본즉 아라사와 정계에 관한 글이었습니다.

본부에는 원래 통사가 없는 관계로 필담을 통하여 '이 글을 우리에게 보이는 까닭이 무슨 이유냐'고 하니 그가 필담으로 '당신 나라와는 아무런 상관이 없소.' 하고는 다시 말하기를 '일후에 타국인이 두만강을 건너오면 못 올라오게 하시오. 그래서 이 쪽지를 보이는 것이오'라고 하였습니다. 그래서 제가 묻기를 '천막을 치고 있는 사람들은 어느 나라 사람들이냐'고 한즉 '아라사 사람들'이라 하였습니다. 내가 이 글을 읽어보니 '이번 행차가 정계 때문에 온 것 같은데'라고 한즉 그가 답하기를 '타국인이 강으로 올라오지 못하게 하시오. 그들이 조선 땅에 근접하지 못하도록 하시오'라고 하였습니다.

그래서 제가 묻기를 '그대의 벼슬이 무엇이냐'고 한즉 자기는 '훈춘 효기교(驍騎校)인 백(伯)'이라 하고 '다른 한 명은 영고탑 교기고 영(永)'이라 하였습니다. 이에 제가 묻기를 '정계비를 어디에 세우는가' 하니 '바닷가에 세운다'고 하였습니다.
그렇다면 '무엇 때문에 이곳까지 왔는가' 한즉 아라사인들이 '길을 잘 몰라서 이곳까지 온 것'이라 하였습니다. 그런데 '어제 와서 오늘까지 돌아가지 않으니 무슨 까닭이오' 한즉 '오늘 돌아가려고 합니다'라고 답하였습니다.
'당신들은 어젯밤에 어디에서 머물러 있었기에 뒤늦게 온 것이오, 우리들이 곧 뒤쫓아 왔다'고 하였습니다.
'오늘 저 사람들 하고 같이 가오'. '어디로 가는가 하니 바닷섬으로 간다'고 하였습니다.
'지금 온 훈춘 인마는 얼마나 되고 아라사 인마는 얼마나 되느냐'고 물은즉 '훈춘인은 16명, 말은 21필, 아라사인은 13명, 말 10필이오'. 다시 묻기를 '그대 이름은 무엇이오' 한즉 '백흥(伯興)'이라 하였습니다.
다시 한 번 이자의 복색을 살펴본즉 머리에는 마올라(亇兀羅)를 썼는데 위에 옥로(玉鷺)와 초피(貂皮)를 달았고 웃옷은 검은 석새 휘리마(揮里亇)를 입었으며 아래는 검은 석새 발장고(拔長股)를, 발에는 우피(牛皮)로 된 월옥(月玉)을 신었습니다.
허리에는 장도 한 자루, 담뱃대 하나, 부싯돌 등을 차고 있었는데 중국 사람임이 틀림없었습니다. 우리 쪽 무리들이 떠들썩하기에 무리 중 해마다 개시(開市)에 다니는 자에게 물었더니 '이자가 바로 훈춘의 부통관'이라 하였습니다.
기미(己未), 경신(庚申) 두 해에 회령(會寧)과 경원(慶源) 두 개시(開市)에 다녀간 적이 있다고 하였습니다. 이에 약간의 호어(胡語)를 아는 자를 통해 이국선이 어디에 정박하고 있는가 물으니 동해변에 정박해 있다고 하였습니다.
'배 안에 어떻게 마필(馬匹)을 실을 수 있는가' 하니, '배 안에 마필을 실을 수 있소. 배에서 내려 마필을 타고 온 것이오' 하였습니다. 그러는 동안 강 건너 저편에서 부르는 소리에 이들이 문서를 도로 집어넣고 강을 건너려 하므로 조금만 더 머물러 달라 하고 그 문서를 베꼈습니다.
종이를 자세히 본즉 당초지(唐草紙)로 종이의 넓이, 길이와 글자의 크기 작기를 그대로 본떠 위에 올리는 바입니다."[16)]

---

16) 박태근, 1860年 北京條約과 韓・露國境의 成立, 영토문제연구 창간호, 고려대학교 민족문화연구소, 1983, pp. 61~62; 철종기사 9・8월조, 재인용.

이상과 같은 첩정(牒呈)을 통해 우리가 감지할 수 있는 사안으로, 우리나라와 중 · 러 3국간에 국경이 새로이 설정되는 역사적인 일대전변(一大轉變)의 순간에 관한 생생한 기록이라는 점을 상기할 필요가 있다.

이 같은 기록은 우리나라 당대 유수의 기록인 『일성록(日省錄)』, 『승정원일기(承政院日記)』, 『비변사등록(備邊司謄錄)』에 응당 기재되어야 할 사안임에도 불구하고 언급이 없다는 점에 주목할 필요가 있다.

다음으로 두만강을 뗏목을 이용해 대면한 중국 관리로 훈춘(揮春) 효기교(驍騎校)인 백홍(伯興), 영고탑(寧古塔), 효기교(驍騎校), 영안(永安)임을 확인할 수 있다. 이들에 관한 정보나 기록을 통해 우리는 우리나라 3각 국경의 계패(界牌) 설정과정의 보다 상세한 정황을 알 수 있다.

이 첩정을 통해 알 수 있는 또 다른 정황은 정계비 설치를 바닷가인 해변(海邊)으로 말하고 있다는 점이다. 그리고 이들의 귀로(歸路)가 해도(海島)라 하였는데 이때의 해도(海島)가 어디를 말하는지 규명할 필요가 있다.

끝으로 이들이 타고 온 말의 수효와 인원들, 그리고 강을 건너와 필담을 나눈 사람들의 차림새와 당초지(唐草紙)에 쓰인 문서에 관한 기록이 오늘날 어떠한 메시지를 주고 있는지 면밀히 검토해 볼 필요가 있다.

당시의 모든 정황은 오늘날 녹둔도를 상실케 함으로써 이른바 북방삼각국경지대(北方三角國境地帶)를 형성하게 한 요인이 되고 있다.

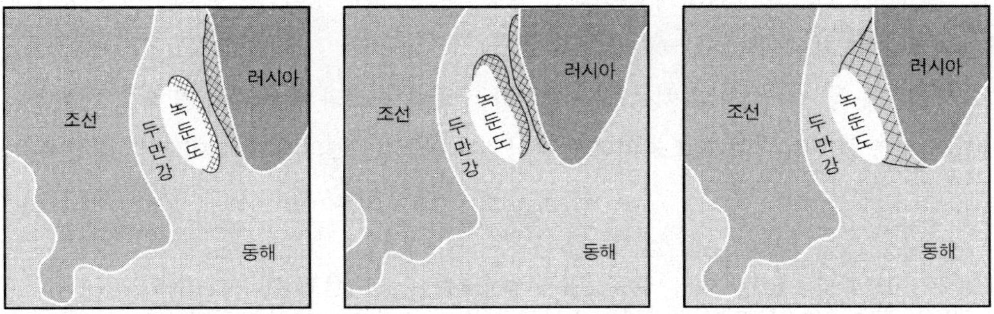

두만강 하류에 있던 녹둔도는 퇴적물이 쌓여 러시아령으로 연접됨으로써 삼각주가 되고 말았다.

2) 서해상의 요충지 가도(椵島)

17세기 명 · 청 교체기에 신흥 청조에 의해 위기에 빠진 명나라 모문룡부대는 조선의 서해안에 위치한 가도(椵島)를 점거함으로써, 사실상 당시 청천강 이북 지역의 관할권을 어찌할 수 없는 혼란상태에 빠뜨려 통치 부재의 상태에 놓이게 하였다.

가도는 『동국여지승람』에 의하면 평안북도 철산군 남쪽 47리에 있는 섬으로, 둘레 41리에 가도장(椵島場)이라는 목장이 있고 244필의 말이 있다고 기록하고 있다.[1] 가도의 위치는 동경 124도 38분 북위 39도 43분에 위치하며 철산반도 남단에서 남쪽으로 약 4km 지점에 위치해 있는데, 행정구역상 평안북도 철산군 백량면(栢梁面) 가도동(椵島洞)으로 해안은 리아스식이며 간석지가 넓고 간만(干滿)의 차가 매우 크다. 섬의 명칭도 시대에 따라 변화가 심해 단도(段島), 피도(皮島), 운종도(雲從島)라 불리어 왔다고 한다.[2]

당시의 정황은 신흥 청조가 명나라를 타도하고자 함에 명나라 군인 모문룡부대가 장차 조선과 연합전선을 펴, 청나라의 침입을 막아내고자 하였으나 결과는 실제 조선국의 서북 일대가 명 · 청 양국 군대에 의해 한동안 약탈 대상지가 되고 말았다.

이렇듯 장기간에 걸쳐 서북방 일대에서의 조선왕조가 제어할 수 없는 통치 부재의 상황을 두고 정충신(鄭忠信) 등은 이 지역 일대에 대해 청야지계(淸野之計)[3]를 세워 청천강 이북을 공동화(空洞化)하자고 건의하였다.

그렇게 되면 청천강 이북 지역의 인가(人家)를 모두 헐어버리고 폐허화시킴으로써 적들의 노략질 대상이 없어져 우리 측 피해를 줄일 수 있고 적이 발붙일 곳이 없어지게 된다는 것이다. 그리고 이 일대에 거주하던 백성들은 안주(安州) 이남으로 이주시켜 생업에 종사케 하자는 계책이었다.

그러할 때 청천강 이북의 백성들은 사실상 버림받는 것과 다름없이 됨에 조정에서도 쉽사리 결론을 내리지 못하고 논의만 분분하였다. 이러한 논의에 대해 이 지역 철산(鐵山)

---

1) 신증동국여지승람(新增東國輿地勝覽), 卷之五十三, 鐵山郡 山川條.
2) 전해종, 가도의 명칭에 관한 소고, 서울대 인문사회과학, 제19호, 1959년 12월.
3) 청야작전이란 '청야지계'라고도 하는데 외침 시 군작전상 일정 지역을 공동화하는 전략으로 인조 때 정충신이 명말 청초 양 진영의 침략에 대비하여 청천강 이북지역을 비워두고 싸우자는 전략의 하나였다. 이후 이와 같은 논의는 일선 지휘관들의 작전에 자주 언급되어 왔다.

출신 영유현령(永柔縣令) 정기수(鄭麒壽)는 몹시 분개하여 이 같은 안에 적극 반대하는 이른바 청물기청북소(請勿棄淸北疏)[4]를 인조에게 올렸다. 이때 평안감사 민성휘(閔聖徽)도 청야지계는 말도 안 된다면서, 청물기청북소를 적극 옹호하면서 청북수복설(淸北收復說)을 지지하고 나섰다. 설왕설래하는 논의가 사라짐에 그해 9월부터는 적극적인 영토 관리 정책의 일환으로 철산 운암산에 운암산성을 수축(修築)하게 함으로써 가닥을 잡아나갔다.

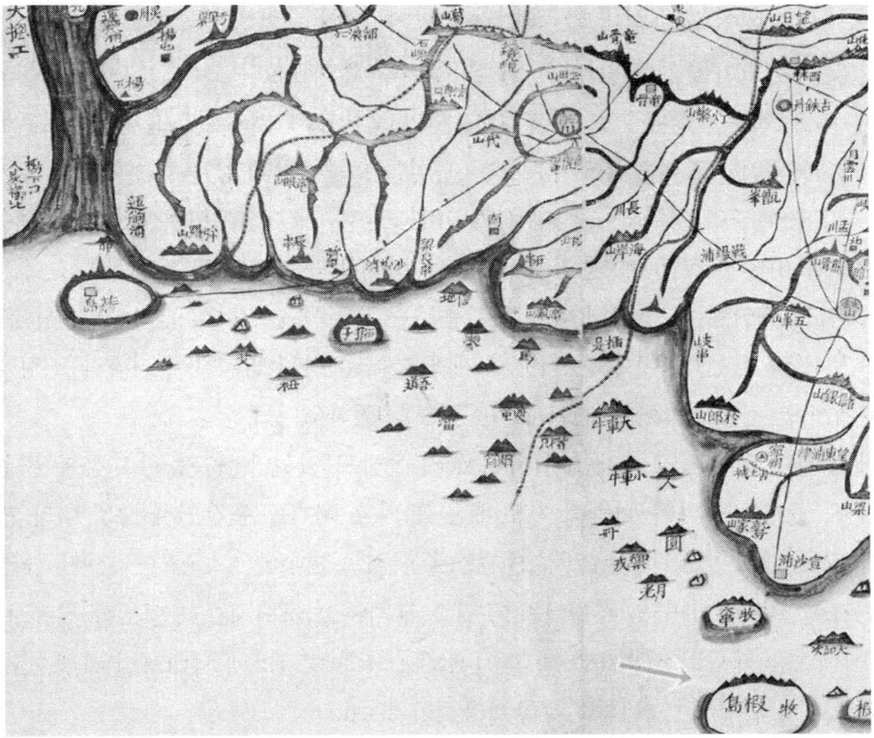

청나라에 의해 망해가던 명나라 모문룡부대에 의해 점거된 조선 서해안의 가도(椵島). 모문룡은 조선의 영토를 불법적으로 점거하고 갖은 횡포를 부렸다.

4) 철산군지편찬위원회 편, 철산군지, 동 위원회 간, 1976, pp. 232~233.

가도사건이 일어난 것은 조선 인조 원년(1623)인 명나라 말기로 만주 지역에서 발흥한 후금(後金)이 대륙의 주도권을 장악하고, 조선을 비롯한 명·청과의 국제적 분쟁이었다. 후금은 신흥 세력으로서 명나라를 멸하기 위해 먼저 요양(遼陽)을 함락시키고자 진강성(鎭江城)의 요동도사(遼東都事) 모문룡 휘하의 군이 구련성(九連城)과 압록강 대안을 공략 함락시키면서, 이해 7월 25일 300여 명의 휘하 장졸을 이끌고 의주로 들어와 한동안 머물러 있자, 9월 11일 조정에서는 이들의 퇴거를 요구하였다. 이들의 주둔으로 인해 후금군이 우리나라 침입을 우려한 조처였다.

닷새 뒤인 9월 16일 마침내 금나라 군대 1만여 명이 봉황성 인근에 진을 치자 우리나라에서도 국경 수비를 위해 압록강 연안의 경비를 강화하였다.

이해 12월 3일 금군의 장수 이영방(李永芳)이 모문룡의 생포를 기도하고자 한다는 첩보가 나돌자 우리나라 비변사에서 이러한 사실을 모문룡에게 알려주었다.

12월 18일 금나라 왕자인 패륵(貝肋)과 아민(阿敏)이 구련성에서 압록강을 건너 모(毛)를 생포하고자 선천군(宣川郡) 동림(東林)을 습격하니 모는 단신으로 도망쳐 나갔다.

사흘 뒤인 21일에는 이 지역 바닷길로 통하는 용천을 습격하니 성 안의 공사(公私) 창고가 모두 불에 탔는데, 이 같은 피해가 계속 늘어날 것을 염려한 우리나라 조정에서는 모문룡에게 잠시 해도(海島)로 들어가 피신하도록 권하였다.

이때만 하여도 명과의 관계를 쉽사리 끊지 못하고 있었다. 쫓겨 온 모문룡은 우리나라 의주에 일시 머물다가 이듬해 가도에 진을 치고 여기를 동강진(東江鎭)[5]이라 명하고 철산, 사량(蛇梁), 신미도(身彌島)에 분진(分鎭)을 설치하였다.

이리하여 모문룡의 군은 우리나라 주권을 무시하고 자의적으로 영토를 점유하고 말았다. 이에 조정에서는 신흥세력 청을 견제하고 과거 명나라에 사대하던 관행으로 명과 연합하여 청의 침입에 대한 환란을 방지하고자 하였다.

그러나 결과는 본래의 의도와는 달리 무려 7년여간(1623~1629) 청천강 이북 지역이 적들의 노략질 대상지가 되고 말았다.

광해군 14년(1622) 1월 2일 평양감사 박엽(朴燁)에게 모문룡으로 하여금 일시 산속으로

5) 명나라 모문룡이 가도에 진을 설치하고 철산 사량 신미도에 분진을 두면서 부르게 된 진명(鎭名)이다.

들어가서 금군의 추격을 피하든지 북도(北道)로 가든지 거취를 결정하라고 하였다. 이 시기에 의주, 철산 등 3개 군에서 한인(漢人) 578명이 살해당하였다고 한다.

그런가 하면 3월 14일에는 명나라 군감 양지환(梁之桓)이 4천여 명의 군졸과 60여 척의 전함을 이끌고 미곶(彌串)에 상륙하여 군량미를 내놓으라고 간청했으나 뜻을 이루지 못하다가 그해 8월 19일 군량미 6만 석과 선박 70척을 징발해 떠나간 일이 있었다는 용천부사의 장계가 비변사에 도달했음을 알려 왔다.

9월 24일에는 비변사에서 쌀 60석과 쇠가죽 등을 공급하였고, 10월 2일에는 모문룡의 요청으로 왜검과 왜창을 내주었고, 11월에 이들 병기와 함께 장졸들을 이끌고 가도로 들어갔다. 이후 가도에는 만주 지역에 살던 명인인 요민(遼民)들이 이곳으로 모여들어 그 수효가 갑자기 늘어났다.

따라서 가도 인근에는 초목들의 씨가 말랐고 이들이 거주하는 집들이 즐비하게 세워졌으며 상선(商船)들의 내왕도 빈번해졌다. 모문룡은 섬 이름을 운종도(雲從島)라 개칭하고 11월 29일 평양감사에게 은자(銀子) 1만 냥을 보내 군량미와 교환하자고 하였으나 이를 평양감사가 자의적으로 처리할 수 없어 조정에 선처를 간청했다고 한다.

12월 11일에는 한인(漢人) 피난민 78명이 선주(宣州)를 경유하여 철산을 지나 선사포(宣沙浦)로 향하였고 광해군 15년(1623) 3월 11일에는 만주족처럼 머리 모양을 한 제두족(悌頭族)의 한인(漢人) 1천여 명이 가도로 들어갔음이 조정에 전해졌다.

그해 10월 29일 모문룡은 후금의 내침을 방비한다는 구실하에 선사포 백량면에 병영을 설치하고 이곳을 그 기지로 삼았다. 인조 2년 1월 4일 조정에서는 사자를 가도에 보내 이전에 평안감사에 요청하였던 군량미건을 정식으로 거절하고, 섬 안에서 소요되는 양곡은 명나라로부터 조달할 것이며 다시는 우리나라에 요청하는 일이 없도록 하라고 하였다.

그러한 조처를 취하기는 하였으나 이미 철산을 비롯한 청천강 이북의 상당지역에 모문룡의 군졸들이 가득 차 있었고, 이들이 의외의 돌발사태를 일으킬지 몰라 1월 7일 군병 가운데 전투요원이 아닌 일반 백성들은 산동반도 등지로 내보내라고 간곡하게 타일렀다.[6)]

6) 양태진, 우리나라 영토 이야기, 대륙연구소, 1994, pp. 14~22.

그럼에도 불구하고 모문룡의 부하인 허중서(許中書)가 육지로 나와 차관(差官)들로 하여금 은자를 가지고 식량을 사게 하였으나 별 소득이 없자, 우리나라 관향사(館餉使)[7]인 정두원에 말하기를 당신들이 양곡을 팔지 않는다면 강제로 탈취해 가지고 돌아가겠다고 하였다.

이렇듯 절박한 사정을 조정에 알리니 마지못해 의주에서 저장미 약간을 내주고 은자는 돌려보냈다. 4월 4일 금군의 동태를 알려온 첩보에 따라 모문룡은 4월 15일 병사 5천을 이끌고 함흥부로 들어가면서 도중에 우리나라 각 참(站)에서 병사들에게 급식해 줄 것과 조총 5천 정에 군마 500필을 공급해 줄 것을 요청해 왔다.

이해 4월 20일에는 명나라 황제로부터 정식으로 협력해 줄 것을 요청받게 되자 어쩔 수 없이 이에 응하였다. 6월 8일 모문룡의 군대들은 영홍에 도착하여 각 고을에서 강제로 양식을 차출시키는가 하면 정평(定平) 이남에 군대를 풀어 공공연히 노략질을 자행하였다.

8월 25일 평양감영에서 모문룡 진영에 납부할 세미를 감면해 달라고 하자 처음에는 4만 석을, 추가로 1만 석을 감면토록 하였다. 이해 9월 3일 의주부윤이 조정에 장계를 올리기를 지난 8월 28일 금나라 군사 수백 명이 진강, 중강 등지로 침범하여 명나라 백성들의 곡식을 불사르고 농군들을 생포, 압송해 감에 압록강 연안의 민심이 흉흉한 데다 비적들마저 상하류에도 출몰한다고 하였다.

이 당시 평북 일대에는 후금에 귀순한 우리나라 사람들의 수효가 날로 늘어나 수만에 달하였는데 이들 역시 무리를 지어 가진 자들의 재산을 약탈하기에 이르렀다. 심지어 땅속에 파묻었던 종자씨까지 파내어 약탈함에 주민들은 하나둘 살던 집을 떠나 이 일대는 무풍지대가 되었다.

여기에다 모문룡이 가도에 은거하면서 섬 안에서 우리나라와 통상하게 함으로써 잠상(潛商)이 성행하여 금기시되어 온 인삼 가격이 나날이 치솟아 올랐다. 이에 따라 우리나라 호조에서는 일반 상인들의 가도 출입을 제한하고 황해, 평안 양도의 감사, 관향사,

---

7) 관향사란 조선에서 평안도 내의 군량미를 담당하던 관직으로 평양감사가 겸임하기도 하였다. 인조 원년 국경 방비용 군량을 관리하기 위하여 평안도에 두었는데, 숙종 11년에 이를 폐지하고 그 곡물을 환곡으로 돌려 '관향환곡'이라고 하였다.

용천, 철산 등지의 관아에 임금의 유시를 내려 순찰을 엄히 하고 잠상인을 적발하면 엄단하고 장물들은 몰수하였으며 일벌백계로 이를 경내에 전시하게 하였다.

이때 모문룡이 철산 경내에 마시(馬市)를 개설하였으나, 이곳과 거래하는 우리나라 사람들에게 중과세를 부과하는가 하면, 이미 사상(私商)의 가도 출입을 금지한 터라 모문룡 진영의 타격은 클 수밖에 없었다.

따라서 자연히 양곡 조달은 어렵게 되었다. 이러한 상황에 대해 모문룡은 명조합작(明朝合作)의 토금작전(討金作戰)의 성공을 기대할 수 있겠는가 라고 화를 내면서 하루빨리 마시(馬市)의 자유로운 출입이 이루어지도록 요구해 왔다.

이해 11월 27일 거듭되는 모문룡군의 약탈에 대해 비변사에 이를 금지할 것을 요구하고 다른 한편으로 관향사 남이흥(南以興)[8]으로 하여금 황해, 평안 양도에서 군량미 1만 2,090석을 전후 2회에 걸쳐 모진(毛陣)으로 보냈으나 금년분 3만 석이 미납이라 하면서 기한을 정해 납부하라 독촉해 왔다.

이렇듯 무리한 요구와 잇따른 소동으로 인해 우리나라 사람들의 피해가 날이 갈수록 커짐에 따라 왕은 이에 대책을 강구하라고 지시하였다. 그러나 남이흥이 말하기를 모를 공격해 쫓아내더라도 이후 명과의 친분관계 유지에 어려움을 어떻게 타개하겠는가 하면서 차라리 둔전(屯田)을 서도 지방 한적한 곳에 지정해 이들의 양식을 조달하게 하자고까지 건의하였다.

이렇듯 분분한 논의가 지속되는 가운데 인조 3년(1625) 1월 9일 모문룡은 직접 병마 7천을 이끌고 능한산성(凌漢山城)에 비축한 군량미를 탈취해 가는가 하면, 접반사 윤의립(尹毅立)을 향해 말하기를 이러한 상황이 여러 날 지속되면 수하 군졸들을 분산시켜 귀국에서 자의대로 양식을 취하게 하겠다고까지 공언하였다. 이후 모문룡은 여기에서 한 걸음 더 나아가 연해(沿海)인 용천, 철산, 선천, 정주, 곽산 등지의 한전(閑田)을 일구고 산림을 베어 군선을 만들겠다고 일방적으로 통보해 왔다.

이에 조정에서는 1월 18일 미곡 2만 6,100석을 모진에 보냄으로써 이들의 준동을 막게 하였다. 2월 9일 모의 부하 이경부가 신미도(身彌島)로 들어가 둔전을 일구고 자의로

8) 남이흥은 인조 때 평안 병사로 있으면서 안주에서 청병을 맞아 싸우다가 패한 후 자결한 무인이다.

벌채하여 군막을 지으니 도민(島民)들의 원성이 하늘을 찔렀다.

인조 3년 4월 12일에는 모의 기고관(旗鼓官)이 선천, 철산 등지를 돌아다니며 수령들을 협박하여 쌀과 콩 5~6백 석을 가져갔는가 하면 철산, 선천, 정주 등 당해 관아 수령들이 논의하여 쌀 6백 석 잡곡 1천 석을 보냈으나 불만을 나타냈다.

6월 25일 호조에서는 인삼 1천 근, 황금 1백 냥, 군량미 4천 석을, 9월 8일 추가로 쌀 2천 석을 보냈다. 이렇듯 모군의 행패가 지속됨을 『인조실록』에서는 철산 일대가 공지화(空地化)되었다고 기록하고 있다.

인조 4년(1626) 4월 모문룡이 후금과 내통한다는 소문이 도는 가운데 수륙 양로로 만주를 침공하겠다고 공언하면서 압록강 쪽으로 진군해 나갔다. 5월 4일 관향사(館餉使) 성준로(成俊老)에게 만주 출격을 위해 창성의 곡식 4천 석을 보내라 요청함에 비축미 2백석 콩 1백 석을 보내고 나니 창성 의주의 군량미는 바닥이 났다.

그러나 모문룡의 무모한 전략의 실패로 모의 병사 1만 8천 명은 몰살당하고 말았다. 이때 청 태종은 모문룡을 생포하겠다는 구실로 인조 5년(1627) 우리나라를 침범해 오니 이른바 정묘호란이다. 이해 7월 평안감사 김기종(金起宗)은 조정에 장계를 올려 아뢰기를 가도에 있는 모는 금국의 좌족(左足)을 치지도 않고 지금까지 거짓 승전 보고를 명조에 보내 천제(天帝)를 기만하고 섬 안에 앉아서 용골산성(龍骨山城)과 운암산성(雲岩山城)[9] 지역을 지배하고 임의로 관직을 제수하니 그 뜻이 심히 수상하며 게다가 의주의 초관(哨官) 최효립(崔孝立)의 군병이 모진의 중군에 편입되어 있음은 괴이한 일이라 하였다.

그러면서 용골산성 수성장(守城將) 정봉수(鄭鳳壽)[10]에게 성 안 병사들이 탈출하여 가도의 모진영으로 가는 것을 엄중히 막으라는 군령을 내렸다. 인조 5년(1627) 10월에 명나라 신종황제가 죽고 유검(由檢)이 뒤를 이어 등극했는데 연호를 숭정(崇禎)이라 하였다.

이로 인해 우리나라에서는 2월 7일 전국에 숭정이라는 연호를 쓰게 하였다. 인조 6년(1628) 1월 4일 모문룡 병사들이 철산, 창성, 의주 등지에 둔전을 크게 일으켜 종자곡(種子穀)을 사려 함에 평양감사는 둔전 설정을 금하지 못하게 한다면, 이후에 후환이 적지 않을

9) 운암산성은 철산군의 진산으로 정상에 서면 사방 100리가 환히 보여 방어상 중요한 산성이다. 표고 366m이다.

10) 선조~인조연간의 인물로 용골산성에서 적을 방어, 명성을 얻었고 전라수사 경상 · 전라절도사를 지냈다. 병자호란 시 병으로 왕을 모시지 못하고 남한산성으로 들어가지 못하였다. 자산에서 사망하였다.

것이라고 비변사에 보고하였다.

4월 4일 평안감사의 장계에 의하면 모문룡은 상부에 보고하기를 모병의 숫자가 실제보다 부풀려 10배에 달하며 성을 모씨로 고치면 후대하고 그렇지 않은 자에게 박대를 하며, 이때 사상인(私商人) 또한 부쩍 늘어나 모진영에 드나들면서 나라에 불충한 행동을 하거나 조정의 기밀을 누설함으로써 이러한 자들의 출입을 막도록 하였다.

이 당시 평안도 전역에 주둔하고 있는 병력 수효는 6,250명으로, 명의 모군은 2만 6,000명에 달해 이들의 횡포를 막아내는 데는 한계가 있을 수밖에 없었다.

이즈음 명나라 조정에서는 요동경략에 원숭환(袁崇煥)을 기용했는데 황제가 열신들을 인견하는 자리에서 모문룡의 비행을 드러내기를 모의, 승전 보고는 모두 거짓이며 수군 2만 6천 명의 1년간의 군량미로 10여만 석을 소비하면서 요동 땅 한 치도 수복하지 못하고 과도한 군량미를 계속 대준다면 장차 나라에 커다란 화가 미칠 것이라 하였다.

이렇듯 모의 죄상을 공개적으로 성토하니 명나라 조정에서는 당연히 모를 불신할 수밖에 없었다. 이러한 기미를 눈치 챈 모는 이해 11월 20일 사자(使者)를 후금에 보내 사실상 내통을 하고 있었다.

중국 단둥에 있는 모문룡 비각

인조 7년(1629) 4월 26일 모문룡은 병선 40척을 이끌고 산둥의 등주로 향함에 명의 조정에서는 그의 충성심을 의심하여 난동이 우려된다 하여 등주의 길을 막았으나 새로이 부임한 원숭환과 상의할 일이 있다면서 상륙을 감행하였다.

그가 원을 만나고 돌아오는 길에 연회를 베풀었는데 원이 이 자리에서 옷소매 속에 감추어 두었던 명황제의 칙서(勅書)를 내보이면서 좌중에 명을 내려 모를 참살하도록 하였다. 이해 7월 2일 원은 모진영의 부사령관인 진계성(陳繼盛)을 추대하고 8월 8일 진계성은 우리나라 섬에 거주하던 주민들을 모두 육지로 내보냈다.

8월 19일 섬 안에서 반란이 일어나 도사(都司) 유홍치(劉興治)가 스스로 동강진을 관할한다고 선언함에, 명의 조정에서도 이들에 대해 방임할 수밖에 없었다. 인조 8년 유는 모에 못지않게 행패를 부림에 금국에 항복할 것을 결심하면서 자신에게 거역하는 장졸들을 모조리 살해하고 가도 안의 여타 백성들도 모두 제거하려 하였다.

이러한 변란이 일어나자 3월 21일에는 영내를 불사르고 도사 유홍치를 살해하였다. 5월 2일 명나라 도독(都督) 황룡(黃龍)이 가도로 들어와서 진을 쳤다. 인조 9년(1631) 7월 28일 금나라 장수 일고산(一高山)으로 하여금 1만 2천여 명의 군사를 이끌고 의주를 통해 철산, 선천, 정주, 가산 등지의 여러 고을로 진입케 하고 우리나라에서 이들을 운항할 선박을 구하게 하였다. 이때 황룡은 금군의 침략을 미리 알아채고 이를 효과적으로 막아냈다. 이 시기를 전후하여 가도에 머물고 있던 명나라 백성들이 금나라에 투항하는 자가 많아지면서 가도의 세력은 훨씬 약해졌으며 황룡 역시 연금되었다.

이후 우리나라에서도 가도에 대해 가일층 경계의 눈초리를 돌리게 하였다. 인조 10년(1632) 5월 12일 명나라 사자가 우리나라 안주에 와서 미곡 거래를 요청해 왔는데 응하지 않자 욕을 보임에 이들을 군법에 의해 처단하였다.

인조 11년(1633) 4월 6일 용천군 관할인 장자도(獐子島)로 등주 등지에 근거지를 두었던 무리들이 모여들었다. 그리고 4월 15일에는 명나라 도독 오안방(吳安邦)이 용천군 관할 미곶(彌串)으로 기어들어 오면서 가도에 있던 명나라 군졸들이 점차 의기소침해졌다.

이러한 분위기 속에 명나라 감군(監軍), 황손의(黃孫義), 우감(右監), 이성(李成), 하문록(河文祿), 총병(總兵), 채유(蔡裕) 등이 2만의 군졸을 대동하고 이 밖에 부총(副總), 황비(黃蜚)는 별도로 군졸 1만에 병선 45척을 이끌고 가도에 주둔하였다. 이후 명나라 안에는 내전

이 계속되어 극도로 쇠약해졌으며 가도에 주둔해 있던 명나라 군졸들의 행패도 사라졌다. 인조 15년(1637) 1월 30일 조선이 삼전도(三田渡)에서 청태종에게 항복하자, 청은 귀국길에 가도를 공략하고자 하여 군선을 준비시키고 조선 수군으로 하여금 만전을 기하도록 하였다.

이에 황해도 신천군수 이숭원(李崇元), 영변부사 이준(李逡)으로 하여금 전함을 이끌고 가도 정벌에 나서도록 하였다. 4월 14일 밤 청의 장수 마부달(馬夫達) 등이 평안병사 유림(柳琳), 의주부윤 임경업(林慶業) 등과 연합하여 수군 70여 척을 이끌고 가도를 기습하여 대패시켰다. 이 당시 명의 군졸 1만여 명이 사망했다고 하며 이후 가도는 우리나라 통치 관할하에 돌아왔다.

3) 남해상의 보고(寶庫) 거문도

가) 남해상의 요충지 거문도

1884(고종 21)~1887년까지 무려 4년 동안 영국 함대 여러 척이 거문도 앞바다에 정박하고 무장한 군인들이 경비를 하면서 물속에 목책을 세우고 이곳을 별도 관할 구역화하였다.

1884(고종 21)~1887년까지 4년 동안 영국 함대는 러시아의 남하를 막기 위해 거문도를 점거했다. 거문도는 일본 · 중국 · 부산 · 제주도를 왕래하는 데 중요한 지리적 요충지였다.

영국의 거문도 점거 목적은 러시아의 동진정책을 막는 데 목적을 두고 있었다. 즉 러시아가 블라디보스토크를 요새화한 후에 태평양 진출을 시도하려 하자 이를 봉쇄하고자 한다는 것이었다. 그러나 러시아가 심혈을 기울여 요새화하고 있는 블라디보스토크의 항구는 겨울철이 되면 항만이 얼어붙어 그 기능을 수행할 수 없다는 결함을 알아차린 영국이 이 같은 결함을 메우기 위해 조선의 영흥만이나 문천항을 호시탐탐 노리고 있음에 대비를 위한 방안으로 거문도를 먼저 점령한 것이다.

즉 러시아가 블라디보스토크를 요새화한 데 따라, 이들의 남하를 저지할 수 있는 곳이 거문도였다. 영국 해군장관 예하의 중국 함대 사령관인 도우엘 해군중장에게 정식으로 거문도 점거에 따른 명령을 내린 것이 1884년 2월 29일이었다.

이에 도우엘 사령관은 다음 날짜로 답신하기를 러시아군함이 입항하지 않는 한 다음 명령이 있을 때까지 영국기를 거문도에 게양하지 않겠다고 하였다. 그리고 이어서 아멤논, 페가서스, 파이브랜드호 등 세 척의 군함으로 거문도 점거에 나서게 하였다.

3월 2일 영국 정부는 주영 청국공사 증기택(曾己澤)에게 거문도 점거 사실을 통고했다. 이에 훈령에 따라 비밀각서 형식으로 거문도 점거 1주일이 지난 3월 10일 조선 정부에 이 같은 사실을 알려 왔다.

조선 정부에서는 4월 6일에야 비로소 이 같은 사실을 알게 되었다. 이에 당해 부서인 총리아문에서 그 다음날 정식으로 영국군의 철수를 요청하였다. 그러나 영국군은 이 같은 통고를 받고서도 요지부동이었다.

나) 거문도를 무단 점령한 영국

영국 함정은 일찍부터 거문도를 'Port Hamilton'이라 명명하고 이 섬의 지정학적 가치에 유의해 오고 있었다. 그런 까닭에 영국수군은 본국 정부로부터 출동 명령을 받자마자, 당일로 거문도에 상륙한 것이다.

이러한 사실들을 뒷받침하는 것이 1884년 겨울 영국 군함 한 척이 거문도 앞바다에 정박하고 있었는데, 이 당시 함장은 Miladon이었고 통역관은 청국인 황려산(黃麗山)이었다. 이들은 섬 사람들이 묻는 말에 대꾸도 하지 않고 산 위로 올라갔다 내려와서 하룻밤을 지낸 뒤 양주와 과자를 섬 주민들에게 나누어주고 유유히 돌아갔다.

이렇듯 현지의 정찰을 마친 뒤 중국 상해로부터 출동한 영국 군함 두 척이 거문도에 최초로 상륙한 날짜는 3월 2일인데 이들은 도착하자마자 경계 임무에 철저를 기함은 물론 요새구축을 위한 기초조사에 분망하였다.

이 당시 주둔 병력 수는 많을 때는 7~8백 명 정도이고 적을 때는 2~3백 명으로, 수시로 병력 인원 수를 증감시켰다. 영국군이 제일 먼저 상륙한 곳은 거문도 세 섬 가운데 고도(古島)였다. 이 섬 선창에 목재, 철책, 철옹, 수뢰 등의 군수물자와 무기를 실어다 적재하고 두 곳에 100여 칸의 막사를 지어놓고 주둔 군인들의 임시숙소로 활용하였다.

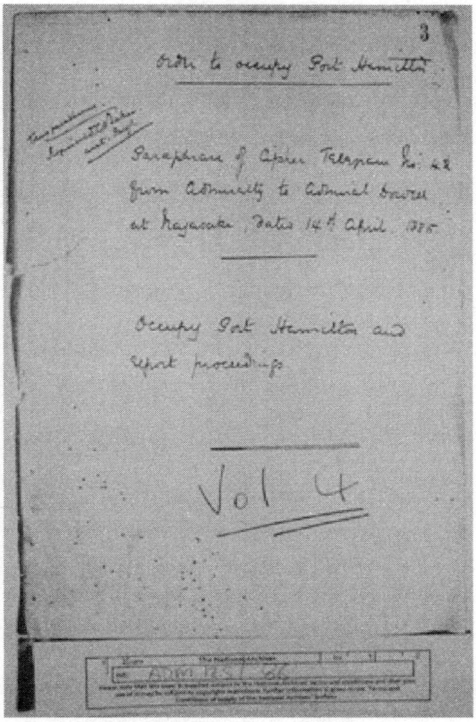
3
Order to occupy Port Hamilton
Paraphrase of Cipher Telegram No. 42 from Admiralty to Admiral Dowell at Nagasaki, Dated 14th April 1885
Occupy Port Hamilton and report proceedings
Vol 4

영국군의 거문도 점령명령서

이러한 정보를 입수한 러시아의 의용함인 블라디보스토크호가 거문도 인근에 와서 하루 종일 정박하며 영국군의 동태를 살피기도 하였다. 이때까지 영국기는 게양되지 않다가 이들 함선이 나타나자 영국기를 게양하였다. 영국기는 동도(東島)의 망치산과 고도의 상봉에 게양하였으며 군함이 출입하는 해문(海門) 언덕에도 게양하였다.

영국 해군 윌리스 제독의 말처럼 "전시에 있어서 소도(小島)의 점령은 인근 해역의 지배 없이는 어렵다"고 설파한 논리와 맥을 같이한다.

이 같은 국기 게양 문제는 중 · 일 · 러 등 이해 관련국들 간에 커다란 논란거리가 되었다.

영국군은 해문구축공사(海門構築工事)를 세 곳에 하였는데, 첫 번째는 음료수 공급로를 위해 도로를 닦았고, 두 번째는 해문 양쪽 언덕 위 높은 곳에 포대를 쌓았으며, 세 번째는 쇠항아리로 불리는 수뢰를 매설하는 작업을 서둘렀다.

거문도 점령사건 당시의 주민들

거문도 주둔 영국수병의 묘지

거문도의 요새화 작업은 동도 남단과 고도를 연결하는 제방축조공사로 이어졌다. 이 요새화 작업은 뒷날 중단되기는 하였으나 오늘날까지지도 당시 구축되었던 포대의 흔적이 희미하나마 남아 있으며 지반 공사의 흔적도 보인다.

이처럼 요새화 작업이 진행되는 동안 일본 군함 해문호(海門號)가 그해 4월 9일 정찰차 거문도 인근 바닷가에 머물면서 영국기가 계양되고 있음을 본국에 타전하였고 영국군의 일거수일투족에 따른 활동 모습을 정찰하였다.

이보다 앞서 3월 26일에는 러시아 군함 블라디보스토크호도 영국군의 활동을 정찰해 갔다. 이들 영국 해군은 거문도 요새화 작업에 섬사람들을 동원해 이들의 값싼 노동력과 함께 식료품을 제공하는 등으로 이들의 불만을 해소해 나갔다.

봄철에 들어서면서 군함 6척과 수송선 2척이 거문도 만(灣) 내로 진입하였고 소선(小船)들을 이용해 섬사람들에게 다가와 누구든지 일하러 오는 사람에게는 먹을 것과 품삯을 주겠노라 하였다.

영국군은 막사를 짓고 요새를 만들면서 하루 종일 분주히 움직였다. 이들은 땅을 파고 산속으로 길을 내며 공사를 크게 벌였다. 이때까지만 해도 주민들은 이들 영국군의 의중을 제대로 알지 못했다. 즉 이 섬의 지정학적 중요성을 알지 못하고 있었다.

이 섬을 잘 지키기만 하면 다른 나라의 배가 이 해역 주변을 마음대로 통항하지 못한다는 사실을 전혀 모르고 있었던 것이다. 이렇게 공사가 진행되고 있는 가운데 조정에서 엄세영과 목인덕이 프라잉피시호의 함장 매클리 대령에게 항의하기를 남의 나라 땅인 이곳에 진을 치고 멋대로 주둔하는 것이 어디 문명국이 할 수 있는 노릇인가 하고 강경하게 항의하였다.

그러나 그의 대답은 상관의 명령을 따랐을 뿐이라면서 자세한 것은 동경만에 있는 도웰 장군에 문의해 보라 할 뿐이었다. 이 당시 영국군의 거문도 점령설이 나돌면서 가장 민감하게 반응을 보인 나라는 일본이었다.

부산항에 정박 중이던 일본 군함 류쇼호는 영국이 거문도 점거를 위해 동양 함대에 출동명령을 내리기 3일 전에 첩보활동을 펼치고 있었다. 일본 군함이 거문도 탐색을 위해 류쇼호가 운항해 왔던 바로 뒷날 천진에서 개최된 제5차 천진회담에서 이등박문이 이홍장에게 영국의 거문도 점령에 관한 정보를 흘리면서 일본 측 입장을 설명하려 하였다.

이에 반해 러시아 측은 한반도에서의 부동항을 얻고자 기회가 있을 때마다 노력했으나 조선 정부의 쇄국정책에 부딪히고 있는 데다, 청 · 일 간의 반대로 그 뜻을 펴지 못하고 있었다. 이때 수완이 뛰어났던 러시아 측 베베르 공사가 대한교섭 전권대사로 부임해 한 · 러 통상조약과 부속 통상 장정을 체결하기에 이른다.

이후 러시아는 영국의 거문도 점거 사실을 묵과할 수 없어 그 대안으로 영국 해군이 거문도 점거를 기정사실화한다면 러시아도 한반도에서 요충지 한 곳을 점거할 것이라 하여 당사국인 조선은 물론 청 · 일 양국 정부에서도 강력한 항의를 하도록 부추겼다.

이에 청나라에서는 조선의 영토 그 어느 곳도 다른 나라가 점거하지 못하게 할 것이라면서 영국군에게 거문도에서 하루빨리 철군하라 하였다. 이에 대해 영국 정부는 거문도 점거는 러시아의 선제 점거에 따른 위험을 제거하기 위한 부득이한 조처였음을 내세웠다.

이 같은 와중에 독일은 노골적으로 영국군의 거문도 점거를 비난하면서 청 · 일 양국이 결단코 묵과하지 않을 것이며 통상문제와 관련해서는 더욱 방관하지 않을 것이라 경고하였다.

청나라에서는 영국이 러시아의 남하를 염려하여 점거했다는 데 대해 단호히 반대한다는 입장을 취하였다. 이렇듯 영국군의 거문도 점거는 국제 여론이나 당사국인 조선 정부의 항의로 1887년 2월 5일에 철수하게 되었다.

이러한 사실은 주한 영국대리총영사 워터스에게 통보, 이틀 뒤인 2월 7일 김윤식 독판에게 전달됨으로써 일단락되었다.

그러나 그 잔영은 일제가 1944년 12월부터 이듬해 6월까지 일본인을 비롯해 거문도 주민 1천여 명을 동원해 동도, 서도, 고도 등 3개 섬에 길이 15~25m, 높이 2.5~3m 규모의 터널 12개, 9m 길이 T자형 참호 2개, 길이 80m 돌 방벽 1개, 지하 갱도 등의 군사 시설을 만들게 하였고, 이 시설물들은 30cm 두께의 콘크리트로 탄탄하게 만들어졌다.

동도에서 발견된 9개의 터널 중 7개는 해안가에 지어져 배를 댈 수 있는 접안 시설을 갖추고 있었고, 시설물들은 군수품 저장과 인력의 수용, 정찰 등을 위해 지어졌다. 이러한 시설을 갖추게 된 것은 예나 지금이나 거문도가 일본 · 중국 · 부산 · 제주도를 왕래하는 데 중요한 지리적 요충지이기 때문이다.

本考는 全羅南道 寶城에 있던 福內小學校 校長 柳澤藤柵이 所藏하고 있던『巨文島英艦見聞記』를 바탕으로 하고, 郭泳甫의 巨文島 風雲史, 申基碩 朝鮮問題에 관한 露淸外交關係, 李用熙 巨文島占領外交綜攷, 崔文衡, 러시아의 太平洋進出企圖와 英國의 對應策, 田保橋潔, 近代日鮮關係研究, 渡邊勝美, 巨文島外交史 和保一郎, 巨文島事件 回顧, 奥平武彦 英艦 巨文島 占領事件, Dalton, D.J., The Rise of Russia Yale University Press를 참고로 하고, 拙著인『우리나라 영토 이야기』를 재구성해 엮은 글임을 밝혀둔다.

거문도는 일본 · 중국 · 부산 · 제주도를 왕래하는 데 중요한 지리적 요충지가 되고 있다.

4) 대한해협과 대마도 영유 의식 및 왜구 침입에 따른 응징

가) 대마도의 역사 지리

대마도는 우리나라와 일본 열도 구주(九州) 간에 놓여 있는 해협으로, 수심은 평균 100m 내외이며 평평한 대륙붕으로 형성되어 있다. 제3기 말 이전에는 육지와 연결되어 있었으며, 해협의 폭은 50km 정도이고 길이는 200km이고 최대 수심은 210km이다.

해저 지형은 동중국해와 서해로 연결되는 계단상의 대륙붕을 이루고 있으며, 우리나라 쪽은 완만한 경사이고 대마도 북서쪽은 모래와 이질(泥質) 퇴적물이 분포된 좁고 긴

해부(海釜)로 되어 있다. 해협 양안(兩岸)은 리아스식 해안으로 우리나라 남해안 쪽은 해안 지형을 이용한 김과 패류의 양식이 성하다.

대륙붕상에는 난류가 흘러 해산물이 풍부하여, 남해 어장의 일부를 이룬다. 제2차 세계대전 후 고(故) 이승만 대통령은 맥아더라인과 평화선을 설정했으며, 1965년에 이르러 한일 양국 간에 어업 협정이 맺어지고 전관수역(專管水域)과 공동수역(共同水域)을 설정하였다.

대한해협과 이에 연속되는 쓰시마해협을 따라, 대마도 일기도(一岐島; 이키) 등의 섬들이 징검다리처럼 나열되어 있는데 대한해협을 통한 한일 간의 교류는 1천 년 전인 삼국시대부터 활발하게 진행되어 왔다. 특히 백제와 일본 간에는 인적 교류가 매우 많았다.

한편 대마도를 근거지로 한 왜구들이 우리나라 해안지대를 빈번하게 약탈해 왔는데, 고려 말부터 왜구의 침입이 대규모화되어 고려 창왕과 조선 세종 때에는 회유책으로 부산포 등 3포를 개항하여 교역을 승인하기도 하였다.

일제강점기에는 일본의 군수물자를 일본에서 대륙으로 수송하기 위해 이 통로를 따라 해저터널의 건설을 계획하였으며, 오늘날에 이르기까지 일본 측은 이 같은 계획을 멈추지 않고 있다. 물론 그 목적은 이전과는 달리 설명되고 있다.

오늘날 부산과 일본 하관(下關; 시모노세키) 간에는 정기 항로로 페리호가 운항되고 있다. 대한해협에서 6 · 25전쟁 발발 당시 북한군 무장수송선을 격침시킨 해전도 있었다. 이는 북한이 육전대를 상륙시키고자 1천 톤급의 무장수송선을 보낸 바 있는데, 이 배가 일몰 시에 발견되었다. 여기에는 갑판을 천으로 위장하고 포와 기관총 2정이 실려 있었다.

『세종실록』에 본래 우리나라의 땅이었다고 기록되어 있는 대마도

이 무장수송선과의 전투는 이튿날 새벽 1시 38분에 끝났는데, 북한군 600명이 수장되었다. 이는 북한 측이 게릴라전을 하기 위한 상륙 시도였다. 이렇듯 대한해협은 우리 민족의 애환을 담고 있는 해협이다.

이러한 대한해협을 사이에 두고 대마도가 일본 본토와의 가교 역할을 해오고 있었으나, 지리적으로 인접한 대마도에 대한 우리 선조들의 영유의식은 일찍부터 있어 왔다. 조선 『세종실록』에 기록하기를

"대마는 섬으로, 본래 우리나라 땅이다. 다만 궁벽하게 막혀 있고 또한 땅이 좁고 누추하므로 왜놈들이 거류하게 두었더니 개처럼 도적질하고 쥐같이 훔치는 버릇을 가지고 경인년(庚寅年)부터 날뛰기 시작하였다.[1] 대마는 섬으로 경상도 계림(鷄林)에 예속되었던 섬으로 본시 우리나라 땅이라는 것이 문적(文籍)에 실려 있어 확실하게 상고할 수 있다.…… 만약 하루빨리 깨닫고 항복해 오면 도주(島主)에게는 좋은 벼슬과 두터운 몫을 나누어줄 것이요, 나머지 대관(代官)들은 도주인 평도전(平道全)의 예와 같이 할 것이고, 그 나머지 무리들도 옷과 양식을 넉넉히 주어서 비옥한 땅에 살게 할 것이다.…… 이 계책에 따르지 않는다면 무리를 모두 이끌고 본국으로 돌아가는 것도 가하다. 만일 본국에 돌아가지도 않고 조선에 불복하면서 계속 도적질할 마음을 품고 섬에 머물러 있다면 마땅히 병선을 갖추어 다시 섬을 포위하고 정벌을 단행할 것이다.[2] 이 같은 유시에 따라 대마도주는 다음과 같이 고해 왔다. '밖에서 귀국을 호위하며…… 우리 섬으로 하여금 귀국 영토 내의 예에 따라 주(州)의 명칭을 정하여 주고 인신(印信)을 주신다면 마땅히 신하의 도리를 지켜 시키는 대로 따르겠습니다.[3]'하였다."

이상의 사료들이 비록 조선왕조가 들어서면서 기록으로 남겨진 것이나, 그 같은 인식은 오래전부터 우리 선조들의 마음속에 대마도가 우리의 영토였음이 각인되어 왔었다. 우선 지도상으로 보면 1402년(태종 2년)에 만들어진 '혼일강리역대국도지도(混一疆理歷代國都之圖)'상에 대마도가 우리나라 땅으로 표시되어 있었다.

---

1) 朝鮮王朝 世宗實錄, 世宗 元年 6월 6일.
2) 朝鮮王朝 世宗實錄, 世宗 元年 7월 17일.
3) 朝鮮王朝 世宗實錄, 世宗 2년 閏正月 10일.

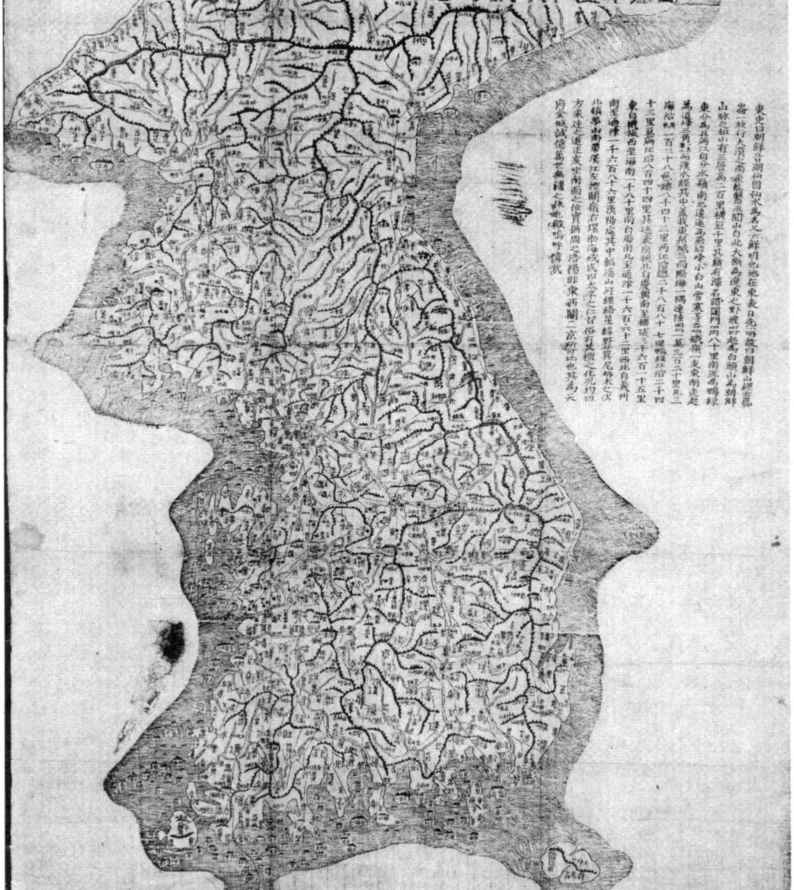

대동여지도, 동래부지 등 고지도에서는 한결같이 대마도를 우리 땅으로 표기하고 있다.

대마도가 당연히 우리나라 영토로서 귀속되어 있어야 했으나 실제 관할 밖에 있어 독자적인 생활권을 영위하고 있음으로써, 우리나라 통치권에 벗어나 있었다. 섬 자체적으로는 자활해 나갈 수 없기 때문에 이들은 기회 있는 대로 해적질을 해왔었다.

그 피해가 다분히 우리나라 연안(沿岸) 주민들에게 미쳤고, 심지어는 조운선(漕運船)마저 노략질의 대상이 되었던 것이다. 이를 그대로 두고만 볼 수 없어 1419년(세종 1년) 대마도정벌을 단행하게 되었다.

포고문은 대마도 정벌 이후, 그해 7월 17일 병조판서 조말생(趙末生) 명의로 대마도주에게 보낸 유서(諭書)였다. 이에 대해 대마도주는 9월 25일 항복할 것을 받아들이기로 하고, 다음과 같이 유서에 답해 왔다. "대마도가 조선의 번병(藩屛)임을 인정하고 속주화(屬州化)를 요청하였다."[4] 이러한 대마도의 형성은 지질학적으로 보아 홍적세 종말기에서 충적세 초기로 대략 1만 년 전으로 추정된다. 이곳에 인적(人跡)의 발길이 닿기는 대륙에서의 한국인의 활동기와 비슷하다. 대마도에 있는 고시다카(越高)에는 서기전 약 5000~4500년의 것으로 추정되는 덧무늬토기가 출토된 적이 있는 유적지가 있다. 대마도의 이즈하라(嚴原)를 중심으로 한 해안지대에 널려 있는 유적의 발굴물은 우리의 고대유물과 동질의 토기와 동검들이다. 덧무늬토기의 유적지 발굴은 1976년 12월 벳푸대학(別府大學)의 사카다(坂田邦洋)팀이 고시다카(越高) 유적지를 발굴함으로써 밝혀졌다. 사카다 교수는 나가도메(永留久惠)씨의 사위이기도 하다. 이 유적지 근처에는 부산 등지에서 버린 비닐제품의 포장지들이 조류를 타고 어김없이 이 근처에서 맴돌고 있음을 볼 수 있다.

나) 세종조의 대마도 정벌

대마도를 근거지로 한 왜구들은 5월 11일 황해도 해주만인 연평도로 침입해 식량을 강탈하고자 하였다.[5] 이를 계기로 조정에서는 왜구들의 노략질을 더 이상 두고만 볼 수 없어 이해 5월 4일 조정에서는 이종무(李從茂) 장군을 삼군도체찰사로 임명하고 박초(朴礎)를 좌군도절제사로, 이지실을 우군도절제사로 임명하였다. 함선은 경상도, 전라도, 충청

4) 영류구해(永留久惠), 고대의 건(鍵) 대마(對馬) 대화서방(大和書房), 1985, pp. 129~142.
5) 朝鮮王朝 世宗實錄, 권4, 世宗 元年 5월 11일 丁巳.

도에서 200척이 동원되고 집결지는 거제도 서북쪽 해협인 견내량이었다. 대마도 원정을 비밀리에 수행하기 위하여 경상도 진해와 제포에 와 있던 일본 상인 591명을 내륙 지방으로 이동시켜 노비로 삼았고 중앙에 와 있던 사신들도 억류하였다.

이 밖에 영의정 유정현을 삼도도통사로, 참찬 최윤덕을 삼군도절제사로 임명하여 원정에 만전을 기하도록 하였다. 그리고 해안 경비를 강화하기 위한 방편으로 병마도절제사 조선병마사 등을 서해 연안에 각각 파견하였다. 원정을 목전에 두고 대마도주에게는 비인현(庇仁縣) 도두음곶(都頭音串)과 연평곶에 침투하였던 왜구들을 구금하였다가 돌려보내며 항복할 것을 권유하였다. 그럼에도 불구하고 20일이 지나도록 아무런 반응이 없자 드디어 대마도 원정을 단행하였다. 이때 출정한 배는 227척에 군병 1만 7,285명이며 출발 일자는 거제도에서 6월 17일이었다.[6)]

세종대왕은 이종무(李從茂) 장군을 삼군도체찰사로 임명하고 대마도 정벌을 명하였다. 이종무는 대마도주로부터 항복을 받았다.

6) 朝鮮王朝 世宗實錄, 권4, 世宗 元年 6월 17일 庚寅.

출항 당일 항해 중 풍랑이 심해 일단 되돌아왔다가 다음날인 19일에 다시 떠나 20일 대마도 두지포(豆知浦)에 도착하였다. 대마도의 주민인 왜구들은 약탈하러 떠났던 배들이 귀환한 줄 알고 해안가로 마중 나왔다가 원정군이 들이닥치자 넋을 잃고 산속으로 도망치기 바빴다. 원정군은 이전에 귀화해 온 왜인들을 대마도주에 보내 항복할 것을 권유하였으나 반응이 없자 작전을 펴, 왜선 129척을 노획하고 그 가운데 109척을 불사르고 1,939채의 가옥을 태웠으며, 오시(午時)에 우리 측 함선 10여 척이 먼저 대마도에 도착하고 뒤이어 대군(大軍)이 두지포에 정박하였다. 이전에 귀화한 지문(池文)이라는 자를 보내 도도웅화(宗貞盛)에 보냈으나 무응답이었다.

이에 길을 나누어 우리 측 군사가 수색하여 대항하는 왜구 114명을 사살하고, 21명을 생포하였다. 이 밖에 명나라에서 붙잡혀 온 사람들 131명을 구출하기도 하였다.[7] 두지포에서 전투를 끝낸 후, 잡혀가 있던 명인들이 말하기를, 도망친 왜구들이 양식이 떨어져 곤경에 처해 있음을 알게 되었다. 이에 도망쳐 달아난 적들을 일일이 수색해, 소멸함에 적들은 뿔뿔이 흩어졌다. 우리 측 원정군은 대마도 북쪽 섬 남부로 진격하였는데 이에 앞서 상륙하였던 좌군들이 매복하였던 적의 습격을 받아 위태로운 지경에 처하기도 하였다.

그러나 뒤따르던 우군의 도움으로 적들을 제압하고 해적들의 집 2,007채와 144척의 배를 불태우고, 적 153명을 처단, 본국인 8명과 중국인 146명을 구출하였다. 우리 측 손실은 전사자와 추락자를 합쳐 총 1백 수십 명뿐이었다. 이에 대마도주 도도웅화도 더 이상 버틸 수 없음을 알고 사람을 보내 앞으로 조선의 명에 순종하겠음을 다짐하였다. 이에 원정군은 섬을 포위하여 왜구를 근원적으로 궤멸하려던 계획을 바꾸어 7월 3일 거제도로 귀환하였다.[8]

이러한 원정이 단행된 이후에도 일부의 왜구는 충청도 안흥량에 출몰해 전라도에서 공물을 실어 나르는 배 8척을 약탈해 달아났는가 하면, 황해도 소청도 일대에 30여 척의 왜구가 나타나 소란을 피움에 연해변 요충지마다 병선 20여 척씩을 배치하고 75척의 함선은 등사곶 등지에 정박하게 하여 유사시 출동하게 하였다. 대마도 원정 이후 조정에

7) 朝鮮王朝 世宗實錄, 권4, 世宗 元年 6월 20일 癸巳.
8) 朝鮮王朝 世宗實錄, 권4, 世宗 元年 7월 3일 癸巳.

서는 그간의 배은망덕한 행위에 대해 단죄하며, 대마도 땅을 조정에 귀속하게 하고 투항할 것을 내용으로 하는 서찰을 보냈다.

투항하지 않을 시, 9~10월 사이에 다시 토벌에 나서겠다고 전하였다. 실제로 9월에 들어서면서 평안도 대동강, 청천강 어구에 병선 50여 척을 건조하게 하여 대마도 원정을 준비하게 하였다. 그러다가 10월에 와서 대마도주가 사죄하고 조선에 억류되었던 사신들을 돌려 보내줄 것을 간청함에 재차 하려던 원정은 중단되었다.

대마도 원정은 두지포로 먼저 상륙할 것이 아니라 도주(島主)가 있는 시가우라를 먼저 공격해야 했고, 7월에 예상되는 계절풍에 따른 풍랑도 고려해, 마땅히 출정일을 조절해야 했다. 명나라로 갔던 왜구들의 귀환도 맞받아쳐 궤멸시켜야 했으나 이 또한 유야무야하였다는 것은 커다란 실책이라 하겠다.

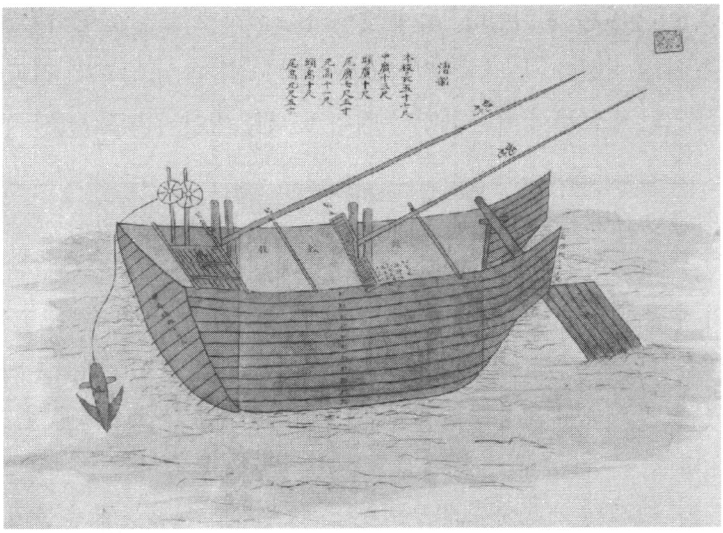

외구의 약탈대상이 된 조선시대의 조운선

그렇더라도 대마도 원정의 성과는 적지 않았다. 무엇보다 왜구들의 침략이 현저히 감소되었으며, 대마도 왜구들의 준동이 심리적으로나 실제 해상활동을 위축시켰다. 반면 우리나라 함경도 북부 바닷가 어민들에게는 지난날 자주 침범해 오던 경원부의 후라둔도나 시우둔도 등지까지 진출해 어로 활동을 하게 되었으며[9], 남쪽의 전라도 광양, 순천, 낙안 등지의 어민들도 먼 바닷가로 나아가 어로 활동을 할 수 있게 하였다.[10]

대마도 원정 이후 조정에서는 그간의 배은망덕한 행위에 대해 단죄하고 대마도 땅을 조정에 귀속, 투항할 것을 내용으로 하는 서찰을 보냈다. 투항하지 않을 시 9~10월 사이에 또다시 토벌에 나서겠다고 전하였다. 이외에 왜구의 출몰에 따른 역량을 북방의 여진세력 구축에 국력을 결집할 수 있는 계기로 전환시킬 수 있는 전기를 마련하게 되었다.

20여 년이 지난 후인 1443년(세종 25년)에는 대마도주와 계해조약(癸亥條約)[11]을 맺어 평화적으로 관계가 이루어졌고 이를 계기로 일본 내지와도 무역 거래가 활성화되었다. 1490년도에 들어와서 일본 사송선(賜送船)은 대선(大船)이 160척에 달하였고, 중선(中船) 4척 등 무려 164척이 운항되었으며 이후 해마다 비슷한 수준의 배들이 왕래하게 되었다.[12]

일본 내륙국 이외에도 유구국(오키나와), 섬라(타이), 인도네시아(조와; 자와) 등지에서 사절이 찾아올 정도였다.[13] 이 같은 성과는 한결같이 왜구의 침입을 제압, 대마도 정벌을 단행한 결과였다.

그러나 16세기에 들어서면서 점차 이 같은 여세가 줄어들면서 1510년 삼포왜란, 1544년 사량왜변, 1555년 을묘왜변을 비롯해 1513년 여진인들의 온성, 창성 등지의 침입 사건들에 대한 제어책으로 이제까지의 방비로는 한계에 부딪힐 수밖에 없었다.

이에 새로운 무기 체계와 발굴을 위해 노력을 기울이지 않을 수 없었다. 그 결과 1520년에는 서후(徐厚)[14]가 100근 짜리 무게를 날려 보낼 수 있는 강노(剛弩)를 창안 · 제작하

9) 世宗實錄, 권52, 世宗 13년 5월 丙子.
10) 成宗實錄, 권47, 成宗 5년 9월 癸亥.
11) 세종 25년 변효문(卞孝文) 등이 대마도주 종성성 소오(宗貞盛)과 세견선(歲遣船) 등에 관해 맺은 조약인데, 대마도 정벌 이후 조선과 일본 간의 왕래가 끊어졌다가 대마도주의 간청으로 다시 삼포를 개항 무역과 어획을 허락하게 되었는데, 1443년 구체적인 조약을 맺었다. 즉 세견선은 60척으로 하고 좌선 인원은 대선 40인, 중선 30인, 소선 20인으로 정하여 식량을 지급할 것, 삼포에 머무르는 날짜는 20일에 한하며 상경한 배를 지키는 간수인은 50일로 한해 식량을 지급할 것, 고초도(孤草島)에서 고기잡이하는 자는 지세포만호의 문인을 받고 나서 어세(漁稅)를 내야 할 것 등이다.
12) 成宗實錄, 권289, 成宗 25년 4月朔 己未.
13) 成宗實錄, 권96, 成宗 9년 9月朔; 己未, 권138, 成宗 13년 2월 丙午.
14) 서후(徐厚)는 서거정(徐居正)의 종손으로 1504년 갑자사화에 연루되어 음성으로 유배, 중종반정 후에 재기용되어 장령(掌令) 등의 언관(言官)을 지냈으며, 군기(軍器)에 관심이 많아 직제학으로 있을 때 100근의 강노(强弩)를 만들어 중종에게 바쳤다. 이어서 편조전(鞭條箭)을 개량 120근의 궁노를 만들었다. 그의

였으며, 이듬해에는 이보다 더 무거운 120근 짜리 강노를 날릴 수 있는 극적궁(劇賊弓)과 벽력포(霹靂砲)를 제조하는 데 성공을 거두었다.[15] 특히 벽력포는 수전(水戰)에 활용할 수 있도록 제조되었는데 생김새도 경편(輕便)하고 정예로운 데다 화력도 뛰어났다.[16] 1426년 전라도 만경현과 위도에서 일본 왜구의 잔당이 우리 측 배를 한 척씩 습격, 약탈해 가는 사건이 발생하였다.

이외에도 해적선들이 연해 지역에 출몰해 노략질을 계속함에 조정에서는 대마도주가 발행한 증명서가 없거나 조선 정부의 증명서가 없는 경우, 일체의 왜선들은 해적으로 인정, 철저하게 단속 · 소멸한다고 선포하고 해상 경비를 엄하게 하였다.[17]

1434년 냉이포와 부산포에 와 있는 흥리왜인(興利倭人)의 수는 600명에 달하였다. 1439년 냉이포에는 본래 60명만 거주하도록 허용되었는데 200여 명이나 와서 살고 있었다. 부산포에는 항거왜인(恒居倭人)이 없었는데 160명이나 거주하고 있었다.

조정에서는 이들을 다음해 봄까지 쇄환해 가도록 일본 측에 강력하게 요청하였다.[18] 그러나 1440년에 와서도 부산포의 항거왜인은 60여 호에 장사꾼만 6천여 명에 달하였고, 15세기 말에 와서는 무려 1만여 호로 엄청나게 늘어났다.[19]

이렇듯 왜인들이 우리나라에 대해 집착하고 있는 동안, 대마도에 대한 영유 의식이 점차로 변모되어 가는 모습이 양측 사이에 여실히 나타나고 있었다.

먼저 우리 측의 대마도에 대한 인식의 변화 과정을 살펴보면 첫째가 대마도에 대한 전래적 영유 의식의 변화이고,[20] 둘째가 동번(東藩)이라 하는 대마번병(對馬藩屛) 의식의 변화이며,[21] 셋째가 양속관계(兩屬關係)요, 넷째가 대마일본계의식(對馬日本界意識)이고,[22] 다섯째가 대마고토회복(對馬故土回復) 의식으로 변화되어 오고 있다는 점이다.

저서 중 군문요람(軍門要覽), 장훈원구(將訓元龜) 등이 있음이 국조방목(國朝榜目) 등에 나타나 있다.
15) 中宗實錄, 권40, 中宗 15년 10월 戊戌; 中宗實錄, 권41, 中宗 16년 正月 己巳.
16) 中宗實錄, 권41, 中宗 16년 正月 己巳.
17) 世宗實錄, 권64, 世宗 16년 4월 戊辰.
18) 世宗實錄, 권88, 世宗 22년 2월 庚申.
19) 燕山君日記, 권19, 燕山君 2년(1496년), 11월 乙丑.
20) 東國輿地勝覽, 권23, 東萊縣 山川條.
21) 世祖實錄, 권34, 世祖 10년 6월 14일.
22) 鄭尙驥, 東國地圖, 輿地圖, 八道地圖.

반면 상대적으로 일본 측은 대마가 조선의 번리(藩籬)임을 자칭하다가,[23] 번신의 예를 취함에 따라 굴욕을 받은 치욕이라 하고 이 같은 오류를 바로잡아 국체와 국위를 세울 것을 다짐하고 있다.

이렇듯 변화된 대마도에 대한 인식은 오늘날 돌이키기 어려운 국면을 맞이하고 있다. 그러나 영토의 귀속은 그 옛날이나 오늘날에 와서도 지리적 근접성을 무시할 수 없음은 세계사를 통해 알 수 있다.

대마도는 우리나라 남단에서 120여 리인 50km, 일본 규슈에서는 147km에 위치해 있어 위급한 환자가 발생할 경우 부산으로 내원하는 경우가 적지 않다. 생활 풍습 역시 지리적 인접성과 불가분의 관계가 있어, 대마도 주민의 주거 생활 역시 경상도 지방과 매우 유사하다.

세시풍속(歲時風俗) 면에서도 유사점이 한두 가지가 아니며 특히 그 많은 고사(古社)들이 하나같이 바다 건너 육지를 향해 세워져 있어 여기서도 본향지향적(本鄕指向的)인 귀소의식(歸巢意識)을 엿볼 수 있다.

5) 울릉도 개척과 속도(屬島)인 독도

가) 영토관할정책을 전환시킨 이규원의 울릉도 검찰일기

조선의 영토관할정책은 오랜 기간 내륙에서는 청야작전(淸野作戰)[24]을, 영해상에서의 낙도(落島) 관할에 대해서는 섬을 비워 두는 공도정책(空島定策)을 펴 오면서 상당 기간 소극적인 해방관할정책(海防管轄政策)[25]을 견지해 왔다.

이에 따라 본토에서 멀리 떨어진 낙도(落島)는 왜구, 군역 기피자, 죄수, 적당(賊黨)들의 도피처가 됨으로써 이들을 퇴치하기 위한 방편으로 일정 기간 수토정책(搜討政策)을 폈으나 좀처럼 발본색원되지 않아 여러 측면에서 어려움이 있었다.

---

23) 朝鮮外交事務書, 권11; 宗重正履歷集, 권3, 明治 元年 十月 八日.
24) 외침 시 군의 작전상 일정 지역을 공동화(空洞化)하는 전략이다. 인조 때 정충신이 청천강 이북지역을 비워 두고 명말 청초 양 진영의 침략에 대비하여 청천강 이북지역을 비워 두고 싸우자는 작전을 일컫는다.
25) 해방관할정책이란 해상방비관리정책으로, 필자는 수토정책이나 공도정책은 해방관리정책에 포함시켜야 되는 것으로 본다. 이러한 의미에서 본고에서는 해방관할정책, 해방관리정책이라는 용어를 쓰고자 한다.

특히 동해상에 멀리 떨어져 있는 울릉도에는 왜구들의 발길이 끊이지 않아 이에 따른 대응책이 시급한 실정이었다. 그 같은 실례가 숙종조 안용복의 활약상으로 이어지게 된 것이다. 무엇보다 근세기에 들어오면서 열강제국의 해양에 대한 관심이 고조되는 가운데 내륙의 침략 못지않게 해도(海島)를 장악하고자 하는 양상이 두드러지게 나타나면서 이제까지의 소극적인 해방정책(海防政策)으로는 이에 대처하는 데 한계를 느끼지 않을 수 없었다.

이에 근세기 이래 조선시대 말기의 우리나라 영토관할정책에 획기적인 전기를 이루게 한 이규원(李奎遠)의 울릉도 검찰일기(檢察日記)[26]를 고찰해 보고자 한다.

즉 이규원의 검찰일기가 작성된 시대적 배경과, 울릉도의 역사 및 조선시대 말기의 실상, 일본인들의 울릉도 잠획상(潛獲像), 이규원(李奎遠) 검찰사의 울릉도 검찰 내용, 검찰에 따른 복명 상황 등에 관해 언급해 보고자 한다.

이규원이 울릉도 검찰사로 임명된 것은 1881년 6월 초이나 이미 철종 말기 러시아가 청과 북경조약을 체결하고 시베리아 연해주 일대를 장악한 이후, 그 여세를 몰아 태평양으로 진출하고자 함에 따라 우리나라 전래의 고유 영토인 녹둔도를 불법적으로 부당하게 장악하고 접경지대로 다가오면서 통상을 요구하고 나섰다.

이에 맞서 영국은 지리상으로 보아 전혀 무관한 듯한 나라이기는 하나, 러시아의 동진정책에 맞서 남해안의 거문도를 무력으로 점거하고 근 2년간이나 영국 해군으로 하여금 주둔하게 하였다. 그런가 하면 청나라는 1884년(고종 21) 10월에 일어난 갑신정변 이후 우리나라 내정에 간섭하면서 그 어느 때보다 영향력을 확대해 오면서 오랜 기간 봉금지대(封禁地帶)[27]로 묶어두었던 간도 일원을 개간한다는 명목으로 이곳에서 거주하던 한국인들을 추방하고자 획책하고 나섰다.

이에 우리나라 조정에서는 백두산 정계비에 기록된 동위토문(東爲土門)이라는 문구를 내세우면서 간도 지역은 우리나라 영토임을 주장하였다. 그러나 청 측은 토문이 곧바로

---

26) 이선근, 근세 울릉도 문제와 검찰사 이규원의 탐험성과, 대동문화, 제1집, 1963; 대한민국 외무부, 독도 관계 자료집 ll-학술 논문, pp. 410~427; 졸저, 우리나라 영토 이야기, 대륙연구소출판부, 1994, pp. 194~201.

27) 봉금지대는 만주족이 청을 건국하고 청조 발상지를 신성시하여 잡인 출입을 금기시하고 특히 한인(漢人)에 대한 만주 지역 이주를 금지하는 법령을 발했으나 실효를 거두지 못하고 우리나라 동북부 지방에 대한 제한구역이 되었다.

두만강이라 주장하면서 을유감계담판(乙酉勘界談判)[28]을 개최케 하였다. 이 회담을 통하여 저들은 정치적 우위성을 배경으로 간도 지역을 자국영역시(自國領域視)하려 하였다.

이러한 때에 일본은 태정대신(太政大臣) 삼조실미(三條實美)로부터 송도도항금지령(松島渡航禁止令)이 내려져, 유관기관인 내무경(內務卿)과 사법경(司法卿)에 울릉도의 위치를 적시한 북위 37도 30분, 동경 30도 19분 2에 위치한 울릉도는 조선의 영토임을 분명하게 명시하였다.[29]

그럼에도 불구하고 일본인들의 울릉도, 독도 연해의 출몰 내지 침어(侵魚), 남획상(濫獲狀)은 1883년(고종 20; 명치 16)에 이르기까지 줄어들지 않았고[30] 일본인들의 울릉도 잠입은 1883년 말에 가서야 확연하게 줄어들었다.

나) 울릉도의 역사와 조선시대 말기의 실상

울릉도는 동해상에 위치한 섬으로 중앙에 984m의 성인봉이 솟아 있고 901m의 미륵산, 608m의 추봉, 713m의 형제봉, 586m의 관모봉 등이 고지를 이루고 있다. 산상으로부터 능선이 사방으로 뻗어 있으며 산맥 간에는 깊은 침식곡이 발달해 자연스럽게 경계 구분을 짓고 있다.[31] 섬의 북부 사면(斜面)에 있는 나리분지는 동남부와 서남부가 높이 500m 내외의 단애(斷崖)로 둘러싸여 있고 북부가 200m 이하의 낮은 산지로 막혀 있어 울릉도 내 유일의 평야지대를 형성하고 있다.

---

28) 1885년 을유년 한 · 청 양국 대표가 만나 변경지역 귀속문제를 논의하였으나 회담은 여의치 않아 결렬되고 말았다. 회담은 함경도 회령에서 양측이 만났는데 우리나라 대표로는 덕원부사였던 이중하이고 청 측에서는 덕옥 가원계 진영 등이었다. 회령 2차 회합에서 강원(江源)을 조사하기로 하고 백두산 현지답사를 실시, 강원 지역과 정계비를 답사하고 무산으로 내려와 의견 조정을 꾀하였다. 그러나 양측의 주장이 달라 타결을 보지 못하고 회담은 결렬되고 말았다. 이러한 회담을 을유감계담판이라 한다.

29) 朝鮮通交大紀, 권8, "我書不言蔚陵島之事 今回簡有蔚陵島名 是所難曉 只冀除却蔚陵之名 惟幸"이라 하여 울릉 두 글자를 삭제해 줄 것을 요망하고 있다. 日文으로는 "此事彼國禮曹參判をして右の書を復せしに我州其書內 蔚陵嶋の名をあはせ除き去しむ事を計りて"

30) 한림대학교아시아문화연구소 편, 독도영유권자료선 -울릉도 도항 금지령-, 2004, pp. 183~184.
위의 글 가운데 "大朝鮮國 禮曹判書 李會正 呈書라 하여 '…頃因貴國人斫樹伐木早奉書契 籍蒙貴朝廷 另許禁止 弊邦委遣檢察使李奎遠 周視島界 歸言斫採仍前無改…'"로 기록하고 있다.
이를 번역하면 "전자에 귀국인이 목재를 작벌(斫伐)하여 일찍이 서계를 올려 귀조정에서 특별히 금지시키겠다는 약속을 받았는데, 폐방에서 검찰사 이규원을 일부러 보내서 도계(島界)를 두루 살펴보게 하였는데 돌아와서 말하기를 작벌은 여전하며 달라진 것이 없다 하였습니다"이다.

31) 건설부 국립지리원, 한국지명요람, 1982; 한국자연보존협회, 울릉도 및 독도 종합학술조사보고서, 1981.

일본의 세력확장으로 군사적 요충지로 떠오른 울릉도

섬 연해는 동한난류가 교차하는 조경수역이어서 회유성 어족이 모여들어 어장을 이루고 있다. 역사적 기록으로는 『삼국지』 「위지동이전 옥저조」에, 옥저 사람들이 배를 타고 물고기를 잡으러 갔다가 풍랑을 만나 수십 일 만에 이 섬에 닿았다고 하여 고대사회에서부터 이 섬의 존재가 인지되어 오고 있었음을 알 수 있다. 이후 신라 지증왕(智證王) 13년인 기원 512년 하슬라주(何瑟羅州) 군주 이사부가 이곳 우산국을 정벌하면서 신라 영역권에 들어서게 되었다.[32] 이후 본토와 긴밀한 연락을 하면서 발전해 왔는데 이 당시 만들어진 고분 80여 기가 1900년까지 남아 있었다고 전해지나 오늘날에는 불과 몇 기밖에 보이지 않는다.

신라를 이어받은 고려 태조 왕건은 930년 울릉도에서 백길(白吉), 토두(土豆)가 방물(方物)을 바치자 백길을 정위(正位)로, 토두를 정조(正朝)로 삼았다는 기록이 고려사에 전해지고 있다. 이러한 울릉도가 후삼국 통일 후 행정구역상 울진현에 소속되었고, 고려 현종 9년인 1018년 동여진의 침입을 받아 섬이 황폐해지자 고려 정부는 이원구(李元龜)를 통해 농기구를 보내 개간에 힘썼으나 1022년 또다시 여진의 침입이 있자 이후 섬은 무인지경화(無人之境化)되고 말았다. 그러나 덕종 원년인 1032년 우릉성주(羽陵城主)의 토산물 진상이 있었던 것으로 보아 섬은 근근이 개척되고 있었음을 알 수 있다. 인종 19년인

32) 三國史記, 新羅本紀, 智證王 三十三年 六月條.

1141년 이양실(李陽實), 의종 11년인 1157년 김유립(金柔立)이 이 섬으로 와서 도서(島嶼)의 이모저모를 살피고 조정에 보고하였다. 조선시대에 들어와서는 고려 말기부터 왜구들의 노략질이 심해지는 가운데 본토에 거주하던 빈한한 백성들이 모여들어 섬의 거주자가 늘어났다.

이후로 이 섬은 행정구역상 강원도 울진현에 소속되어 있었으나 왜구들의 노략질 거점이 됨에 따라 부득이 조정에서는 섬을 비워 두는 공도정책(空島政策)을 시행하였다. 그러한 가운데서도 조선 태종 12년(1412년) 강원도 관찰사의 보고에 따르면 열한 가구에 60여 명의 사람들이 살고 있었고 콩, 보리를 경작하였으며, 섬 주변에서 해산물을 채취하고 산에서 과일을 많이 따냈다고 한다. 이렇듯 먹을거리가 넉넉하다는 소문이 나돌자 섬으로 잠입해 들어가는 백성이 늘어남에 조정에서는 수시로 안무사(按撫使)와 경차관(敬差官)을 파견하여 주민들을 쇄환해 오도록 하였다. 그러나 이 섬이 원래 본토에서 멀리 떨어져 있는 데다 바닷길이 험난하여 자주 수토(搜討)할 수 없어 어쩔 수 없이 공도정책을 펼 수밖에 없었다.

성종 2년(1471)에는 삼봉도(三峰島)를 조사하기 위하여 박종원(朴宗元)을 보내 섬을 살펴보도록 하였다. 숙종조에는 안용복 사건[33]을 계기로 삼척첨사 장한상(張漢相)으로 하여금 울릉도 조사를 명함으로써 장한상은 섬의 생김새인 도형(島形)과 함께 복명서를 올렸다. 장한상의 보고를 계기로 조정 중신들도 이 땅을 계속 비워둘 것인지 아니면 설진(設鎭)하여 이주정책(移住政策)을 시행할 것인지 논의가 분분해졌다. 이 당시 영의정으로 있던 남구만(南九萬)[34]은 섬을 비워 두되 1~2년간에 한두 번씩 섬을 수토(搜討)함으로써 왜인들의 왕래를 막고 우리나라 백성들의 잠입을 그치게 하며 혹시 잔류한 백성들이 있으면 이들을 쇄환해 오자고 하였다.[35] 남구만의 건의에 의해 장한상(張漢相)이 삼척첨사

33) 안용복은 숙종 시기의 민간 어부로 울릉도, 독도에 기거하는 일본인들을 모두 쫓아내고 1696년 일본 막부로 가서 울릉도 우도 감세관이라 자칭, 일본 정부의 불법 고기잡이와 벌목에 항의하였다. 울릉도가 우리의 영토임을 승인한 문서를 받아 돌아오는 길에 대마도에서 왜인들에 붙잡혀 우리 조정에 압송됨에 따라 승인 없이 양국관계를 어지럽혔다는 죄목으로 귀양을 가게 되었는데, 일부 신료들은 극형에 처해야 한다는 극언까지 불러일으킨 사건이다.

34) 남구만은 숙종 3년에 영의정에 올랐으며 저서로 약천집(藥泉集)이 있다. 경종 3년에 이 문집이 간행되었는데, 이 문집 가운데 독도 관련 기록이 보인다. 문집은 총 34권 17책 印本으로 독도가 우리나라 영토임을 보여주는 귀중한 사료가 되고 있다.

로 발탁되었고, 이해 9월 19일 삼척을 출발하였는데 일행은 왜어역관인 안신휘(安愼徽)를 포함해 총 150명에 기선(騎船) 2척, 급수선 4척이 있었다. 이들 일행은 9월 20일부터 10월 3일까지 13일간 섬에 체류하면서 곳곳을 살피고 삼척으로 돌아왔다.[36]

장한상은 울릉도 조사 결과를 『울릉도사적』에 다음과 같이 수록하고 있다. "이 섬에 왜인들은 살고 있지 않으나 이들이 왕래한 흔적은 있으며 해로가 험난해 왜인들이 횡점(橫占)한다 해도 제방(除防)하기 어렵다고 하고, 보를 설치한다 해도 땅이 비좁고, 큰 나무들이 많아 백성들을 왕접(往接)시키기 어려우며, 토질을 알아보려고 무맥(보리)을 심고 왔다"고 보고하였다.

이후 수토정책은 정례화되었는데, 이 시기가 숙종 23년(1697년)이다. 『비변사등록』에 의하면 숙종 25년 7월 25일 강원도관찰사는 월송만호 전회일(田會一)로 하여금 수토 임무차 이해 6월 4일 임지로 떠나 그달 21일에 귀환하고, 숙종 28년(1702) 5월에는 삼척영장 이준명(李浚明)이 왜어역관을 대동하고 수토차 떠났던 것으로 미루어보아 울릉도에 왜인들 상당수가 있었음을 짐작케 하고 있다.

영조 45년(1769) 10월에는 울릉도에 산삼(山蔘) 관련 기록이 보이는데, 잠상(潛商)들의 밀채(密採)로 인한 독직사건(瀆職事件)이 있었음을 언급하고 이듬해 정월에 채삼을 지시하고 있기도 하다. 이렇듯 울릉도에는 해산물 이외에도 희귀 산물이 적지 않게 산출되고 있었음을 알 수 있다.

정조 때 와서도 수토는 계속되는데, 1794년(정조 18년) 수토관 한창국(韓昌國)은 그해 4월 21일부터 5월 8일까지 울릉도를 수토하고 돌아오면서 물개(海驢)로 알려지고 있는 즉 가지어피(可支魚皮)를 진상하였다고 전해지고 있다.

이렇듯 정례적인 수토가 이루어지면서 이 고장의 토산물에 대한 호기심이 백성들을 자극하였고, 특히 산림목인 향나무를 위시한 벌목이 성행하게 되었다. 그럼에도 불구하

---

35) 肅宗實錄, 肅宗 20年 8月 己酉 14日條, 九萬入奏曰不可使民入居 間一. 二年 搜討爲宜 上從之.

36) 장한상은 울릉도를 다녀온 후 울릉도사적을 남겼는데, 그 가운데 이러한 내용이 나온다. "쾌청한 날 중봉에 올라 서쪽을 바라보면 대관령이 구절한 모습이 보이고 동쪽을 바라보면 바다 가운데 한 섬이 있는데 멀리 진방에 위치하며 그 크기는 울릉도의 3분의 1이 채 안 되며 거리는 300여 리에 지나지 않는다." 원문은 다음과 같다. "東方五里許 有一小島 不甚高大 海長竹叢生於一面 (中略)入山登中峯 則南北兩峯 岌崇相面 此爲三峯也. 西望大關嶺逶迤之狀 東望海中一島 向在辰方 而其大未滿蔚島三分之一 不過三百餘里."

고 일본 측은 조선 정부의 수토정책을 행정적인 조처로 인정하지 않고 방기한 것으로 보며, 여기에다 한술 더 떠서 독도에 대해서는 수토정책이 적용되지 않았다고 억설을 내놓고 있는데, 이는 독도와 울릉도가 모자(母子)관계임을 애써 무시하려 한 것이다.

장한상의 지적과는 물론 상당한 차이가 있으나, 이는 장한상이 독도에 직접 가보지 않은 관계이고, 당시 육안(肉眼)으로 추리한 데 불과했기 때문일 것이다. 독도의 면적은 0.18㎢에 울릉도(72.8㎢)의 391분의 1이다.

다) 일본인들의 울릉도 영유욕(領有慾)

수토가 시행되기 이전부터 인근 연해민들은 동해상의 울릉도를 향해 고기잡이를 나서고 있었는데 수토 이후로는 해상 교통지리가 보다 널리 밝혀지면서 동해상의 울릉도에 대한 관심은 고조되었다.

무엇보다 특산물이 많이 나는 이곳에 상륙하여 소득을 얻고자 함이 인지상정인 동시에, 대마도가 일본에 영유화(領有化)됨에 따라 대마도주의 울릉도에 대한 관심은 유달랐다. 대마도주 종의륜(宗義倫)은 안용복 사건을 계기로 울릉도를 저들의 영유로 하고자 관련자를 우리나라 동래부에 이첩함과 동시에 저들이 말하는 죽도가 울릉도인 줄 분명히 알면서도 죽도와 울릉도가 전혀 다른 섬인 양 간계(奸計)를 부렸다.

그 같은 실례가 『증보문헌비고(增補文獻備考)』 권3 「여지고(輿地考)」 우산도(于山島; 울릉도조)에 보인다. 즉 대마도주가 보낸 서계(書契)에 "아서불언울릉도지사(我書不言鬱陵島之事) 금회간유울릉도명(今回簡有蔚陵島名) 시소난효(是所難曉) 지기제각울릉지명(只冀除却蔚陵之名) 유행(惟幸)"이라 하여 자기네 서계(書契)에 울릉도(蔚陵島)를 말하지 않았는데 이번 회서(回書)에 일컫는 울릉도는 알 수 없는 일이니 울릉 두 글자를 삭제하여 다시 회서를 보내 달라고 요청해 왔다.[37)]

이 두 글자 삭제 문제로 무려 4개월간에 걸친 교섭이 이어지다가, 대마도주 종의륜(宗義倫)이 죽고, 종의방(宗義方)이 습승(襲承)함에 따라 해결의 실마리를 찾게 되었다.

---

37) 朝鮮通交大紀, 卷八, "我書不言蔚陵島之事 今回簡有蔚陵島名 是所難曉 只冀除却蔚陵之名 惟幸"이라 하여 울릉 두 글자를 삭제해 줄 것을 요망하고 있다. 日文으로는 "此事彼國禮曹參判をして右の書を復せしに 我州其書內 蔚陵嶋の名をあはせ除き去しむ事を計りて"

숙종 36년(1710) 10월 사직 이광적(李光迪)의 상소에 의하면 왜선(倭船)이 자주 울릉도로 와서 어채(魚採)하고 있어 진실로 한심스럽다 할 정도로 왜선들의 출몰은 자심하였던 것이다.

이 가운데는 풍랑으로 인해 강원도 연안으로 표류하는 왜인들의 처리 문제까지도 제기되고 있었다. 숙종 22년(1696) 일본의 막부(幕府)가 도항금지령(渡航禁止令)을 내리면서 일본인의 울릉도로의 잠입이 얼마간 줄어든 것은 사실이다.

그러나 고종연간에 들어와서 한국과 일본 간에 국교가 맺어진 이후 일본 내무성 관리들이 울릉도에서 쇄환한 일본인 수가 무려 255명에 달하였다. 이 가운데 후쿠오카 출신 조뢰(早瀨) 등 80여 명을 현청(縣廳)에서 별도로 쇄환하여 가는 등의 내용이 일본 외교문서에 언급되어 있음으로 보아 상당수의 일본인들이 울릉도에 잠입하여 벌목을 하거나 어류를 불법 부당하게 밀채(密採)해 갔던 것으로 보인다.[38]

이에 우리나라 조정에서는 특단의 조처를 취하지 않을 수 없었다.

일본인에 의한 울릉도에서의 불법 벌목이 차단된 것은 1883년(고종 20년) 10월에 이르러서였다. 『승정원일기(承政院日記)』에 의하면 이규원이 울릉도 검찰사로 임명된 것은 1881년(고종 18년) 5월 하순으로 알려지고 있다.

라) 검찰에 따른 복명 상황

고종 임금이 이규원을 울릉도 검찰사로 임명하면서 지시하기를 "일본인들이 울릉도에 무상으로 왕래하고 있으므로 이를 검찰하고, 특히 이들의 무단 벌목을 막고, 다음으로 울릉도에 딸린 부속 도서에 대해 살펴보도록 하고, 끝으로 울릉도에 설읍(設邑)할 만한 경식처(耕食處)를 자세히 조사하고 지도와 별단(別單)을 작성해 오라"고 하였다.

이리하여 이규원이 울릉도를 향하여 등정한 것이 이듬해 5월 23일로 보인다. 강원도

38) 한림대학교아시아문화연구소 편, 독도영유권자료선 - 울릉도 도항 금지령 -, 2004, pp. 183~184.
위의 글 가운데 "大朝鮮國 禮曹判書 李會正 呈書"라 하여 "…頃因貴國人斫樹伐木早奉書契 籍蒙貴朝廷另許禁止 弊邦委遣檢察使李奎遠 周視島界 歸言斫採仍前無改…"로 기록하고 있다. 이를 번역하면 다음과 같다. "전자에 귀국인이 목재를 작벌(斫伐)하여 일찍이 서계를 올려 귀조정에서 특별히 금지시키겠다는 약속을 받았는데, 폐방에서 검찰사 이규원을 일부러 보내서 도계(島界)를 두루 살펴보게 하였는데 돌아와서 말하기를 작벌은 여전하며 달라진 것이 없다 하였습니다."

평해군 구산포(邱山浦)를 출발해 상선(上船) 한 척에 종선(從船) 두 척, 총 102명의 수행원이 울릉도로 향하였다.

이들은 울릉도 서쪽 해변인 오늘날의 학포로 알려진 소황토구미(小黃土邱尾)에 전원이 무사히 도착하였다. 이들은 열하루 동안 섬에 체류하면서 섬 곳곳을 답사하였다. 검찰일기에 수록된 지명과 조사 내용은 다음과 같다.

섬 안길에 태하(台霞)로 알려지고 있는 대황토구미(大黃土邱尾), 현포(玄浦)인 흑작지(黑斫支), 추봉(錐峯)인 송곳산 성인봉, 나리동(羅里洞) 모시개인 저포(苧浦), 도방청포(道方廳浦)인 도동(道洞) 통구미(桶邱尾) 등의 10여 처를 걸어서 답사하고, 이튿날에는 배편으로 해안가를 돌면서 소황토구미를 출발하여 대황토구미를 거쳐 향목동인 향목구미(香木邱尾), 대풍취(待風吹)인 대풍구미(待風邱尾), 현포인 흑작지 왜구들의 선착지인 섬목으로 알려진 선판구미(船板邱尾), 검을개로 알려지고 있는 흑포(黑浦), 통구미, 사태구미(沙汰邱尾), 산막동(山幕洞) 등의 포구를 거쳐 소황토구미로 돌아왔다.

도보로 일주일, 배편으로 이틀간 총 열하루가 걸린 답사였다. 이들은 답사를 통하여 울릉도에 와 있는 본국인은 대략 140여 명으로 보았고, 이들의 신분은 거개가 하호(下戶) 출신으로 포구 가까이에 움막을 치며 살고 있었다.

소황토구미 24명, 대황토구미 23명, 왜선창(倭船艙) 41명, 도방청포 14명, 장작지(長斫之) 13명, 통구미 23명이다. 출신도별로는 전라도가 가장 많은데 오늘날 고흥으로 알려지고 있는 홍양인이 94명으로, 여기에는 선주에 해당하는 자가 5명, 수하의 격졸(格卒)이 89명, 순천군의 낙안면민이 21명, 강원도 평해 사람이 14명, 경상도 10명, 경기도 파주 사람이 1명이었다.

이들이 주로 하는 일은 배를 만드는 일이며, 이 밖에 채작(採斫), 채어(採魚)에 종사하였다. 이들은 주로 봄철에 울릉도로 들어와 나무를 베어 배를 만든 뒤 미역을 따고 고기를 잡아 고향으로 돌아간다고 하였다.

반면 일본인들이 무단으로 벌목하던 사실이 서면상의 문답 내용으로 밝혀지고 있는데, 이들은 1880년부터 울릉도를 오가면서 나무를 베어 실어 날랐고, 그때 섬 안에는 78명의 일본인이 남아 있었으며 도방청포(道方廳浦; 현재의 도동을 일컬음)에는 왜서 1척이 정박해 있었다.

도방청포와 장작지포(長斫之浦) 사이에는 일본인 결막(結幕) 2개소가 있음도 확인하였다. 통구미(桶邱尾) 해변가에서 표목(標木)을 발견하였는데 이 표목은 길이 6척에 너비 1척가량이었다.[39] 이렇게 볼 때 조선 정부에서 일본 외무성에 조회하여 일본인의 벌목을 금지시켜 달라는 사실을 모르고 있을 뿐만 아니라 인근 연해민들에게 울릉도 출입 금지조차 제대로 알리지 않고 있었음을 반증케 하였다.

또한 이 표목을 세운 것은 명치 2년인 1869년으로 명치 정부가 들어선 초기부터 울릉도(鬱陵島)를 송도(松島)라 지칭해 왔음을 알 수 있다.

고종이 지시한 경식처(耕食處)도 자세히 조사하였는데, 섬 안 중심지인 나리분지는 들이 넓고 기름져 밭으로 개간한다면 1,000호를 능히 수용할 수 있다고 하였다. 이 밖에 대황토구미, 현포인 흑작지, 천년포, 왜선창, 대저포(大苧浦), 소저포(小苧浦), 도방청포인 도동, 장작지 등지도 논이나 밭으로 일궈낼 수 있는데 대략 100~300호는 살아갈 수 있는 곳으로 보았다.[40]

울릉도는 특산물인 산삼을 비롯하여 산속에 자생하는 수많은 약재류와 일명 물소(水牛)로 알려졌던 가지어(可支魚) 등 해산물이 풍부한 고장으로 확인되었다. 이렇듯 풍부한 자연물과 개간이 가능한 농경지가 있어 족히 경식처(耕食處)가 될 만하다고 확신하게 되었다.

검찰사 이규원 일행은 울릉도 검찰을 마치고 6월 26일(음력 5월 11일) 울릉도를 떠나 27일에 평해군 구산포(邱山浦)에 당도하였고, 다음달 7월 12일(음력 5월 27일)에 서울로 돌아와 하명받은 대로 서계(書契)와 별단(別單), 그리고 섬 곳곳을 현지에 가지 않아도 알 수 있을 정도로 상세한 지도를 만들어 임금께 올렸다.

복명하기를 진설(鎭設)을 하든 읍설(邑設)을 하든 적지는 나리동이며, 개척을 하고자 한다면 우선적으로 현지로의 입주를 허락한 후 입도(入島)할 수효를 헤아려가면서 조처를 하도록 함이 가하다고 아뢰었다. 아쉬운 점은 섬 전체가 암벽으로 둘러싸여 있어 배를 댈 만한 선착장이 마땅치 않다고 하였다.

복명이 끝나자 고종은 "비록 편토(片土)일망정 그 어떤 땅도 버릴 수 없다"라고 하면서

39) 이규원 일행은 통구미 해변가에서 "大日本國松島槻谷 明治 二年 二月 十三日 岩崎忠照 建之"라 쓰인 표목을 발견하였는데 이 표목으로 보아 1869년(고종 6년)에 세워졌음을 알 수 있다.

40) 李奎遠, 鬱陵島 檢察日記 啓本草.

울릉도의 개척을 결심하고 총리대신과 관련 부서 대신들에게 울릉도 개척을 서두르도록 명하였다. 동시에 일본인들이 무단 입도해 이 땅을 '송도(松島)'라 지칭하면서 표목을 세웠는가 하면, 불법 부당하게 벌목해 간다는 데 대해 일본 정부에 강력하게 항의하도록 지시하였다.

국왕의 명에 따라 조정에서는 일본외무성으로 조회한 것이 이해 7월 하순경이었다. 예조판서 이회정(李會正)의 명의로 된 이 공함의 요지는 이전에 일본 정부가 울릉도 도항 금지를 확약하였음에도 불구하고 이규원 검찰사가 현지에 당도해 목격한 바로는 여전히 일본인들의 왕래가 있고 이들이 무단 벌채(伐採)를 하고 있어 이에 대한 법적 제재와 앞으로 이런 일이 발생하지 않도록 조처하여 달라는 내용이었다. 이에 대해 일본 정부는 즉각적인 회답이 없이 천연시켜 오다가 1883년(고종 20; 명치 16) 3월 1일에 가서야 벌목 금지를 약속하고 금령(禁令)을 내렸다.

마) 검찰일기의 작성과 울릉도 내외(內外) 지도(地圖)

검찰일기의 작성체계를 보면 울릉도 탐사기록과 복명에 따른 계초본(啓草本)으로 대별된다. 이규원 검찰사가 임금을 알현한 날짜는 4월 7일로, 울릉도를 향해 등정한 이후 16일까지 열흘간의 기록은 없고 20일 이후인 3일간의 기록은 누락되어 애석하기 이를 데 없다.

그러나 23일 이후의 일기와, 5월 1일부터 10일간의 탐사기록과, 귀경 후 임금께 복명한 초계본은 탐사기록과 중복되는 면이 있기는 하나 내용을 검토함에 있어서는 유익한 면이 없지 않다. 본 일기는 총 열여섯 매가 남아 있으며, 글자체도 간혹 불분명한 것이 보인다. 이 일기의 초본이 학계에 알려지기는 이선근 박사가 이규원 검찰사의 사손(嗣孫)인 이건웅씨로부터 차람(借覽)하여 이를 성균관대학교 부설 대동문화연구소에서 간행한 대동문화연구지에 게재함으로써 세상에 널리 알려지게 되었다.

이 일기는 이규원 검찰사를 수행하였던 인물 가운데 임지로 향할 때의 사항은 영리(營吏) 장병규(張秉奎)가, 입도 시(入島時)에는 역시 영리인 손영태(孫永泰)가, 상경 시에는 또 다른 영리인 이두선 등이 각각 기록한 것을 검찰사의 측근으로 알려진 박기화(朴基華)가 종합하여 필사한 것이다.

여기에는 세 항목으로 된 수계(修啓)가 있는데, 이를 발선수계(發船修啓), 회박수계(回泊修啓), 별단수계(別單修啓)로 구분해 초안(草案)을 마련하고 있다. 검찰일기 말미에 작성 시기를 "1882년(光緖 八年) 壬午 六月 日 밀주(密州) 박기화(朴基華) 근지(謹誌)"라 밝히고 있으며, 수계(修啓)한 배행영리(陪行營吏)의 명단은 "下去時陪行營吏 張秉奎 發船修啓 蔚珍 入島時陪行營吏 孫永泰 回泊修啓 平海 上來時陪行營吏 李斗善 別單修啓 平昌 朴基華."로 나와 있었다.

이규원 검찰사의 검찰일기에 부속되었던 것으로, 울릉도 내도(內島)와 외도(外島)로 추정되는 것이 있는데, 앞서 고종 임금이 이규원 검찰사에게 별단을 작성하여 보고하라는 대목이 있었고, 지도상의 명기된 산봉우리 마을과 분지, 선착장 등이 검찰일기와 완전히 부합되고 있기 때문에 이렇게 추정할 수 있다. 울릉도 내도는 견지(絹紙)에 그려져 있고, 크기는 가로 109.8cm, 세로 65.5cm로 자연경관에 치중되어 있어 울릉도를 현지 답사하지 않고도 섬 안의 지형을 소상히 알아볼 수 있게 그려져 있었다.

울릉도 외도는 섬 밖에서 바라보며 그린 채색 조감지도(鳥瞰地圖)로, 내도와 같이 견지에 그려져 있고, 크기는 가로 97cm, 세로 135cm이다. 내도가 자연경관에 치우쳐 있는데 비해 외도는 해안지대의 만(灣)과 도방청(道方廳), 왜선창(倭船艙), 선판구미(船板邱尾), 저포(苧浦), 장작지(長斫之) 등이 있어 인문 현상과 취락의 위치를 알 수 있게 하고 있다.

일본의 세력확장으로 군사적 요충지로 떠오른 울릉도

위의 선판구미와 장작지는 이 당시 울릉도가 조선재(造船材)의 중요 산지였음을 말해 주고 있다. 따라서 이 시기 일본인들의 어획과 벌목을 위한 선박의 왕래가 있었음을 말해 주고 있다. 해안선을 따라 기암절벽과 주변의 섬들도 빠짐없이 섬세하게 그렸으며, 검찰일기와 함께 당시의 상황을 이해하는 데 매우 긴요한 유일의 자료로 평가된다.

필자는 지난 2006년 10월에 이 지도를 참고로 하여 울릉도 내륙의 산과 계곡, 해안선을 따라 답사할 수 있는 기회가 있었는데, 이 지도가 좋은 길잡이가 되었음을 밝혀둔다. 이규원 검찰사의 복명이 있은 후 고종 임금은 영의정 홍순목(洪淳穆)의 건의에 따라 임오군란이 수습된 후인 10월 1일 다음과 같은 4개 항을 아뢰었다.

모민(募民)하여 개간(開墾)하되 일정 기간 세금을 부과하지 않는다면 인총이 모여 촌락(村落)은 자연 형성될 것으로 사료되며, 연해(沿海) 영호남인(嶺湖南人)들로 하여금 조선건조(造船建造)가 허락된다면 많은 사람들이 모여들 것이고, 이렇게 되어 모여든 주민을 통솔하고, 행정을 맡길 만한 인물로 하여금 도장(島長)을 명하면, 임명된 도장과 설진(設鎭) 문제에 대해 강원도관찰사에 지시하도록 하였으면 한다고 하였다.

이 같은 건의는 곧바로 임금으로부터 윤허를 받았고, 도장으로 경상도 함양 출신의 전석규(全錫奎)라는 인물이 지명되었다. 도장이 된 전석규는 울릉도에 기거한 지 10여 년이 된 데다 이 고장의 지리에 익숙하여 사람들이 살 만한 곳과 토산물의 산출에 대해 자세히 알고 있었기 때문이었다. 이로써 절해(絶海) 고도(孤島)였던 울릉도는 이전까지의 소극적인 해방정책(海防政策)의 일환인 수토정책(搜討政策)을 버리고, 적극적인 개척기를 맞이하게 되었다. 따라서 이규원 검찰사의 울릉도 검찰에 따른 복명은 이제까지의 소극적인 해방정책이 적극적인 영해관리정책(領海管理政策)으로 전환되는 계기를 마련하게 되었다. 이러한 측면에서 이규원 검찰사의 울릉도 검찰은 재평가 · 연구되어야 할 것이다.

바) 울릉도의 속도인 독도

ⓐ 역사적인 측면

신라시대 이후 우리나라 영역이 되어왔고, 그 부속 도서와 주변 해역도 함께 관할되어 온 독도는 울릉도와는 별도의 섬이다.

독도 전경

오늘날의 독도에 해당하는 기록의 등장은 우리 측 사료가 일본 측에 비해 훨씬 빠르다. 독도에 대한 최초의 기록은 『세종실록지리지』인데 여기에서 우산도(于山島)와 무릉도(武陵島)를 열거하고, "이 두 섬은 동쪽 가운데 있는데 거리가 멀지 않아 일기가 청명하면 서로 바라볼 수 있다"라고 명확히 기술하고 있다.[41)]

이때 무릉도란 바로 이전부터 사용되어 온 울릉도의 별칭이고, 울진 동쪽 바다 가운데 날씨가 맑으면 울릉도에서 바라보이는 섬은 독도 이외에 다른 섬이 있을 수 없다.[42)]

울릉도가 우리나라에 부속되어 있는 섬임은 삼국시대 이래의 사실로서 당시 울릉도 거주민이 육안으로 관찰할 수 있는 이 섬에 대해 독도가 울릉도의 속도임을 인식하지 못했을 리 만무하다. 세조 3년 4월 중추원부사(中樞院副使) 류수강(柳守剛)이 강릉부사로 재직하고 있을 당시 영동(嶺東)의 방위에 관하여 느낀 점과 목격한 사실을 보고하는 가운데 우산(牛山), 무릉(武陵) 양도(兩島)에 대해 현(縣)을 설치해야 한다고 주장한 바 있다.[43)] 이는 이후 공도정책(空島政策)으로 인해 시행되지 못했을 뿐이다. 1476년 김자주(金自周)가 관찰하였던 삼봉도(三峰島) 또한 오늘날의 독도를 이르는 것이다.

---

41) 世宗實錄地理誌, 권153, 江原道 蔚珍縣條.
42) 신석호, 독도 -독도의 내력-, 대한공론사, 1965, p. 25.
43) 한국사학회, 울릉도 독도 학술조사연구, 1978, pp. 28~29.

15세기 이래 조선이 울릉도에 대해 공도정책을 실시할 당시 일본인들이 울릉도로 왕래하면서 독도에 기항(寄港)하였고, 미야코(米子)의 정인(町人) 오타니(大谷)와 무라카와(村川) 양가(兩家)가 1656년 내지 그 이전에 오타니가(大谷家)가 독도를 배령(拜領)받아 독점적으로 경영해 왔다고 하나, 이른바 죽도일건(竹島一件)을 계기로 이 섬이 조선의 영(領)임이 확정되었다.

이후 공도정책은 이규원의 울릉도 검찰이 있은 후인 1881년까지 400년 이상 지속되었다. 1693년, 1696년 안용복(安龍福)이 두 차례에 걸쳐 막부(幕府)로 하여금 공식 외교 경로를 통하여 1696년 죽도(竹島)인 울릉도는 조선의 영토임을 확인하고 일본인의 도항(渡航)을 일체 금지시켰다.[44)]

이로써 독자적인 경제적 가치가 없는 상황하에서 일본인의 독도 도항은 없었다. 독도가 한국령임을 입증하는 또 하나의 자료는 1667년 일본에서 제작한 『은주시청합기(隱州視聽合記)』로 "은주(隱州)로부터 얼마를 가면 송도(독도)가 나오고, 더 가면 죽도(울릉도)가 나온다고 하고 일본의 국경은 차주(此州)로 국한한다"라고 기술되어 있다.[45)]

1869년 일본의 명치 정부는 외교부 관리 세 명을 조선에 파견하였는데, 이때 송도와 죽도의 조선 부속(附屬)에 관한 조사를 하라는 항목이 있었는데, 이들 세 명의 조선국교제시말내역서(朝鮮國交際始末內譯書)에서 독도가 일본의 영(領)이 아님을 알고 있었다는 것을 알 수 있다. 일본의 공신국장(公信局長)인 다나베(田邊太一)는 "송도는 우리나라 사람이 지은 이름이지만 사실은 울릉도에 속한 우산(于山)이다"라고 말하였다.[46)]

이후 1895년 울릉도 도감을 두고, 1898년 칙령 제11호로 도감 한 사람을 현지인 가운데 뽑아 판임관으로 대우하다가, 1900년 10월 25일 칙령 41호로 '울릉도'를 '울도'로 개칭하고 도감을 군수로 개칭하는 건을 발표하였다.

관할 구역을 울릉 전도와 죽도(竹島), 석도(石島)로 한다고 하였는데 여기에서 석도

---

44) 肅宗實錄, 권26, 肅宗 20年 2月 癸酉條 參照.

45) 隱州視聽合記, 1667년(寬文 7年). 원문은 다음과 같다.

"雲州在北海中 故隱岐島…其府者 周吉郡南岸西鄕豊崎也…戌亥間 行二日一夜有松島 又一日程 有竹島俗言磯竹島多竹魚海鹿 二此島 無人之地 見高麗 如白雲岐望隱岐 然則日本乾地 以此州爲限矣."

46) 竹島考證, 下. 원문은 다음과 같다.

"松島ハ朝鮮ノ鬱陵島ニテ我版圖中ナラス齋藤某ノ願意ハ許可ススルノ權ナキ指答フベシ右者公信局長田邊太一附 札也."

(石島)는 오늘날의 독도를 말하는 것이다. 석도를 훈독(訓讀)하면 돌섬 또는 현지 발음대로 독섬이 되며, 이것이 오늘날의 독도인 것이다.

ⓑ 지질학적 측면과 생태학적 측면

독도는 신생대 말에서 신생대 4세기 초에 걸쳐 일어난 화산활동에 의해 동해를 횡단하는 백두산 화산계열의 해저에서 분출된 알칼리성 화산암으로 구성되어 있다. 화산체는 그 기저부가 현무암질(玄武岩質) 집괴암(集塊岩)으로, 상부는 조면암질(粗面岩質) 집괴암, 그 정상부는 조면암으로 구성되어 있다. 자연생태계로는 60여 종의 식물이 서식하고 있는데, 해풍에 강한 억새풀 · 산조풀 등 벼과 식물들이 주종을 이루고 있고, 이 밖에 해국 · 번행초 · 쑥 · 토끼풀 · 천문동 · 섬장대 · 술파랭이 · 섬시호 · 큰두루미꽃 · 왕호장근 등이 자라고 있다.

희귀종인 섬시호와 큰두루미꽃은 환경부에서 보호식물로 지정하고 있다. 그늘진 곳에는 마삭줄나무가 자라고 있다. 섬에는 왕호장(王虎杖; Reynout riasachalinensis)으로 불리는 마디풀과에 속하는 다년초가 서식하고 있다. 이 풀은 근경(根莖)이 비후(肥厚)하고 줄기 높이는 2~3m로 햇볕을 받으면 까맣게 된다. 잎은 둥근 달걀꼴 또는 넓따란 달걀형이고 뒷면은 흰색을 띠고 있다. 왕호장은 8~9월에 피는 꽃으로 꽃대가 둘로 갈라지고 끝부분에서 화서(花序)를 이룬다. 꽃 맨 꼭대기에 액생(腋生)하고 과실은 수고(瘦果) 열매로 딱딱하다.

왕호장의 근경(根莖)은 약용으로도 쓰인다. 여린 줄기는 식용으로 이용되는데 일명 '왕싱아'로 일컬어지고 있다. 이 식물은 울릉도에서 독도로 고기잡이나 미역 등 해산물을 채취하려다가 악천후로 발이 묶인 어부들이 먹거리가 떨어지면 왕호장 뿌리를 나물삼아 뜯어먹으며 연명하였다고 한다.

왕호장근의 줄기를 베면 그 속에서는 갈증을 달래주는 수액이 나온다. 이 싱아야말로 독도를 죽음의 섬에서 생명이 솟아나는 섬으로 바꿔놓은 신비초(神秘草)인 것이다. 왕호장인 왕싱아는 마실 물이 귀한 독도에서 사람들뿐만 아니라 온갖 곤충과 새들이 외딴 독도 인근에서 살아남을 수 있는 원소(元素)가 된다. 독도에 서식하고 있거나 중간 서식지로 이용하고 있는 곤충과 조류들은 독도를 천국으로 여기고 있다. 이곳에 서식하고 있는 곤충류는 총 7목(目) 26과(科) 37종(種)으로 알려지고 있다. 본토와의 공통종은 34종으로 전체 종수에 91%를 차지하고 있어 우리나라 내륙과 밀접한 관련을 가지고 있음을 알 수 있다.

독도에서 흔히 볼 수 있는 천연기념물 336호인 괭이갈매기를 위시하여, 선착장 지상 50m 부근의 초지와 암석 밑 숱한 구멍 속에 최소 300마리 이상이 서식하고 있는 바다제비, 고니, 흰줄박이오리, 되새, 노랑턱멧새, 알락할미새, 상모솔새, 노랑말, 도요새, 황조롱이, 슴새, 메추라기 등 17종 153개체 등이 관찰된다고 한다.

오늘날 독도 인근에서 잡히는 주요 수산물로는 오징어를 비롯하여 명태, 대구, 상어, 볼락, 고래, 연어, 송어 등이 있으며 연간 출어 어선 수는 1천 척이 넘으며 어획량은 2만 톤이 넘는다. 인근 암초에는 미역, 다시마 등의 해조류가 무수하여 울릉도 주민들은 해조 채취 허가를 받아 해초와 패류를 채취해 오고 있으며, 전복과 소라를 부화시켜 양식하고 있기도 하다. 울릉도 어부들은 독도를 조상 대대로 물려받은 문전옥답으로 여기고 있다.

어부들은 조업하기 좋은 잔잔한 바다를 '장판'이라 하는데 독도의 진가는 악천후의 거센 파도를 막아주는 방파제 구실에서 찾을 수 있다. 독도 주변 어장에는 묵호, 삼척, 울진, 포항, 강릉 등지의 어부들이 오징어 떼를 쫓아 울릉도를 거쳐 독도로 모여든다. 이상의 제반사항을 보더라도 독도는 의심의 여지없는 명명백백한 울릉도의 자도(子島)이다. 그러니 모도(母島)인 울릉도가 자도(子島)인 독도를 영속화(領屬化)함은 지극히 자연스러운 현상이다.

이러한 측면에서 동해상의 독도는 울릉도의 자도로 보아야 하며, 울릉도와 동해, 그곳에 위치한 독도에 관한 연구는 모도인 울릉도와 함께 연구 · 인식되어야 한다.

6) 압록강(鴨綠江) 하류상(下流上)의 신도열도론(薪島列島論)

압록강 하류에 위치한 여러 도서들 가운데 역사적으로 중요시되어 왔고 수난에 시달려 온 섬 가운데 신도열도를 빼놓을 수 없다. 이 섬들 가운데 대표적인 섬이 신도(薪島)이다. 신도를 중심으로 한 여러 섬들이 잇대어 있어 이들 섬을 통칭하여 신도열도[47]라 부른다.

신도를 중국 측에서는 장자도(獐子島)라 칭한다. 이러한 신도(薪島)는 압록강 하구로부터 12km가량 떨어져 있다. 청측 대안(對岸)인 대동구(大東溝) 동쪽은 우리 측 해안에서 약 30리 거리에 위치해 있다.

이 섬을 왕래하는 데 있어 중국 쪽에서는 편주(片舟)로도 용이하나 우리나라 용천(龍川)[48] 쪽에서는 배편이 필수적이다. 중국의 청조시대에는 청인들이 이 섬에 내습하여 자기네 땅인 양하면서 경작과 어염(魚鹽)에 종사함으로써 양국 간에 긴장과 다툼이 벌어졌다. 그러나 이 땅은 우리나라에 속해 있는 영토임은 두말할 필요가 없다.

문헌상의 기록으로 볼 때 조선 세종조 이래 전대(烟台)를 두고 사방을 요망(瑤望)했다고 『신증동국여지승람(新增東國輿地勝覽)』에 언급하고 있는가 하면, 이 전대를 통하여 압록강과 인근 해양을 조망해 오면서 관할권을 행사해 왔다.

조선 중종 25년(1530) 요동에 거주하던 자들이 암암리에 이 섬으로 잠입해 들어옴에, 이들을 포획하고 가재도구를 압류한 바 있기도 하다. 숙종조에는 이 섬에 정삼품에 해당하는 수군첨절제사(水軍僉節制使)[49] 겸 방수장(防水將)을 두고 강 하류의 경비를 하게 하였다.

19세기인 순조 3년(1803) 청인들이 도벌하기 위해 신도로 숨어 들어와 있음에, 청나라 조정에서는 우리나라 측에 이들의 추방에 대해 협조를 구해 오기도 하였다. 순조 7년(1807) 이후로 미곶진(彌串鎭)을 이곳으로 옮겨왔는데, 바람이 거세게 불면 잠시 물러나와 미곶(彌串)에 머무르면서 이 섬들을 관할하였다.

고종 9년(1872) 신도진(薪島鎭)을 이 섬에 두고 해상 경비를 위해 포군(砲軍)을 두었다. 이들 포군의 유지비 일부를 충당하기 위해 이 지역 경작민들로부터 소작료를 징수하였다. 징수 대상 지역은 북으로는 암초(暗礁), 남으로는 신도섬, 동쪽으로는 두모포(豆毛浦),

47) 신도열도란 압록강 하류에 위치한 신도섬을 중심으로 한 주변 여러 섬들을 총칭한 것이다.

48) 압록강 하구에 위치한 용천은 바닷가에 신도(薪島), 대다사도(大多獅島), 다사도(多獅島), 대연동도(大煙童島), 가차도(加次島), 노적도(露積島) 등의 크고 작은 섬들이 잇대어 있고 우리나라 극서단에는 마안도(馬鞍島)가 자리하고 있다. 인근의 다사도 항구는 이 지역 유수의 부동항이며, 대중국과의 영토문제로 잦은 시비가 있어 왔다.

49) '수군첨사'라고도 하는데, 서반인 종3품의 무관으로 수군 거진의 장(將)이며, 소속 제진(諸鎭)을 통제한다.

서쪽으로는 괘강구(掛綱溝)까지였다.

고종 20년인 1883년 청나라 동변도에서 의주부윤에게 괘강구(掛綱溝)에서 산출되는 갈대 생산지인 갯벌은 압록강 가운데 있는 지역으로 중국 관할에 속한다고 하면서 갈대를 베어 가는 일을 금지해 달라는 요청이 있었다. 이에 대해 의주부윤은 이 같은 사실을 규명하기 위해 당해 문제에 관한 건을 신도진에 이첩 조사하게 하였는데, 갈대 산지인 갯벌은 신도진 소속의 황초평에 해당하는 곳으로, 이곳에서 생산되는 갈대는 이미 고종 9년 신도진 설치 당시 삼군부(三軍府)[50]에서 절목을 받아 신도진 포군청이 관할한 지 8~9년이 지났는데 이제 와서 청 측 관할이라 함은 부당하다고 보고하였다.

이 시기는 간도 지역에 거주하는 한인(韓人)들을 철수하라는 청의 변강관헌의 요구가 있었고 우리나라 조정에서는 어윤중을 서북경략사로 보내 간도 땅이 우리의 영토임을 주장하던 때였다. 이에 의주부에서는 당시 의정부 외교 담당 부서인 통리아문(統理衙門)[51]에 보고하는 동시에 청국 동변도(東邊道)에 회보하였으나 처리기간이 장기화되었다. 일이 꼬이는 가운데 1895년 신도진이 철폐되면서 압록강구의 경비는 해이해졌다.

이러한 시점에 이르러 청국의 왕수산(王壽山)이라 하는 자가 무성하게 자란 갈대를 베어 가자 이를 저지하고자 함에 청인들이 집단적으로 항거해 왔다. 이후 광무 2년(1898) 궁내부 내장원(宮內府 內藏院)[52]에서 조사위원을 보내 이들의 퇴거를 명하였다.

1902년 우리나라 외무대신 명의로 청국 정부에 대해 왕수산의 갈대 벌채를 금지시킴과 동시에 손해 보상을 요구했으나 청국 정부는 이를 받아들이지 않아 사태는 장기간에 걸쳐 이어졌다. 이러한 사태가 대한제국 말기까지 지속되면서 일제의 강압적인 조처로 전국의 병영이 철폐되는 가운데 신도열도는 그 중심지인 신도가 행정관할상 평안북도

50) 의흥삼군부(義興三軍府)의 군무를 통할하던 관아. 중 · 좌 · 우 3군의 병력을 지휘 · 감독하는 최고의 군령(軍令) 기관이었는데, 삼군도총제부 등으로 개편되었다가, 세종 14년(1432)에 폐지되었다.

51) 외교 사무를 맡아보던 관아. 고종 19년(1882년)에 통리기무아문을 폐하고 설치하였다가 같은 해에 통리교섭통상사무아문으로 고쳤다.

52) 궁내부 내장원은 1894년 관제의 전면적인 개정에 따라 궁내부 대신이 직임을 맡았는데 협판 1인, 참서관 3인, 통역관 2인, 주사 10인, 특진관 15인 이내로 직제를 마련하였으며, 1910년까지 존속해 왔다. 내장원은 1895년 왕실의 보물, 세전, 장원 등의 재산을 관리하였는데, 여기에는 경, 보물사장, 장원사장 각 1인과 주사 9인을 두었다. 명칭이 내장사로 바뀌면서 장 1인, 주사 5인으로 축소되었다. 1899년 내장원으로 명칭을 다시 바꾸고 1900년에는 봉세관 13인을 두어 전국에서 수세활동을 벌였다.

용천군 신도면에 속하게 되고 동주와 남주 두 개 동으로 나누어지게 되었다. 남주동은 면소재지가 되고 인근의 마도(馬島)는 동주동에 속하게 되었다. 신도의 면적은 동서(東西) 17정보(町步), 남북으로 25정보가량 되며, 면적은 6.77㎢이며 해안선 길이는 15km로 보고 있다.

섬 주변에는 곶(串)들이 곳곳에 돌출돼 있고, 서부와 남부로는 산지와 접해 있어 해식애(海蝕崖)가 되어 있다. 전답(田畓)과 잡종지(雜種地)로 분류되는 땅은 360여 정보로 섬 남북쪽으로 대략 500만 평의 사주(沙洲)가 생겨나 갈대밭을 이루고 있다.[53] 이 인근에는 압록강 상·중류로부터 흘러 내려오는 토사와 퇴적물로 수심이 얕아지면서 다양한 종류의 물고기떼가 철따라 몰려드는데, 담수와 해수가 교차 혼입되면서 어장으로서의 입지조건이 좋아 서해상의 어선들로 붐비던 시절도 있었다. 섬 북부에는 상상봉(上上峰)이, 섬 중심부인 동주동에는 높이 90m의 삼각봉이 솟아 있어 산지를 형성하고 있으며, 서북쪽으로는 비교적 평탄한 지형을 이루고 있는데 이는 서안(西岸) 깊숙이 만안(灣岸)을 막았기 때문이다. 주요 농산물로는 옥수수, 수수, 콩, 팥, 밀 등의 곡식을 비롯해 쌀의 산출이 가능하다. 산간 미개지가 260정보가량 있어 연료 생산도 자급할 정도였다.

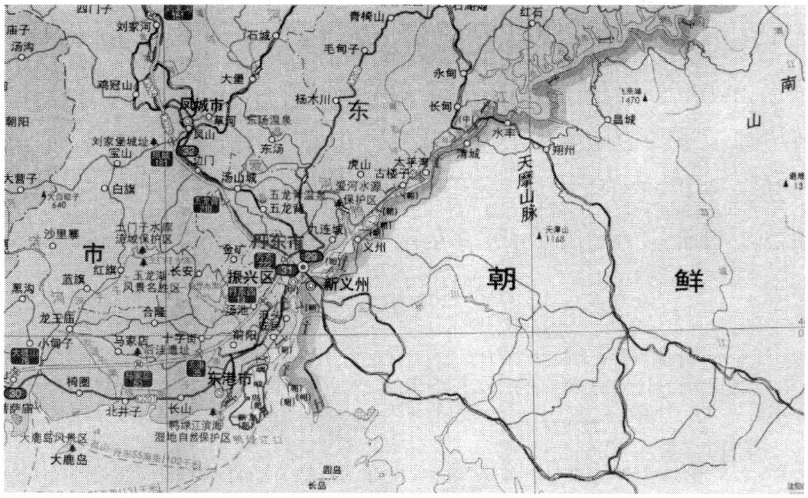

신도는 중국 쪽으로 붙었지만, 북한의 영토로 되어 있다.

53) 졸저, 한국 변경사 연구, 법경출판사, 1989, p. 258.

예전에는 300여 가호(家戶)가 넘었으나 1906년경에는 190여 가호로 줄어들었는데, 당시 1,240명으로 집계되어 있으며, 1946년 인구 수는 2,572명으로 추산하고 있다. 6 · 25 전쟁 직후인 1952년에는 신도면 동주리와 남주리를 합쳐 신도노동자구로 개칭되었으며, 1967년 10월에는 북한식 행정구역 개편에 따라 신도면이 군으로 격상되고 인근에 부속되어 있던 여러 섬들과 갯벌이 개간되면서 물막이 제방들이 생겨났고 아울러 새로운 지명들도 생겨났다.[54)]

인근에는 유명한 황초평(黃草坪)이 있는데, 그 서남부를 소황초평(小黃草坪), 동북쪽을 대황초평(大黃草坪)이라 하였다. 신택평보다 약간 높은 지대로 1868년 대홍수가 날 때 강상(江上)의 두모포(豆毛浦) 위쪽 일부에서 신택평 사이로 강폭이 확대되면서 수로가 생겨났고, 약 3년간 간조(干潮) 때에만 나타나던 것이 해마다 상류로부터 밀려 내려오는 토사의 퇴적으로 갯벌이 확대되고 갈대가 무성하게 자랐다. 이렇듯 무성하게 자란 갈대가 비단 생산의 원료가 되면서 경제적 효율성이 높아짐에 따라 조선과 청나라 간에는 불모지인 갈대밭 영유권 다툼이 이어졌다.

이 갯벌은 중국 쪽에서 보면 안민산(安民山) 맞은편으로, 대동구로부터는 약 5리 정도 떨어져 있다. 동서 넓이가 약 25정(町), 남북이 22정(町), 전체 면적은 1,830정보(町步)로, 서남쪽의 사주(沙洲)를 소황초평이라 하는데, 이 사주의 넓이는 17만 4,960평에 갈대 수확은 8천 속(束)가량이며, 대황초평에서는 1,166만 4천 평에, 갈대 채취량은 20만 속가량이다.

갈대밭은 대 · 소황초평과 여타 작은 갈대밭을 합하면 총 547만 4,802평이나 된다. 갯벌 상류부분은 지대가 다소 높고 하류 쪽은 약간 낮은데 하류 쪽으로 갯벌이 점차 확대되어 가는 형국이다.

이 일대는 거친 풀밭이 우거진 가운데 들판으로 변하면서 대한제국 시절 한때 황실 목장지가 되었다. 1907년에는 대대적인 개간 설계하에 제방을 쌓고 도로를 내려고 계획하였으나 실현되지는 못하였다.[55)]

1914년경 마을이 들어서면서 황초동이라 불렸으며, 그 이전에는 황금평이라 하기도 하였다. 압록강 하구의 사주에 문제가 발생하기 시작한 것은 광무 7년(1903)이다. 이 시

54) 졸저, 달라진 북한땅 이름 이야기, 백산출판사, 2008, p. 404.
55) 김정주, 조선통치사료, 제9권, 한국사료연구소, 1972, pp. 95~96.

기 안동현(安東縣) 안자산(安子山)에 거주하는 청인 손홍빈(孫鴻賓)이 50만㎡에 달하는 압록강구의 사주(沙洲)에 갈대 부식을 위해 공사를 하고, 계속해서 청나라 돈 1만 7천 원을 들여 개간에 나서면서부터이다. 이해 10월 용천군에 거주하던 장종식(張宗植)이 자신의 아들 명의로 신택평(申澤坪)에 갈대 부식에 따른 허가원(許可願)을 당해 군수에게 제출하여 승인을 받았다.

신택평 갈대밭의 총 면적은 547만 4,802평으로, 용암포 서쪽 20리가량의 지점에 위치해 있다. 신택평은 신주평(申稠坪)이라고도 하며 중국 측에서는 옥석강(玉石崗)이라 부른다. 신주평이라 부르게 된 유래는 약 200여 년 전 용천군 진곶동에 살던 이정주(李正柱; 일설에는 이영발)의 증조부인 이신주(李信柱)가 현지 군수의 허가를 받아 고기잡이터로 이용하면서 그의 이름을 붙여 신조평이라 한 데서 유래되었다.

문제는 황초평이 조 · 청 양국 간 어느 나라에 귀속되느냐에 있었다. 이 문제는 신의주 하류의 수도 관할 문제로 이어져 양국 간의 국경 · 영토 관할 문제로 비화되면서 쟁점화되었다. 그러나 신도열도에 속해 있는 황초평이나 신택평은 우리나라 주민에게 개간권이 주어짐으로써 관할권 문제는 일단락되었다.

신도열도에 속해 있으며 행정구역상 용천군 신도면 남주동에 속해 있는 우리나라 최서단에 위치한 마안도(馬鞍島)가 있는데, 섬의 형태가 말 안장같이 보이는 섬이라 하여 붙여진 이름이다. 이 섬의 위치는 위도상 124도 11분, 면적은 0.3㎢, 해안선 길이 2.3km, 최고 높이 75m에 형태는 남북으로 약간 길다란 타원형 생김새이다. 신도 서쪽으로 1.2km 압록강 하구에서 남서쪽으로 14.5km 떨어져 있다. 북쪽으로는 대동구(大東溝; 중국명 다동커우)가 있다. 이 섬 역시 압록강에서 흘러내리는 토사로 인해 수심이 얕은 데다 압록강 하구여서 반함수(半鹹水)를 이루고 해안에는 갈대밭(葛田)이 널따랗게 펼쳐져 있다. 『동국여지승람』「용천군조」에는 마도(馬島)로 기록되어 있다. 이 지역은 뱀장어, 뱅어(白魚), 넙치, 갈치 등의 산지로 유명하다.[56]

---

56) 용천군지편찬위원회 편, 용천군지, 동위원회 간, 1968; 한국민족문화백과대사전, 13권, 한국정신문화연구원, 1991, pp. 702~703.

2 변질되어 가는 영해선

1) 한국의 해양 경계 문제

한일 양국 간의 해양 경계는 대한해협이 문제시되고 있다. 대한해협은 넓게는 200km, 좁게는 50km 안팎에 불과한데, 이 해양 경계는 양국 간 수상 교통로가 되고 있음과 동시에 국방상 중요한 해협이 되어 왔고 국제 해양로로 중요한 몫을 하고 있다.

우리나라 영해는 동 · 서 · 남해에서 동지나해로 이어지면서 반폐쇄해(半閉鎖海; Semi enclosed Sea)로 심각한 해양 경계 문제를 안고 있다. 1952년 1월 18일 대한민국 인접 해양 주권에 대한 대통령의 선언에 표명된 평화선이 공포되고, 이해 4월 28일 미일평호조약(美日平和條約)이 발효됨에 따라 한국의 영해를 지켜주던 맥아더라인이 소멸될 상황에 이르렀다. 1965년 6월 22일 한일 양국 외상이 한국 측의 직선 영해 기준선을 인정함에 따라 그해 12월 18일 한일 간의 국교가 정상화되고 양국 간 어업에 관한 협정이 이루어졌다.

1970년 11월 11일과 12일에 비정부 차원의 민간기업으로 구성된 한국 · 대만 간의 협력위원회가 조직되고, 그해 12월 12일 일본 동경(도쿄)에서 해양개발특별위원회를 공식 발족시켜 세부 운영절차를 규정하기에 이르렀다. 1974년 1월에는 양국 간에 인접한 대륙붕북부경계설정에 관한 협정과 대륙붕공동개발협정을 체결하였다.

이 약정에 따라 1978년 6월 14일 해저 광물에 관한 특별조치법을 제정하고, 6월 22일에는 양측이 비준서를 교환함으로써 이 조약은 발효되었다. 공동개발구역은 우리나라가 자연적 연장에 따라 관할권을 주장해 온 해역과 일본이 등거리선에 따라 관할권을 주장해 온 해역이 겹치는 부분이다. 우리 측은 육지연장론에 의거 오키나와 해구를 서해 동지나해의 외측 한계로 보아 양국의 대륙붕은 동 해구를 경계로 본 반면, 일본은 동 해구에 의해 일본 육지 영토의 자연적 연장이 단절되는 것으로 볼 수 없다고 하면서 일본의 도리시마(鳥島) 및 남녀군도(男女群島)와 제주도 사이를 경계로 해야 한다고 주장하였다.[1)]

그러나 일본 측의 주장은 오키나와 해구에서 대륙붕이 단절되고 있음이 확실하므로 설득력이 없다. 위에 들고 있는 이 두 섬은 일본 후쿠에도 서남쪽 33.5해리, 제주도 동남쪽 89해리되는 지점으로, 도리시마는 남녀군도 북서쪽의 18해리 되는 곳이다. 이곳은 남도와 여도 외에 여러 개의 작은 섬과 암초로 구성, 전체 면적은 4㎢ 이내의 무인도들이다. 이 섬들은 자체의 대륙붕을 가질 수 없어 자연연장론에 의한 대륙붕경계획정 주장에 영향을 미칠 수 없다.

1952년 대한민국 국무원 공고 제14호로 공포된 "인접해양주권에 관한 선언"은 일명 평화선이라 하며 상대국인 일본은 '李라인'이라 부르고 있다. 목적은 어업 자원의 보존과 이용 광물 및 해저자원의 보존과 이용으로 공해상의 항행은 방해하지 않는다 하였다. 1953년 12월 2일에는 어업자원보호법을 제정, 어업 활동의 규제와 독도 영유권 유지에 있었다.

1965년 12월 한일어업협정을 체결하고 양국 사이의 해양을 어업과 관련하여 전관수역, 공동규제수역, 공동자원조사수역으로 구분지었다. 이 약정에 따라 연안 해안에서 50~100해리 정도 떨어진 외측한계선에 어업전관수역을 설정하였는데, 이는 국제해양법회의에서 논의되어 온 200해리 배타적 경제수역 설정의 추세를 감안한 것이었다.

이 선언을 통해 동해안에 있어 북위 38도 동경 132도 50분의 점으로부터 북위 35도 동경 135도의 점에 이르는 선에 있어서 독도(獨島)에 대한 확고한 영유 의지와 어업자원의 보호에 주안점을 두었다. 1969년 4월 15일 제2, 제4 해저광구의 석유탐사 계약을 미국의 걸프회사와 체결하고, 1970년 1월 1일부로 해저자원광물법을, 5월 30일에는 동법 시행령을 제정・실시함으로써 제7해저광구를 설정하였다.

---

1) 정종오, 대륙붕의 경계획정에 관한 연구, 인하대학교대학원 학위논문, 1989, pp. 49~50.

이 밖에 여러 광구개발계획을 기획하였다. 1974년 1월에는 한일 양국 간에 대륙붕에 관한 협정이 조인됨으로써 대한해협에 있어서 대륙붕 경계를 중간선 원칙에 따라 획정 짓고, 공동 개발 해역을 9개의 소광구로 나누어 각 소광구를 공동으로 탐사 개발하자는 것으로 하여 향후 50년간 유효하도록 하였다.[2)]

한국이 7개 해저광구를 설정함에 있어 적용한 해양법상의 근거는 서해에 위치한 제1광구, 제3광구, 제4광구는 중간선 원칙에 의한 것이고, 제5광구는 제4광구, 제6광구 내측에 위치해 있으므로 대륙붕 경계와는 직접적인 관계가 없으며, 제6광구는 중간선에 의한 것이다. 제7광구는 북위 28도 36분까지 우리나라 최남단 250해리 이상 남쪽으로 뻗어 있을 뿐만 아니라 그 동쪽 한계는 오키나와 해구의 중간까지로 되어 있어 육지 자연연장 원칙에 따랐다. 1996년 2월 한국은 85번째 유엔해양법협약 당사국이 되면서 200해리 배타적 수역을 선포하게 되었고, 수산자원의 보존과 관리에 관한 권리를 행사하고 의무를 이행할 목적으로 유엔해양법협약의 경제수역에서의 외국인어업 등에 대한 주권적 권리 행사에 관한 법을 입법 조치하였다. 따라서 우리나라는 내륙의 면적보다 3.5배 이상 넓은 인접 해양을 경제수역으로 적법하게 확보 · 관리 · 경략할 수 있게 되었다.[3)]

2) 북한 · 중국과의 해상 및 하천상의 경계

오늘날 북한 측과 중국 측이 국경조약을 체결하면서 국경 하천인 압록강과 두만강 사이의 섬과 사주는 모두 451개이며 이 가운데 북한 측에 속하는 것은 264개이고, 중국 측에 속하는 것은 187개라 하고 있다.[4)] 압록강 하구의 강과 바다의 분계선은 소다사도 최남단의 1호 강과 바다의 분계표지에서 시작하여 직선으로 신도 북단 2호인 강과 바다의 분계표지를 지나 중국 측 대동구 이남 돌출부 최남단 3호인 강과 바다의 분계표지에 이

---

2) 양국의 경계 하천과 강 바다 분계표지, 제9조, 제12조에 국경조약 제3조 2항 규정에 근거 양국 해상분계선을 동경 124도 10분 60초 북위 39도 49분 41초에서 시작하여 직선으로 동경 124도 09분 18초, 북위 39도 43분 39초에서 시작 직선으로 동경 124도 06분 31초, 북위 39도 31분 51초의 한 점을 지나 공해까지 이른다고 하고 있다. 이 조약은 1964년 3월 20일 조·중 국경에 관한 의정서에 의함.

3) 졸저, 조약으로 본 우리 땅 이야기, 예나루, 2007, pp. 351~360.

4) 본 조약은 북측 외교부 김영남과 러시아 외상 그로미코가 1985년 북 · 러 간의 국경회정에 관한 조약 및 부속서에 의한 것으로, 영문으로 된 것을 번역한 것이다.

른다. 이러한 분계선의 길이는 22,249.2m이다. 위의 제10조 1호에는 강과 바다의 분계표지를 소다사도 최남단 동경 124도 24분 31.25초 북위 39도 48분 22.64에 위치하며 극방향 방위각은 145도 38분 18초에 거리는 1,290m 되는 곳인 대다사도 삼각점으로 한다.

제2호인 강과 바다의 분계표지는 신도 북단 동경 124도 13분 43.59초 북위 49분 21.30초에 위치한다. 남극 방향 방위각은 95도 51분 47.2초에 거리는 15,512.9m이다. 위 1호의 강과 바다의 분계표지를 기준으로 한다. 제3호의 강과 바다의 분계표지는 대동구 이남 돌출부 최남단인 동경 124도 09분 02.25초 북위 39도 49분 46.49초로 하고 남극 방향 95도 51분 47.2초에 거리는 6736.3m 되는 곳으로 하고 2호 강과 바다의 분계표지로 한다.

제12조에서는 해상분계선을 동경 124도 10분 06초, 북위 39도 49분 41초의 한 점에서부터 시작하여 직선으로 동경 124도 09분 18초, 북위 39도43분 39초의 한 점에 연접하고 다시 동경 124도 06분 31초, 북위 39도 31분 51초의 한 점을 지나 공해(公海)까지 이른다. 그리고 제13조에서는 압록강 하구 강 바다의 분계선 밖의 자유항행구는 동경 123도 59분 동쪽과 동경 124도 26분 서쪽 강 · 바다의 분계선으로부터 시작하여 북위 39도 30분까지 양측의 영해에 속한다고 하고 있다.

3) 북한 · 러시아와의 해상 및 하천상의 경계

북한 측과 러시아 간의 국경은 북 · 중 · 러의 영토가 만나는 지점으로부터 시작, 두만강 중심부에 위치한 지점에서 남측 하구 방향으로 약 1km 지점에 있는 강의 중심부를 따라 이어지고, 남쪽 방향으로 전향하여 강의 주류를 따라 점 B에 도달한다. 점 B는 강 주류의 중심인 철교의 서단으로부터 약 1.4km 되는 동남에, 그리고 동 철교의 동남으로부터 약 1.5km 떨어진 곳에서 남방으로 전환하여 점 C에 도달한다. 점 C는 강 주류에 위치하는바 북한 측에 위치한 고도 89.9의 고도 120.1의 서북방 약 3.3km 되는 곳에 이른다. 국경선은 점 C로부터 강 중류의 중심부를 따라 서남 방향으로 진행하여 점 D로부터 강의 중심부에 위치하는바 고도 120.1의 1.2km에 이르는 곳에 둔다. 국경선은 점 D로부터 강의 중심을 따라 남방으로 이어지며, 러시아 측에 섬 하나가 있으며 북한 측에도 섬 하나가 있어 점 E에 도달하는데, 점 E가 국경선이 된다.

3 영해와 대륙붕론

1) 영해(領海)와 영해기선

영해란 내수 외측의 근해에까지 확대된 연안 해역이며, 상공, 해저지하를 포함하여 연안국의 주권이 미치는 영역이다. 즉 영해는 국가 영역의 일부로 간주하며, 당해 연안국은 영해상에서 영토 주권을 행사할 수 있는 것이다. 이는 1930년 헤이그 국제법법전화(國際法法典化) 회의 이후에 확립된 국제관습법규로 굳어져 왔다.

예전에는 영해가 독립적이며, 독립된 법적 지위를 가지는 것이 아니고 연안 영토와 불가분의 종물(從物)로 보아 왔다. 따라서 할양 선점(先占) 등과 같이 영토 지위의 변경이 생기면 이에 부수되어 영해의 법적 지위도 변경되었다. 이에 그 어떤 국가도 영토와는 별개시하면서, 영해에서만 영토 주권에 따른 권리를 주장하거나 의무 책임을 면하는 것을 허용하지 않았다.

국제법은 영해에 대한 영토 주권의 구체적인 행사 방법을 광범위하게 각국의 재량에 맡기고 있으며, 영해상에서 발생한 범죄 단속, 오염의 방지 등에 대해 연안국은 해양의 특성과 타국의 법익을 존중해야 할 국제법상 의무에 적합하도록 국내법이 적용될 수 있는 한도를 각각 독자적으로 판단하게 하고 있다.

그렇다면 영해는 어디에서 어디까지인가 하는 문제에 도달하게 되는데, 이른바 영해기선(領海起線) 문제이다. 영해기선(領海起線)이란 내수의 외측으로부터 근해를 향해 영해의 폭을 측정하는 기준으로, 해안에 따라 그어지는 선을 말한다.

해양법협약 제6조 제8조 제11조에는 "바다 가운데 있는 암초(暗礁)라든지 항구적인 항만 구조물로 항만시설과의 불가분의 일부를 이루는 것도 이 경우 해안에 포함하여 취급한다."라고 언급하고 있다. 단 이 경우 인공섬은 제외된다. 고조시(高潮時) 수몰(水沒)하는 간조 노출지(干潮露出地; Low tide elevation)에 대해서는 별도의 조건을 정하여 그 저조선(低潮線)도 영해의 기선으로 이용할 수 있다.

영해기선은 접속수역, 경제수역 및 대륙붕 등 다른 모든 해역의 폭을 측정하는 기준으로도 이용되어 각각 그 성질이 다른 연안국의 권능을 발생시키는 근거가 되기 때문에 섬 또는 바위의 경우 그 취급이 문제시된다.

영해와 접속수역에 관한 협약 제3조 해양법협약 제5조에는 "비교적 해안선이 단순하여 직선으로 되어 있는 경우에는 평행되게 기선을 긋는데 이를 통상기선이라 한다. 이 경우 연중 조수가 가장 가까운 근해에까지 밀려간 경우의 저조선을 말하고 연안국이 공식적으로 인정한 대축적해도(大蓄積海圖)에 기재되어 있어야 한다"라고 명기하고 있다.

통상기선을 그대로 적용하기 어려운 때에는 직선기선을 사용한다. 연안지역의 사정에 따라 섬이나 암초, 기타 돌출된 융기(隆起) 끝 등 가장 외측에 있는 저조선의 적당한 점을 본토의 실질적인 외연(外延)으로 간주하여 이를 연결한 직선을 기선으로 한다는 것이다.

직선기선을 이용한 영해 범위의 획정은 원래 연안국의 일방적 행위로써 이루어지고 타국의 동의를 필요로 하지 않는다. 단 타국에 이 선의 준수를 강제하고 유효하게 대항할 수 있게 하기 위해서는 국제법상의 일정 조건에 충족해야만 한다. 해양법 관련 조약도 실질적으로는 동일한 기준과 조건으로 직선기선의 채택을 인정하고 있다.

섬과 간조 노출지를 구별하기 위한 조수 높이의 기준에 대해서는 각국이 실행 측면에서 일정하지 않아 분쟁을 야기하는 요인이 되고 있다. 접속수역의 경계획정은 국가 간에 별도의 합의가 없는 한 등거리중간선에 의하기로 제네바해양법협약 제24조 제3항을 준수하는 것으로 되어 있으나 해양법협약에서는 이에 해당하는 규정을 두지 않고 있다.

그 이유는 경계획정문제로 인해 교섭상 분규가 발생하지 않도록 하기 위한 것이며, 경제수역의 경계획정이 있기 때문에 그 이상의 규정이 필요치 않다고 보았기 때문이다. 그리고 접속수역상에서 연안국의 권능과 경합하여 행사될 수 있다는 점을 들고 있다.

섬과 주변 해역은 섬 주변, 그 자체의 영해 내지 기타 해역을 생성시키는 기초로 인정, 인공섬과는 달리 엄격히 구별되고 있다. 즉 육지 형성의 자연성과 고조시에도 수면 위에 노출되어 있음을 기준으로 하고 있는가 하면, 지리적 특성을 갖추어야 하는 것으로 되어 있다. 그 결과 인공섬, 기타 해양구조물은 물론이거니와 간조 노출지도 섬으로부터 제외되고 있다.

UN해양법협약에서 섬의 정의는 지리학상의 개념에 의거하여 섬은 항상 수면 위에 있는 육지 지형으로 구성되고, 그 표면 전체가 해양 기후의 영향을 받는 것이라는 견해이다. 섬의 성질에 대해 육지와 같은 형태, 자연적 형성, 수면으로 둘러싸여 있으며, 고조시(高潮時)에도 수면 위에 있는 것과 같은 양상 등에 대해 위 협약 10조인 영해와 접속수역에 관해서 언급되어 있다. 빙산(氷山), 빙붕(氷棚) 및 하천 삼각주(三角洲)에 있는 갈대섬 등은 해상에 고정되어 있지 않아 풍향(風向), 해류의 작용으로 인해 항상 수면 위로 움직이거나, 설혹 이 밖의 타 요건을 충족시킨다고 해도 육지로 볼 수 없다는 것이다.

따라서 인공섬이나 기타의 해양구조물은 이상의 요건을 결여하고 있으므로 섬으로 인정받지 못한다. 등대, 영해 외측 수면하의 암초 또는 해상 말뚝 위에 건설된 것이라 하더라도 닻을 내린 등대선(燈臺船)과 같이 동일하게 취급되어 주변에 독자적인 영해를 가지지 못한다고 하고 있다. 오늘날 해양법협약에 따르면 연안국 본토 영해 외측에 있는 인공섬, 기타 해양구축물은 섬과 별개로 규정되어 독자적인 영해를 가지지 않는다고 해양법 협약 제60조 제8항 제80조 제87조 제1항 d에 풀이하고 있다.

2) 대륙붕(大陸棚)

대륙붕은 영어로 'Continental Shelf'라 하며 대륙 주변을 둘러싸고 있는 수심 약 200m까지의 경사가 완만한 해저(海底)를 말한다. 즉 영해 외측에 있는 공해(公海) 해저 부분에 해당하며, 자원개발 등 경제적 목적에 한정된 범위 내에서 연안국이 주권적 권리(Sovereign Rights)를 행사하는 해역이다.

대륙붕은 200해리 경제수역과 함께 공해제도로부터 분리되어 현대 해양법질서의 자원지향적인 특징을 반영한 해역이다. 해저지형을 살펴보면 대륙 주위에 경사가 특별히 완만한 곳이 있다. 이처럼 대륙 주변에 경사도가 낮고 수심이 200m보다 얕은 해저 부분을 대륙붕이라 하며 경사도 평균은 7분(分) 정도이다. 대륙붕상의 해수는 전체 해양 수량의 5%에 달하며, 대륙붕상의 해양 면적은 전 해양 면적의 17%에 달한다.

대륙붕은 수산 및 해저자원 개발에 가장 중요한 부분으로, 해저 전체 7%에 달하는 2천6백만㎢로 이 지역에 생존하는 생물의 종류와 양은 매우 다양하고 풍부해 이른바 어족 자원의 보고로 지칭되고 있다.

여기에는 수산물 이외에 석유, 석탄, 천연가스 등 비금속 광물류와 금, 은, 철, 구리 등이 미개발 상태로 있어 세계 각국이 다투어 해저자원 탐사와 개발에 노력하고 있다. 대륙붕 문제가 불거진 것은 제2차 세계대전 이후인 영해(領海) 밖의 공해(公海) 해저인 대륙붕 지배권을 연안국(沿岸國)들이 주장하면서부터이다.

이에 대해 1945년 미국 트루먼 대통령의 천명이 있었고, 13년 후인 1958년 국제연합 해양법 회의에서 채택된 「대륙붕에 관한 조약」에서 수심 200m까지의 해저와 그 이상일 경우 해저의 천연자원 개발 등이 가능한 범위를 대륙붕이라 하고 여기서 자원개발에 대한 연안국의 권리를 인정하였다.

1958년 제1차 국제연합해양법회의에서 연안국은 대륙붕에 대해 이를 탐사하고 천연자원을 개발하기 위한 주권을 갖는다 하여 영해와 접속수역에 관한 협약을 비롯해 공해(公海)에 관한 협약, 공해의 어업 및 생물자원 보호에 관한 협약과 대륙붕에 관한 협약이 채택되었고, 1960년 제네바에서 제2차 국제연합 해양법회의가 개최되었으나 영해의 범위를 확정하지 못하고 결렬되고 말았다.

제3차 회의는 1973년부터 1982년까지 공해 자유원칙에 근본적인 재검토를 가하고 해양자원의 공평한 배분의 방향을 발견하기 위하여 150개국이 참가하여 열린 매머드급 회의로서 1975년 제3회기에서 실질 교섭에 들어가 토의에 기초가 되는 조약 초안을 협의하였다.

그런데 대부분의 국가는 자연적 연장 기준에 따라 대륙붕을 정의하자고 하였다. 200m 수심의 기준은 해저 실정에 맞지 않는, 너무나도 개괄적인 개념이고 개발 가능성의 기준도 정밀하지 않고, 명확성이 결여되어 있다고 보았기 때문이다.

무려 304조에 달하는 비공식 단일교섭 초안이 겨우 마련되었는데, 그 내용을 살펴보면 심해해저개발은 원칙적으로 국제기관에 의한 직접 개발로 한다 하고, 영해는 12해리로, 경제수역은 200해리로 할 것이며, 대륙붕의 자연연장 등을 규정하고 있다.

1977년 제6회기는 미국 뉴욕에서 열렸는데 심해해저개발 등의 실질교섭이 진전되어 비공식 단일 초안이 하나로 묶여 303조의 비공식 포괄교섭안이 만들어졌다.

1982년 제11회기에 드디어 뉴욕에서 조약 초안이 채택되었다. 자연적 연장(Natural Prolongation)의 기준을 중시하여 이제까지의 인접성의 기준으로부터 이탈한다는 국제사법법원의 판결은 타국이 자연적 연장 기준을 원용하여 인접성과 경합할 경우 인접성 기준이 자연적 연장의 기준보다 우월하여 유효하게 대항할 수 있는 것이 아니라고 하였다. 그러나 해양법협약에서 자연적 연장 기준은 공식적으로 채택되어 대륙붕의 정의를 내렸는데, "대륙붕은 연안국의 영해를 넘어 연안국 영토의 자연적 연장인 대륙변계의 외측까지, 대륙변계의 외측이 200해리까지 미치지 않는 경우 영해기선으로부터 200해리까지의 거리에 있는 해저지역의 해저 및 그 지하를 말한다"라고 해양법협약 제76조 제1항 제3항은 정의하고 있다.

여기서 대륙가장자리(Continental Margine)를 의미하는 대륙변계(大陸邊界)란, 지형학 분류에서 말하는 경사가 급한 대륙사면 및 그보다 경사가 완만한 대륙대(Continental rise)로 구성된 해저와 그 지하를 말하는데, 대륙변계의 대륙대가 퇴적암으로 되어 있지 않은 경우에는 대륙사면 하단부로부터 60해리를 넘지 않는 고정된 지점을 연결한 선으로 한다는 것이다.

대륙붕의 외측한계를 정하는 선은 어떠한 경우에도 350해리 또는 2,500m 등심선(等深線)으로부터 100해리를 초과해서는 안 된다고 해양법협약 제76조 제4항 제5항에 규정하고 있다. 연안국이 연안 200해리를 넘어 한계를 설정하는 경우, 대륙붕한계위원회에 당해 정보를 제출할 의무를 갖게 하고 있다. 이 위원회의 권고에 따라 연안국이 설정한 대륙붕의 한계는 확정되어 최종 구속력을 가진다.

배타적 경제수역(Exclusive Economic Zone) 역시 영해 외측에서 연안 200해리까지로 보는 제3차 UN해양법회의의 과정에서 생겨났다. 이에 따른 기원은 배타적 어업수역과 대륙붕 개념에 있으며 이들 양자를 결합 · 발전시킨 제도이다.

해양법 협약 제58조에 따르면 타국은 경제수역에서 연안국의 규율 사항과 관련되지 않는 한 계속해서 항행, 상공 비행, 기타 공해 사용의 자유를 행사할 수 있다고 하였다.

제3차 유엔해양법회의의 진행 과정 중 3해리 영해폭을 유지해 왔던 나라들의 12해리 채택이 급증했으며 심지어 200해리를 주장하는 국가도 증가했다. 유엔해양법사무국 집계에 의하면 1998년 1월을 기준으로 영해의 범위를 덴마크, 싱가포르 등이 3해리를 유지하고, 그리스, 노르웨이 등이 4해리 내지 6해리를, 여타 121개국이 12해리를 채택하였고, 이보다 초과한 나라도 15개국이나 있었다.

경제수역은 협약상 영해 내지 공해(公海)와도 다른 특별한 지위를 갖는(sue generis) 해역으로 확립되어 있음을 규정하고 있다.

중국 측의 입장은 한일 간의 대륙붕공동개발협정이 체결된 이후 계속해서 이의를 제기해 왔고 중국 측과 협의 없는 한일공동개발구역은 중국의 주권을 침해하는 것으로, 중국으로서는 이를 결코 용인하지 않는다고 하고 있다.

중국은 1992년 2월, 이 같은 입장을 바탕으로 영해법을 제정하였는데, 동법 제3조에 "中華人民共和國領海基線採用 直線基線法劃定 由各相隣基点之間的 直線基線相成"이라 하여 영해기선을 밝히고 있다.

이러한 기준은 상해 연안 약 70해리에 위치한 동도(童島)를 한국 측이 1969년 미국의 걸프회사와 제4광구 탐사개발계약을 맺을 때 중국 측 기점으로 인정하지 않았다. 그런데 만일 중국이 이 섬을 기준으로 연안국과의 해양경계획정을 주장한다면 주변국과의 갈등은 심각해질 수밖에 없게 된다.

4 방공식별권역(防空識別圈域)과 이어도

1) 방공식별권역(防空識別圈域)

방공식별권(防空識別圈)은 관계국 간의 협정을 조건으로 규제할 수 있다는 것으로, ADIZ(air defence identification zone)라 하는데, 이 구역은 권내(圈內)에 들어오는 항공기는 관제관(管制官)에게 비행의 뜻을 연락하도록 설정된 공역(空域)을 말한다.

국제민간항공기구(ICAO)에서 배정한 영공에 대해 각국 관제소는 관할 구역을 통과하는 항공기에 대해 필요 정보를 제공할 책임을 부과하여 비행정보구역(Flight Information Region) 안에서 항공기가 안전하게 비행할 수 있게, 내륙에서 보다 광범위한 국제적 보호를 받게 하고 있으며 사고 시 수색과 구조의무를 지게 하고 있다.

이 권역 안에 국적 불명기가 들어오면 지상 공군에서 긴급발진(緊急發進)하여 대응하고 있는데, 영토와 영해 가까이 다가오는 항공기의 신속한 정체 파악을 위해 상당히 먼 거리에서부터 항공기의 정체와 통과 의도를 확인할 필요가 제기되고 있다. 이 같은 방공식별구역과 비행정보구역(Flight Information Region) 모두는 해양경계와 불가분의 관계에 놓여 있다.

이에 대비해 각국은 항행원조시설(航行援助施設)로 무지향성 전파 중 · 장파를 발사하는데, 항공기는 기상의 방향 탐지에 의해 그 전파를 수신하고, 전파의 도래 방향을 탐지해 비행사로 하여금 비행 방향을 인지한다. 이를 NDB라 일컫는다.

이 밖에 초단파 전방향무선표지인 VOR을 통해 항공기에 대한 절대방위를 알리게 되어 있으며, 거리 측정장치인 DME, 군용 및 민간기 양편에 거리 정보를 제공하는 VOR과 군용기의 방위 정보를 알리는 TACAN을 함께 갖춘 VOR과 TACAN 등을 활용하고 있다.

이러한 항행 원조 시설을 이용함으로써 항공기의 항법에 정확을 기할 수 있다. 계기 착륙장치인 ILS는 세 개의 카테고리로 분류하는데, 카테고리 I을 설치한 공항에서는 초저기상조건을 운고(雲高) 60m, 시정(視程) 800m까지 낮출 수 있으며, 카테고리 II를 설치한 공항은 기상조건을 운고 30m, 시정 400m로 할 수 있다. 카테고리 III은 전천후 착륙장치로서 어떤 경우에도 이륙 요구를 충족케 하고 있다.

관제 시설로 ARSR을 사용하는데 정밀진입 레이더인 PAR까지 활용되고 있다. 이 밖에 KADIZ와 관련한 IFR로 비행하는 항공기에 대해 조율하는 무선전화와 레이더에 의해 항공기의 위치, 이륙 후의 상강(上降) 비행을 컨트롤하는 등 각국은 이에 따른 방공식별권을 정함으로써 영역(領域)상의 관할을 염두에 두고 있다.

근자에 동아시아의 화약고로 불리며 중 · 러 · 일이 KADIZ, CADIZ, RADIZ, JADIZ가 겹쳐지는 지역에서 대규모 군사훈련을 하면서 해양 영토에 대한 주권 확보에 주력하고 있는 기미가 보여, 그 어느 때보다 해양 영토에 대한 관심이 드높아지고 있다. 즉 우리나라 마라도와 가장 가까이에 위치한 이어도에 관심이 쏠리고 있는 실정이다.

2) 이어도와 해양기지

우리나라 최남단에 자리하고 있는 이어도를 주목하지 않을 수 없다. 이어도는 일명 파랑도(波浪島), 흰색 섬이라 하며, 영국에서는 'Scotra Rock'이라 불려 왔는데, 이 섬은 태평양으로 나가는 바다의 중앙에 위치해 있다. 이 섬을 1973년 두 차례에 걸쳐 탐사하였으나 1983년 5월 9일에야 탐사에 성공했다.

위도상으로는 북위 32도 7분 8초 동경 126도 10분 8초에 위치해 있으며, 마라도 남쪽으로 149km 떨어져 있고, 중국 서산도에서는 287km, 일본 도리시마(鳥島)로부터는 276km 거리에 위치해 있다. 섬 등심선을 기준으로 보면 남북 약 1.8km 동서 약 1.4km의 타원형 형태로 면적은 2㎢이다. 이 섬은 1952년 인접해양에 대해 주권선언한 평화선 선포수역 내에 있으며 우리나라에서 관할하고 있다.

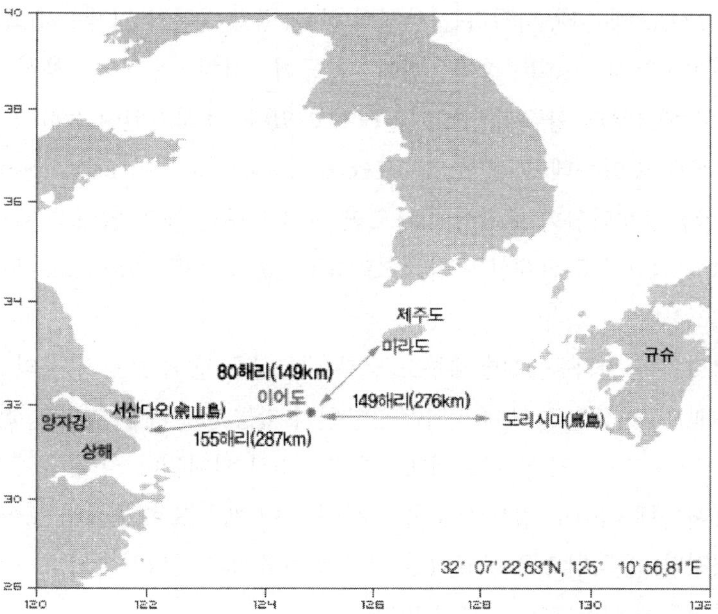

이어도의 기지 위치

1995년에 착공해 8년에 걸쳐 공사를 마무리했는데, 총 사업비는 212억 원이 투입되었고, 약 7천 명의 기술 인력이 동원되어 2003년 6월 해양과학기지로 거듭나게 되었다. 이 기지는 연면적 400여 평 규모에 높이 76m인데, 이 가운데 40m는 물에 잠겨 있고 36m만이 물 위에 솟아 있는, 무려 3,400t의 무게를 지탱하고 있는 사각 철조구조물이다.

여기에는 헬기장과 최신 기종의 해양 · 기상 관측 장비 44종 108점이 갖추어져 있고, 옥상에 전문 인력이 머무르는 숙박시설이 마련되어 있다. 초속 60m의 강풍에도 견뎌내며 파고(波高) 20m 이상을 감내하게 되어 있다. 감시시스템인 초음파 센스와 감시카메라가 갖추어져 있어 기지에 외인이 접근하게 되면 중국어 등 4개국어로 경고 방송이 나오게 되어 있다.

지형적으로 보면 수면 밑 4.6m에서 15m까지는 수직에 가까운 절벽을 이루고 있어 미세한 바람에도 포말형의 파도를 일으킨다. 이어도 주변 해역은 세계유수의 어장으로 북상하는 쿠로시오 해류와, 남하하는 서해의 한류, 중국대륙의 연안수가 교차하는 곳으로, 조기 · 민어 · 갈치 · 도미 · 장어 · 병어 · 고등어 · 삼치 · 오징어 · 꽃게 등의 어류가 서식하고 있어 예로부터 황금어장으로 알려지고 있다. 해저자원인 석유가 매장되어 있다고 하여 주목받고 있는데 ECAFE(Economic Commission for Asia and the Far East)로 알려지고 있는 아시아국동경제위원회 보고서에 따르면 이어도 주변 해역 일대가 제3기와 홍적세(Pleistocene)의 퇴적암과 화산쇄설 퇴적암으로 되어 있고 신제3기(Neogene) 퇴적암층을 포함하고 있다고 한다.

이처럼 지질조사 결과를 보면 제주도 남부 대륙붕은 습곡(褶曲) 구조의 신제3기층이 두텁게 발달해 있는 것으로 보여 석유부존자원의 가능성이 매우 높다고 한다. 주변 원유매장량 추정치는 약 77억 톤으로 세계 3대 유전지로 기대된다. 이는 제주도의 생성 시기와 같아 보이는데 이어도 정상 부분을 조사해 보니 제주도 지층에서 보이는 융회암층으로 되어 있었다. 융회암층은 불규칙한 기복에 빙하기와 간빙하기의 해수면 변동 영향을 받아 침식작용에 의한 것으로 보고 있다.

이러한 이어도는 1970년에 제정된 해저광물자원개발법상 해저광구 중 제4광구에 위치한 우리나라 대륙붕의 일부분이다. 또한 태풍이 우리나라에 상륙하기 8~12시간 전에 이곳을 통과하기 때문에 기상관측 예보에 매우 유용한 곳이며, 태평양으로 오고가는 해상교통의 요충지로 안전 확보 차원에서도 중요한 곳으로, 연간 25만 척의 선박 왕래에 기여하고 있다. 또한 군사적 측면에서도 매우 중시되며 우리나라를 비롯한 중국, 일본, 러시아 등 다국적 군함들이 통과하는 항로이자 군사력을 펼칠 수 있는 해역이다.

이러한 중요한 이어도 기지에 관해 중국 측이 문제 삼아 항의서를 보내는가 하면 CADIZ 문제를 제기하고 있는 실정이다. 이어도는 한 · 중 · 일 모두 200해리 안에 있어 3국간의 배타적 경제수역이 겹치기는 하나 상술한 바와 같이 우리나라 마라도와 가장 가까이 위치한 곳에 있는 우리나라 땅이다.

맺는 말

바다를 잘 활용할 줄 아는 나라는 세계를 향해 강국으로 뻗어 나갈 수 있었고 그렇지 못한 나라는 쇠락의 길로 전락할 수밖에 없었다. 바닷길을 개척해 패권을 누린 나라들로 스페인, 포르투갈, 영국, 프랑스, 미국, 일본 등을 예로 들 수 있다. 우리나라 면적의 17%에 불과한 나라인 네덜란드가 한때 세계적 강국으로 군림했던 것도 바닷길을 적극적으로 개척해 나갔기 때문이다.

오늘날 바다는 지구 표면의 71%인 3억 61백만㎢나 된다. 이렇듯 넓고 넓은 공간에 무려 80%가 넘는 40여 만 종의 생물이 바다를 무대로 서식하고 있다. 그뿐만 아니라 우리들 인류의 공통 먹거리와 자원을 향유할 수 있는 무한한 자원들도 이 속에 매장되어 있다.

바닷길을 이용한 세계 교역량은 무려 75%인 50억t이나 된다. 우리나라 수출입의 99.7%를 바닷길로 실어 나르고 있음을 감안해 볼 때 어찌 바닷길 이용에 무심할 수 있겠는가?

1994년에 발효된 유엔해양법(UNCLOS)은 바다를 자유로이 이용하고 환경과 자연을 효율적으로 보전해 인접 국가 간에 관할권을 보장하는 해양 영토 확보라는 개념하에 제정되었다. 미국 알프레드 테미어 마한(AT. Mahan)의 "육지는 잃는 한이 있어도 해상의 섬을 결코 상실하지 말아야 한다"는 말은 해양 영토의 중요성을 강조해 주는 말이라 하겠다.

이렇듯 바다에 대한 중요성은 곧바로 영해상의 섬과 연관짓지 않을 수 없다. 배타적 경제수역이라는 것도 그 모두가 섬을 기점으로 하여 영해의 범위를 정하기 때문이다. 더욱이 여러 측면에서 급부상하는 중국 세력을 의식하지 않을 수 없는데, 그중에서도 시급한 현안이 해상 경계 문제이다. 중국과 바다의 경계를 접하고 있는 나라는 우리나라를 비롯하여 일본, 필리핀, 브루나이, 말레이시아, 인도네시아 등인데 현재까지 이들 국가와는 해양경계선조약을 맺지 않고 있다. 이러한 가운데 중국 측은 우리나라의 이어도를 중국명인 쑤엔자오(蘇巖礁)라 하면서 해양 관할권 문제를 제기하게 하고 있다.

지정학적으로 이어도는 쉽게 군사기지화할 수 있는 여건을 갖고 있으며, 위치 자체로도 전략적으로 중요한 거점이 되고 있다. 만일 이어도에 군사기지가 들어서면 인근의 잠수정 활동과 통제에 대해 그만큼 영향을 미치게 된다.

이러한 점에서 우리는 마라도 남쪽에서 149km 떨어져 있는 이어도에 주목해야 한다. 이 섬은 예부터 우리의 선대들이 활용해 온 터전으로, 섬 암체 주변 50m 등심선 기준으로 남북 1.8km, 동서 약 1.4km의 타원형 형태이며, 면적은 2㎢이다. 여기에 우리나라 해양종합과학기지 제1호가 세워져 있다.

이 기지에 대해 중국 측은 1999년, 2001년, 2002년에 걸쳐 이어도 부근 수중 암초를 조사하고는 딩얜(丁岩)이라 부르는가 하면, 2007년 12월 24일에는 중국의 국가해양정보센터 홈페이지인 해양신식망에 이어도를 자국 영토라 하며 쑤엔자오(蘇巖礁)라 불렀으며, 2008년 이래 우리나라 측에 계속해서 의도적으로 시비를 걸고 있는 실정이다. 이러한 가운데 이어도에 관해 배타적 경제수역 경계를 짓지 못해 여운을 남기고 있다. 군사적 측면 못지않게 주변의 지하자원이나 어업자원, 항로 확보 또한 도외시할 수 없다. 이렇게 중국에서 탐낼 정도로 이어도는 우리나라의 매우 중요한 섬이다.

이에 본서에서는 우리나라 영해상의 제반도서에 대한 수난과 상실된 도서들에 대해 언급하면서, 독자들이 해양 영토가 내륙상의 영토 못지않게 중요하다는 것을 깨달았으면 한다.

주요 참고문헌

伽倻史大觀, 가야대학교 부설 가야문화연구소, 가야대학교출판부, 1998.

經國大典, 조선 성종 2년에 완성 · 반포되었으나 이후 수정을 가하여 성종 16년 6권 4책으로 간행함.

高麗史, 1454년(단종 2년)에 완성. 139권. 이후 1908년 國書刊行會에서 上 · 中 · 下 3권으로 간행함.

高麗史節要 編年體, 1452년 문종 2년 완성. 1959년. 古典刊行會편으로 동국문화사에서 影印 출판함.

管子, 제(濟)나라 管仲(?~BC 645)의 인물이라, 현존하는 管子는 24권 86편으로 나누어져 있다.

舊唐書, 200권의 正史로 後晉의 유구후 등이 지었다.

紀效新書, 14권으로 된 兵書. 명의 戚繼光이 北虜南倭와의 실전을 기초로 한 兵法七書로 비유되는 책이다.

大東野乘, 조선 인조 이전까지의 250년간 사항을 기록. 53종 130권. 古典刊行會 편으로 菊版 8,560쪽 간행함.

大典通編, 1785년(정조 9년)에 간행된 것으로 6권 5책 印本이다.

萬機要覽, 1809년(순조 9년)에 편찬된 것을 1937년 中樞院에서 전 2책으로 출판함.

北路記略, 서울에서 함경도로 통하는 路程을 北路라 하는데, 함경도 국경지대의 사실을 모은 책으로 鄭允容의 저서로 추정되며 4권 4책의 필사본이다. 편자, 연대 등이 미상으로 전해온다. 洪良浩의 北塞記略에 견줄 만한 저서이다.

備邊司謄錄, 1617(광해군 9년)~1892년(고종 29년)까지의 기록. 국사편찬위원회에서 출간함.

三國史記, 金富軾 편찬. 李繼福 1512년(중종 7년) 개간, 1956년 연세대 동방학연구소에서 색인을 간행함.

三國遺事, 一然 지음, 1512년(중종 7년) 재간. 광복 후 삼중당에서 발행함.

三國志, 65권으로 된 魏, 吳, 蜀 세 나라의 역사서로 晋나라 陳壽가 지음.

星湖塞說, 李瀷의 10권 10책, 사본(寫本)인데, 조선총독부본이 星湖塞說과 함께 유포되고 있다.

世宗實錄地理志, 8권으로 1454년(단종 2년) 편찬 1938년 중추원에서 교정세종실록지리지라 하여 출판.

宋書, 중국 24史의 하나로 六朝時代 宋나라 正史이다. 帝記 10권 志30권 列傳 60권으로 총 100권이다.

承政院日記, 1623년(인조 1년)~1894년(고종 31년)까지 270여 년분이 현존, 1961년부터 원본 초서를 楷書로 고쳐 구독점을 쳐서 축쇄 영인본을 국사편찬위원회에서 간행함.

新唐書, 225권으로 宋나라 歐陽修 宋祁 등이 지음.

新增東國輿地勝覽, 1530년(중종 25년) 증보해 55권 25책으로 된 印本으로 1912년 조선고서간행회에서 2446쪽으로 교정 간행함. 1958년 동국문화사에서 1016면으로 간행한 바 있다.

我邦疆域考, 조선 純祖 때 丁若鏞의 저서로 大韓疆域考라는 서명으로 1903년(광무 7년)에 간행함.

旅菴全書, 申景濬의 詩文集 2권 2책. 1910년 13권 5책의 影印本으로 書名은 旅菴遺稿가 있다. 20권 7책의 新活字本인 旅菴全書가 있다.

與猶堂全書, 1960년, 문헌편찬위원회에서 국판. 상 · 중 · 하 보유 4권. 丁茶山全書라 개제하여 影印 발간함.

燃藜室記述, 李肯翊의 저서로 47권 27책 寫本, 1967년 민족문화추진회에서 완역 출간함.

元史, 明나라 宋濂 등이 지은 210권의 元나라 역사서이다. 本紀 47권, 志 53권, 表 6권, 列傳 97권이다.

五洲衍文長箋散考, 60책의 寫本으로 李圭景의 저서로 1959년 고전간행회에서 영인본으로 간행함.

李忠武公全書, 14권 8책 印本으로 책머리에 정조의 綸音이 실려 있다.

日本書紀, 30권 15책으로 삼국사기보다 앞서 편찬된 것으로 고대사 연구에 참고가 된다.

日省錄, 2375권 사본으로 조선 말인 1910년(융희 4년)에 이르기까지 150년간의 기록.

資治通鑑, 宋의 司馬光이 지은 294권으로 된 역사서인데 처음에 通志라 하던 것을 宋의 神宗이 고쳤다.

制勝方略, 2권 1책의 인본으로 朝鮮史料叢刊에 影印本으로 간행되어 있음.

增補文獻備, 250권 50책에 印本이다. 1957년 동국문화사에서 상 · 중 · 하 국판 3051면으로 영인됨.

增訂交隣志, 6권 2책의 印本. 1443년(세종 25년)부터 1796년(정조 26년)까지 350년간의 기사이다.

懲毖錄, 16권 7책의 인본으로 유성룡의 임진왜란 수기. 1958년 성균대 대동문화연구소 影印되다.

通典, 唐의 杜佑가 지은 200권으로 된 政典으로 중국 上代로부터 唐 天寶年間까지의 기록이다.

八道地理志, 우리나라 유일의 지리지로 1432년에 완성. 현재 이 책은 전해지지 않고 있다.

※ 이상의 서명을 가나다 順에 의해 배열하였다.

부록 : 영문약자(英文略字) 해설

영문 약자	영문 원어	한글 및 한자 표기
ADIZ	Air Defense Identification zone	방공식별권역(防空識別圈域)
CB	Continental Blockade	대륙봉쇄(大陸封鎖)
DME	Demilitarized Zone	비무장지대(非武裝地帶)
ECAFE	Economic Commission for Asia and the Far East	아시아극동경제위원회 (亞細亞極東 經濟委員會)
EEZ	Exclusive Economic Zone	배타적 경제수역(排他的經濟水域)
FIR	Flight Information Region	비행정보구역(飛行情報區域)
ICAN	International Commission for Air Navigation	국제항공위원회안내지표 (國際航空 各處案內指標)
ICAO	International Civil Aviation Organization	UN국제 민간항공기구 (國際聯合民間航空機構)
ILS	Instrument Landing System	계기착륙방식(장치)(計器着陸方式(裝置))
TACAN	Tactical Air Command	항공기의 기술적 지시(航空機技術的指示)
UNCLOS	UNConference on International Organization	UN국제회의 창설전 준비위원회 (國際會議 創設前 準備委員會)
VOR	Very high frequency Omnirange	초단파 전방향 무선표지 (超短波全方向無線標識)

주요 용어 찾아보기

第三部

어정병학통(御定兵學通) 해설(解說)

어정병학통(御定兵學通)은 1785년(정조 9년) 9월 11일 정사조(丁巳條)에 의하면 서문(序文)을 정조 스스로 쓰고 인행(印行)하여 반포하였는데 이 책이 군사훈련의 규범이 되었고 진도(陣圖)를 붙였으며 이 책은 장조(場操), 야조(夜操), 성조(城操), 수조(水操) 네 부분으로 되어 있다. 이 책의 순서대로 옮겨보면 다음과 같다.

정조의 병학통(兵學通)에 실린 수군(水軍)훈련에 관한 원문(原文) 해제와 영인본

1. 정조대왕기의 수군훈련

조선시대 수군의 훈련 외에 분방법이라 하여 일정 장소에서 대기하게 하는 제도가 있었다. 임진왜란 이후 충청, 전라도의 수군이 경상도 수역으로 나아가 공동으로 경비를 서는 통영첨방제는 부담이 크다 하여 1651년에 중지하였다.[1]

그러나 각 진에서 바람이 거칠 때는 상대적으로 적은 인원으로 하여금 경비를 서게 하고 바람이 잠잠할 때는 적의 침입 가능성이 높기 때문에 평소의 2배로 인원을 늘려 경비를 서게 하였다.[2] 또한 통제사는 봄철 바람이 잔잔할 때는 거제행영에 나아가 근무하고, 가을철 바람이 거세게 불면 고성 두룡포의 본영으로 돌아와 있었다.[3]

옹진본영에 있는 황해도수사는 3월부터 8월까지 바람이 잠잠하면 소강행영에 입방하고 9월부터 2월까지 바닷바람이 거셀 때는 옹진본영에 돌아와 있게 하여 각급 진영마다 입방하는 장소, 경비를 서는 곳들이 다르게 지정되어 있었다.[4] 이 같은 제도는 시대가 흐르면서 유명무실해졌는데 예컨대 통영합조는 1740년 당시까지 장기간 시행되지 않아 무려 46년이나 되었고,[5] 양납합조는 1761년 당시까지 69년간이나 시행되지 않았다.[6] 또한 1766년 삼남지방의 수군은 각각 자기 수영 앞바다에서 훈련하도록 하였다.[7]

세종조에서 성종대에 이르기까지의 경세가였던 눌재 양성지(梁誠之)가 말하기를 "삼국사기를 보건대 동인(東人)이 한인(漢人)과 싸우면 십전칠승(十戰七勝), 왜인과 싸우면 십전삼승(十戰三勝), 야인(野人)과 싸우면 10전에 5승한다. 야인과 동승(同勝)하는 까닭은 야인이 호시(弧矢; 궁시를 말함)의 이점을 가졌는데 이는 또한 우리의 장기(長技)이기도 하기 때문이다."라고 세조실록에 언급하고 있으나,[8] 여기에 덧붙여 명심할 것은 무기류보다 강인한 정신과 부단한 훈련이라 하겠다.

이러한 의미에서 정조의 명에 의해 간행된 『병학통(兵學通)』은 표제와 같이 『어정병학통(御定兵學通)』이라 하였으나 오늘날에도 수군훈련의 지침서로 참고할 만하다. 이 책은 크게 나누어 장조(場操), 야조(夜操), 성조(城操), 수조(水操)의 네 가지로 구분되어 있는데 대체로 조련하는 순서를 자세히 설명하고 있다.

이 가운데 수조(水操)는 오늘날 해군의 훈련 지침서라 할 수 있다.

수조에 이르기를 발초선(發哨船)은 탐색용 초선을 띄워 적선이 나타났는지 여부를 사방으로 살펴보게 하고, 다음 열영(列營)으로 일체의 선박들이 첨자찰(尖字札) 형태로 나열한 후, 다음 명령을 기다린다.

오늘날 모함이라 할 수 있는 승선청(升船廳) 주장이 좌선(座船) 안으로 들어가면, 간적선작전(看賊船作戰)

1) 증보문헌비고(增補文獻備考), 권120, 兵考 12, 舟師, 효종 2년.
2) 만기요람(萬機要覽), 軍政篇, 4 分防法.
3) 인조실록(仁祖實錄), 권36, 인조 16년, 정월 己卯.
4) 증보문헌비고(增補文獻備考), 권14, 輿地考 22, 海防4, 擁津.
5) 영조실록(英祖實錄), 권5, 영조 16년 1월, 庚申.
6) 비변사등록(備邊司謄錄), 영조 37년 2월 2일.
7) 비변사등록(備邊司謄錄), 영조 42년 9월 1일.
8) 세조실록(世祖實錄), 권34, 세조 10년 8월, 壬午條.

으로 돌입하고, 금고(金鼓)가 울리면 나팔소리 요란한 가운데 각 선박들은 一자로 열을 짓는다. 그다음 남신기(藍神旗)가 흔들리면 불랑기포(佛郞機砲), 조총(鳥銃), 화전(火箭), 궁전(弓箭) 등을 동시에 발사한다.

흑신기(黑神旗)와 백신기(白神旗)가 진퇴 좌우 방향을 정하도록 명하고, 고초기(高招旗)가 올라가면 분통(噴筒), 화통(火筒), 와관(瓦罐)과 대소석자(大小石字) 적선을 치는데 황신기(黃神旗)와 홍백흑신기(紅白黑神旗)의 움직임에 따라 일진일퇴하다가 정종회선(整綜回船)으로 첨자찰의 선열을 짓고 안행(雁行)하면서 돌아오게 한다.

하방영(下方營)으로 쉬도록 하며, 낙기현등(落旗懸燈)으로 모든 배의 기를 내린 다음 돛대 위에 등을 달아 놓는다.

발방야료(發放夜瞭)로 일선에서 2명씩 내어 한 명은 선두(船頭)에서 감시하고 또 다른 한 명은 선미(船尾)에서 높이 바라보게 하며, 우적선(遇賊船)으로 각 선은 등불을 밝게 하여 산조귀항(散操歸航)의 닻을 올리고 돛을 높이 날리면서 첨자찰의 선열을 짓고 모항에 돌아와 안박(安泊)하게 된다.

이외에 사공죄(査功罪)와 초급(樵汲) 등은 장조(場操)에 준하는데, 오늘날 해군으로 일컬어지는 수군은 그 훈련을 습조 또는 수조(水曹)라 하였다. 국조(國朝)의 군제가 병학지남(兵學指南)에 의한 것으로, 이는 중국 척계광(戚繼光)의 『기효신서(紀效新書)』[9]를 모방한 것인데 사영간열(四營簡閱)과 제도조련(諸道操練) 간에 차이가 있거나 잘못된 점도 있다.

이에 장신(將臣)들에 명하여 장조정식(場操程式)을 만들게 하고 진도(陳圖)를 붙여 두 편으로 해, 무릇 7목이 되는바 이를 더욱 증정(證正)하여 서문을 왕이 친히 찬하고 인행하여 반포하도록 하였는데, 이 책이 병학통 중 수조(水操)에 관한 것이다.

정조대왕의 서문에 이르기를

"예(禮)에서 말하기를 예자(禮者)는 천지지서(天地之序)라 하였으며 서(序)인 까닭으로 군물(群物)이 별례(別禮)이다. 이는 군에도 그렇게 행하여질 수 있으니 행간(行刊)을 차례대로 한 대면 대오가 정연하게 될 것이며, 동작을 차례대로 한다면 진퇴가 고르지어다. 또 격자(擊刺)를 차례대로 한다면 기정(寄正)이 생길 것이니 이로써 이길 수 있을 것이다. 만약 이를 반(反)한다면 흩어질 것이니 이러한 적을 가히 파(破)할 수 있으리라! 정자(程子)가 이르되 한신(韓信)의 용병(用兵)이 적의 군사가 다다익선(多多益善)이지만 결국 분수가 밝으면 모두 성공하리라는 말이 바로 이를 두고 한 말이다. 그런 까닭으로 평시의 조련에서 항상 차례가 흩어지는 것을 근심한다면 무엇으로써 적을 기다릴 수 있겠는가? 내가 이를 탄식하고 병신(丙申)년 무사(武士)에 명하여 편집하게 하고 뒤이어 열두 무신(武臣)에게 맡겨서 다시 검토하게 하였다. 무릇 중외의 군대에서 장조(場操), 성조(城操), 수조(水操)의 방식을 갖추지 않는 바 없다. 또 진도(陳圖)를 만들어 그 밑에 붙여서 이름하여 병학통(兵學通)이라 하였다. 대저 '통(通)'이라는 말의 뜻은 '밝다'는 것을 말함이니 이같이 밝을진대 그 훈련과 동작 그리고 격자(擊刺)에 있어서 올바름을 얻을 것이며, 이로써 그 차례를 얻어 흩어지지 않을 것이다. 어떤 사람은 말하기를 병(兵)은 원래 기변(奇變)을 귀히 여기거늘 어찌하여 차례만을 논하는가? 그와 같을진대 이는 병가(兵家)의 궁언(弓言)이 아니라고 하였다. 그러나 내 생각으로는 용병을 잘 하는 사람은 더욱 변하되 차례를 잃지 않은 연후에 그 변함이 무궁한 것이다. 만일 병거(兵車)가 흩어지고 정기(旌旗)가 어지러워서야 어찌 가히 변화를 일으킬 수 있겠는가 진실로 장수지신(將帥之臣)이 나의

9) 기효신서(紀效新書)는 명나라 척계광(戚繼光)이 지은 병서로 손자(孫子), 오자(吳子) 등의 병법칠서와 같은 명저이다. 병학지남(兵學指南)의 수조정식은 척계광(戚繼光)의 기효신서(紀效新書)의 내용을 본뜬 것이 많은 데 비하여 병학통의 수조 관련 기사는 우리나라 실정에 맞게 고친 것이다.

설을 따라 변화가 무궁하게 된다면 어디로 가도 통하지 않는 바가 없다. 여(予)가 즉위한 지 9년 되는 맹하(孟夏)에 이를 서(序)하노라.[10]"

1년에 봄, 가을 두 차례에 걸쳐 수영(水營)에 모여서 하고 거진(巨鎭)[11] 이하 단위들에서도 일정한 규정에 따라 훈련하게 하였다. 『만기요람(萬機要覽)』 군정편 1 조점(操點)조에 보이는 수조(水操)의 방식을 보면 다음과 같다.

현패(懸牌)라 하여 수조를 앞두고 한달 전에 수사(水使)는 국왕에게 보고하여 지시를 받고 하루 전에 조패(操牌)를 달며, 발초선(發哨船)하여 그날 아침에 장1호(掌一號)[12] 신호를 하면, 척후선인 초선(初船)이 떠나 멀리 바다로 나아가 사방을 둘러보고 적을 탐지했다고 알린다.

별영(別營)하여

이후 장2호 신호에 의해 두 길로 나뉘어 바다로 나간다. 첨(尖)자를 지으라는 패쪽을 내걸면 여러 배들이 그대로 따른다. 장3호 신호에 의해 주장이 배에 오르고 닻을 감아 올리며 진을 친 곳으로 배를 몰아간다. 중군[13] 이하의 장수들은 각각 배 위에서 무릎을 꿇고 마중 인사를 한다. 다음 진을 치고 대형을 지은 다음 포고관이 훈련 개시 명령인 발방(發傍)을 선포하면 키잡이인 타공(打工)이 돛을 다루는 수병인 노수가 닻잡인 정수 등에게 맡은바 직무의 중요성에 대하여 상기시킨다.

대장에게 적선이 나타나면 포위하여 불랑기, 조총, 화전, 궁전 등으로 소멸하라는 등의 지령을 내리며 모두 적선과의 전투훈련을 진행하는 법, 밤에 해상에서 진을 치는 법, 야간 전투훈련법 등을 연습시키고 수영기지로 돌아오는 것으로 그 대강을 들고 있다.

2. 수조(水操)의 용어와 수군훈련

수조를 알리는 현패(懸牌)를 다는 것을 조패(操牌)라 하는데, 조패(操牌)는 수조가 있기 하루 전에 수군절도사인 주장이 문 앞에 훈련한다는 것을 알리면 조패를 매달고 훈련에 해당하는 각 사에서 선대의 차례대로 전달해 주고 각각 무기와 장비들을 거두어 두고 영을 기다린다.

* 발초선(發哨船)

척후선(斥候船)을 떠나보내기 위한 발초선(發哨船)은 날씨가 개이고 풍랑이 일지 않는다는 장1호(掌一號) 신호를 한다. 이후 밥을 짓고 널빤지와 밧줄 등의 도구들을 거둔다. 중군이 탄 배인 중군선이 총통인 포 한

10) 정조실록(正祖實錄), 권20, 정조 9년 9월 11일, 정사(丁巳)條.

11) 절제사, 첨절제사가 주관하는 진영 각도의 병마절도사와 수군절도사가 있는 진영을 주진이라 하고, 그 관하에 수개의 거진을 두고 거진을 단위로 하는 진관에 여러 개의 제진을 두었다. 만기요람은 조선 23대 순조 9년(1809) 심상규, 서영보 등이 지은 조선 후기의 재정 군제를 설명한 책으로 11책 사본으로 전해지고 있다. 수조란 수군을 조련한다는 뜻이며, 조패란 조련한다는 패를 일컫는다.

12) 장1호, 2호, 3호란 나팔 한 가지 소리만 내고 다른 악기들은 쓰지 않는 신호이다. 1호란 나팔을 한번만 부는 것인데, 그것은 사람들로 하여금 일어나서 짐을 챙기고 밥을 짓게 하는 것이다. 장2호는 사람들로 하여금 밥을 먹고 문을 나서서 자기 군영 소재지로 모이게 하는 것이다. 장3호는 주장이 기동하여 관청에서 나와 진영이 있는 곳으로 향해 가라는 것이다. 장호라고 할 때, 호포를 쏘고 나팔을 부는 경우도 있는데 이는 매복한 군사 또는 감시병이나 땔 나무를 하러 갔거나 물을 길으러 간 군사들을 거두어 돌아오게 하는 신호이기도 하다.

13) 중군은 조선후기 정3품 당상관 무직으로 통어영, 순영 등에 있었다. 병학지남 병학통에 나오는 중군은 수영의 참모장 격인 우후(虞侯) 정4품을 가리키기도 한다.

** 수조 때 진을 치는 결진, 조련 등에 대한 자세한 기록은 병학지남, 권5, 수조정식과 병학통, 권1, 수군을 참조.

방을 놓고 징의 가장자리를 울리면 초선은 포성에 따라 먼 곳으로 나뉘어 가서 사방으로 적선을 찾는 시늉을 한다. 줄을 서서 진형을 이룬다.

＊ 별영(別營)

장2호 신호가 나면 밥을 먹는다. 중군선이 총통 한 방을 놓고 북을 길게 치고 놋쇠로 만든 징보다 좀 작은 타악기인 금라(金羅)[14]를 세 번씩 울리게 하고 깃발을 올린다. 이후 각 병선에서도 다 같이 깃발을 올린다. 징이 울리다가 그치고 포 한 방을 쏘고 5방 신기(神旗)를 세워 앞을 향하여 끄덕이게 하고 각 병선들은 곧 포성에 따라 차례로 깃발을 끄덕이고 징을 울리면서 깃발을 눕힌다.

중군선은 포를 두 방 쏘고 고초(高招)[15]를 두 면에 세우고 북을 느리게 둥둥 울리면 각 병선들은 다 같이 북을 울리며 두 길로 나뉘어 진형대오를 짓는다. 중군선이 바다 한가운데서 징을 울리다가 그치고 포를 한 방 쏘고 홍신기(紅神旗)[16]를 세우고 북을 치고 대오를 펴라는 나팔을 불면 각 병선들은 첨(尖)자처럼 앞이 뾰족하게 생긴 패 쪽에 맞추어 배들을 바다에 늘여 세우고 영을 기다린다.

＊ 승선청(升船廳)

배 위에 마련한 청사에 오르는 승선청을 알리는 장3호(掌三號) 신호가 나면 주장이 좌선하고 포를 한 방 쏘면 곧 닻을 감아올리고 배를 돌려 앞으로 나아간다. 또 포를 한 방 쏘고 북을 잦게 치고 금라(金羅)를 세 번 올리면 깃발을 올리고 징을 울리다가 그친다.

징을 두 번 울리고 대취타(大吹打)[17]를 하면 진의 머리에 당도한다. 징을 세 번 울리면 취타는 멎는다. 중군선이 포를 한 방 쏘고 천아성(天鵝聲)[18]을 불면 각 병선은 깃발을 끄덕이고 고함치기를 세 번씩 하며 징을 울리다가 그친다. 주장이 탄 배인 주장선이 징을 두 번 울리고 대취타를 하면 중군 이하 장령들이 각각 배 위에서 무릎을 꿇고 마중하며 지나가면 작은 배인 각선을 타고 따라간다. 주장선이 바다 한가운데에 이르러 포 한 방을 쏘고 곧 닻을 내리고 징을 세 번 울리면 취타는 그친다.

이후 각 장령들은 좌선 아래에서 영을 기다린다. 황문기수(黃門旗手)[19]가 작대기를 교차시켜 뱃머리에 문을 만들면 주장이 선청에 오른다. 징이 두 번 울리면 소취타를 하고, 징을 세 번 울리면 취타는 그친다. 중군과 기고관(旗鼓官), 기패관(旗牌官) 등이 먼저 가서 만나뵌다. 이는 육군이 훈련장에서 하는 훈련과 같다. 군뢰(軍牢)[20], 순시수(巡視手)[21], 취고수(吹鼓手) 등이 반열에 따라 나뉘어 머리를 조아리면 일어나서 가라고 명령한다. 그러면 곧 물러간다.

중군이 장막 안에 올라간다는 총통 신호인 승장포(升帳砲)를 놓으라는 명령 내릴 것을 품한다. 시작하라는 지시가 있으면 곧 물러난다. 포를 세 번 놓고 징을 두 번 울리면 대취타를 한다. 반당(伴倘)[22] 선창뢰자

14) 금라는 놋쇠로 만든 징보다 좀 작은 타악기이다.

15) 고초(高招)란 비단견 길이 12자, 깃대의 길이 16자의 길이로 배 안에 세운다.

16) 홍신기(紅神旗)란 조선시대에, 중오방기 가운데 진영의 남방에 세우던 군기로 붉은 바탕에 관원수(關元帥)라는 신장과 구름이 그려져 있고, 가장자리와 화염각(火炎脚)은 파란색이며, 영두 · 주락 · 장목이 달려 있다.

17) 취타와 세악을 갖춘 대규모의 군악. 징, 자바라, 장구, 용고와 나각, 나발, 태평소 따위로 편성되며, 주로 진문(陣門)을 크게 여닫을 때, 군대가 행진하거나 개선할 때, 능행에 임금이 성문을 나갈 때 취주하였다.

18) 나팔을 길게 부는 소리를 말한다.

19) 중영(中營)의 깃발로, 황색에 사방 15자, 깃대는 길이가 12자이다.

20) 군뢰(軍牢)란 군대에서 죄인을 다루는 일을 맡아보던 병졸을 말한다.

21) 순시수(巡視手)란 군인들의 행동을 순찰하며 죄지은 자를 잡아오는 군사를 말한다.

(先唱牢子), 참제뇌자(站齊牢子)가 큰 소리로 세 번 구령을 친다. 끝나면 뇌자 가운데 한 사람이 나아가 무릎을 꿇고 크게 "문을 열랍신다"라고 부르짖는다. 곧 배의 문을 열며 황문기수는 깃발을 휘저으면서 물러간다. 징이 세 번 울리고 취타(吹打)가 그치면 각 장령들이 잔걸음으로 달려 들어와 차례로 만나 뵌다.

〈이때 파총(把摠)[23] 이상은 두 무릎을 다 꿇고 한번 읍을 하며 초관 이하는 두 무릎을 다 꿇고 두 번 읍을 한다. 매 반열이 달려 들어오면 뇌자는 큰 소리로 구령을 한다. 이러한 의식이 끝나면 각 병선으로 돌아간다.〉

✱ 초관기(招官旗)

장관과 기초(騎哨) 등을 부르는 초관기는 중군이 장호적(掌號笛) 신호[24]를 하면, 장관과 기초 등을 모아 호령을 듣도록 할 것을 주장(主將)에 품한다. 시작하라는 지시가 있으면 곧 물러나와 장호적 신호를 한다. 청도기(淸道旗)[25]가 좌우로 갈라져서 나오며 각 장령 이하 대장에 이르기까지 모두 작은 배를 타고 차례에 따라 뒤따라오며 좌선 아래에 모이면 청도기(淸道旗)를 쥔 자가 돌아와서 무릎을 꿇고 장관과 기총 등이 다 왔다고 보고한다. 일어서라는 지시가 있으면 곧 물러나며 징을 울리다 그친다.

✱ 관초(官哨) 발방(發放)

장관과 초관 등에 호령을 내리는 관초(官哨)[26] 발방(發放)을 중군이 뱃머리에 서서 전하기를 장관과 기총 등은 오라 하는 소리가 떨어지자 곧 몸을 돌려서 위를 향한다. 북을 한번 치면 등급 낮은 사람이 먼저 무릎을 꿇고 높은 사람은 후에 무릎을 꿇는다. 발방하기를 장관과 기총은 들으라! 귀로는 징과 북소리를 들어야 하고 눈으로는 깃발을 보아야 하며 배 몰기를 말을 몰듯 하여야 하며 적을 보면 앞을 다투어 나가야 하며 한배에 탄 자는 운명을 같이하여야 하며 배마다 각각 싸워야 한다.

적선을 놓아주어 도망가게 하면 군법이 용서하지 않을 것이다. 발방이 끝나면 장관과 초관 등이 차례로 머리를 조아린다. 일어나서 가라는 지시가 있으면 곧 물러간다.

✱ 타료정대장(舵繚碇隊長) 발방(發放)[27]

타공(舵工), 요수(繚水), 대장(隊長)들에게 말하기를, 타료정대장(舵繚艇隊長)과 포고관이 발방하면, 한 배의 공로 여부는 오로지 너희들에게 달려 있다. 키를 빗나가게 돌려 적선을 곧바로 쏘아 맞히지 못한 자는 목을 베어 대중에 보여 죄를 갚아야 한다. 타공(舵工)들이 머리를 조아린 후, 타공들에게 일어서라 한다. 요수(繚手)[28]는 들으라! 적을 보고 돛을 줄여 바람이 바로 작용하지 못하게 하여 적선이 달아나게 하면 목을 베어 대중에게 보이는 것으로 죄를 갚아야 한다. 요수는 머리를 조아리고, 요수들에게 일어서 가라 분부한다.

---

22) 반당(伴倘)이란 관아에서 부리는 사환을 일컫는다. 파총은 각 군영의 종4품 무관을, 초관은 군대 1초를 거느리는 종9품 무관을 일컫는다.

23) 파총은 종4품 무관인데 그 위에 천총인 종3품이 더 있기도 하다.

24) 장호적(掌號笛) 신호란 명령을 내리기 위해 부는 적대 신호를 이른다.

25) 청도기(淸道旗)란 행군할 때 앞에서 길을 치우는 데 쓰던 군기(軍旗)이다. 파란색 사각기로 깃발에 '淸道'라는 글자가 쓰여 있으며 붉은색의 화염각이 달려 있다. 깃대 끝은 창인(槍刃)으로 되어 있으며, 영두(纓頭)와 주락(朱駱)이 달려 있다.

26) 관초(官哨)란 지휘자인 장과 초관을 가리키는 무관을 말한다.

27) 배의 키를 잡는 수병인 타공, 돛을 맡은 요수, 닻을 맡은 정수에 대해 신호를 준다.

28) 요수(徭戍)란 적정을 살피는 병졸을 말한다.

정수(碇手)는 들으라! 적이 왔다는 소리를 듣고 닻을 빨리 올리지 않거나 일이 긴급하게 되었을 때 닻을 끊으려 하지 않아 일을 그르친 자는 군법이 불용할 것이므로 죄로써 갚아야 한다 하면, 정수들이 조아린다. 정수들에게 일어서라고 분부한다. 대장(隊長)들은 들으라! 여러 병사들은 각각 무예가 있으니 멀고 가까움에 따라 기틀에 맞게 싸우도록 할 것이며 너희들이 감시 독촉해야 하며 스스로 먼저 착란을 일으키지 말아야 하며 원근에서 명령을 어기고 피하는 요망한 행동을 하는 자 있으면 같은 죄로 벌 받아야 한다. 대장들이 머리를 조아린 후 일어나서 가라고 분부한다.

＊ 관기하지방(官旗下地方)

중군이 장관들과 기총들에게 제 곳으로 내려가라는 지시를 내릴 것을 품한다. 시작하라는 지시가 있으면 곧 물러나와 전하기를 장관과 기총은 제 곳으로 내려가라고 한다. 각각 대답을 하고 징을 두 번 울리고 대취타를 한다. 청도기수가 그들을 영솔하여 보내고 돌아와 장관들과 기총들이 제 곳으로 내려갔다고 보고하면 일어나서 가라고 지시한다. 이어서 곧 물러나온다. 징이 세 번 울리고 취타는 그친다.

＊ 승기기조(升旗起操)

기조에 따라 주장선에서 총통을 한 방 쏘고 나(羅)를 울리고 북을 자주 치면서 깃발을 내리면 각 병선에서도 일제히 깃발을 내린다. 한쪽으로는 닻을 감고 올려단다. 척후선이 총통을 쏘면서 먼 곳에 적이 나타났다고 알린다. 중군은 적이 나타났으니 훈련을 진행한다는 행기인 깃발을 올리고 훈련을 개시할 것을 품한다. 시작하라는 지시가 있으면 곧 물러나온다. 주장선이 포를 한 방 쏘고 북을 자주 치며 나(羅)를 울리면서 행기(行旗)를 올려 단다. 각 병선은 다 같이 행기를 올려 단다. 이에 징을 울리다가 그친다. 중군이 엄숙하고 조용히 하라는 신호인 숙정포(肅靜砲)를 놓을 것을 품한다. 시작하라는 지시가 있으면 곧 물러나온다. ≪숙정패(肅靜牌)[29]를 세우고 표미기(豹尾旗)를 세우도록 함≫ 포 세 방을 놓으면 각 병선은 곧 엄숙하고 조용해지며 영을 기다린다. 중군이 본선으로 돌아가면 또 포 한 방을 쏜다. 북을 느리게 둥둥 치고 다섯 방신기를 끄덕인다. 각 병선이 다 같이 점점이 움직이면서 첨자(尖字) 대형을 짓고 일제히 앞으로 나간다.

＊ 간적선(看賊船) 작전

적선을 보고 싸움을 하는 간적선(看賊船)작전이 시작되고, 척후선이 포를 쏘아 적이 가까이 왔음을 알리면 중군선이 포 소리를 내며 이에 응한다. 징과 북을 울리다가 그친다. 또 한 방을 쏘면 북을 느리게 둥둥 치고 대형을 펴라는 나팔을 분다. 이에 각 병선이 일(一)자로 줄을 선다. 전방은 우사(右司)가 전진이 되고, 중사가 중진이 되어 모두 안쪽에서 바깥쪽으로 향하며 좌사, 후사는 후진이 되어 바깥쪽에서 안으로 향한다. 〈우사란 만약 5명이면 전영, 우영이 전진이 되고 중영은 중진이 되며 좌영, 후영은 후진이 된다.〉 좌우한(左右翰)의 각 병선은 좌선(座船)의 뒤에 늘어선다. 적선이 대략 200보 안에 들어오면 포 한 방을 쏘고 남신기(藍神旗)[30]를 세우며 북을 둥둥 친다. 좌사(左司)의 배들 사이로 나와서 앞 층의 전면에 이르면 징을 울리고 그친다. 총통 한 방을 쏘고 천아성(天鵝聲)을 울리면 낭기(狼機), 조총(鳥銃), 화전(火箭), 궁전(弓箭) 등의 무기로 대열을 갈라 쏜다. 포를 한 방 쏘고 흑신기(黑神旗)[31]를 세우며 북을 둥둥 치면 후사(後司)가 역

29) 숙정패(肅靜牌)는 군령(軍令)으로 사형을 집행할 때 떠들지 못하게 하기 위하여 세우던 나무패로 '肅靜' 두 자를 썼다.

30) 남신기(藍神旗)는 중오방기(中五方旗) 가운데 진영(陣營)의 동방에 세우던 군기(軍旗). 깃발에 온원수(溫元帥)라는 신장(神將)과 구름이 그려져 있고, 바탕은 남색, 가장자리와 화염각(火炎脚)은 검은색이며 영두(纓頭)·주락(朱駱)·장목이 달려 있다.

시 앞에서 한 것처럼 나와서 싸운다. 포 한 방을 쏘고 홍백신기(紅白神旗)를 세우고 북을 둥둥 치면 전사, 우사가 역시 앞에서 한 것처럼 차례로 나아가 싸우는데 먼저 나간 사(司)가 또다시 징을 울리면 싸우기를 중지하고 물러나와 좌사(左司), 후사(後司)의 앞에 와서 늘어선다.

또 포 한 방을 쏘고 좌한선기(左翰船旗)를 세우고 남고초(藍高招)를 끄덕이면 거북선이 삿대질로 다그쳐 적선에 다가서 먼저 낭기 조총을 쏘고 또 분통(噴筩)[32], 화통(火桶)[33] 먼저 나갔던 사(司)의 배들이 징을 울리면 싸우기를 중지하고 물러나와 전사(前司)의 앞에 이르러 늘어선다. 와관(瓦罐)[34]과 크고 작은 돌덩어리를 적선에게 던진다. 포 소리가 한번 나면 황신기를 세워 좌우로 띄엄띄엄 흔들며 북을 드물게 둥둥 친다.

중사가 포 소리와 깃발에 대응하여 좌우로 나뉘어 적선을 에워싸며 그 뒤 먼 곳에는 별동대를 보낸다. 포 소리가 세 번 나면 남・홍・백・흑 신기를 4면에다 세우고 북을 다급하게 치고 천아성을 분다.

각 사가 일제히 포 소리와 깃발에 대응하여 삿대질을 다그쳐 나아가 싸우며 따로 파견했던 별동대도 뒤쪽에서 덮쳐 맞붙어 싸우는 형상을 한다. 적이 작은 배로 와서 공격하면 우리는 큰 배로 보습이 푹 파고드는 형세로 돌진하며 적이 큰 배로 노를 흔들거리며 천천히 움직이면 우리는 작은 배로 삿대질을 다그쳐 전진하여 포위공격하는 형상을 한다.

* 선단을 정돈하고 돌아오는 정종회선(整綜回船)

정종신호를 하면, 적이 패하였다는 신호의 징과 북을 울리다 그친다. 중군선이 포를 한 방 쏘고 솔발[35]이 울리고 각 사가 차례로 선대를 수습하여 이전처럼 '첨자찰(尖字札)' 모양으로 선다. 징이 울리다 그치면 몸을 돌리라는 나팔을 불고 징을 울리다 그친다.

또 포를 한 방 쏘고 5방(五方) 신기가 다 뒤를 향하여 각 병선들을 가리킨다. 각 병선들은 육지 훈련에서 진을 돌려 세우는 예에 따라서 배들을 돌려 늘어선다. 그러면 징을 울리다 그친다. 포 소리를 한번 내고 천아성을 불고 고함치기를 세 번 하고 징을 울리다 그친다.

징을 두 번 울리고 대취타를 하면 배를 움직이기 시작하여 앞뒤의 배가 서로 이어 기러기 떼 나는 대형을 짓고서 간다.

* 네모나게 영을 치는 하방영(下方營)

네모나게 영을 치는 하방영이 내리면 선대가 본래 영을 쳤던 곳으로 가고 징을 세 번 울리고 취타를 그친다. 포를 한 방 쏘고 징 가변을 울리면 기를 펴고 표(表)[36]를 세운다. 징을 울리다 그친다. 포 소리가 한번 나고 북을 드물게 둥둥 울리고 대열을 펴라는 나팔을 불고 표, 기로 일정한 방향을 가리키면서 흔들면 각 병선은 갈라져서 방영을 형성한다. 징을 울리다 그친다.

---

31) 흑신기(黑神旗)는 중오방기(中五方旗) 가운데 진영(陣營)의 북방에 세우던 군기(軍旗). 검은 바탕에 조현단(趙玄壇)이라는 신장(神將)과 구름이 그려져 있고, 가장자리와 화염각(火炎脚)은 흰색이며, 영두(纓頭)・주락(朱駱)・장목이 달려 있다.

32) 분통(噴筩)은 깊이 길이 각 1자 5치로 아래는 피나무통인데 길이는 5자이다.

33) 화통(火桶)은 나무통으로 한 말들이다. 화약을 장약하여 쓰는 무기의 일종이다.

34) 와관(瓦罐)은 질그릇으로 약탕관 비슷하게 생겼다.

35) 솔발이란 놋쇠로 만든 종 모양의 큰 방울. 위에 짧은 쇠자루가 있고 안에 작은 쇠뭉치가 달린 것으로, 군령이나 경고 신호에 쓴다.

36) 표(表)는 표시의 의미인데 입표라고도 한다. 진을 구성한 다음 네 모서리 사이에 정기, 각기, 초요기 등을 세워 진의 범위를 표시하게 한다.

포를 한 방 쏘며 몸을 돌리라는 나팔을 불면 각각 배를 돌려 앞으로 향한다. 징을 울리다가 그친다. 포를 한 방 쏘고 금라를 전하면 각 병선은 모두 닻을 내리고 편히 자리 잡고 병사들은 영막을 치고 앉아 쉰다. 징을 울리다가 그친다.

＊ 땔나무와 마실 물을 구하러 떠나 보내는 발초급(發樵汲)

중군선이 포 한 방을 쏘고 황색기를 세우고 북을 작게 치면 각 병선은 땔나무할 병사, 물을 길어올 병사를 가려 중군선으로 보낸다. 이때 주표인 군표를 받아 육지로 올라가서 땔나무와 쌀 등을 사서 준비해 두고 관원을 4개 문으로 갈라 보내면 나가는 수를 헤아려 돌아와서 보고하도록 한다.

그러면 징이 울리다가 멎는다. 포 세방을 놓고 징이 두 번 울리고 대취타를 하면 영문을 닫는다. 징이 세 번 울리고 취타는 그친다.

＊ 공로와 죄과를 조사 결정하는 사공죄(査功罪)

중군이 작은 배를 타고 좌선 아래에 가서 장관과 기총을 모아 공로와 죄과를 조사할 것을 품한다. 일어나서 가라는 지시가 있으면 곧 물러나와 본선으로 되돌아간다. 즉시 장호적(掌號笛) 신호를 하면 청도기가 진문으로 나아가 장관과 기총을 인도하여 차례로 중군선 아래로 가서 늘어서게 한다.

그리고 청도기를 쥔 군사가 무릎을 꿇고 장관과 기총이 다 왔다고 보고한다. 일어나서 가라는 지시가 있으면 곧 물러난다. 징을 울리다가 그친다. 포고관이 전해서 말하기를 장관들과 기총들은 나오라 한다. 각각 대답을 하며 북을 한바탕 울린다.

먼저 등급이 낮은 자가 무릎을 꿇고 높은 자는 후에 꿇는다. 발방하는 것, 머리를 조아리는 것 등은 다 좌선에서 발방하는 것과 같이한다. 〈이때 귀로는 징과 북소리를 듣고 여타는 말할 것이 없다.〉

합격한 자, 영을 어긴 자에 대하여 여러 사람에게 결과 판정을 내린다. 이 일이 끝나면 포고관이 전하기를 장관들과 기총들은 각각 제 곳으로 내려가라 한다. 이에 대답하고 돌아간다.

징이 두 번 울리고 대취타를 한다. 청도기가 인솔해 보내고 돌아와서 장관들과 기총들이 제 곳으로 내려갔다고 보고한다. 일어나서 가라고 지시하면 곧 물러난다. 징이 세 번 울리고 취타는 그친다.

＊ 땔나무와 먹을 물을 구하러 보냈던 군사들을 거두어들이는 수초급(收樵汲)

중군선이 포 한 방을 쏘고 황색기를 세우고 나팔을 한 차례 불며 징을 울리다가 그친다. 발라[37]를 한 차례 울리면 여라 군사들이 일어선다. 징을 울리다가 그친다. 포 한 방을 쏘고 징을 두 번 울리며 대취타를 하면 영문을 열고 땔나무와 먹는 물을 구하러 갔던 군사들을 거두어들인다.

관원을 4개 문으로 갈라 보내면 들어오는 수를 헤아려 돌아와서 보고한다. 징이 세 번 울리고 취타는 그친다. 포 한 방을 쏘고 나(羅)를 울리면 앉아서 휴식을 취한다. 징을 울리다가 그친다.

기화(起火)[38] 한 대를 놓으면 영중에서 불을 올리고 나(羅)소리를 전하면 밥을 지어 먹는다. 포 한 방을 쏘고 징 가장자리를 울리면 척후선을 사방 멀리 떠나보낸다. 각각 삼안총(三眼銃)[39], 기화 등의 기구를 내

37) 발라는 일명 바라라 하는 것으로 놋쇠로 만든 타악기의 하나로 솥뚜껑같이 생겼다. 한복판에 끈을 매어 양손에 쥐고 마주 치면 징같이 소리내며 울려 퍼진다.

38) 기화(起火)란 화전(火箭)의 촉을 빼버리고 신호용으로만 쓰는 화살을 말한다.

39) 삼안총(三眼銃)은 총통의 한 가지로 장약을 신속 · 경(硬)하게 만든 것으로 신호용으로 쓰였다.

준다. 징을 울리다가 그친다.

✱ 깃발을 내리고 등을 켜서 다는 낙기현등(落旗懸燈)

해가 떨어질 때 중군선은 포를 세 방 쏘고 징을 두 번 울리며 대취타를 한다. 영문을 닫고 징을 세 번 울리면 취타는 그친다. 포 한 방을 쏘고 나(羅)를 울리며 북을 잦게 치면서 깃발을 내린다. 각 병선들도 깃발을 다 내린다. 징을 울리다 그친다. 밤이 어두워지면 북을 세 번 치고 끝나면 기화 3대를 놓으며 돛대 위에다 등불을 단다. 각 병선도 모두 돛대 위에 등불을 단다. 〈돛대 위에 등불을 다는 것은 오로지 사(司)·초(哨)를 분간하려는 것이며 중군은 5잔, 파총은 4잔인데 모두 위아래로 줄지어 달며 전(前)·우초(右哨)는 1잔, 좌·후초는 2잔인데 모두 정면으로 달며 중초는 3잔인데 위아래로 단다. 배 위의 등은 적이 없으면 다만 2잔을 달고, 적이 있으면 등잔을 배의 4면에 모두 단다.〉

✱ 야간 감시에 대한 영을 내리는 발방야료(發放夜瞭)

중군선이 포 3방을 놓고 뿔나팔을 불고 북을 작게 치며 징을 울린다. 그 일이 끝나면 야간 감시하는 무관들과 군사들이 다 도착한다. 포고관이 전하기를 무관들과 군사들은 오라 하면 각각 대답을 한다. 북소리가 한바탕 울리면 무관들과 군사들이 모두 무릎을 꿇는다. 발방하기를 무관들과 군사들은 들으라. 야간 감시를 잘 할 것이다. 일을 그르친 자는 군법이 용서하지 않을 것이다. 라고 하면 등급이 높은 자부터 시작하여 낮은 자에 이르기까지 차례로 머리를 조아린다. 일어나서 가라는 지시가 있으면 곧 물러나온다.

만약 갑작스레 경보를 받으면 적을 막는 일이 끝난 다음에 야간 감시 무관, 군사들을 모아 발방한다. 포를 한 방 쏘고 나팔로 천아성을 분다. 한 번씩 북과 조두(刁斗)[40]를 칠 때마다 각 병선도 다 조두를 친다.

각 2시간 만인 매 경마다 병사 2명을 쓰는데 1명은 이물에서 먼 데를 감시하고, 1명은 고물의 높은 데서 감시한다. 만일 불의에 진행하려고 하면 장호적 신호를 하고 장관과 기총을 모아서 호령을 내리는 것은 모두 낮 훈련인 주조 및 육지 훈련인 육조 야영에 준하여 한다.

1경이 다 되면 포 한 방을 쏘고 길게 나팔소리를 내며 경을 바꾸어 교대를 한다.

✱ 적선을 만났을 때 우적선(遇賊船)

대체로 2경인 밤 11시쯤 되었을 때 어느 한 면의 척후선이 포를 쏘고 기화를 쏴 먼 데 적선이 있다는 것을 알린다. 중군선이 포 한 방을 쏘고 천아성을 불면 고함치기를 세 번 하여 이에 응한다. 징이 울리다가 그친다. 포 한 방을 쏘면 곧 등불을 감춘다. 각 병선이 등불을 감추고 영을 어둡게 한다. 척후선이 다시 포를 쏘고 기화를 쏴 적이 가까이 왔다는 것을 알린다. 중군선은 포 한 방을 쏘면서 곧 등불을 밝게 한다. 각 병선도 다 등불을 밝게 한다. 적선이 대략 30보 거리에 있을 때 낮 훈련 때의 규례에 의해 진행한다. 적이 패하면 징소리를 두 번 내고 대취타를 한다. 징을 세 번 울리고 취타를 그친다. 포 한 방을 쏘고 천아성을 불면 고함치기를 세 번 한다. 징을 울리다가 그친다. 포 한 방을 쏘고 징의 가장자리를 울리면 척후선을 떠나보내 그전과 같이 야간 경계를 한다.

40) 여기에서 조두(刁斗)란 군대에서 야경을 돌 때 쓰던 바라를 말한다.

✱ 공로와 죄과를 결정하는 사공죄(査功罪)

중군이 작은 배를 타고 좌선 아래에 가서 장관과 기총을 모아 공로와 죄과를 조사하게 할 것을 품한다. 시작하라는 지시가 있으면 곧 물러나와 야간훈련에서 합격한 자와 명령을 어긴 자에 대하여 여러 사람에게 결론, 판정하기를 낮 훈련 때의 규례와 같이한다.

✱ 훈련을 마치고 항구로 돌아오는 산조귀항(散操歸港)

하늘이 희부옇게 밝아오면 중군선은 징을 세 번 길게 치며 포를 한 방 쏘고 징을 두 번 울리고 대취타를 한다. 영문을 열고 징을 세 번 울리면 취타는 그친다. 포를 세 번 쏘고 나(鑼)를 울리고 징을 길게 치며 등을 내리고 각 병선도 다 등불을 내린다. 장1호 신호를 하고 영문을 연다는 포를 한 방 쏘면 천아성을 불고 고함치기를 세 번씩 한다. 징을 울리다가 그친다.

한 면에서 닻을 올리고 돛을 단다. 장2호 신호를 하고 솔발(猝鈸)이 울리면 각 병선은 첨자에 따라 자리를 잡는다. 장3호 신호를 하고 포 한 방을 쏘면 북을 둥둥 울리고 대취타를 한다.

각 병선은 차례대로 선대를 따라 항구에 들어와서 편안하게 정박한다. 이렇게 한 후 훈련과정은 모두 끝난다. 이상이 수조 전체에 대한 내용이다.

수조(水操)의 내용에 대한 원문(原文)은 별지와 같다.

丙申彙輯

御定兵學通

乙巳重訂

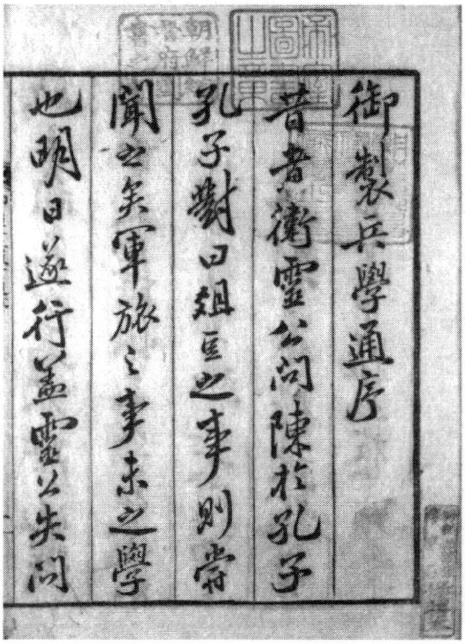

御製兵學通序

昔者衛靈公問陳於孔子
孔子對曰俎豆之事則嘗
聞之矣軍旅之事未之學
也明日遂行盖靈公失問

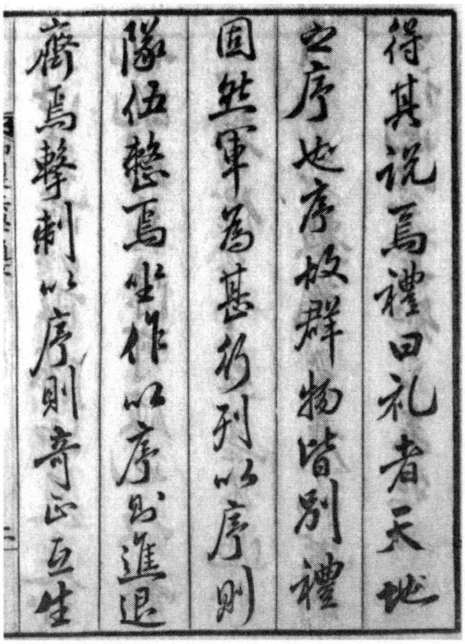

得其說焉禮曰礼者天地
之序也序故群物皆別禮
固然軍爲甚行列以序則
隊伍整焉坐作以序則進退
齊焉擊刺以序則奇正互生

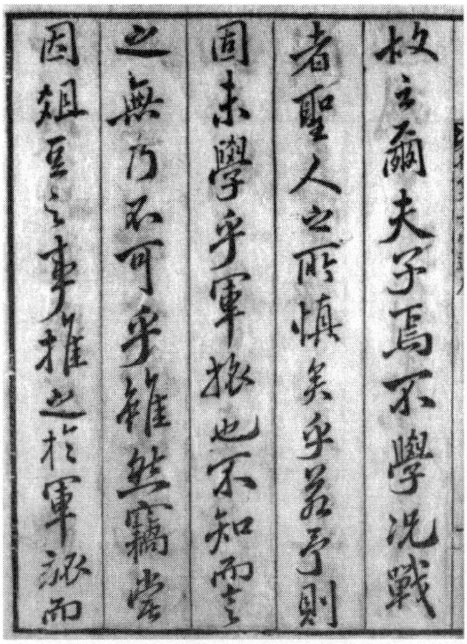

故之爾夫子爲不學況戰
者聖人之所愼矣乎君子則
固未學乎軍旅也不知而言
之無乃不可乎雖然竊嘗
因俎豆之事推之於軍旅而

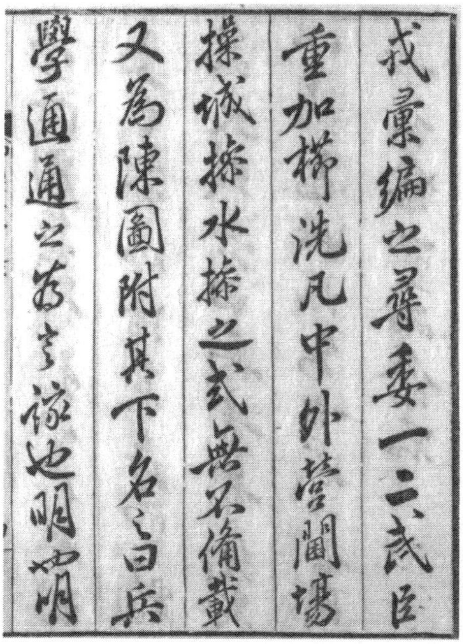

戎彙編之尋委一二武臣
重加梳洗凡中外營閫場
操城操水操之式無不備載
又爲陣圖附其下名之曰兵
學通通之爲言該也明肖

至也軍旅也豈此事殊而
理同者乎予雖言之可也今
之兵學指南即戚氏禦倭
之法也戚氏之禦倭蓋以序
勝者也我國遵而用之固

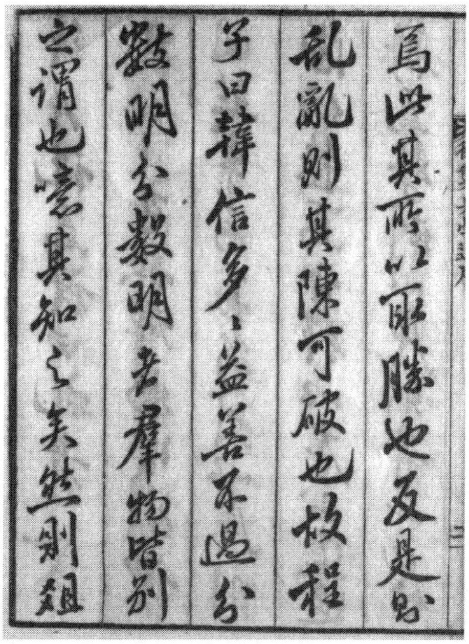

爲此其所以取勝也及是以
亂亂則其陣可破也故程
子曰韓信多多益善不過分
數明分數明者群物皆別
之謂也言其知之矣然則組

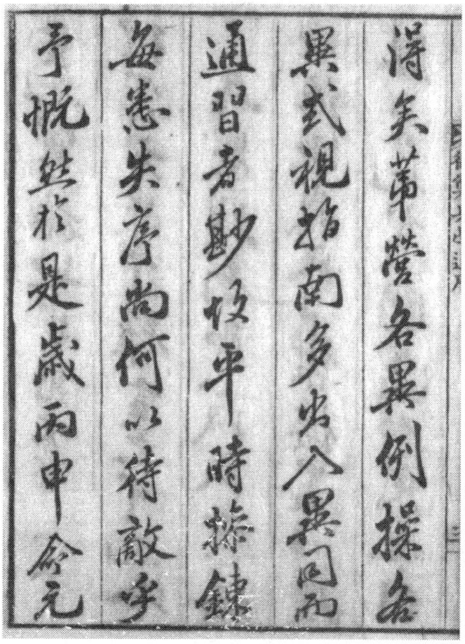

得矣第營各異操各異
式視指南多出入異同而
通習者尠故平時操鍊
每患失序尚何以待敵乎
予慨然於是歲丙申命元

愈不失其序而後其變愈
無窮也昌當有車轂錯
旍旗靡而可以爲變者乎
噫將帥之臣因多說而窮
之麾幾無往而不通也是

乎此則其行列坐作擊刺
之方和可以得其序而不亂
矣夫或者曰兵貴奇變奚
以序爲此非知言也善用
兵者愈變而愈不失其序

爲序時予即阼之九年
孟夏

奉
教彙輯
資憲大夫刑曹判書兼知訓鍊院事臣張志恒
奉
教校閱
原任禁衛大將大匡輔國崇祿大夫行判中樞府事臣徐命善
訓鍊大將輔國崇祿大夫行判中樞府事兼判義禁府事知訓鍊院事臣具善復
御營大將資憲大夫刑曹判書兼知訓鍊院事臣李柱國
原任御營大將資憲大夫咸春君兼知義禁府事臣李昌運
原任禁衛大將嘉義大夫刑曹參判兼訓鍊院都正臣李敬懋

嘉善大夫[illegible]臣鄭[illegible]
原任御營大將嘉善大夫三道統制使兼慶尚右道水軍節度使臣李邦一
禁衛大將嘉善大夫漢城府左尹兼同知義禁府事訓鍊院都正臣徐有大

奉

教監印

朝散大夫[illegible] 奎章閣檢校待教[illegible]教 芸閣[illegible]臣尹行任
通政大夫敦寧府都正知製教臣李家煥
折衝將軍前全羅右道水軍節度使臣李[illegible]
折衝將軍前洪忠道水軍節度使兼守城將臣[illegible]
通訓大夫行典設司別提 奎章閣檢書官臣朴齊家

凡例

一各營軍制備載於續兵將圖說而訓局龍虎營禁御兩營自有逐月三簡閱之規但部司異制號令不同有碍通習故彚集四營時行之塲操程式編摩一統以便按行

一營額及旗鼓定法已見續兵將圖說不復列錄

一四營中訓局即 輦下親軍也節制軍容視他營較重故凡塲操夜操分練程式及別陣號令以訓局爲主禁御兩營及龍虎營只就旗鼓號令之異例者低一字以別之

一陣圖依兵學指南總圖自列成行伍圖爲始而如五行等陣備述於續兵將圖說則不必疊錄然兵將圖說乃正法也各營練陣即奇法也此篇皆依時行練習圖寫故各營陣圖以奇攞隊俾存奇正互用之法

一陣圖中訓局龍虎營則軍制各異故各成陣圖禁御兩營則部司哨制別無異同故合成陣圖

一城操水操倣古酌今裒輯程式以便按閱而陣圖則指南所載已多踈略練習亦罕故分綜列隊揚帆聯船殆不知某司之居某方某哨之列某角頗欠詳備諸道城水陣圖雖不盡載如南漢之城操統營之水操稍有規模可以倣行故各成圖式編于卷末

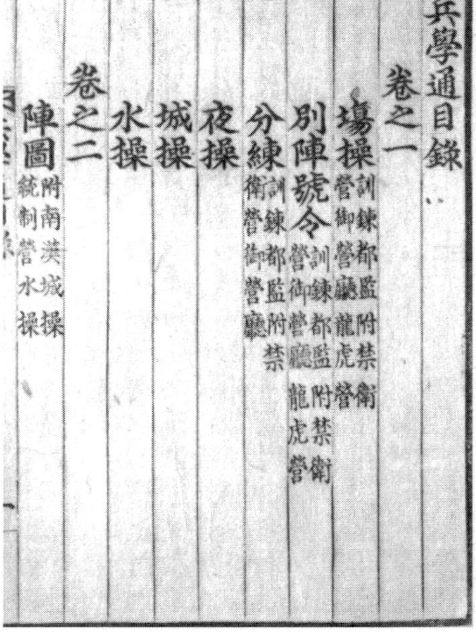
兵學通目錄

卷之一

場操 訓鍊都監附禁衛營御營廳龍虎營

別陣號令 訓鍊都監附禁衛營御營廳龍虎營

分練 訓鍊都監附禁衛營御營廳

夜操

城操

水操

卷之二

陣圖 附南漢城操統制營水操

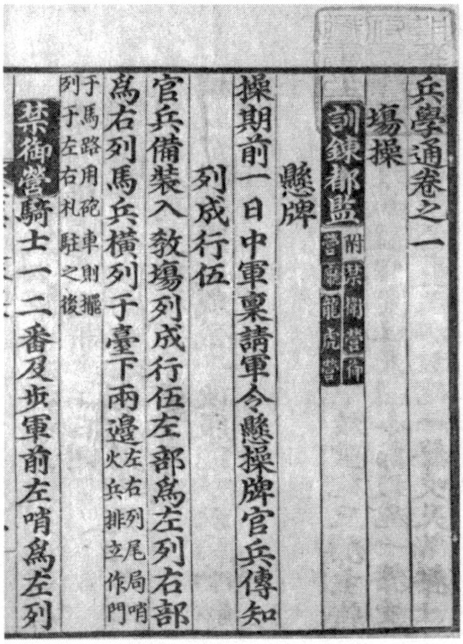
兵學通卷之一

場操

訓鍊都監 附禁衛營御營廳龍虎營

懸牌

操期前一日中軍稟請軍令懸操牌官兵傳知

列成行伍

官兵備裝入敎場列成行伍左部爲左列右部爲右列馬兵橫列于臺下兩邊左右列尾局哨火兵排立作門于馬路用砲車則擺列于左右札駐之後

禁御營騎士一二番及步軍前左哨爲左列

騎士三番及步軍中右後哨爲右列兩司合操則舊番爲左列新番爲右列

龍虎營一兼一內一羽爲左列二兼二內二羽爲右列三內橫列于臺下兩邊

旗鼓官擺列淸道威儀于改服廳下以待(亦以門角旗列立于將臺左右後)

入場

主將將近教場於改服廳下放坐砲三聲主將升廳改服知彀官稟吐凡號令即放砲一聲吹天鵝聲中軍於臺上亦放砲一聲吹天鵝聲吐

凡共三次(三次者恐或有初次未盡吐者故也)再鳴金喇叭止主將起身上馬跪接執事稟放砲三聲鳴金二下大吹打主將將入教場稟鳴金三下吹打止中軍於臺上放砲一聲吹天鵝聲各兵點旗吶喊共三次鳴金止跪接執事稟鳴金二下大吹打(左右礼駐一體吹打)中軍別將千把摠哨官信地跪迎候過即隨行主將將至將臺稟鳴金三下吹打止鳴鑼邊旗幟分列于左右鳴金止別將千摠以下聽候于轅門外(黃門旗手又捍作門于清道旗之前)

小開門

主將升臺知彀官稟小開門吹打即鳴金二下小吹打從事官軍官別軍官別武士牙兵哨官藥房鍼醫馬醫局出身單拜參謁鳴金三下吹打止中軍局別將知彀旗牌等官先行參現(中軍局別將兩跪一揖知彀旗牌兩跪兩揖)次軍牢巡視手吹鼓手等分班叩頭知彀官命起去應聲退

禁營別騎衛參謁於別武士之下無軍千把摠哨官各隨本班參現

御營別抄參謁於軍官之下無軍千把摠哨官各隨本班參現

升帳

中軍稟放升帳砲知彀官命起來應聲退放砲三聲鳴金二下大吹打伴倘先喝牢子站齊牢子大喝三聲畢牢子一人進跪大呼開門旗手揮旗而退鳴金三下吹打止

升旗

中軍稟升旗命起來應聲退放砲一聲擂鼓鳴鑼共三通升旗鳴金鑼鼓止別將千把摠哨官由轅門趨入以次參現即回還信地(別將千摠兩跪一揖把摠哨官兩跪兩揖每班趨入牢子大喝)

色門旗一磨哨官則放砲立該色神旗放砲立該色門旗放砲立該色高招一磨馬兵哨官則放砲立該色高招放砲立該色門旗一磨回還時該旗一磨

禁衛營 招別將放砲立別將旗
龍虎營 招番將放砲立番將旗

聽發放

中軍傳云官旗過來各齊應一聲卽轉身向上鳴鼓一通各官旗以畢而尊俱跪發放曰官旗聽着應耳聽金鼓應目視旌旗應手熟擊刺應步閙進止應萬人一心應軍法有常應畢各班內一人先尊後畢高聲報曰某官叩頭命起去應聲轉身退至原地相向立定

招官旗

中軍稟掌號笛聚官旗聽發放命起來應聲退放砲一聲卽掌號笛清道旗左右直下官旗挨次隨行到列陣盡頭轉身由馬路回上隊長偃旗到臺下竪起完立于左右每一哨爲縱列別將千摠把哨旗隊每班爲横列清道旗跪告官旗到齊命起去應聲退鳴金號笛止如欲磨旗發放則中軍稟聚官旗聽發放卽放砲一聲立司命旗磨動別將千摠趕磨動不止則各把摠又趕下至隊長皆然若只招別將千摠則別將千摠出馬路卽鳴金仆旗發放畢中軍稟官旗下地方卽傳云官旗下地方司命旗一麾如欲招某別將則放砲立該色高招一磨千摠則放砲立該色神旗一磨把摠則放砲立該色神旗放砲立該

官旗下地方各齊應一聲鳴金二下大吹打清道旗領官哨隊行到列陣盡頭回上官旗各還原地清道旗回至跪告官旗到地方命起去應聲退鳴金三下吹打止放砲一聲鳴鑼馬兵下馬再鳴各兵坐息鳴金鑼止五方旗招俱偃各一體偃旗如欲一體發放五方旗招不偃別將千摠或用認旗或掌號笛照臺上發放別將則去步開進止加馬開馳逐謹戢策轡把摠以下俱用認旗招聚發放

開營行

中軍稟放肅靜砲命起來應聲退放砲三聲立肅靜牌竪豹尾旗中軍稟掌號下營命起去應聲退掌一

龍虎營 去步開進止加馬開馳逐謹戢策轡

巡視發放

知彀官傳云巡視官生過來應聲旗牌官跪于前巡視旗跪于後發放曰凡入操喧譁不肅應下營行伍不齊應行營攙前越後應臨陣舉動違令應斬賊强奪首級應戰畢妄殺降人應種種作奸犯科俱聽爾拿來處置應若故縱需索治爾之罪應如前各叩頭命起去應聲退

官旗下地方

中軍稟官旗下地方命起來應聲退中軍傳云

號鳴金邊發塘報用十塘鳴金止掌二號放砲一
聲吹哱囉各兵起立再吹馬兵上馬鳴金哱囉
止放砲一聲立藍白高招左右別將放砲立認
旗以應之向右三點別將亦向右點哨官旗隊
摠挨次俱點鳴金什旗
禁御營 放砲一聲立別將旗別將亦應砲應
旗
龍虎營 放砲一聲立一兼旗一兼將亦應砲
應旗
鳴金邊五方旗招俱起分立三行中五方旗及角旗照方色

換立放砲一聲點鼓點五方旗招各一體點動左
馬兵作五馬隊自臺前從東向西直行與右馬
兵合爲十馬隊而行
禁御營 騎士作五馬隊而行
龍虎營 禁軍單人行
次左部次中軍次右部相接而行如欲每旗三隊平行則放
砲一聲立藍紅白高招
禁御營 新舊番合操舊番五哨接騎士之尾
次中軍次新番五哨挨接而行
分路

中軍到右列之頭放砲一聲鳴金鼓止各兵立
放砲二聲一路一擧欲分幾路爲幾擧無定數立高招二面點鼓
右部趨至左部之右並行爲二路中軍在二路
後之中左右部中司又在中軍之後分三路則放砲三聲
立高招三面左右部中司入兩路之中中軍又入中路之中分四路則放砲四聲立高招四面
左部右司入左司之右右部右司入左司之左中軍在四路後之中左右部中司又在中軍之
後分五路則放砲五聲立高招五面左右部中司入四路之中中軍又入中路之中
禁御營 右後哨趨至前左哨之右並行爲二
路中軍中哨在二路後之中分三路則中軍中哨入兩路之
中分四路則左哨入前哨之右後哨入右哨之左中軍在四路後之中中哨又在中軍之

後分五路則中軍中哨入四路之中若合操分二路則新番趨至舊番之右並行爲二路
中軍與各中哨在二路後之中分三路則各中哨入兩路之中中軍又入中路之中分四
路則舊番右後哨入前左哨之右新番右後哨入前左哨之左中軍與各中哨在四路後
之中分五路則各中哨入四路之中中軍又入中路之中
龍虎營 放砲二聲立一二兼旗二兼二羽趨
至一兼一羽之右並行爲二路一三二內在
二路後之中別將在一內之頭分三路則一三二內入兩
路之中別將又入三內之頭分四路則一羽入一兼之右二羽入二兼之左一三二內在
四路後之中別將在一內之頭分五路則一三二內入四路之中別將又入三內之頭
兵行一週到教場前放砲一聲鳴金鼓止各兵

向前點點緊鼓吹擺隊伍喇叭馬兵急出兵前
遮截步兵緊趨一字擺列每旗爲一聚留空三
丈殺手左部中司爲前層右部中司爲後層銃手左右部左司立于前層之前自內擺向外
右司立于後層之後自外擺向內用砲車則擺列于前層之前
禁御營前右哨爲前層自內擺向外左後哨爲後層自外擺向內中哨爲老營合操則各
前左哨爲前層右後哨爲後層各中哨爲老營
龍虎營一二兼遮截仍爲前層一二內居別將左右爲中層一二羽爲後層三內爲老營
兩層相去二十步中軍旗鼓等居中前抵前層
之後後坐後層之前若一路行則左部銃手俱在前右部銃手俱在後
禁御營前哨爲前層左哨在左分二層右哨在右分二層中哨爲後層後哨爲老營

立放砲一聲鳴鑼馬兵下馬再鳴各兵坐息鳴
金鑼止五方旗招俱偃各一體偃旗

列陣

假倭見形塘報搖旗報警頭局哨官微聲傳有
警各隊長挨傳至尾局卽還報知道到頭局放
砲一聲吹哱囉各兵起立再吹馬兵上馬鳴金
哱囉止吹轉身喇叭各兵向方轉身鳴金喇叭
止放砲一聲立藍白高招
禁御營 立別將旗
龍虎營 立一二兼旗

擺隊伍喇叭馬兵急出遮截步兵緊趨擺列大
隊殺手右部中司爲前層左部中司爲後層銃
手左右部右司立于前層之前左司立于後層
之後吹單擺開各兵列開小隊鳴金喇叭止放
砲一聲立藍白高招向內點馬兵收回鳴金什
旗放砲一聲鳴鑼馬兵下馬再鳴各兵坐息賊
在百步之內放銃射矢出戰三次賊敗退信
地塘報又在後報警吹轉身喇叭放砲一聲五
方旗招俱向後指各隊一時轉身向後中軍亦
轉身點鼓擡陣行約二十餘步鳴金鼓止放砲
一聲鳴鑼馬兵下馬再鳴各兵坐息鳴金鑼止
中軍稟下方營查功罪命馳去應聲退立表下
方營面操完左馬兵向南西角轉身回上左部
接左馬兵之後右馬兵向南東角轉身回上右
部接右馬兵之
後俱回右信地
禁御營疊陣以中哨爲老營方陣則以老營爲子壁
龍虎營疊陣以三內爲老營方陣則老營以偃月形擺列于子壁之後

吹單擺開各兵列開小隊凡擺隊中一隊不動只以左右二隊擺開
鳴金喇叭止放砲一聲立藍白高招
禁御營 立別將旗
向內點馬兵收回左右向外立定鳴金什旗放
砲一聲鳴鑼馬兵下馬再鳴各兵坐息鳴金鑼
止如欲回軍轉陣行營時塘報在後報警吹轉身喇叭放砲一聲五方旗招俱向後指各
隊一時轉身向後中軍亦轉身別將出在左哨之前千摠把摠出在中司中哨之前哨官旗摠
出本哨本旗之前聽點鼓左部出中軍之右右部出中軍之左馬兵亦在尾後如前行營到
敎塲前當中放砲一聲鳴鑼坐息鳴金鑼止塘報搖旗報警放砲一聲吹哱囉各兵起立再吹
馬兵上馬鳴金哱囉止吹轉身喇叭各兵向方轉身放砲一聲立藍白高招向前點點緊鼓吹

緊行又擂鼓吹天鵝聲吶喊作戰賊敗鳴金鼓止摔鈸鳴各整隊伍再鳴各分原隊鳴金鈸止鳴金三下器械向前身首向後鳴金退回約二三十步連鳴金二聲是賊追來各兵轉身作虎聲立定又鳴金退回誘賊入前伏之內伏兵吶喊齊起即鳴金二聲各兵轉身作虎聲立定擂鼓吹天鵝聲吶喊作戰一次賊敗鳴金鼓止摔鈸鳴各整隊伍再鳴各分原隊鳴金三下如前退回掌喇叭收後伏兵三退至鳥銃之前連鳴金二聲作虎聲回身立定

前層銃手輪放

賊在百步之內放砲一聲吹哱囉各兵起立再吹馬兵上馬鳴金哱囉止放砲一聲吹天鵝聲銃手輪放(用砲車則砲車亦放)鳴金喇叭止放起火一枝前層鈀弓手出前吹天鵝聲放射鳴金喇叭止

後層殺手出戰

放砲一聲點鼓鈀弓手俱回原隊後層間隊而出待出立隊之前擂鼓吹天鵝聲吶喊作戰鳴金鼓止各兵立(留伏兵)又點鼓緊行又擂鼓吹天鵝聲吶喊作戰鳴金鼓止各兵立(留前伏兵)又點鼓

出號令設伏交戰退兵俱如前一面分遣奇兵于賊退之路潛伏以待(奇兵以前層銃手左右邊各一隊分遣)

禁御營以老營兵分遣

兩層殺手俱出

放砲一聲點鼓前後層擁密鳴金鼓止放砲一聲立藍白高招

禁御營立別將旗

向前點擂鼓吹天鵝聲兩層一擁吶喊追賊左右馬兵與所遣奇兵一時從後吶喊齊起迎合于前

禁御營純銃手

後層銃手輪放

又作賊來狀吹單擺開後層銃手急出退回層前鳴金喇叭止放砲一聲吹天鵝聲銃手輪放(用砲車則砲車亦放)

禁御營退回層仍立輪放

鳴金喇叭止放起火一枝後層鈀弓手出前吹天鵝聲放射鳴金喇叭止

前層殺手出戰

放砲一聲點鼓鈀弓手俱回原隊前層間隊而

龍虎營 作戰賊在百步之外各兵上馬放砲
立一二羽旗點鼓點旗後層出前層之前一
字擺列賊到百步之內聽令弓矢齊發賊到
五十步擂鼓吹天鵝聲拔鞭提吶喊追擊賊
敗鳴金鼓止各兵立鳴金三下卽回身放砲
立該番旗向內點退回原地又作賊來狀放
砲立一二兼旗點鼓點旗前層一字擺列賊
在百步之內射矢追擊退兵俱如前又作賊
來狀放砲立一二內旗點鼓點旗中層出前
層之前一字擺列射矢追擊俱如前賊敗鳴

間花疊退
賊敗鳴金鼓止放砲一聲立藍白高招向內點
禁御營 立別將旗鳴金大吹打
馬兵收回鳴金仆旗放砲一聲掌喇叭後層銃
手退回原地鳴金止捽鈸鳴各整隊伍再鳴各
分原隊鳴金鈸止鳴金三下器械向前身首向
後間花疊退號令如前三退各到信地豎起器
械放砲一聲吹天鵝聲吶喊共三次鳴金喇叭
止放砲一聲鳴鑼馬兵下馬再鳴各兵坐息鳴
金鑼止

武旗左部中司自紅高招擺向藍高招至黑高招右部中司自紅高招擺向白高招至黑高招
左右馬兵合頭合尾居子外層之間若用砲車則擺列于外壘之前若因一路行列陣下營則
左部左司自朱雀旗擺至青龍旗右司自朱雀旗擺至白虎旗右部左司自青龍旗擺至玄武
旗右司自白虎旗擺至玄武旗千摠居前後面
禁御營 前哨自朱雀旗擺至青龍旗左哨自青龍旗擺至玄武旗右哨自朱雀旗擺至白
虎旗後哨自白虎旗擺至玄武旗中哨二旗一旗白紅高招擺向藍高招過黑高招三旗
自紅高招擺向白高招至一旗之尾若因一路行列陣下營每哨各居一面合踪則以各
前左右後哨爲外壘自前門平分以各中哨爲子壁
龍虎營 一兼居前面一羽居左面二兼居右面二羽居後面爲外壘一內居左二內居右
爲子壁三內以偃月形擺列于子壁之後

金鼓止放砲吹天鵝聲吶喊共三次鳴金止
鳴金三下卽回身鳴金大吹打退回原地放
砲鳴鑼各兵下馬再鳴坐息每次追擊各番鼓噪以助聲勢
下方營
中軍稟下方營查功罪命馳去應聲退放砲一
聲鳴金邊發旗立表鳴金止若因行營便下方營定發旗立表
放砲一聲吹哱囉各兵起立再吹馬兵上馬鳴
金哱囉止點鼓吹擺隊伍喇叭磨動表旗各兵
照旗蟻附以大隊分爲外層子層左部左司自朱雀旗擺至
青龍旗右司自青龍旗擺至玄武旗右部左司自朱雀旗擺至白虎旗右司自白虎旗擺至玄

中軍居子壁之中千摠居外壘左右之內
禁御營千把摠倶在中軍之後合操則居外
壘左右之內
鳴金喇叭止吹單擺開各兵列開小隊鳴金喇
叭止即安拒馬下蒺蔾張營幕
發伏路塘報
放砲一聲鳴金邊發伏路塘報差官分向四門
數出回報鳴金止放砲一聲鳴鑼馬兵下馬再
鳴各兵倶入幕休息鳴金鑼止每隊輪撥二人
守拒馬中軍旗招倶偃各一體偃旗惟表旗不
偃
發樵汲
放砲一聲中軍竪黃大旗
龍虎營竪別將認旗
擂鼓發樵汲兵差官分向四門數出回報鳴金
仆旗放砲三聲鳴金二下大吹打閉營門鳴金
三下吹打止
查功罪
放砲一聲吹單哱囉各官旗起立鳴金哱囉止
掌號笛左邊官旗向左內旋子壁外旋右邊官
旗向右內旋子壁外旋至中軍齊清道旗跪告
官旗到齊知㲄官傳云起去應聲退鳴金號笛
止中軍發放叩頭等項皆如臺上發放(不必用耳聽金
鼓等文)將合格違令者對衆發落畢知㲄官傳云
官旗下地方各齊應一聲鳴金二下大吹打清
道旗領送回告官旗到地方命起去應聲退鳴
金三下吹打止
收樵汲
放砲一聲立黃大旗
龍虎營立別將認旗
吹喇叭一遍鳴金止吹哱囉一通各兵倶起執
器如待敵狀鳴金止放砲一聲鳴金二下大吹
打開營門收樵汲兵差官分向四門數入回報
鳴金三下吹打止
炊飯
放砲三聲鳴金二下大吹打閉營門鳴金三下
吹打止放砲一聲鳴鑼馬兵下馬再鳴各兵坐
息鳴金鑼止放起火一枝營中舉火傳鑼解甲
炊飯喫
四面操

向外點點鼓擂鼓吹天鵝聲馬兵四角飛出圍
戰賊敗鳴金喇叭止放砲一聲立四面高招
禁御營 立別將旗
龍虎營 立一二三內旗
向內點鳴金二下大吹打(馬兵四門收入俱回信地)鳴金三
下吹打止放砲一聲吹天鵝聲吶喊共三次鳴
金喇叭止放砲一聲鳴鑼馬兵下馬再鳴各兵
坐息鳴金鑼止(如一面賊來或欲出戰則放砲一聲立該面神旗吹哱囉該面兵起立鳴金哱囉止放砲一聲點鼓吹長聲單擺開子壁兵移就外壘之內放砲一聲吹天鵝聲該面銃手輪放若用砲車則砲車亦放放起火一枝鈀弓手出前吹天鵝聲放射放砲一聲)

四面塘報磨旗伏路兵擧砲是四面賊來中軍
放砲一聲立四面神旗吹哱囉各兵起立再吹
馬兵上馬鳴金哱囉止放砲一聲吹天鵝聲銃
手輪放(用砲車則砲車亦放)
禁御營 子壁銃手聽單擺開移就外壘一體
輪放
鳴金喇叭止放起火一枝吹天鵝聲鈀弓手放
射鳴金喇叭止放砲一聲立四面高招
禁御營 立別將旗
龍虎營 立一二三內旗

九軍陣
放砲一聲立黃神旗點鼓吹擺隊伍喇叭左右
部左右司各五哨中司各二哨共二十四哨每
三哨爲一聯爲外八軍各中司中哨與攔後別
哨爲一聯爲中一軍馬兵六哨分作二層在後
爲遊兵二十四陣
禁御營 新舊番各前左右後共八哨每哨爲
一聯爲外八軍各中哨合爲一聯爲中一軍
騎士三番在後爲遊兵
八陣

點鼓擂鼓吹天鵝聲殺手吶喊作戰一面放砲
立該面高招向外點馬兵兩角飛出交戰收兵
退兵俱照二層戰陣號令行收兵時中軍大吹
打以應之鳴金吹打止放砲一聲吹天鵝聲吶
喊共三次放砲一聲鳴鑼馬兵下馬再鳴各兵
坐息若已安拒馬只將遠器要番射賊不許離
拒馬內
禁御營 該面兵出戰時一面放砲立別將
旗向外點擂鼓吹天鵝聲騎士兩角飛出
龍虎營 賊在百步之內各兵聽令上馬放砲
一聲立該面旗放起火一枝吹天鵝聲該面
引矢齊發賊至五十步放砲一聲點一二內
旗擂鼓吹天鵝聲子壁兵拔鞭棍分出左右
角吶喊追擊賊退鳴金鼓止鳴金三下卽回
身放砲立該番旗向內點鳴金大吹打由左
右門收回信地放砲一聲吹天鵝聲
吶喊共三次放砲一聲鳴鑼坐息
別陣號令

禁御營 新舊番前左哨爲天前衝地前衝東
南角西南角風雲陣天衡右後哨爲天衝東
北角西北角風雲陣天後衝地後衝中哨各
一三旗爲地軸各二旗爲中軍親兵騎士三
番在後爲遊兵

六花陣

放砲一聲立黃神旗放起火六枝磨動點鼓吹
擺隊伍喇叭左右部六司爲外六軍左右司中
哨爲中軍親兵馬兵六哨爲中一軍 若因一路行下營則左部在前右部在後爲正

放砲一聲立黃神旗黃高招點鼓吹擺隊伍喇
叭左部左右司前左哨自天前衝至天衝右後
哨自地前衝至地軸中司左哨左司中哨爲南
東角風雲陣中司右哨右司中哨爲南西角風
雲陣中司中哨爲中軍親兵右部左右司前左
哨自天後衝至天衝右後哨自地後衝至地軸
中司左哨左司中哨爲北西角風雲陣中司右
哨右司中哨爲北東角風雲陣中司中哨爲中
軍親兵馬兵六哨分作二層在後爲遊兵二十
四陣

陣則後一點直陣則左一點 磨動點鼓吹擺隊伍喇叭馬步軍
合爲方陣

左右部合方陣

放砲一聲立藍白神旗右一點叉桿磨動點鼓
吹擺隊伍喇叭左右部各中司爲子壁左右司
爲外壘合爲方陣

左右部各方陣

放砲一聲立藍白神旗右一點各磨動點鼓吹
擺隊伍喇叭中司爲子壁左右司爲外壘各成
方陣

禁御營 前左右後哨分爲外六軍中哨爲中
軍親兵騎士三番爲中一軍 合操新舊番前左右後哨分爲外六軍各中哨爲中軍親兵

臺上方陣

放砲一聲立司命旗右一點磨動點鼓吹擺隊
伍喇叭馬步軍合爲方陣 只步軍則放砲一聲立司命旗放砲一聲立藍白神旗右一點叉桿磨動只馬兵則放砲一聲立司命旗放砲一聲立藍白高招右一點叉桿磨動

臺下方陣

放砲一聲立黃神旗右一點 圓陣則四面點銃陣則前一點曲陣

禁御營 立黃神旗右三點 騎士立別將旗右三點
龍虎營 立別將認旗右三點
左右馬兵各方陣
放砲一聲立藍白高招右一點各磨動點鼓吹
擺隊伍喇叭左哨爲子壁前右哨爲外壘各成
方陣
左右馬兵合方陣
放砲一聲立藍白高招右一點又桿磨動點鼓
吹擺隊伍喇叭左右馬兵各左哨爲子壁前右
哨爲外壘合爲方陣

各司方陣
放砲一聲立藍白神旗放砲一聲立藍黃白門
旗右一點各磨動點鼓吹擺隊伍喇叭中司則
左右哨爲外壘中哨爲子壁左右司則前左右
後哨爲外壘中哨爲子壁各成方陣
禁御營 立黃神旗右二點 子外層擺列已見方營條內
各哨方陣
放砲一聲立五色高招 馬兵放砲一聲立藍白高招放砲一聲立紅藍
白門旗 右一點各磨動點鼓吹擺隊伍喇叭一旗
爲子壁二三旗爲外壘各成方陣

禁御營 立別將旗右一點騎士一番爲子壁
二三番爲外壘
以馬兵追擊馬兵
放砲一聲立藍白高招左右別將放砲立認旗
以應之高招相向點擂鼓吹天鵝聲左右馬兵
吶喊作戰一次鳴金仆旗放砲一聲立藍白高
招向左右點鳴金二下大吹打左右馬兵各回
信地鳴金三下吹打止
以步軍追擊步軍
放砲一聲立藍白神旗左右部千摠放砲立認

旗以應之神旗相向點擂鼓吹天鵝聲左右步
軍各成陣勢吶喊作戰一次鳴金仆旗放砲一
聲立藍白神旗向左右點鳴金二下大吹打各
到信地鳴金三下吹打止
以馬兵追擊步軍
放砲一聲立藍白高招 只用左馬兵立藍高招用右馬兵立白高招
左右別將放砲立認旗以應之點鼓點高招馬
兵前行擂鼓吹天鵝聲馬兵追擊步軍吶喊作
戰一次鳴金仆旗放砲一聲立藍白高招向後
點鳴金二下大吹打馬兵回到信地鳴金三下

禁御營 立黃神旗向騎士陣點鼓點黃神旗搖鼓吹天鵝聲

馬兵蜂屯陣

放砲一聲立藍白高招前左右點吹轉身喇叭點緊鼓吹擺隊伍喇叭各前哨在前左哨在中右哨在後每哨一旗在前二旗在左三旗在右作蜂屯形每旗一二三隊亦作蜂屯形

禁御營 立別將旗前左右點騎士一番在前二番在中三番在後作蜂屯形

龍虎營 立別將認旗前左右點一二兼在前在別將之左二兼二內二羽在別將之右自外擺向內三內爲老營

成陣後移營

放砲一聲立黃神旗向某方三點立點鼓擾陣而行到所止處鳴金鼓止只以步軍成陣立藍白神旗

遇猝警

行營之間偵塘報失瞭賊自腰間或前後突出把摠哨官皆得自主號令搶成方營一面禦賊遠處司哨亦成方營收拾備戰中軍放砲一聲鳴金鼓止放砲一聲點鼓吹擺隊伍喇叭鳴金吹打止

禁御營 立別將旗向步軍陣點鼓點旗卽搖鼓吹天鵝聲

以步軍追擊馬兵

放砲一聲立藍白神旗只用發手放砲立藍白神旗放砲立黃門旗左右部千摠放砲立認旗以應之點鼓點神旗步軍前行擂鼓吹天鵝聲步軍追擊馬兵吶喊作戰一次鳴金什旗放砲一聲立藍白神旗向後點鳴金二下大吹打步軍回到信地鳴金三下吹打止

一二內在中一二羽在後作蜂屯形三內爲老營

馬兵鶴翼陣

放砲一聲立藍白高招左右點吹轉身喇叭點緊鼓吹擺隊伍喇叭左邊三哨擺列于左別將之左右邊三哨擺列于右別將之右自內擺向外作鶴翼形

禁御營 立別將旗左右點騎士二番在中一番在左三番在右自內擺向外

龍虎營 立別將認旗左右點一兼一內一羽

鼓到信地馬兵轉身由左右札駐後丙回上待
尾局盡出札駐之外塘報報警吹轉身喇叭鳴
金止放砲一聲立藍白高招向前點點緊鼓吹
擺隊伍喇叭餘同原操
禁御營 不用掌號等節直吹轉身喇叭放砲
一聲立別將旗向前點點緊鼓吹擺隊伍喇
叭騎士遮截步軍二層立定

假倭號令

放砲一聲立黃高招向某陣點(或馬兵陣或步軍陣)點鼓
假倭前行擂鼓吹天鵝聲假倭一字前進吶喊

止放砲一聲吹天鵝聲賊退鳴金止放砲一聲
吹天鵝聲吶喊共三次鳴金止摔鈸鳴收鼙隊
伍放砲一聲點鼓如前行營

直下疊陣

開營行時掌一號鳴金邊塘報直下于左右札
駐之間鳴金止掌二號放砲一聲吹哱囉再吹
鳴金止放砲一聲立藍白高招左右別將應砲
應旗高招向前三點挨次俱點鳴金止鳴金邊
旗幟分立三行放砲一聲點鼓點五方旗招左
右馬兵各以五馬隊直下札駐之間中軍麾旗

五次輪放鳴金止

晝習夜營

面操完放砲一聲鳴金邊如前發伏路塘報放
砲一聲鳴鑼各兵坐息鳴金鑼止放砲一聲豎
黑旗放砲三聲鳴金二下大吹打閉營門鳴金
三下吹打止放砲一聲吹哱囉各兵起立鳴金
哱囉止放砲吹天鵝聲吶喊共三次鳴金止放
砲一聲落旗各一體落旗放起火一枝懸空燈
籠各一體懸空燈籠照程式演之

調練

追擊畢鳴金止放砲一聲立黃高招向後點鳴
金二下大吹打假倭收回原地鳴金三下吹打
止(假倭以攔後別哨扮作)
禁營 立倭將旗向某陣點(假倭以用劒鄉軍扮作)
御營 立塘報旗向某陣點(假倭以用劒鄉軍扮作○用別抄立令旗)
龍虎營 立倭將旗向某陣點(假倭以兒旗手扮作○用駕後禁軍立令旗)

砲車號令

放砲一聲立紅高招放砲一聲吹天鵝聲砲車

俱如前轉身鳴金二下大吹打擡陣行回到信地鳴金三下吹打止摔鈸鳴如前收隊鳴金鈸止

回信地

放開營砲一聲吹天鵝聲各兵不點旗吶喊共三次鳴金喇叭止鳴金邊旗幟分立三行鳴金二下大吹打左馬兵在前之左路左部接左馬兵之後右馬兵在前之右路右部接右馬兵之後

禁御營 騎士一二番在前之左路前左哨接二番之後騎士三番在前之右路中右後哨接三番之後

龍虎營 一兼在前之左路一內一羽接一兼之後二兼在前之右路二內二羽接二兼之後三內分半接兩路之後

平行左右各回信地劄定鳴金三下吹打止鳴鑼邊旗幟分列于左右鳴金鑼止

謝操

中軍到臺下中軍以下至哨官入跪坐將前高聲報曰中軍別將千把摠哨官謝操卽叩頭命銃手殺手中調撥某哨赴臺前照程式練之

收營

中軍稟收營命馳去應聲退放砲一聲吹哱囉竪大旗各兵起立再吹馬兵上馬鳴金哱囉止摔鈸鳴收拒馬營幕各成小隊再鳴成大隊中軍原發旗招俱回鳴金止點鼓將方營照前變爲層陣立定鳴金鼓止吹轉身喇叭鳴金止放砲一聲五方旗招俱向後指各兵向後轉身點鼓擡陣行約二十餘步鳴金鼓止又吹轉身喇叭鳴金止放砲一聲五方旗招俱向前指各兵起去應聲退

散操

中軍稟散操命起來應聲退鳴金二下大吹打各兵于脚下轉身南下不須魚貫而上（如欲數兵將令旗作門于兩邊各隊俱單人行從門出差官數出）各司哨一體擺列旗鼓威儀各隨本部至中路散出不許候送主將鳴金三下吹打止

落旗

中軍稟落旗命起去應聲退放砲一聲鳴鑼擂鼓共三通落旗鳴金鑼鼓止掌一號鳴金邊旗

放砲一聲將認旗向前一點立一旗摠點槍旗以應之認旗一磨旗摠赴臺前聽分付退立將槍旗向前一點立一隊長立槍旗以應之向後連點點鼓隊長領兵赴臺前背臺上立定鳴鑼坐息

禁御營 純銃手兼習殺手分練之法

分爲兩儀陣

放砲一聲吹單哱囉各起立放砲一聲立藍白大旗吹擺隊伍喇叭分爲兩儀陣鳴金仆旗喇叭止放砲一聲點鼓前行擂鼓吹天鵝聲吶喊

幟分立三行掌二號主將起身上馬鳴金二下大吹打

分練

訓鍊都監 附禁衛營御營廳

殺手一隊練

自入塲至升旗俱照合操例行放砲一聲立該色神旗千摠放砲立認旗以應之放砲一聲立該色門旗把摠亦應砲應旗放砲一聲立該色高招哨官立認旗以應之高招向後連點哨官率旗鼓赴臺前分付調第一隊前來應聲退立

旗摔鈸鳴合爲鴛鴦陣鳴金仆旗鈸止放起火一枝鈀弓手出前吹天鵝聲放射摔鈸鳴俱回原隊放砲一聲點鼓前行操法如前操畢放砲一聲吹轉身喇叭卽將兩伍俱向內轉身立定打得勝鼓回在本旗摠後空地立定鳴鑼坐息

二隊三隊亦照前習戰一旗完又聽二旗三旗各輪照一旗之法操畢俱回札駐信地坐息

一隊方陣

隊長將槍旗右一點磨動一二名在左右三四名居前後五六七八名居四角九十名與火兵居中而在隊長之後

飛跑鳴金鼓止共三次摔鈸鳴卽收隊伍放砲一聲鳴金三聲卽器械向前身首向後鳴金退回連鳴金二聲作虎聲回身立定三退至原調來所立信地鳴鑼坐息

變爲三才陣

放砲一聲吹單哱囉各起立放砲一聲立藍紅白大旗吹擺隊伍喇叭變爲三才陣鳴金仆旗喇叭止操令如前操畢鳴鑼坐息

合爲鴛鴦陣

放砲一聲吹單哱囉各起立放砲一聲立黃大

儀三才同一隊例操畢摔鈸鳴仍收鴛鴦隊
禁御營 三才陣操畢吹單擺開各兵一字單
列鳴鑼坐息放砲一聲吹哱囉起立放砲一
聲吹天鵝聲一次齊放即收隊伍放砲一聲
吹天鵝聲五次輪放
鳴金二下大吹打回在信地鳴金三下吹打止
鳴鑼坐息
一哨方陣
哨官立認旗右一點磨動點鼓一旗爲子壁二
三旗爲外壘俱以三才擺列

一旗方陣
旗摠將槍旗右一點磨動一隊爲子壁二三隊
爲外壘而一五三七九在隊長之左二六四八
十在隊長之右俱單列
一哨練
哨官照前聽令領兵赴臺前背臺上大隊立定
放砲一聲吹擺隊伍喇叭列開小隊鳴鑼坐息
放砲一聲吹哱囉起立放起火一枝鉋弓手出
前吹天鵝聲放射摔鈸鳴俱回原隊放砲一聲
點鼓前行操法俱同一隊例操畢鳴鑼坐息兩

放砲一聲點鼓後層兵間隊而出擂鼓吹天鵝
聲吶喊作戰鳴金鼓止共三次摔鈸鳴各整隊
伍再鳴各分原隊鳴金三下器械向前身首向
後三退至前層之前鳴金二聲作虎聲回身立
定
禁御營 放砲一聲吹天鵝聲五次輪放
放起火一枝後層鉋弓手出前吹天鵝聲放射
放砲一聲點鼓前層兵間隊而出擂鼓吹天鵝
聲如前三進摔鈸鳴如前收隊鳴金三下如前
三退至後層之前鳴金二聲作虎聲回身立定

一司練
把摠照前聽令領兵赴臺前背臺上立定放砲
一聲鳴鑼坐息放砲一聲吹哱囉起立吹轉身
喇叭各兵向方轉身點緊鼓吹擺隊伍喇叭一
字擺列大隊中哨一旗及左右哨一二旗爲前
層中哨二三旗及左右哨三旗爲後層吹單擺
開列開小隊
禁御營 前中右哨爲前層左後哨爲後層放
砲一聲吹天鵝聲五次輪放
放起火一枝前層鉋弓手出前吹天鵝聲放射

再吹單擺開鳴金喇叭止卽安拒馬下蒺藜張營幕放砲一聲鳴鑼坐息把摠入跪主將前稟査功罪命起去應聲退放砲一聲吹單哱囉各官旗起立掌號笛子外層官旗照合操例俱至發放叩頭等項皆如合操例行將合格違令者對衆發落畢傳云官旗下地方鳴金二下大吹打俱回信地鳴金三下吹打止把摠入跪主將前稟收營回信地命起去應聲退放砲一聲吹哱囉竪神旗各兵起立捧鈸鳴收拒馬營幕各成小隊再鳴成大隊點鼓變爲二層立定照合

放砲一聲點鼓前後層擠密擂鼓吹天鵝聲吶喊一擁作戰止捧鈸鳴前後層如前收隊鳴金三下如前退兵各三退至原調來所立信地放砲一聲鳴鑼坐息

一司方營

把摠放砲一聲立認旗右一點(圓銳曲直等陣各隨方點)磨動點鼓吹擺隊伍喇叭中哨爲子壁左右哨爲外壘俱以兩儀擺列

禁御營 純銃手中哨爲子壁前左右後哨爲外壘

例行輪放齊放司哨俱同故不重擧

夜操

安營

自入場至升旗俱照晝操例行放砲一聲鳴金邊發旗立表鳴金止點鼓吹擺隊伍喇叭磨動表旗各兵搶成方營(子外層擺列同晝操)鳴金喇叭止吹單擺開各兵列開小隊鳴金喇叭止卽安拒馬下蒺藜張營幕(每隊摺兵二名守拒馬每一拒馬內備石子一堆每一旗後掘廁坑一所距營外三十步積柴一堆)

發伏路塘報

操例轉身畢捧鈸鳴如前收隊放開營砲一聲吹天鵝聲吶喊共三次鳴金二下大吹打俱回札駐信地鳴金三下吹打止放砲一聲鳴鑼坐息

銃手一隊練

同殺手例調一隊前來到臺下放砲一聲吹單擺開一字單列鳴鑼坐息放砲一聲吹單哱囉起立放砲一聲吹天鵝聲一次齊放卽收隊伍放砲一聲吹天鵝聲五次輪放打得勝鼓回在本旗摠後空地立定鳴鑼坐息挨隊練同殺手

放砲一聲鳴金邊發伏路塘報預行喫飯俱赴中軍各聽暗號而出差官分向四門數出回報鳴金止放砲一聲鳴鑼馬兵下馬再鳴各兵坐息鳴金鑼止

發樵汲

放砲一聲豎黃大旗擂鼓發樵汲兵差官分向四門數出回報鳴金什旗放砲三聲鳴金二下大吹打開營門鳴金三下吹打止

收樵汲

放砲一聲豎黃大旗吹喇叭一遍鳴金止吹哱囉一通各兵起立鳴金止放砲一聲鳴金二下

大吹打開營門收樵汲兵差官分向四門數入回報鳴金三下吹打止放砲三聲鳴金二下大吹打閉營門鳴金三下吹打止

炊飯

放砲一聲鳴鑼馬兵下馬再鳴各兵坐息鳴金鑼止放起火一枝傳鑼各兵炊飯蓐食

夜號

中軍稟請夜號于主將傳知各哨各哨傳知各兵臨時定擬

燃燈

放砲一聲吹哱囉各兵起立再吹馬兵上馬鳴金哱囉止放砲一聲吹天鵝聲吶喊共三次鳴金喇叭止放砲一聲落旗各一體落旗如欲演炬放砲一聲黑鼓吹長聲畢擺開子壁兵移就外壘單列外壘兵又移就前面若干步單列鳴金止放砲一聲中軍燃炬各一體燃炬吹天鵝聲舉炬各舉炬吶喊共三次鳴金什炬喇叭止若臨陣則不拘鳴金乃止放起火一枝燃燈各一體燃燈或演炬畢擂鼓鳴收退原地燃燈

發放夜巡

放砲一聲吹角擂鼓鳴金畢夜巡官軍齊到知數官傳云官軍過來應聲鳴鼓一通以卑而尊

俱跪發放曰官軍聽着應夜巡謹愼應惧了事軍法不饒應畢先尊後卑高聲報叩頭知數官傳云起去應聲退放砲一聲鳴鑼馬兵下馬再鳴各兵坐息鳴金鑼止每司輪撥兵一旗哨官一員巡本夜每旗撥兵二人燃火于營外如欲出奇掌號笛官旗俱赴中軍聽發放改旋旗爲燈火吊將本夜應作舉動逐一分付叩頭下地方等項俱照晝操行

起更傳箭

擂鼓三通放定更砲一聲喇叭吹天鵝聲每一擊鼓刁斗相映一遍傳更箭不拘何處起凡箭過不許出聲只于

守更人身上敲一下輪千摠一員摠巡亦輪把摠哨官旗
隊摠巡本部本司本哨本旗每一更盡放砲吹
天鵝聲轉更

遇警

遇賊或塘報先至或伏路先知放砲放起火中
軍放砲一聲吹哱囉各兵起立再吹馬兵上馬
鳴金哱囉止
禁御營子壁銃手一體移就輪放故起立後
吹單擺開喇叭
賊至五十步放砲一聲吹天鵝聲銃手輪放賊
至三十步放起火一枝鉋弓手出前更番放射
賊至營下各兵抛石賊退鳴金止鳴金二下大
吹打鳴金三下吹打止放砲一聲吹天鵝聲吶
喊共三次鳴金喇叭止放砲一聲鳴鑼馬兵下
馬再鳴各兵坐息鳴金鑼止 如欲暗從中軍放明營砲一聲將變
燈連旗點各燈火通點中軍傳令箭二枝挨傳一遍解去一枝復傳一遍各將燈火盡藏原處
中軍傳小短箭一枝留的當好漢每燈一名守燈卽挨哨寄行必分兩路行前有預差官軍在
被聽他調度兩路分開逆合捨營侯移營單的當好漢將燈明開傳擊刀斗賊至好漢一時藏
燈高聲爲號奇伏等兵從後大叫暗營亦放砲一聲吹天鵝聲各兵一齊吶喊得乘機便賊敗
摔鈸鳴各鼙隊伍再鳴各分原隊鳴金鈸止鳴金二下大吹打各回原地鳴金三下吹打止放
砲一聲吹天鵝聲吶喊共三次鳴金止放砲一聲鳴鑼馬兵下馬再鳴各兵坐息鳴金鑼止照
前守更

收營

至五更三點掌一號鳴金邊發塘報 照行營例出門 差
官數出回報鳴金止放起火一枝 各兵舉纍 擂鼓三
通掌二號放砲一聲落燈各一體落燈放砲一
聲懸旗各一體懸旗放砲一聲鳴金二下大吹
打開營門鳴金三下吹打止 夜巡官軍回告本夜有無事 掌
喇叭收伏路塘報 卽撤夜伏路塘報 放砲一聲吹單哱
囉掌號笛聚官旗聽發放 同晝操例行或用認旗招聚發放 畢
掌三號放砲一聲吹哱囉各兵起立鳴金哱囉
止摔鈸鳴收拒馬營幕再鳴四方表旗俱回鳴
金止放開營砲一聲吹天鵝聲吶喊共三次點
鼓開營行 或回到信地同晝操例撤操

城操

立中軍

先於本城高處可以四面瞭視之地立桅杆一
根無高處從便再高尤妙預備十二幅大白旗
一面燈籠油燭

泒守

出示

操期前十日出示聽各設備停妥先一日中軍稟請軍令懸操牌各營傳知

掌一號

次日主將衙門前掌一號各營一體掌號各官兵做飯喫

掌二號

掌二號應操軍兵俱執器登城駐隊騎兵於中軍臺下列成行伍掌號笛各偏裨以下至哨官俱赴主將寓所鳴金號笛止行參現禮（一依塲操例）

闔城與近城人民不拘士庶計城垜若干每垜可分幾人每五垜定垜長一人二十五垜立城長一人五十垜立雉摠一人每一面立城將一人每近門通衢或要口選所住相近有名好漢若干名當之每處立頭目以領之倘闔城上有聚攻賊登城卽應援城內有奸細卽防禦每門樓角上亦以若干名分與信地專備賊來攻打應援將作隊軍兵每垜亦分幾人餘置中軍以備策應駐隊（如有牛馬墻則預選軍民極驍勇者若干名多授利器責令下城在牛馬墻內防禦）

到中軍

主將升臺知彀官稟小開門吹打卽鳴金二下小吹打鳴金三下吹打止中軍知彀旗牌等官先行參現（同塲操例）次三班叩頭

升帳

中軍稟放升帳砲知彀官命起來應聲退放大砲三聲鳴金二下大吹打伴倘先喝牢子站齊牢子大喝三聲畢鳴金吹打止

升旗

中軍稟升旗命起來應聲退放大砲一聲擂鼓

面聽該操約束各到信地聽候旗鼓官擺列清道威儀于主將門前以待

掌三號

掌三號主將起身出門跪接執事稟放砲三聲鳴金二下大吹打主將將至札駐稟鳴金三下吹打止中軍於臺上放大砲一聲吹天鵝聲各兵一齊吶喊共三次鳴金喇叭止跪接執事稟鳴金二下大吹打中軍及札駐將領信地跪迎候過主將將至將臺稟鳴金三下吹打止稟鳴鑼邊旗幟分列于左右鳴金鑼止

鳴鑼共三通車起大白旗各營一體應砲擂鼓鳴鑼升旗（卽方色帥字大旗）鳴金鑼鼓止

發伏路

中軍稟發伏路命起來應聲退放大砲三聲鳴金邊各營一體應砲鳴金邊發伏路兵俱赴該營領三眼銃起火等器出城分伏于四面要害鳴金止每伏一名相去一里

閉城門

中軍稟閉城門命起來應聲退放大砲三聲鳴金二下大吹打閉城門鳴金三下吹打止放大

砲一聲吹天鵝聲各兵吶喊共三次鳴金喇叭止中軍稟放肅靜砲命起來應聲退放大砲三聲（立肅靜牌 竪豹尾旗）放大砲一聲鳴鑼各兵休息坐立從便務要肅靜不許亂走喧譁鳴金止

一面操

伏路人于城外本面放砲放起火報警該面放砲如數中軍應砲如該方數擂鼓吹天鵝聲點該方色大旗該面遊兵吶喊飛趨應援報賊到百步內本面城將不待中軍號令自擧砲吹天鵝聲佛狼機鳥銃齊打又報賊至五十步內放

起火一枝火箭弓箭齊發中軍仍擂鼓鳴鑼厰夫盡出向垜口以備攻打報賊到城下城上打石（如有牛馬墻墻內兵準備城上垜夫高聲喝云賊來墻內兵就于銃眼看賊旁大小或打銃或放大將軍箭垜夫連說兩聲來了是賊到墻下以利鎗由孔中戳去不中則備上墻擊打別垜相對又叫賊來照前準備）該面城將報賊已敗退徑行令止放射又報賊已遠遁回巢中軍鳴金鑼鼓俱止放大砲一聲鳴金二下大吹打遊兵各回信地各營一體應砲吹打鳴金三下吹打止一面操完又操一面

四面齊操

四面操完中軍稟操畢放大砲一聲鳴鑼各在城面休息鳴金止倏城外伏路人四面砲火齊擧是賊四面來攻中軍流水撞鐘放大砲一聲擂鼓吹天鵝聲點四方色大旗四面遊兵一時吶喊飛趨應援照前禦畢

收伏路

中軍稟開城門命起來應聲退放大砲三聲鳴金二下大吹打開城門鳴金三下吹打止放大砲一聲掌喇叭各營一體應砲掌喇叭收伏路兵鳴金止

一體掌號各兵做飯喫登城中軍稟發伏路命起來應聲退放大砲三聲鳴金邊發伏路兵同晝操例掌二號各官到齊同晝操例更聽約束各回信地掌三號以下到中軍升帳開城門等節俱同晝操例行

懸燈

中軍稟懸燈命起來應聲退放大砲三聲放起火三枝車起五色雙燈各營一體應砲起火懸方色雙燈一箇各城面將領垜長火夫等俱懸燈如式城內人家門上各懸燈一盞俱關鎖大門以本家一人坐

下城

中軍稟下城命起來應聲退放大砲三聲鳴金二下大吹打各營一體應砲吹打鳴金三下吹打止放大砲一聲鳴鑼每五垜留一人看瞭餘俱下城休息

落旗

中軍稟落旗命起來應聲退放大砲一聲鑼鼓三通落旗各營一體應砲鑼鼓三通落旗

夜操

候夜中軍稟起操命起來應聲退掌一號各營守如欲演炬中軍先稟演炬命起來應聲退放大砲三聲放起火三枝中軍燃炬各營一體應砲起火燃炬中軍放大砲一聲吹天鵝聲點炬各營一體點炬吶喊共三次中軍放大砲三聲偃炬止火各營一體應砲偃炬止火畢燃一燈

傳更

中軍發擂撞鐘畢打更鼓一次梆鳴各垜一體傳梆一更盡放大砲一聲吹長聲喇叭轉更約二更之時城外伏路照砲火報警該面放砲如數中軍應砲如該方數擂鼓吹天鵝聲點該方色燈該面遊兵吶喊飛趨應援報賊到百步內本面城將自舉砲吹天鵝聲佛狼機鳥銃齊打又報賊至五十步內放起火一枝火箭弓箭齊發中軍仍擂鼓鳴鑼廠夫盡出向垜口以備攻打賊到城下城上打石遊兵收回及輪操齊操俱照晝操例畢如前守更

落燈

五更發擂撞鐘畢中軍稟落燈命起來應聲退放大砲一聲鑼鼓三通落燈各營燈火俱滅中軍稟開城門命起來應聲退放大砲三聲鳴金二下大吹打開城門鳴金三下吹打止放大砲一聲掌喇叭收伏路兵鳴金止

懸牌

先一日主將門前懸操牌該操各司挨艓傳知
各收拾器械聽候

發哨船

次日平明看天色晴霽風浪不作掌一號各做
飯收拾棚索等具中軍船放砲一聲鳴金邊哨
船卽應砲分去遠處做四面撥賊狀

列營

掌二號各喫飯整船中軍船放砲一聲擂鼓鳴
鑼共三通升旗各船一體升旗鳴金止放砲一
聲立五方神旗向前點各船卽應砲挨次俱點
鳴金仆旗中軍船放砲二聲立高招二面點鼓
各船一體點鼓分二路行營中軍船入洋鳴金
止放砲一聲立紅神旗點鼓吹擺隊伍喇叭各
船照尖字扎列船在洋聽候

升船廳

掌三號主將乘座船放砲一聲卽舉碇回船向
前放砲一聲擂鼓鳴鑼共三通升旗鳴金止鳴
金二下大吹打行到陣頭鳴金三下吹打止中
軍船放砲一聲吹天鵝聲各船點旗吶喊共三
次鳴金止主將船鳴金二下大吹打中軍以下
將領各於船上跪迎候過卽乘脚船隨行主將
船到洋中放砲一聲卽下碇鳴金三下吹打止
各將領聽候于座船下黃門旗手义桿作門于
船頭主將升船廳鳴金二下小吹打鳴金三下
吹打止中軍旗鼓旗牌等官先行參現(同陸操例)軍
牢巡視手吹鼓手等分班叩頭命起去應聲退
中軍稟放升帳砲命起來應聲退放砲三聲鳴
金二下大吹打伴倘先喝牢子站齊牢子大喝
三聲畢牢子一人進跪大呼開門卽開船門黃

下城

中軍稟下城命起來應聲退放大砲三聲鳴金
二下大吹打各營一體應砲吹打俱下城鳴金
三下吹打止掌一號鳴金邊旗幟分立三行掌
二號主將起身上馬鳴金二下大吹打

查功罪

翌日主將坐衙各偏裨以下俱如前參現退出
聽候于轅門外就將晝夜操行過得失合格違
令者對衆發落

水操

上鳴鼓一通先卑後尊俱跪發放曰官旗聽着應耳聽金鼓應眼視旌旗應駕船如馬應見賊爭先應同舟共命應船各爲戰應縱逃賊舟軍法不貸應發放畢官哨挨次報叩頭命起去應聲退

舵繚碇隊長發放

布告官發放曰舵工聽着應一舟之功專賴爾輩應將舵斜開不能直射賊舟者斬首示衆應報舵工叩頭分付舵工起去次繚手聽着應見賊減帆使風用奸應縱逃賊舟斬首示衆應報

回告官旗到地方命起去應聲退鳴金三下吹打止

升旗起操

主將船放砲一聲鳴鑼擂鼓落旗各船一體落旗一面起碇揚帆哨船放砲遠報警中軍稟賊見升行旗起操命起來應聲退主將船放砲一聲擂鼓鳴鑼升行旗各船一體升行旗鳴金止中軍稟放肅靜砲命起來應聲退放砲三聲（立肅靜牌豎豹尾旗）各船卽肅靜聽候中軍回到本船放砲一聲點鼓點五方神旗各船一體點動將尖字

門旗手揮旗而退鳴金三下吹打止各將領趨入以次參現（把摠以上兩跪一揖哨官以下兩跪兩揖每班趨入牢子大喝）卽回還各船

招官旗

中軍稟掌號笛聚官旗聽發放命起來應聲退卽掌號笛清道旗分左右而出各將領以下至隊長俱用脚船挨次隨行湊至座船下清道旗回至跪告官旗到齊命起去應聲退鳴金止

官哨發放

中軍立于船頭傳云官旗過來各應聲轉身向

繚手叩頭分付繚手起去次碇手聽着應聞報賊至起碇不速應事到緊急不肯棄碇應以致悞事軍法不貸應報碇手叩頭分付碇手起去次隊長聽着應各兵分有兼藝應遠近務要中機應爾等專司督催應不許先自錯亂應遠近違令畏避躲奸爾與同罪應報隊長叩頭分付隊長起去

官旗下地方

中軍稟官旗下地方命起來應聲退傳云官旗下地方各應聲鳴金二下大吹打清道旗領送

放砲一聲立黑神旗點鼓後司照前出戰先赴之司鳴金止戰退至前司之前列定放砲立紅白神旗點鼓前右司亦照前挨次出戰先赴之司又鳴金止戰退至左後司之前列定放砲一聲立左翰船旗點藍高招龜船疾棹赴敵先用狼機鳥銃又將噴筒火桶尾鑵大小石子擲賊舟放砲一聲立黃神旗左右點點鼓中司應砲應旗分左右而出繞賊船後遠處爲奇兵放砲三聲立藍紅白黑神旗四面擂鼓吹天鵝聲各司一齊應砲應旗疾棹進戰所遣奇兵亦自後

札一齊向前

看賊船作戰

哨船放砲近報警中軍船放砲應之鳴金鼓止放砲一聲點鼓吹擺隊伍喇叭各船一字擺列前右司爲前層中司爲中層俱自內擺向外左後司爲後層自外擺向內(若五營則前右營爲前層中營爲中層左後營爲後層)左右翰各船且列在座船之後看賊船約在二百步之內放砲一聲立藍神旗點鼓左司間船而出到前層之前鳴金止放砲一聲吹天鵝聲將狼機鳥銃火箭弓箭等器分班打射

下方營

行到列營原處鳴金三下吹打止放砲一聲鳴金邊發旗立表鳴金止放砲一聲點鼓吹擺隊伍喇叭磨動表旗各船分開搶成方營鳴金止放砲一聲吹轉身喇叭各回船向前鳴金止放砲一聲傳鑼各船俱下碇安揷各兵張營幕坐息鳴金止

發樵汲

中軍船放砲一聲竪黃旗擂鼓各船發樵汲兵赴中軍船領籌票上岸買辦柴米等具差官分

面掩擊做合戰狀賊若以小船來攻我用大船作犁沉勢賊用大船作搖櫓遲狀我以小船疾棹前進作圍擊狀

整艅回船

賊敗鳴金鼓止中軍船放砲一聲捽鈸鳴各司依次收艅如前尖字札鳴金止吹轉身喇叭鳴金止放砲一聲五方神旗俱向後指各船照陸操轉陣倒回船列定鳴金止放砲一聲吹天鵝聲吶喊共三次鳴金止鳴金二下大吹打開船行使首尾相接鴈行而行

向四門數出回報鳴金止放砲三聲鳴金二下大吹打閉營門鳴金三下吹打止

查功罪

中軍乘脚船赴座船下稟聚官旗查功罪命起去應聲退回還本船卽掌號笛清道旗出于陣門引官旗挨次赴中軍船下列定清道旗跪告官旗到齊命起去應聲退鳴金止布告官傳云官旗過來各應聲鳴鼓一通先卑後尊俱跪發放叩頭等項皆如座船發放（不必用耳聽金鼓等文）就將合格違令者對衆發落畢布告官傳云官旗下地方各應聲鳴金二下大吹打清道旗領送回告官旗到地方命起去應聲退鳴金三下吹打止

收樵汲

中軍船放砲一聲竪黃旗吹喇叭一遍鳴金止吹哱囉一通各兵起立鳴金止放砲一聲鳴金二下大吹打開營門收樵汲兵差官分向四門數入回報鳴金三下吹打止放砲一聲鳴鑼坐息鳴金止放起火一枝營中擧火傳鑼做飯喫放砲一聲鳴金邉發哨船于四遠各給三眼銃起火等具鳴金止

落旗懸燈

日落時中軍船放砲三聲鳴金二下大吹打閉營門鳴金三下吹打止放砲一聲鳴鑼擂鼓落旗各船一體落旗鳴金止夜昏發擂三通畢放起火三枝懸燈于桅上各船一體懸燈于桅上（桅上懸燈專辦司哨中軍五盞把摠四盞俱上下列前右哨一盞左後哨二盞俱平列中哨三盞上下列船上燈無賊則只懸二盞有賊則盡懸所有于船四面）

發放夜瞭

中軍船放砲三聲吹角擂鼓鳴金畢夜瞭官軍到齊布告官傳云官軍過來各應聲鳴鼓一通官軍俱跪發放曰官軍聽着應夜瞭謹慎應悞了事軍法不饒應先尊後卑報叩頭命起去應聲退（若猝然遇警槩賊畢招聚夜瞭官軍發放）放砲一聲喇叭吹天鵝聲每一擊鼓刁斗各船一體刁斗每更用兵二名一名船頭遠視一名船尾高瞭（如欲出奇掌號笛招）（官旗發放俱照晝操及陸操夜營例行）一更盡放砲一聲吹長聲喇叭轉更

遇賊船

約二更之時某面哨船放砲放起火遠報警中

來應聲退將夜操合格違令者對衆發落如晝
操例行
散操歸港
天色微明中軍船發擂三通放砲一聲鳴金二
下大吹打開營門鳴金三下吹打止放砲三聲
鳴鑼擂鼓落燈各船一體落燈掌一號放開營
砲一聲吹天鵝聲吶喊共三次鳴金止一面起
碇揚帆掌二號摔鈸鳴各船照尖字札立定掌
三號放砲一聲點鼓吹招艄喇叭主將船鳴金
二下大吹打各船依序隨艄入港安泊

軍船放砲一聲吹天鵝聲吶喊共三次以應之
鳴金止放砲一聲即盖藏燈火各船一體藏燈
暗營哨船又放砲放起火近報警中軍船放砲
一聲即將燈明開各船一體將燈明開賊船約
在三十步以下俱照晝操例行賊敗鳴金二下
大吹打鳴金三下吹打止放砲一聲吹天鵝聲
吶喊共三次鳴金止放砲一聲鳴金邊發哨船
照前守更
査功罪
中軍乘脚船赴座船下稟聚官旗査功罪命起

兵學通卷之一

兵學通卷之二
陣圖
入教場列成行伍圖
將臺
右哨 左哨 左別將 前哨
以二部各三司左右司各五哨中司各三哨爲例
前哨 右別將 左哨 右哨
騎兵以左右別將各三哨爲例 旗隊以前一哨爲例

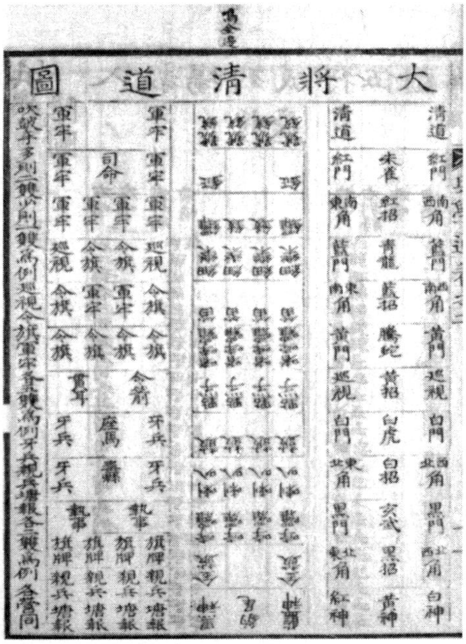
大將淸道圖

大將旗鼓臺上擺列圖
將臺

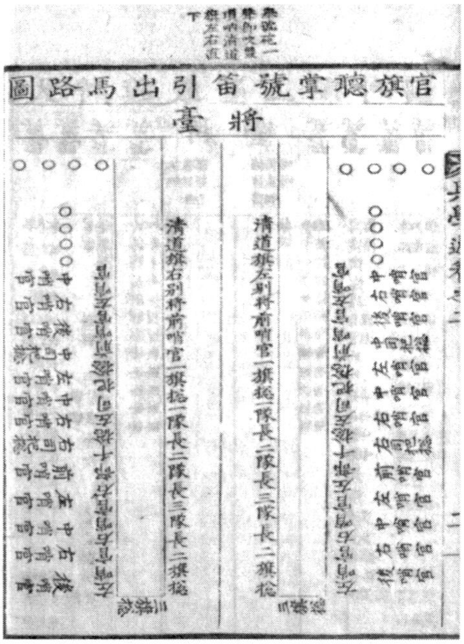
官旗聽掌號笛引出馬路圖
將臺

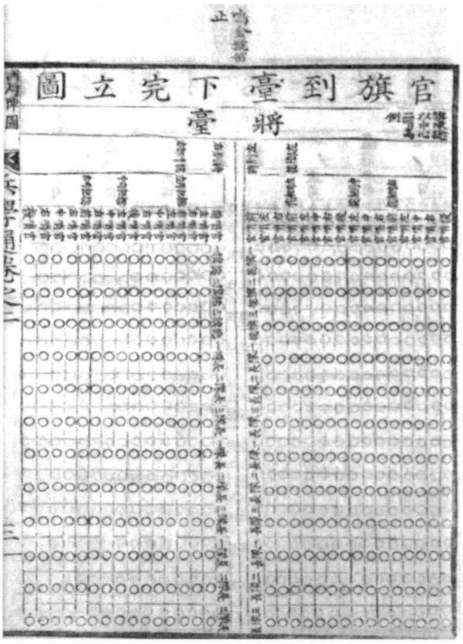
官旗到臺下完立圖
將臺

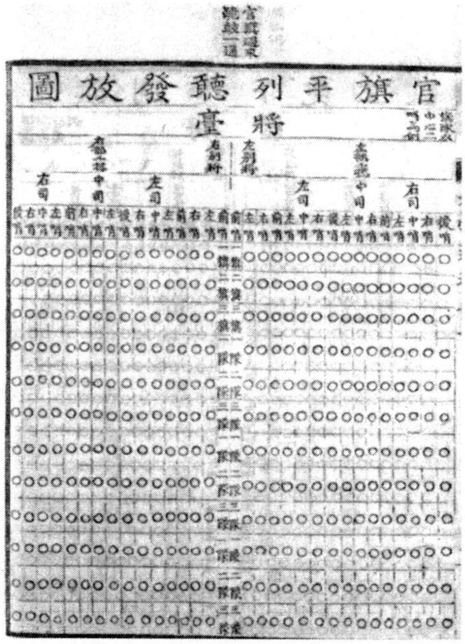
官旗平列聽發放圖
將臺

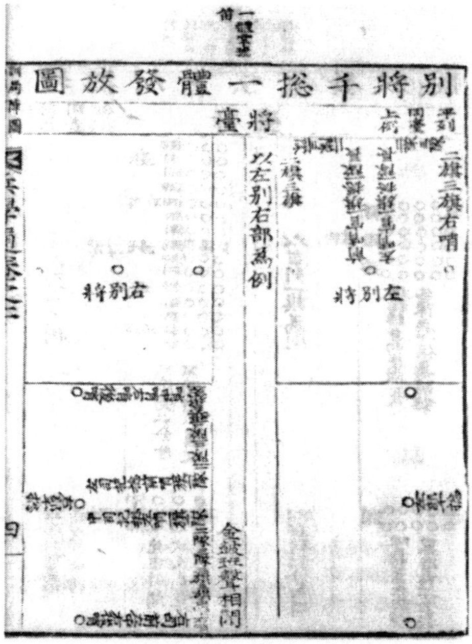
別將千摠一體發放圖
將臺
以左別右部爲例

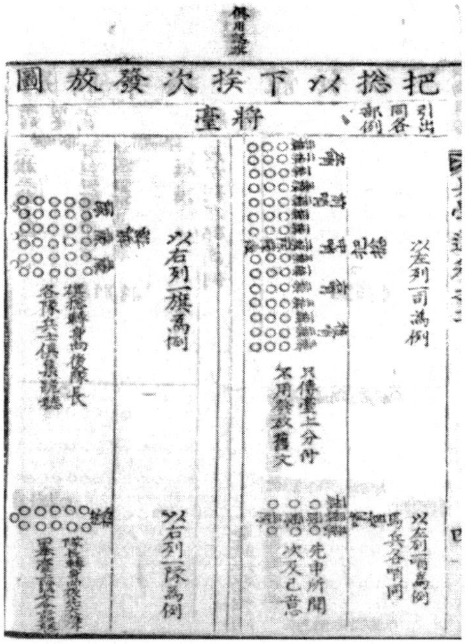
把摠以下挨次發放圖
將臺
以左列一司爲例
以右列一旗爲例
以右列一隊爲例

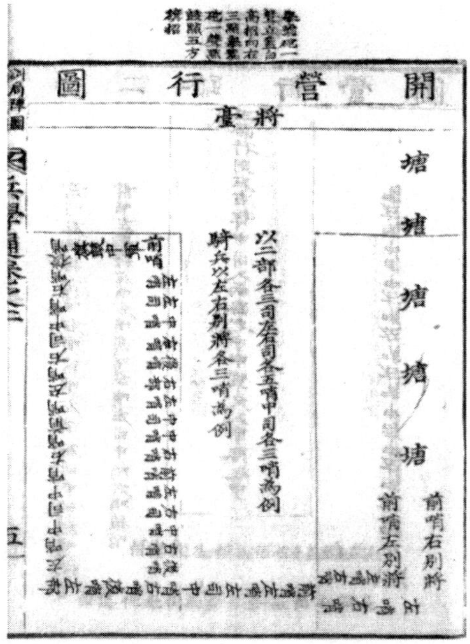
將臺
以二部各三司左右司各五哨中司各三哨爲例
騎兵以左右別將各三哨爲例

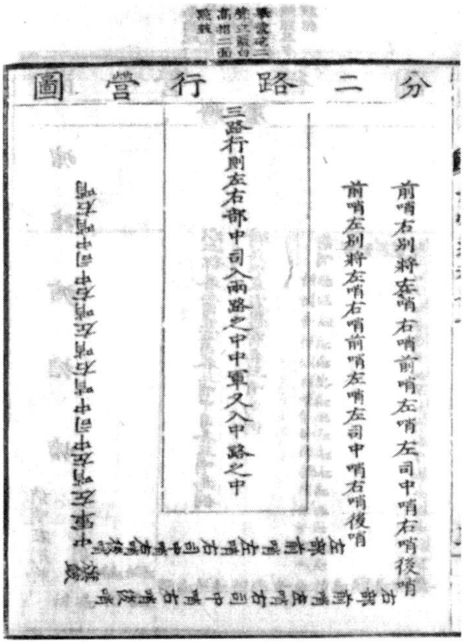
分二路行營圖
三路行則左右部中司入兩路之中中軍又入中路之中

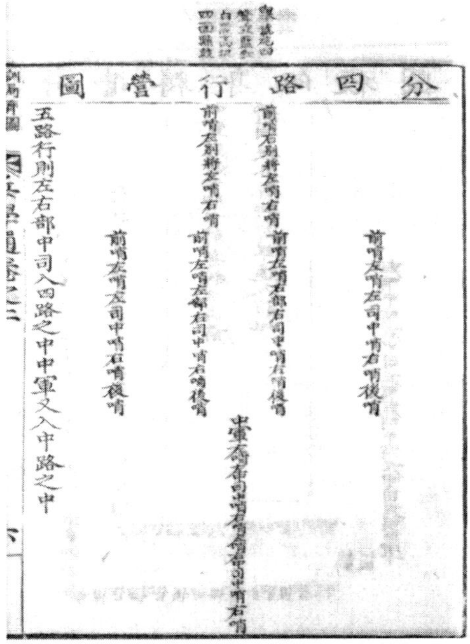
分四路行營圖
五路行則左右部中司入四路之中中軍又入中路之中

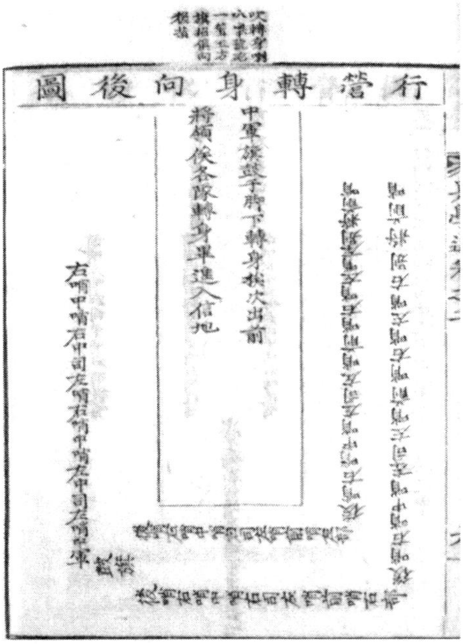
行營轉身向後圖
中軍旗鼓手麾下轉身挨次出前
將領侯各隊轉身畢進入信地

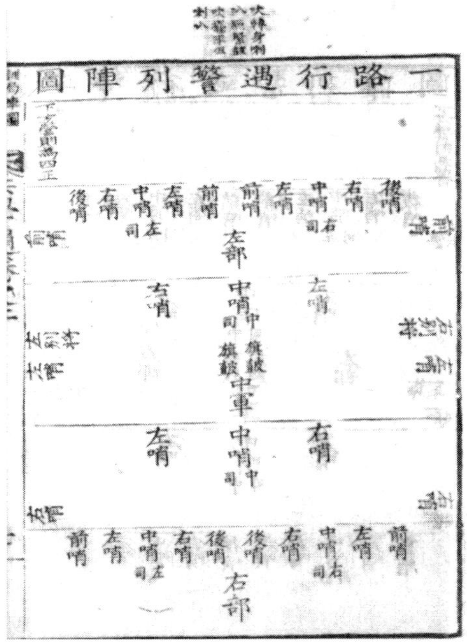
一路行遇警列陣圖
左部
中軍
右部

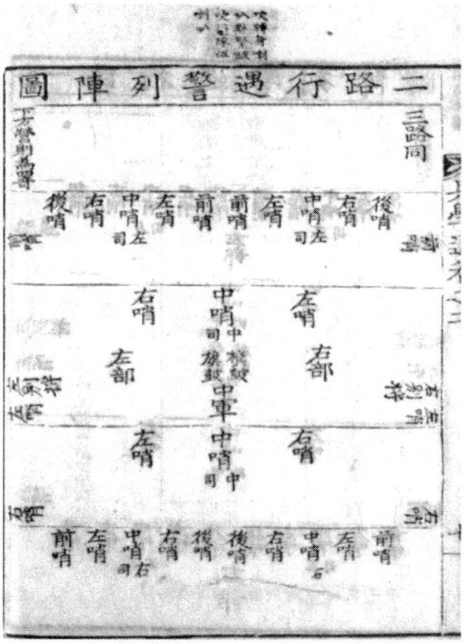
二路行遇警列陣圖
三路同
中軍
左部
右部
左哨
中哨
右哨
前哨
後哨

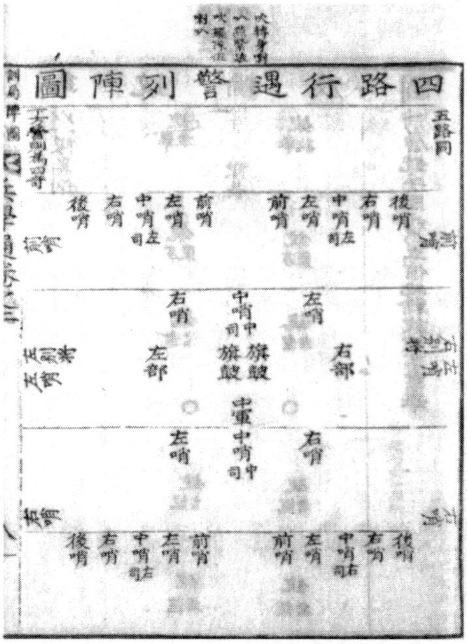
四路行遇警列陣圖
五路同
中軍
左部
右部
左哨
中哨
右哨
前哨
後哨

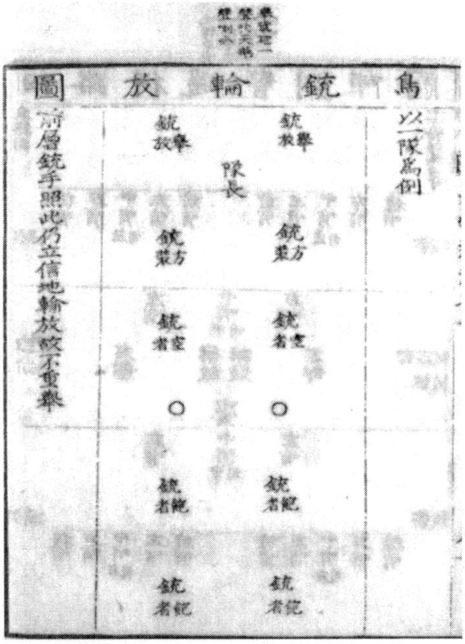
鳥銃輪放圖
以一隊爲例
隊長
前層銃手照此仍立信地輪放故不重擧

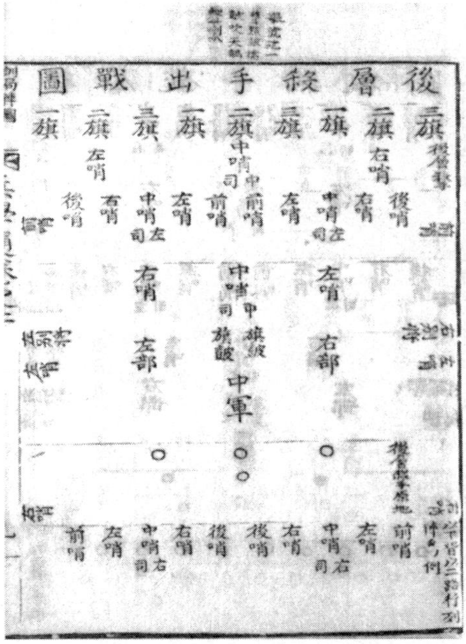
後層殺手出戰圖
中軍
左部
右部
左哨
中哨
右哨
前哨
後哨

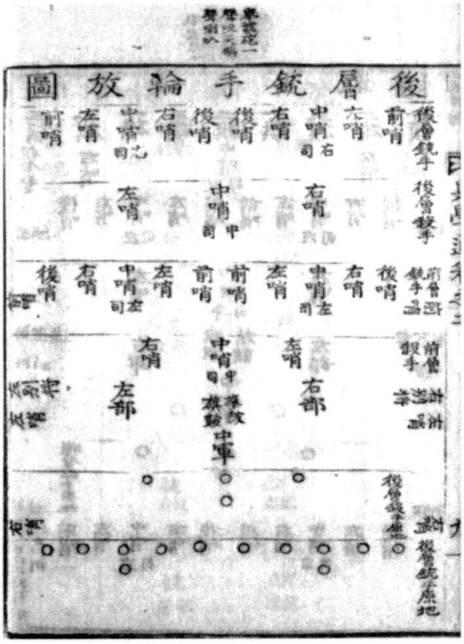
後層銃手輪放圖

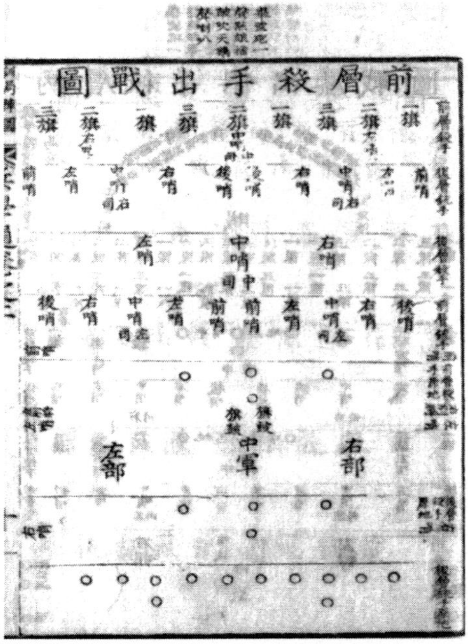
前層殺手出戰圖

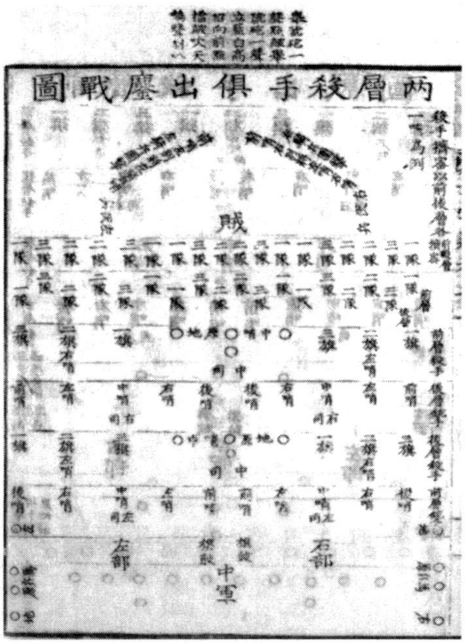
兩層殺手俱出鏖戰圖

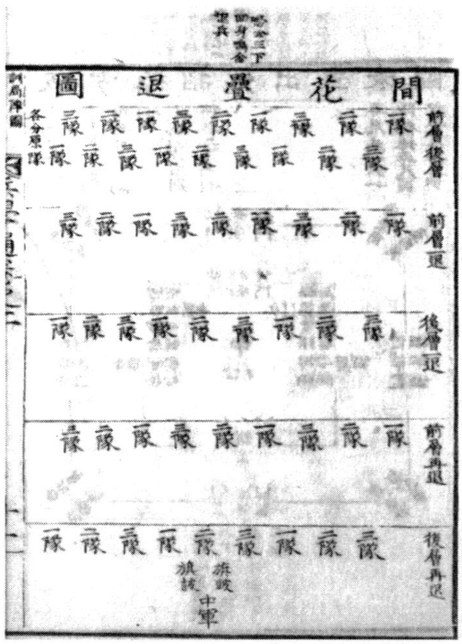
間花疊退圖

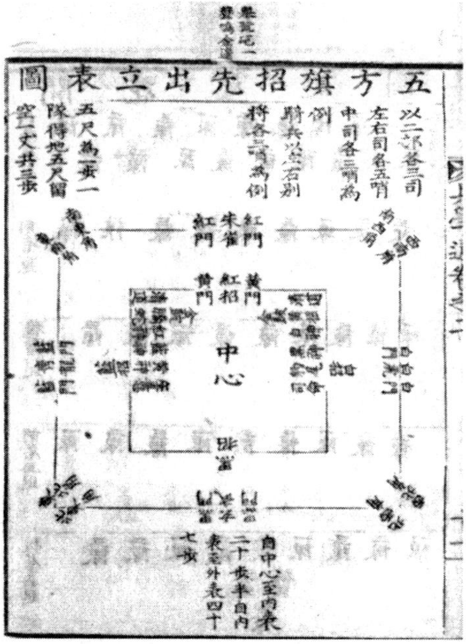
五方旗招先出立表圖
以二部各三司
左右司各五哨
中司各三哨爲
例
騎兵以左右別
將各三哨爲例
五尺爲表一
隊得把五尺留
空一丈幷三表
中心
自中心至內表
二十步半自內
表至外表四十
七步

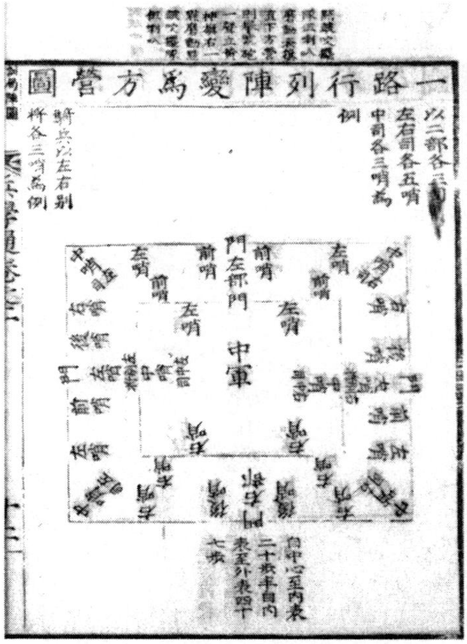
一路行列陣變爲方營圖
以二部各三司
左右司各五哨
中司各三哨爲
例
騎兵以左右別
將各三哨爲例
中軍
自中心至內表
二十步半自內
表至外表四十
七步

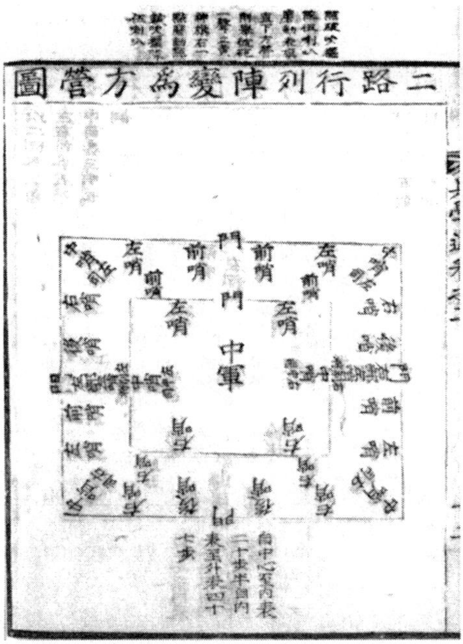
二路行列陣變爲方營圖
中軍
自中心至內表
二十步半自內
表至外表四十
七步

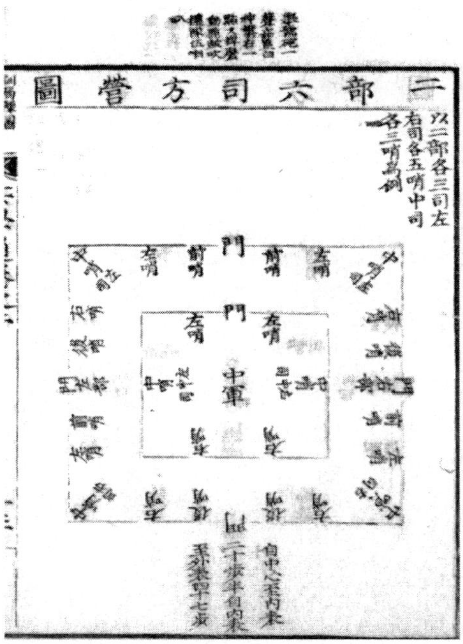
二部六司方營圖
以二部各三司左
右司各五哨中司
各三哨爲例
中軍
自中心至內表
二十步半自內表
至外表四十七步

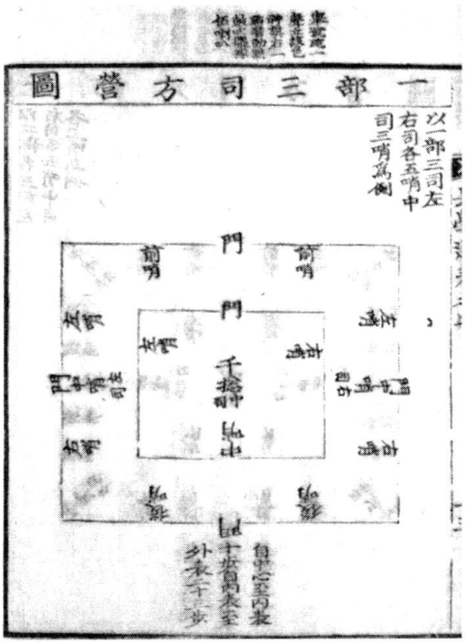
一部三司方營圖
以一部三司左右司各五哨中司三哨爲例
自中心至內表十步自內表至外表二十步

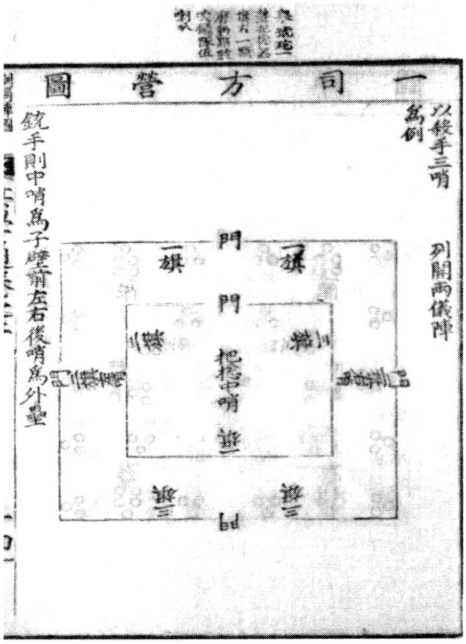
一司方營圖
以殺手三哨爲例
列開兩儀陣
銃手則中哨爲子壁前左右後哨爲外壘
把摠中哨

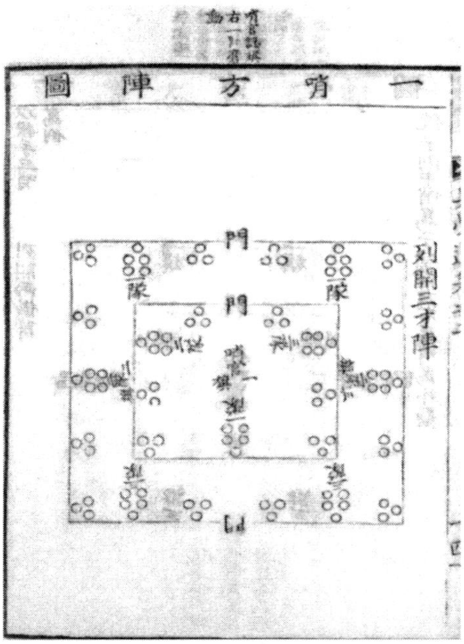
一哨方陣圖
列開三才陣

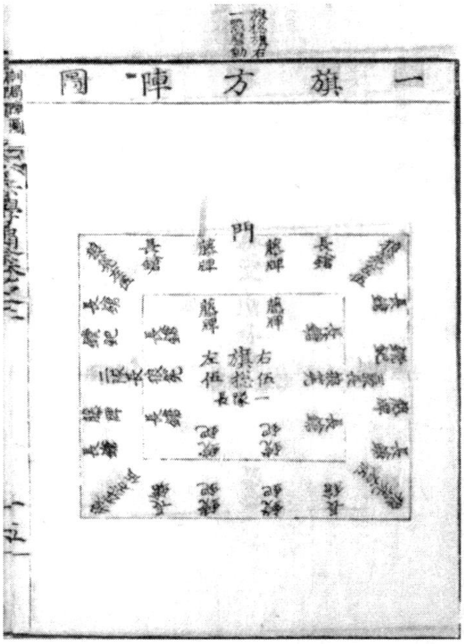
一旗方陣圖
長鎗
籐牌

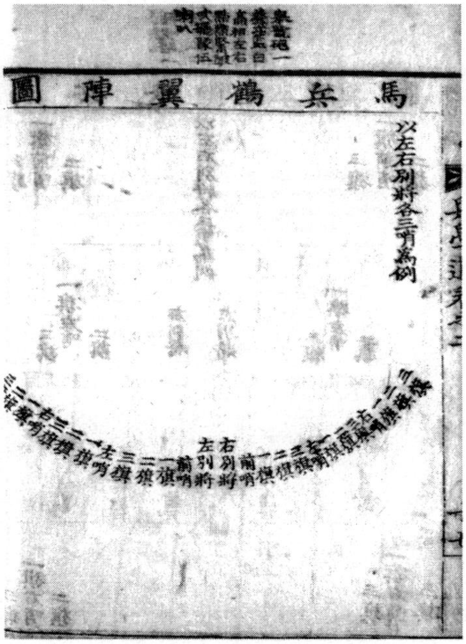
馬兵鶴翼陣圖
以左右別將各三哨爲例
右別將
左別將

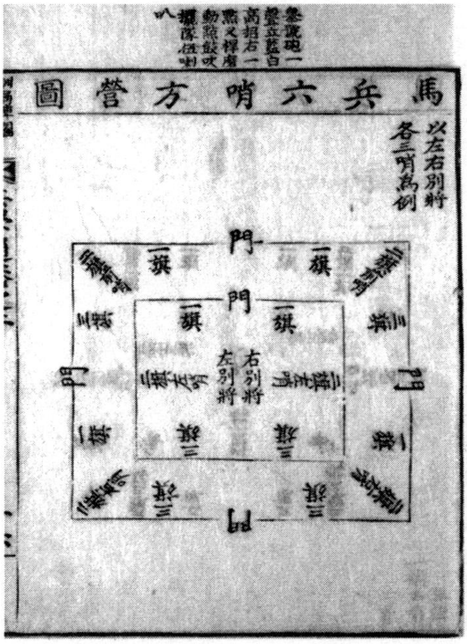
馬兵六哨方營圖
以左右別將各三哨爲例
門
右別將
左別將

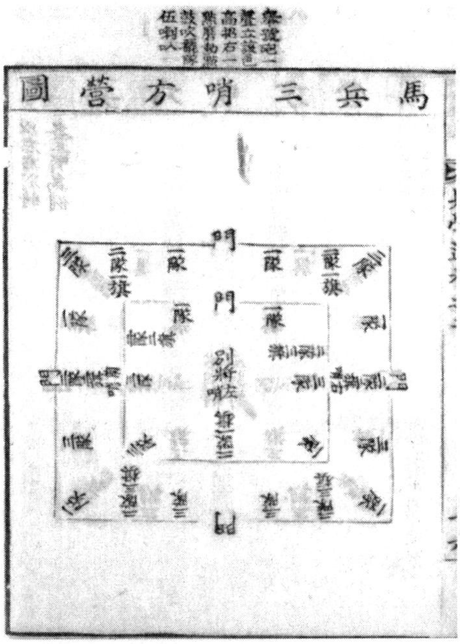
馬兵三哨方營圖
門

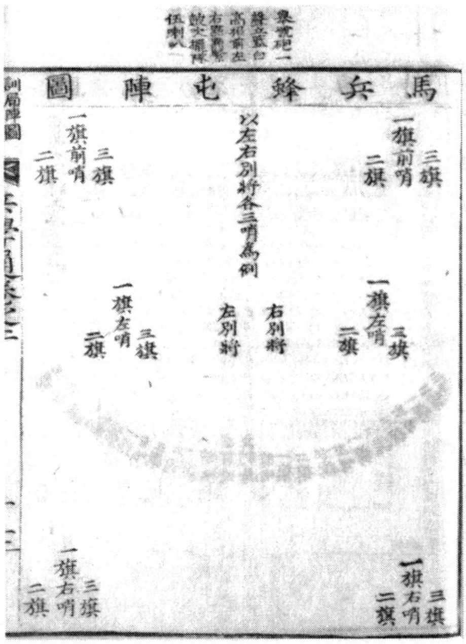
馬兵鋒屯陣圖
以左右別將各三哨爲例
一旗 前哨 二旗 三旗
一旗 左哨 二旗 三旗
右別將
左別將
一旗 右哨 二旗 三旗

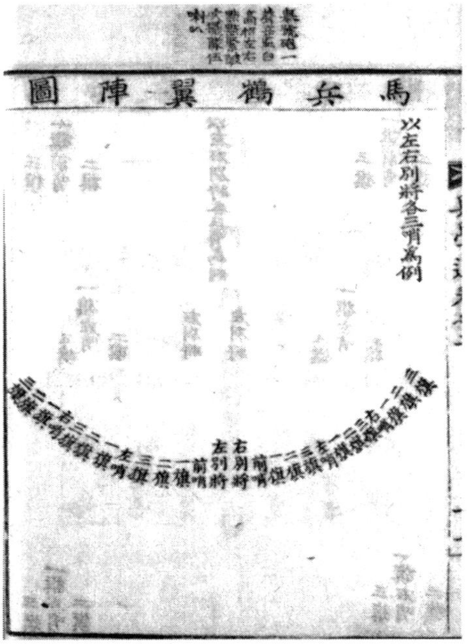
馬兵鶴翼陣圖
以左右別將各三哨爲例

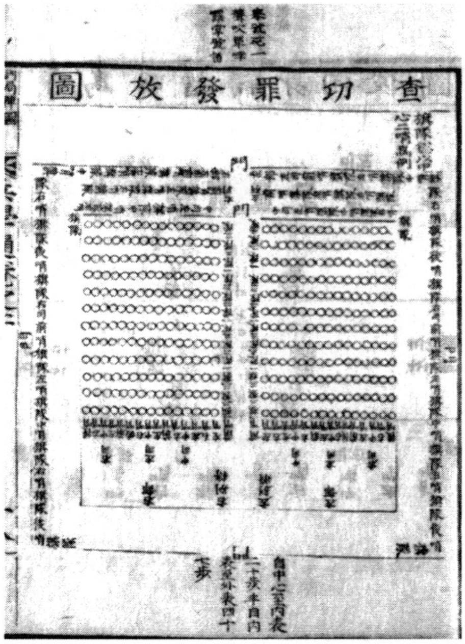
查切罪發放圖

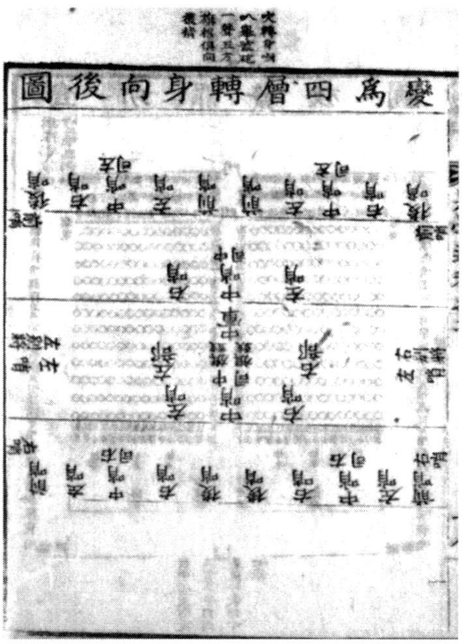
變爲四層轉身向後圖

開列陣二路行圖
前哨右別將左哨右哨前哨左哨
前哨左別將左哨右哨前哨左哨
中軍

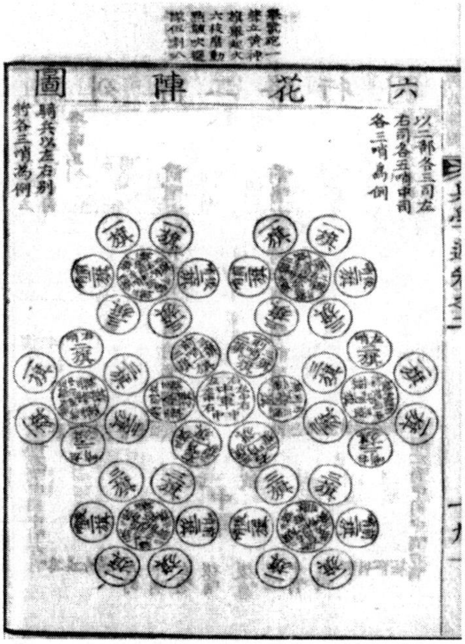
六花陣圖
以三部各三司左右司各五哨中司各三哨爲例
騎兵以左右別哨各三哨爲例

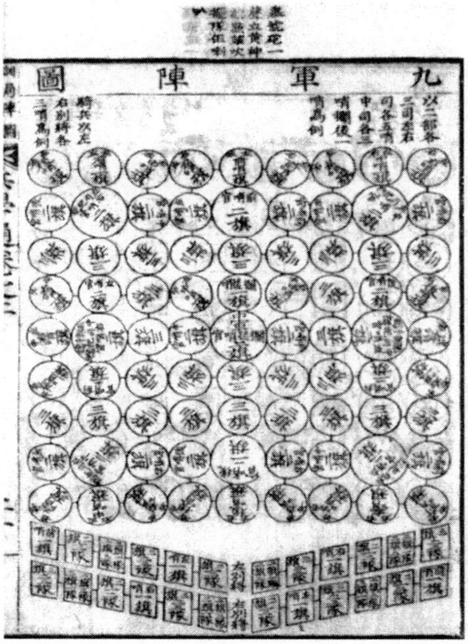
九軍陣圖

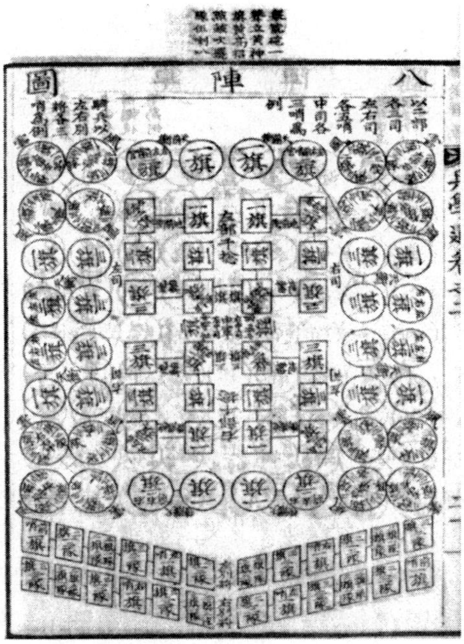
八陣圖

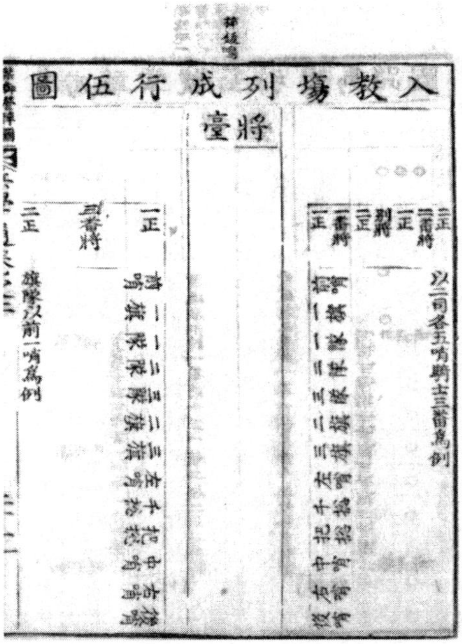
入教場列成行伍圖
將臺
以三司各五哨騎士三哨爲例
旗隊以前一哨爲例

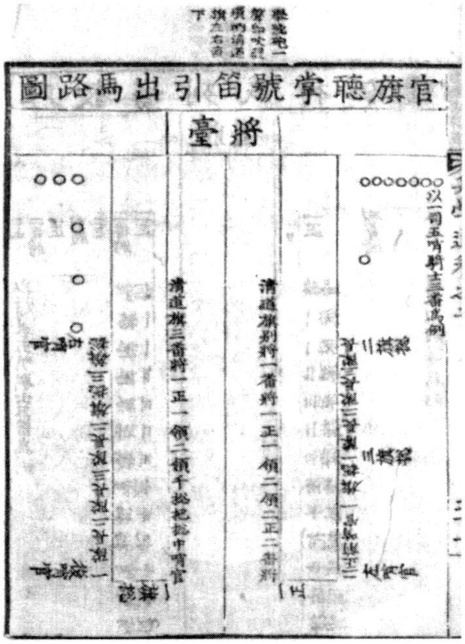
官旗聽掌號笛引出馬路圖
將臺

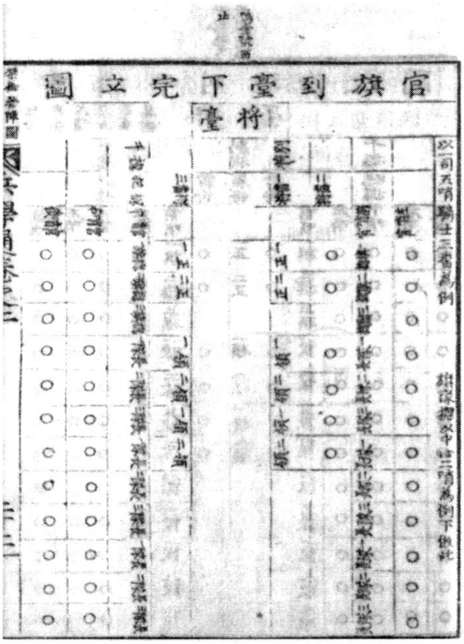
官旗到臺下完立圖
將臺

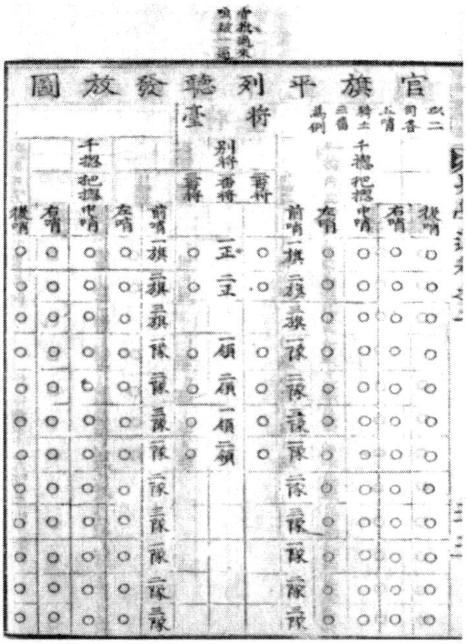
官旗平列聽發放圖
將臺

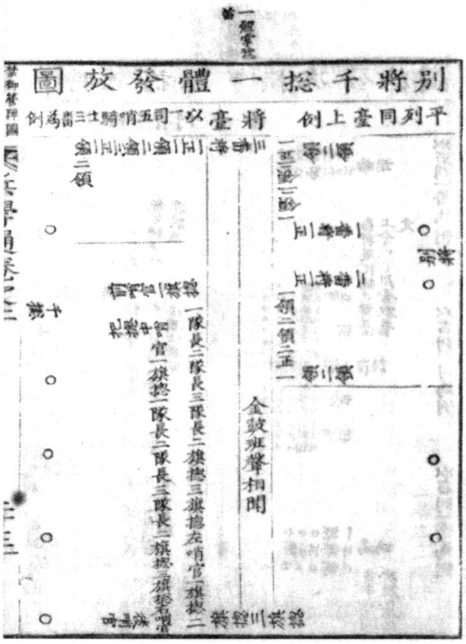
別將千摠一體發放圖
將臺
金鼓班聲相聞

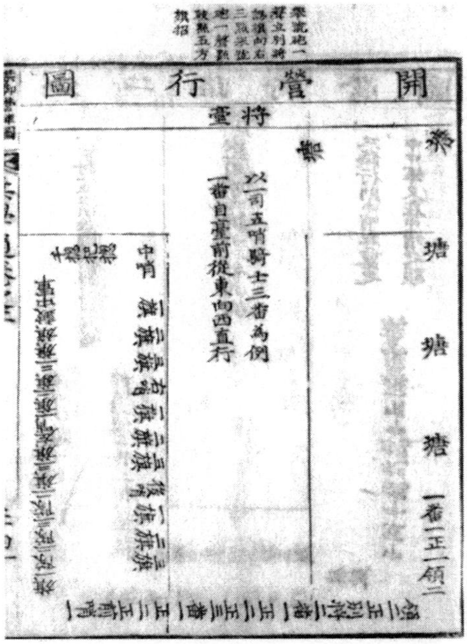
開營行營圖
將臺
以一司五哨騎士三番爲例
一番自臺前從東向西直行

番將把摠以下挨次發放圖
將臺

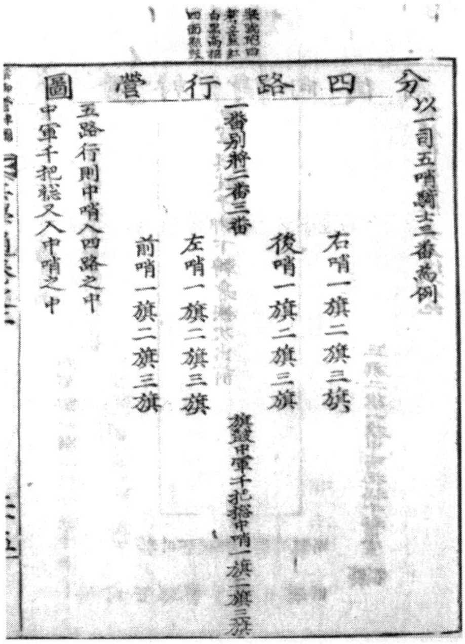
分四路行營圖
以一司五哨騎士三番爲例
一番別將二番三番
右哨一旗二旗三旗
後哨一旗二旗三旗
左哨一旗二旗三旗
前哨一旗二旗三旗
五路行則中哨入四路之中
中軍千把摠又入中哨之中

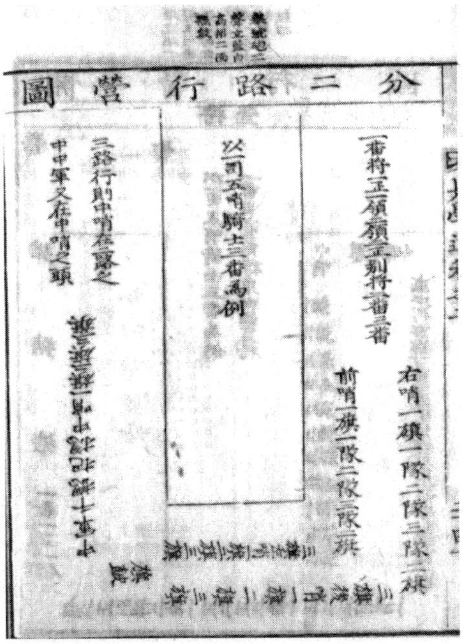
分二路行營圖
以一司五哨騎士三番爲例
右哨一旗一隊二隊三隊三旗
前哨一旗一隊二隊三隊三旗

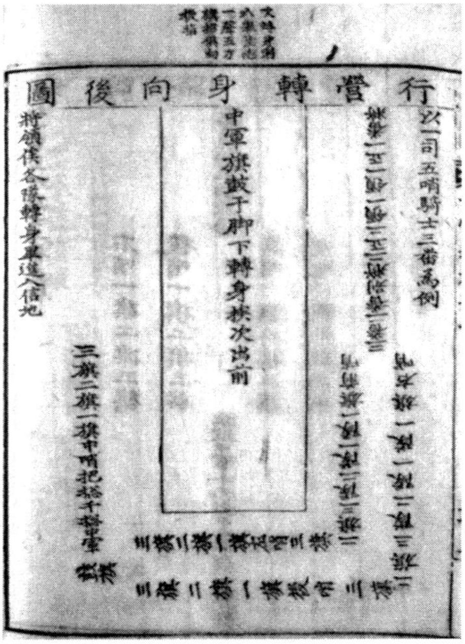
行營轉身向後圖

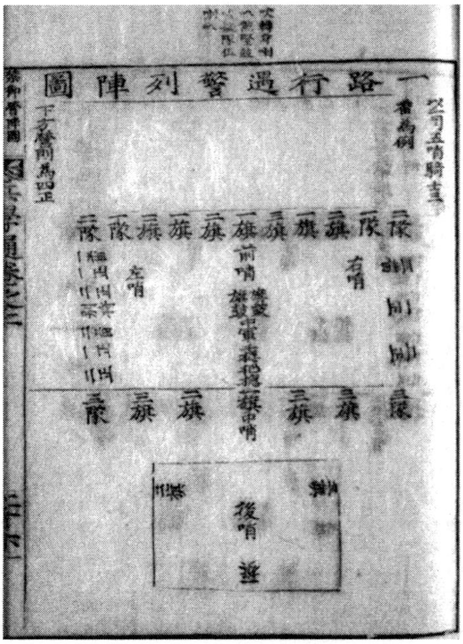
一路行遇警列陣圖

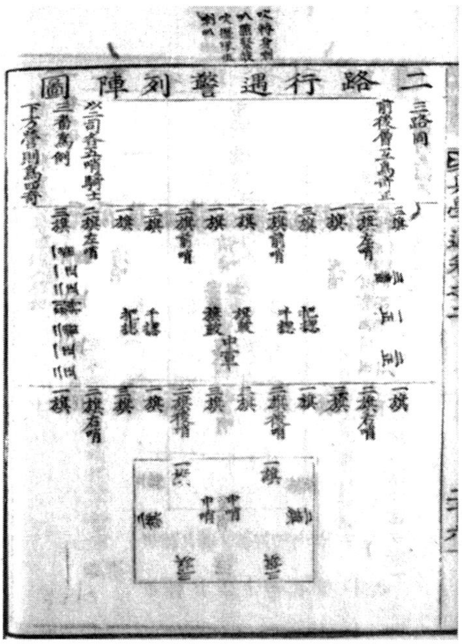
二路行遇警列陣圖

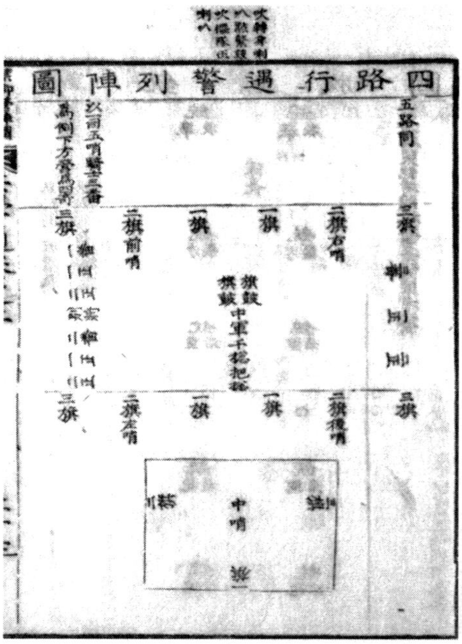
四路行遇警列陣圖

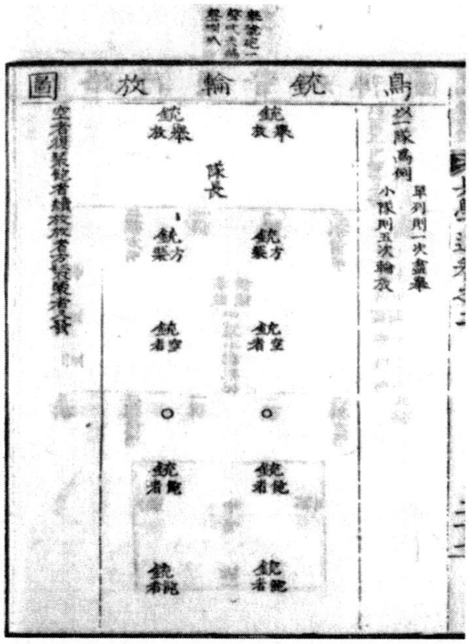
鳥銃輪放圖

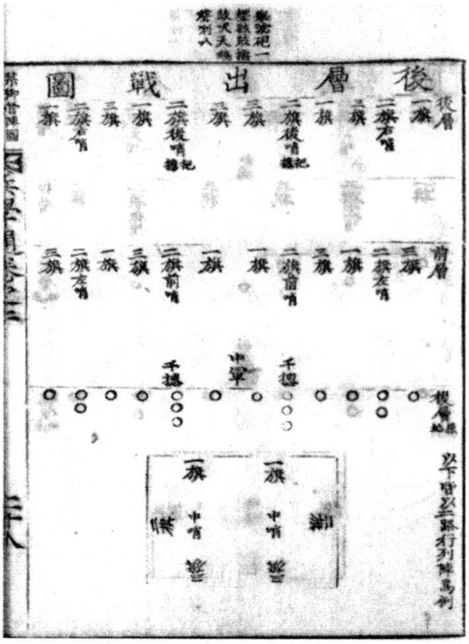
後層出戰圖

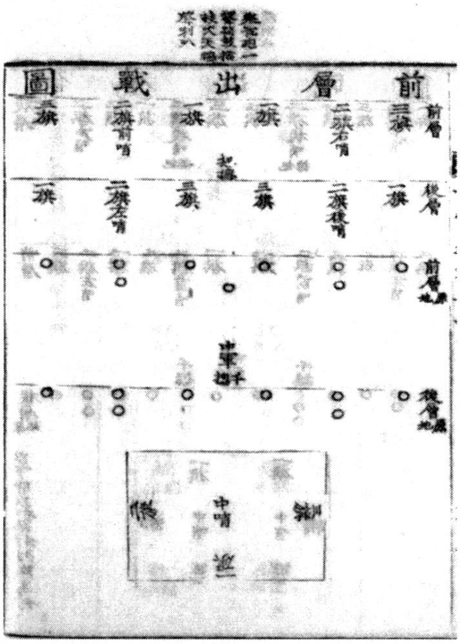
前層出戰圖

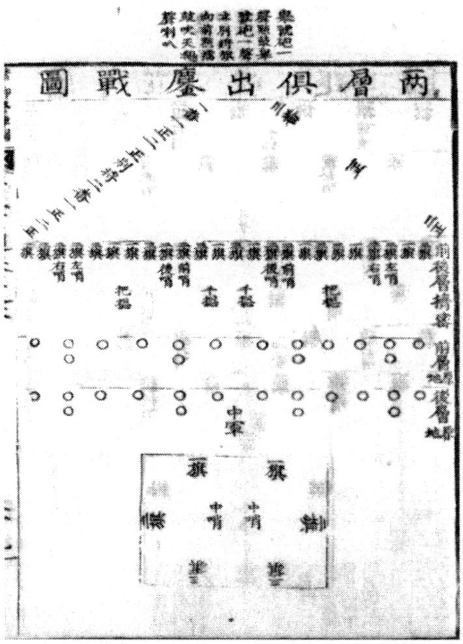
兩層俱出戰圖

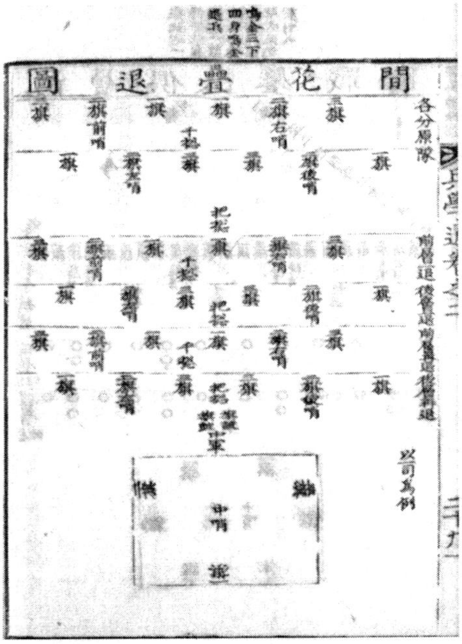
間花疊退圖
各分原隊
以司爲例

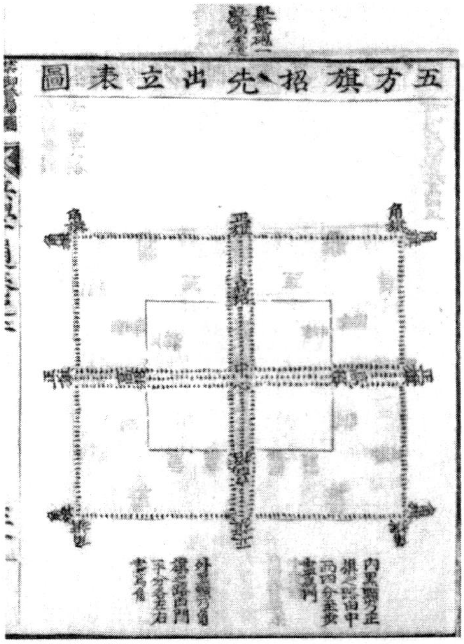
五方旗招先出立表圖

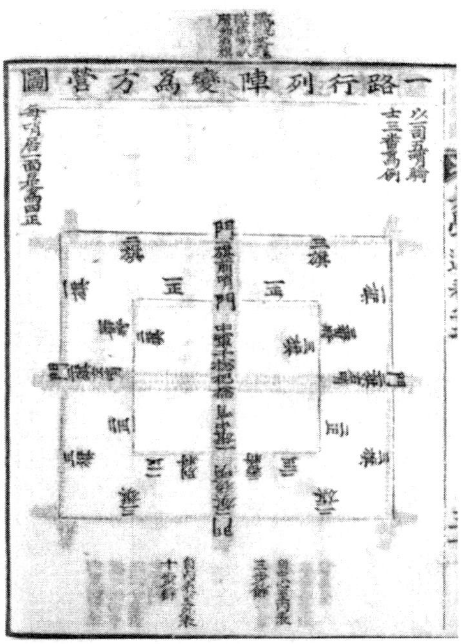
一路行列陣變爲方營圖

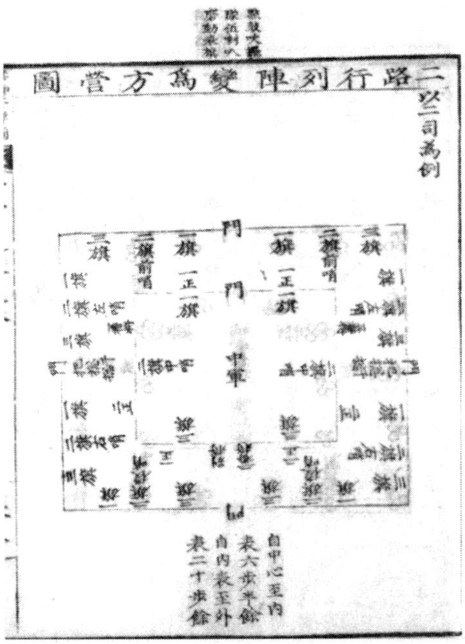
二路行列陣變爲方營圖
以二司爲例
自中心至內表六步半餘
自內表至外表二十步餘

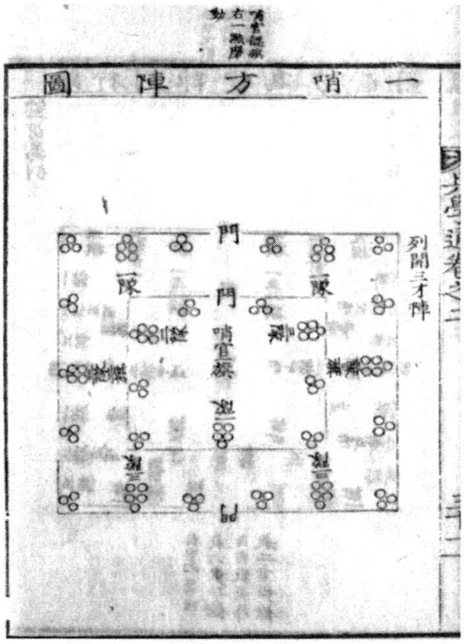
一哨方陣圖

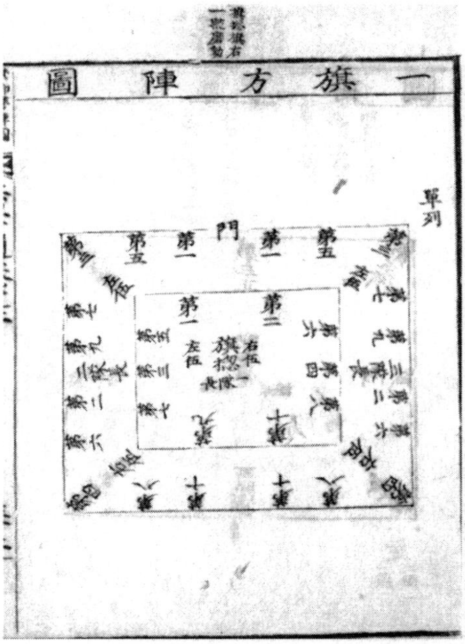
一旗方陣圖

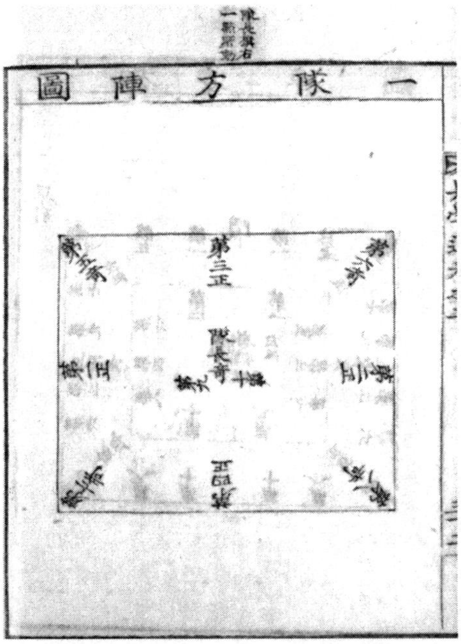
一隊方陣圖

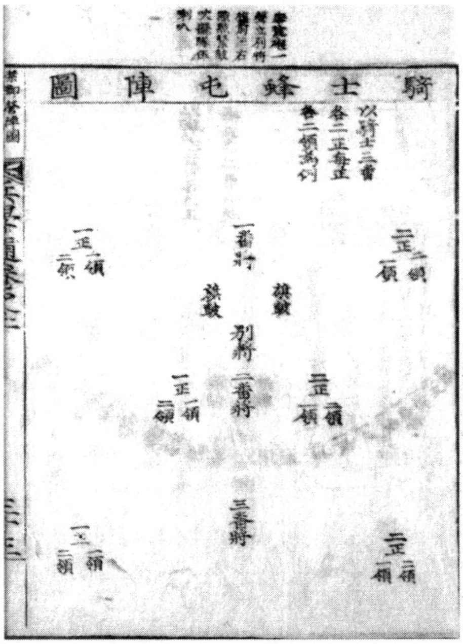
騎士蜂屯陣圖

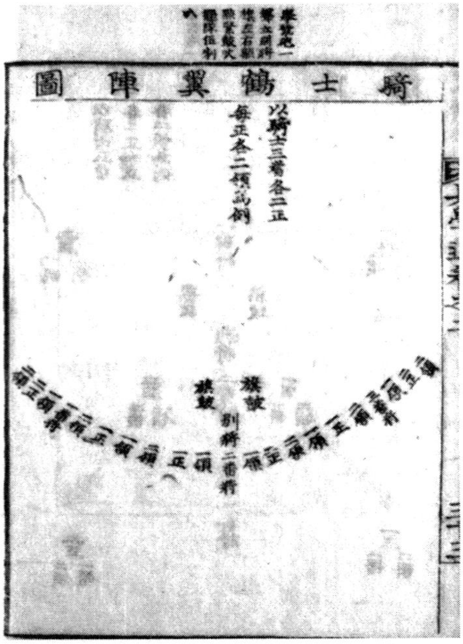
騎士鶴翼陣圖

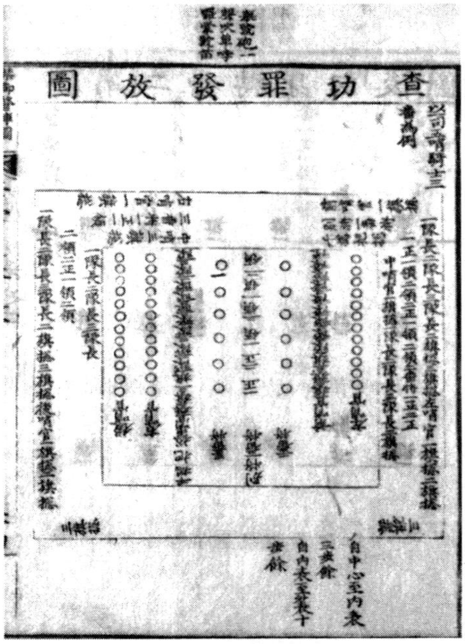
查功罪發放圖

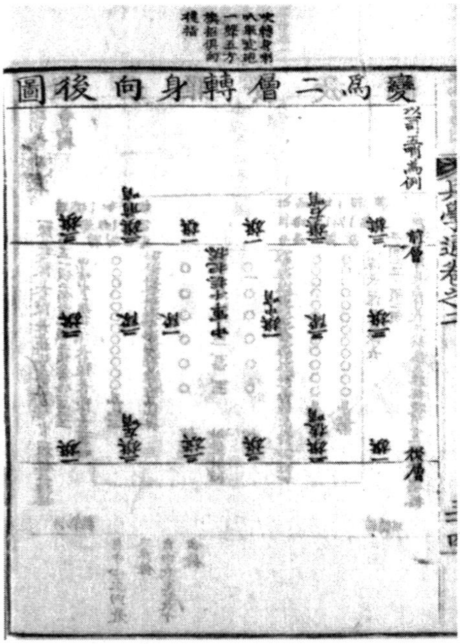
變爲二層轉身向後圖

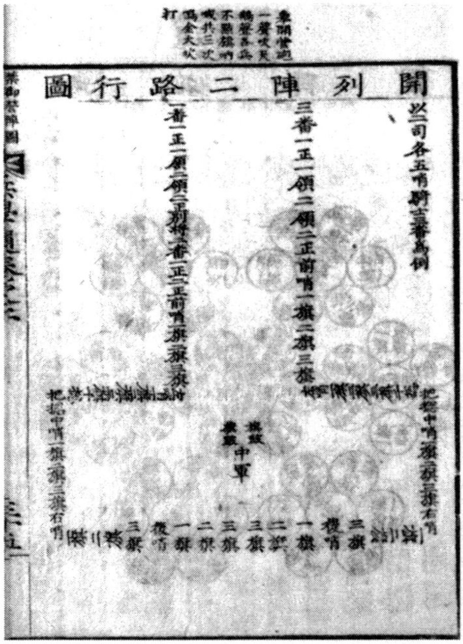
開列陣二路行圖

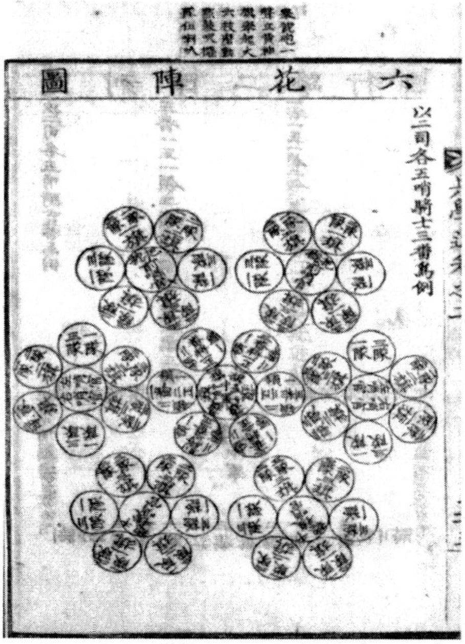
六花陣圖
以二司各五哨騎士三番爲例

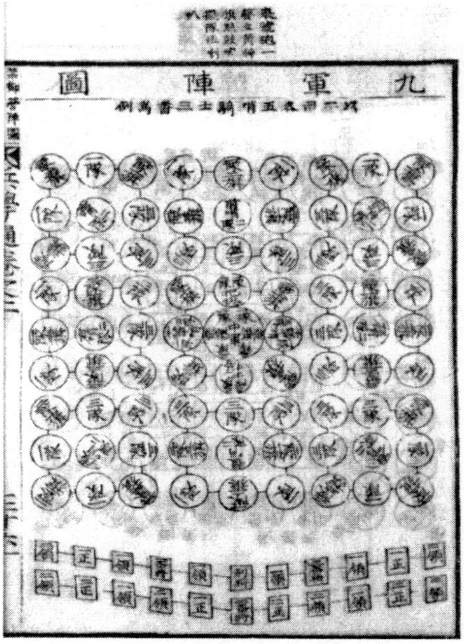
九軍陣圖

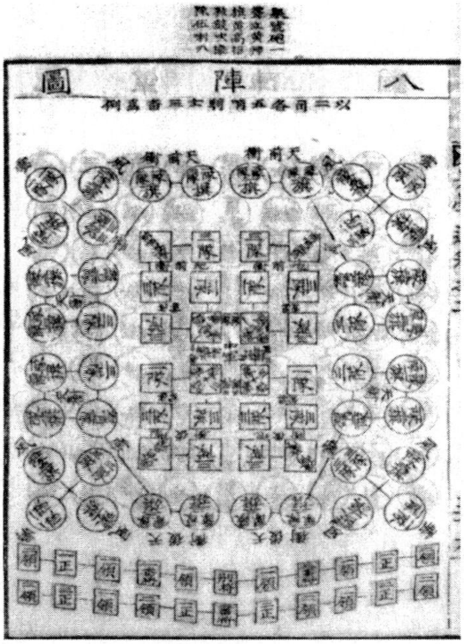
八陣圖
天前衛
天前衛

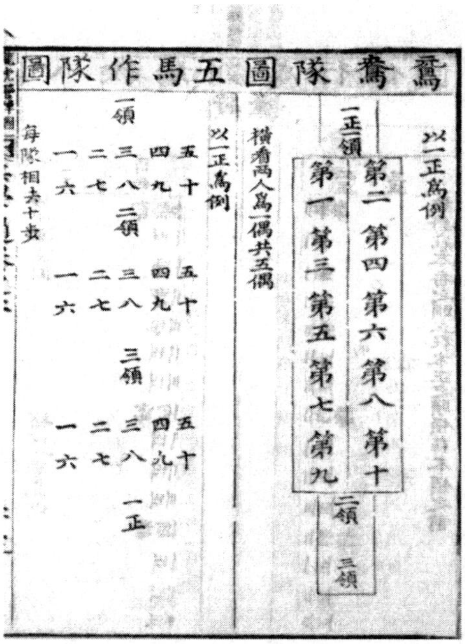
駕隊圖
五馬作隊圖
以一正爲例
一正領
第二 第四 第六 第八 第十
第一 第三 第五 第七 第九
二領
三領
橫看兩人爲一偶共五偶
以一正爲例
一領
五十
四九
三八
二七
一六
二領
五十
四九
三八
二七
一六
三領
五十
四九
三八
二七
一六
一正
每隊相去十步

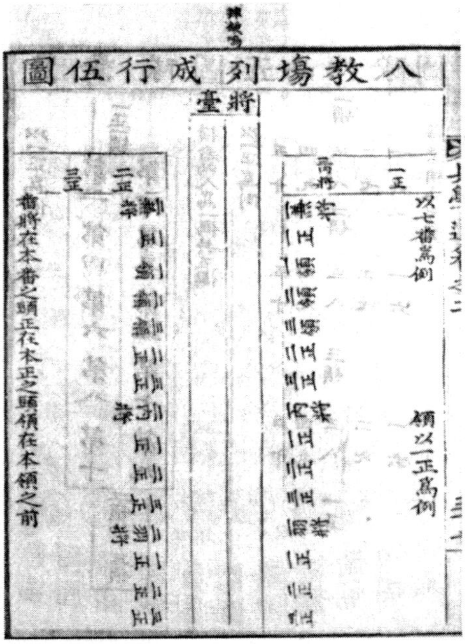
八教場列成行伍圖
將臺
以七番爲例
番將在本番之頭正在本正之頭領在本領之前

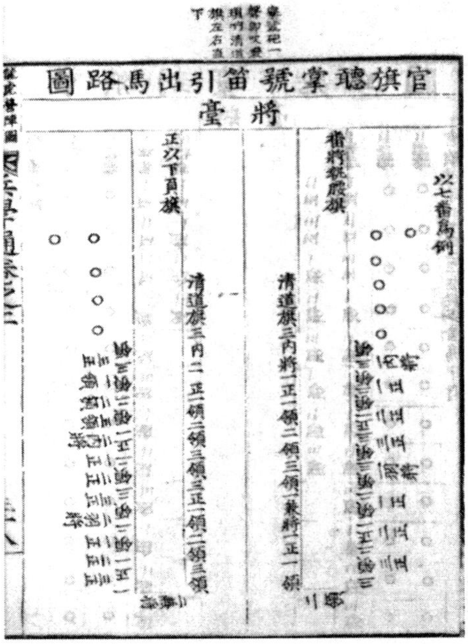
官旗聽掌號笛引出馬路圖
將臺
以七番爲例

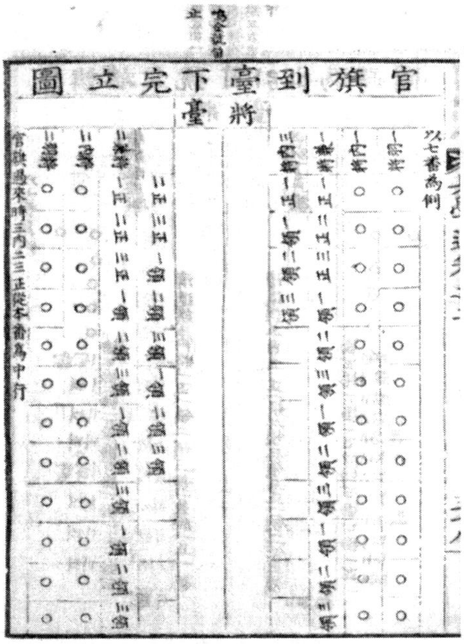
官旗到臺下完立圖
將臺
以七番爲例

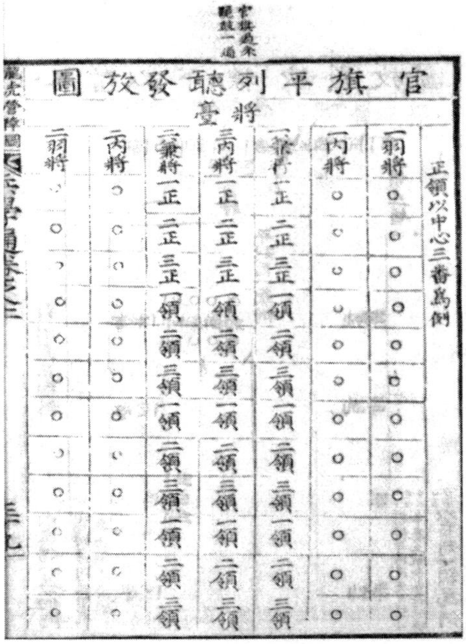
官旗平列聽發放圖
將臺
正領以中心三番爲例

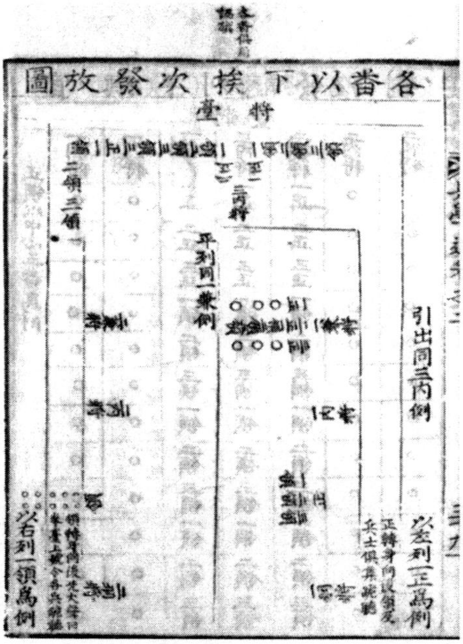
各番以下挨次發放圖

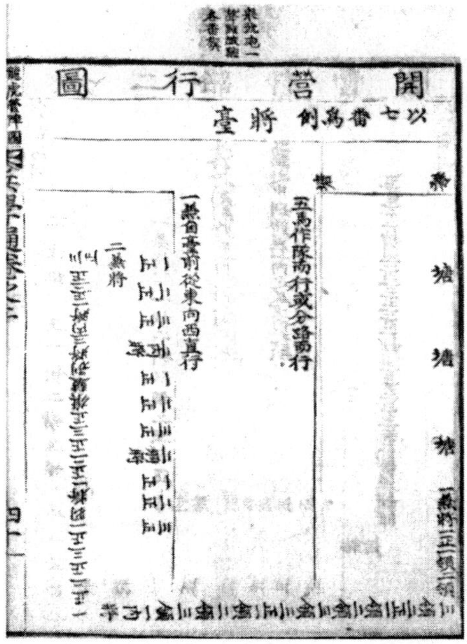
開營行圖

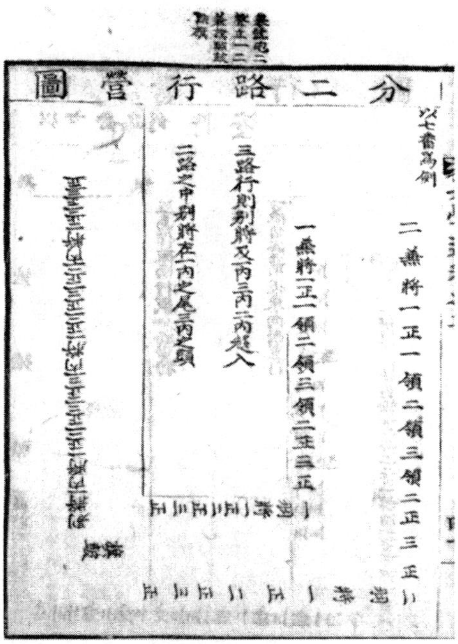
分二路行營圖

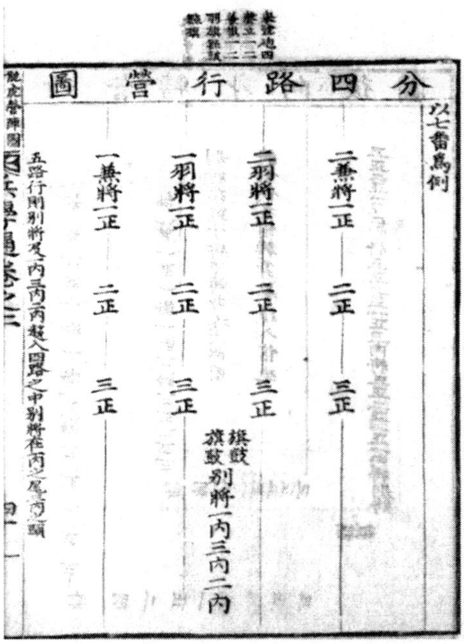
分四路行營圖

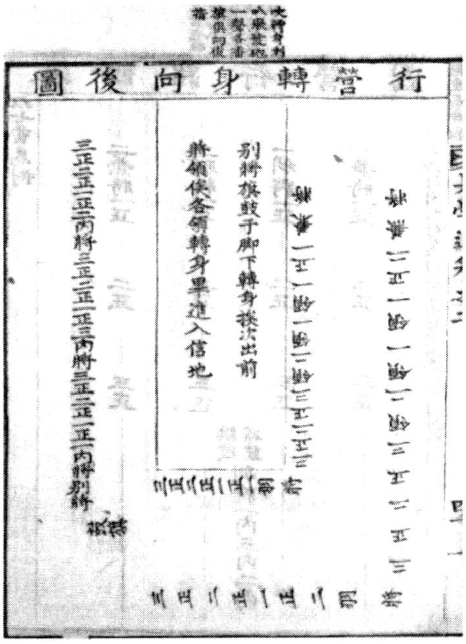

行營轉身向後圖
別將旗鼓于脚下轉身挨次出前

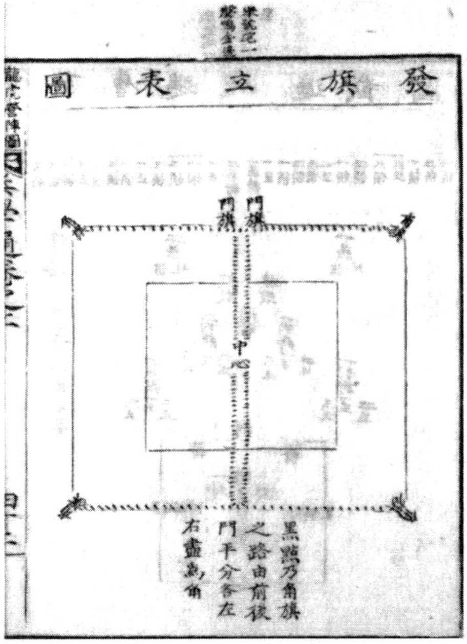

發旗立表圖
門旗
中心
黑點乃角旗之路由前後門平分各左右盡爲角

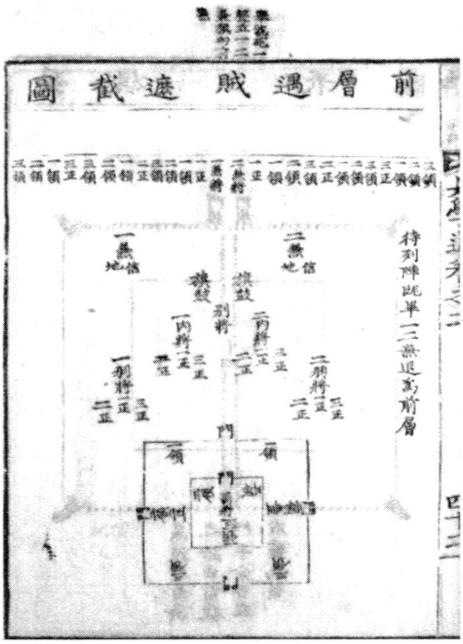

前層遇賊遮截圖
待列陣既畢一二哨退爲前層

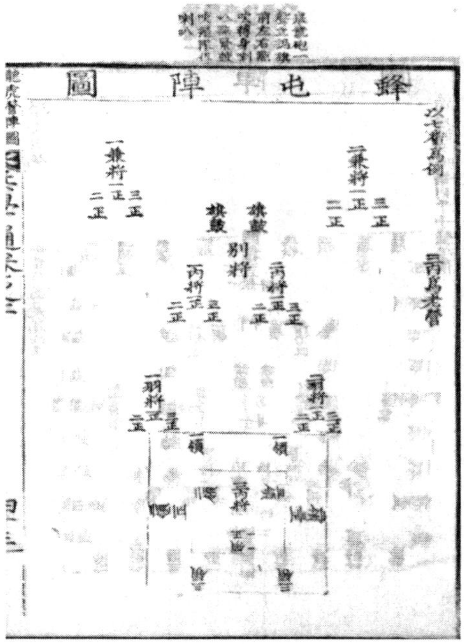

鋒屯陣圖
旗鼓
別將

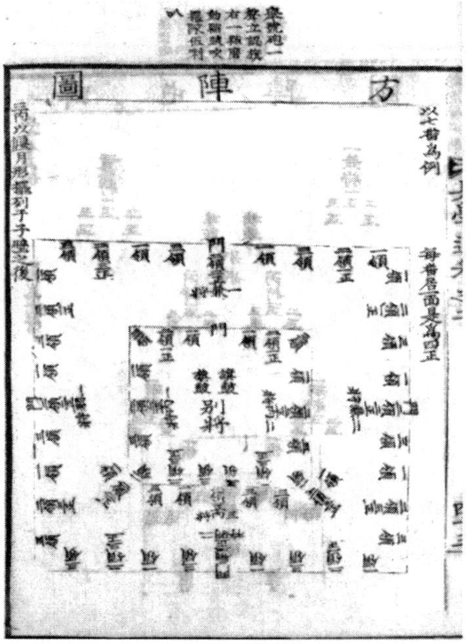
方陣圖

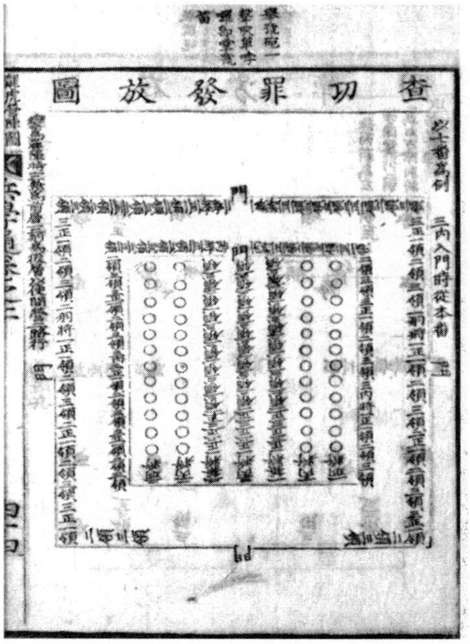
查切罪發放圖

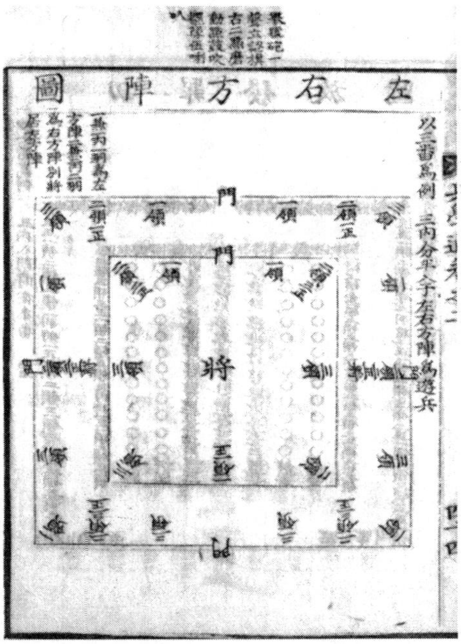
左右方陣圖

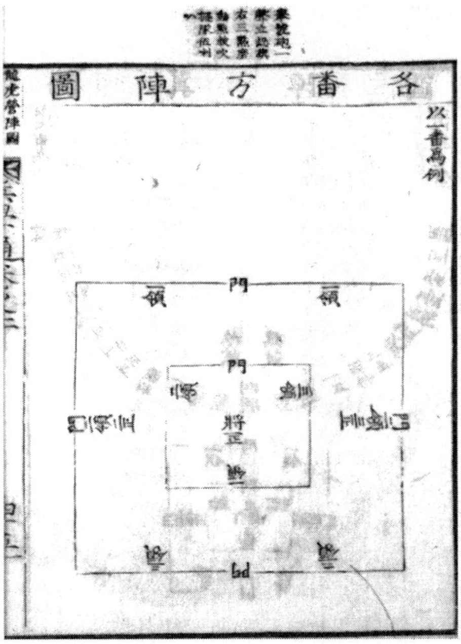
各番方陣圖

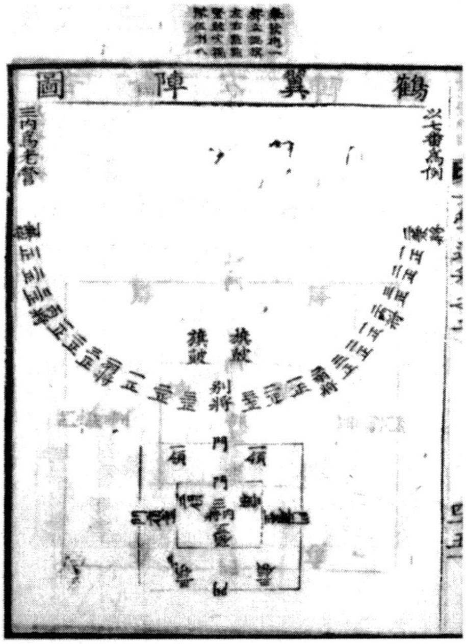
鶴翼陣圖

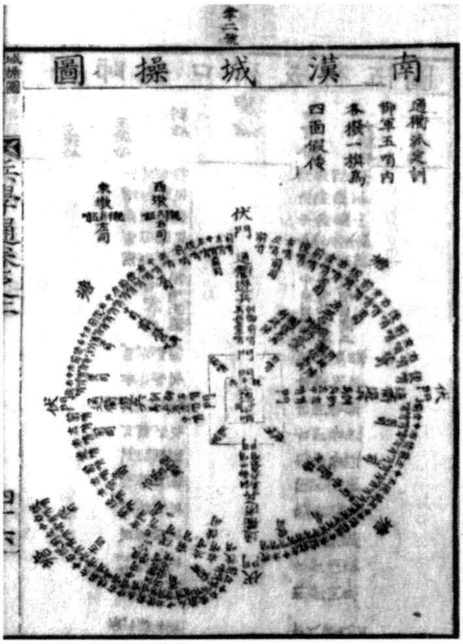
南漢城操圖

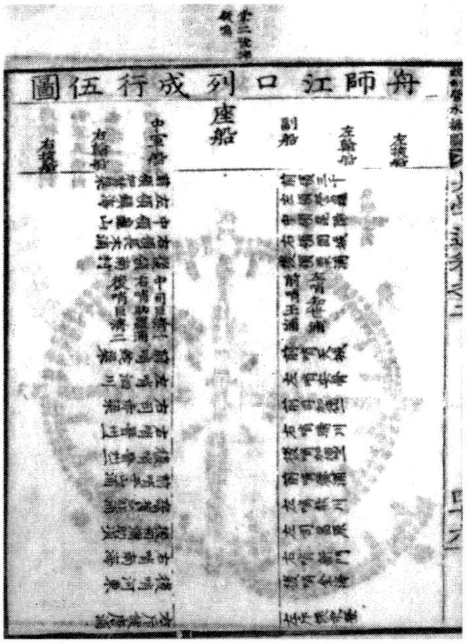
舟師江口列成行伍圖

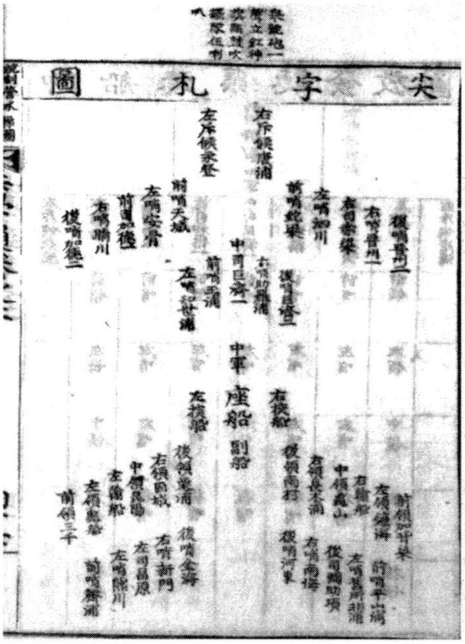

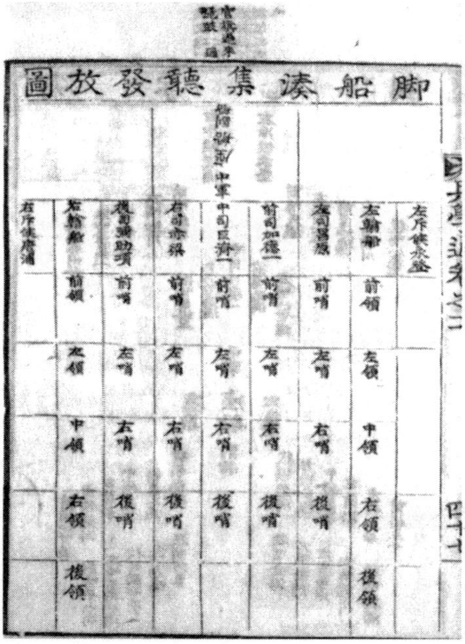
脚船湊集聽發放圖

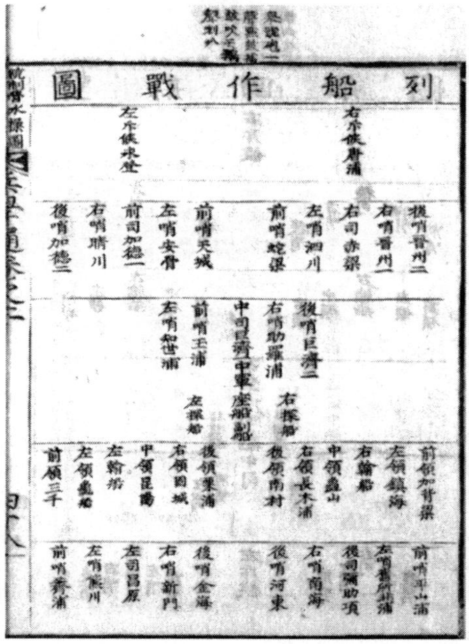
列船作戰圖

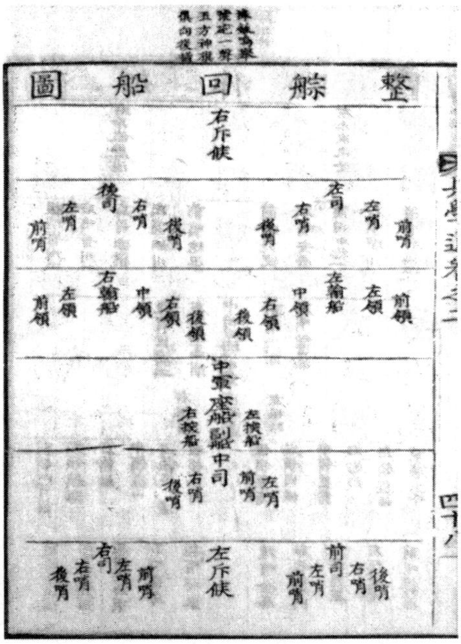
整艅回船圖

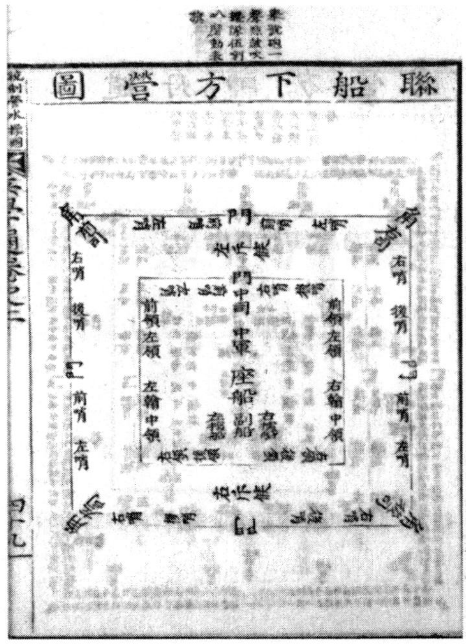
聯船下方營圖

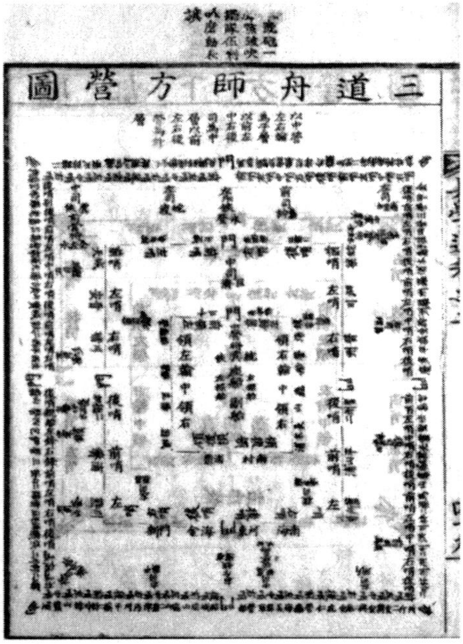

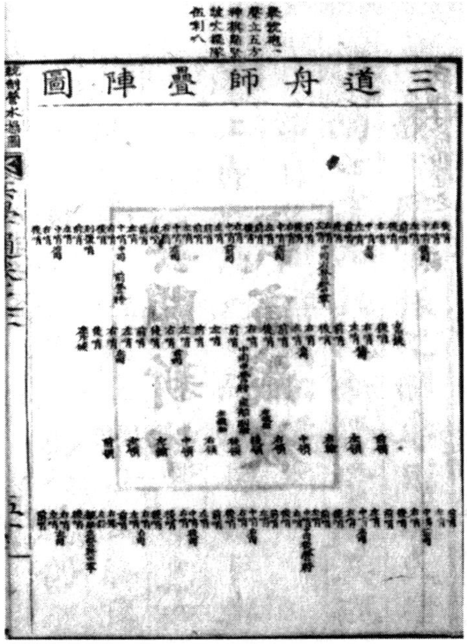

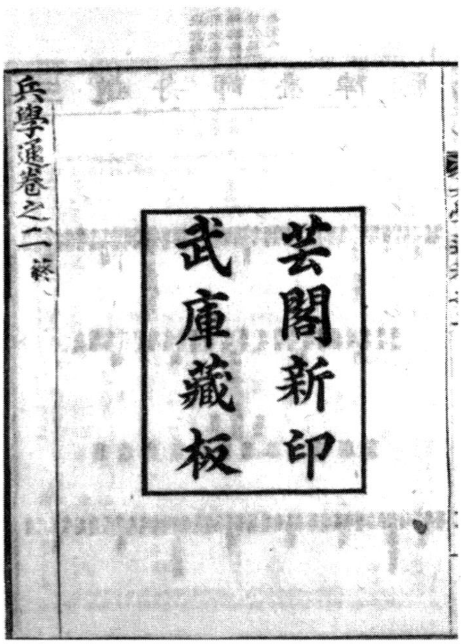

兵學通卷之二終

芸閣新印
武庫藏板

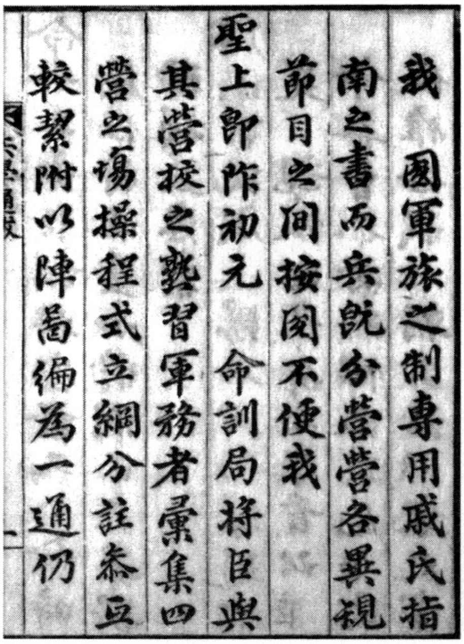

我國軍旅之制專用戚氏指
南之書而兵旣分營營各異規
節目之間按閱不便我
聖上卽阼初元命訓局將臣與
其營校之熟習軍務者彙集四
營之場操程式立綱分註參互
較絜附以陣圖編爲一通仍

大尙周之彬郁文教有餘武備
稍踈兵陣遺法只有
光廟所撰兵將圖說一書而一自
五衛變制其書亦不行於世矣
專在
英考壬戌 命五營將臣纂輯續
兵將圖說幷與原編而刊布之

命一二武臣相與勘證又 命時
原任將臣益加修潤而臣其斟
酌損益悉禀
睿裁書旣成 賜名曰兵學通於
是 親綴雲章弁之卷首以 臣
命善曾忝將兵俾跋其尾臣竊
伏惟念我 朝治以宋之寬

其援古證今隨時合宜之
聖功要之百世其永有賴然以兵
學通參看於續圖說則圖說體
而學通體用之該也圖說正而
學通奇正之備也圖說經而學
通經緯之密也會通有要神變
無方觸類引伸能事遂畢而圖

說之功得此書益著然則
光廟原編之作待
英考而揄揚
英考續編之成待
聖上而發揮
三聖相傳之宏謨偉烈前後一揆
而兵學通一篇其將爲原續圖

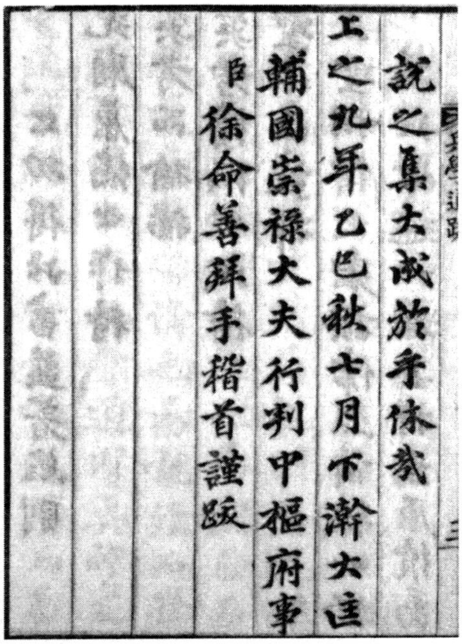
說之集大成於乎休哉
上之九年乙巳秋七月下澣大匡
輔國崇祿大夫行判中樞府事
臣徐命善拜手稽首謹跋

저자소개

양태진

지은이는 황해도 벽성군 출신으로 6·25전쟁 시 월남하여 성균관대학교에서 수학하였다. 학창시절부터 우리나라의 국경과 영토 분야에 관심을 기울여 온 이래 『한국 영토사 연구』, 『한국의 국경 연구』, 『한국 변경사 연구』, 『조약으로 본 우리 땅 이야기』 등 주로 내륙에 관련된 다수의 저서와 논문을 발표한 바 있다.
이후 3면이 바다인 우리나라 해양 영토에 관해 심혈을 기울여 본서를 출간하게 되었다.

우리나라 **영해 관리·경략사**

2016년 12월 10일 초판 1쇄 인쇄
2016년 12월 15일 초판 1쇄 발행

지은이 양태진
펴낸이 진욱상
펴낸곳 백산출판사
교 정 편집부
본문디자인 오행복
표지디자인 오정은

저자와의 합의하에 인지첩부 생략

등 록 1974년 1월 9일 제1-72호
주 소 경기도 파주시 회동길 370(백산빌딩 3층)
전 화 02-914-1621(代)
팩 스 031-955-9911
이메일 edit@ibaeksan.kr
홈페이지 www.ibaeksan.kr

ISBN 979-11-5763-319-7
값 20,000원